普通高等教育“十四五”规划教材

化工技术经济

潘传艺　等编著

中国石化出版社

内容提要

本书结合化工行业以及经济学的基本原理和方法的特点，系统地介绍了化学工业中技术经济分析的基本理论和解决问题的方法。全书共九章，包括：绪论、化工技术经济分析的基本要素、化工技术经济分析的基本原理、经济效益与经济评价方法、不确定性分析与技术经济预测、项目可行性研究、化工项目管理、化工技术创新的经济分析、化工生产管理的技术经济分析。

本书适合作为高等院校化学工程、应用化学、能源化工以及相关专业本科生、研究生的专业选修课教材，也可供化工生产、管理与研究人员使用，也适用于对化工技术经济感兴趣的读者。

图书在版编目(CIP)数据

化工技术经济/潘传艺编著．—北京：中国石化出版社，2023.8

ISBN 978-7-5114-7180-2

Ⅰ.①化… Ⅱ.①潘… Ⅲ.①化学工业-技术经济-高等学校-教材 Ⅳ.①F407.737

中国国家版本馆 CIP 数据核字(2023)第 141839 号

中国石化出版社出版发行

地址：北京市东城区安定门外大街 58 号

邮编：100011　电话：(010)57512500

发行部电话：(010)57512575

http://www.sinopec-press.com

E-mail:press@sinopec.com

北京富泰印刷有限责任公司印刷

全国各地新华书店经销

*

710 毫米×1000 毫米 16 开本 22 印张 370 千字

2023 年 8 月第 1 版　2023 年 8 月第 1 次印刷

定价：55.00 元

《化工技术经济》
编委会

序

根据2007年教育部《全国工程教育专业认证试点办法》和《全国工程教育专业认证专家委员会章程（暂行）》文件精神，我国正式开始高等院校工程教育专业认证工作。工程教育是我国高等教育的重要组成部分。工程教育专业认证是指专业认证机构针对高等教育机构开设的工程类专业教育课程实施的专门性认证，旨在为相关工程技术人才进入工业界从业提供预备教育质量保证，是国际通行的工程教育质量保障制度，也是实现工程教育国际互认和工程师资格国际互认的重要基础。作为国际上最具影响力的工程教育学位互认协议，制订于1989年的《华盛顿协议》，其宗旨是通过多边认可工程教育认证结果，实现工程学位互认，促进工程技术人员国际流动。2016年，中国已经建立了完整的工程教育专业体系，正式成为《华盛顿协议》第18名成员，我国工程教育与欧美多个国家实现国际多边互认。

工程教育专业认证的核心就是要确认工科专业毕业生达到行业认可的既定质量标准要求，是一种以培养目标和毕业出口要求为导向的合格性评价。工程教育专业认证要求专业课程体系设置、师资队伍配备、办学条件配置等都围绕学生毕业能力达成这一核心任务展开，并强调建立专业持续改进机制和文化以保证专业教育质量和专业教育活力。化工技术经济学是化学工程专业的重要组成部分，在国内的工程教育认证中，也需要对化工技术经济学方面的知识点进行考核和评估。中国工程教育认证标准《工程教育认证规定》中多个认证类型，要求化工工程领域的本科教育涵盖化工技术经济的相关课程及教学考核要素。因此，化工技术经济学在工程教育认证中扮演着重要的角色，也是化学工程专业学生应该掌握的重要知识之一。

《化工技术经济》是我国面向21世纪“化学工程与二艺”专业培养方案和《全国工程教育专业认证标准（试行）》中的一门化工专业的基础选修课，是结合化学工业的技术特点、应用技术经济学的基本原理和方法，研究化学工业发展中的规划、科研、设计、建设和生产各方面和各阶段的经济效益问题，探讨化工生产过程和整个化学工业的经济规律、能源和资源的利用率以及局部和整体效益问题的一门边缘学科。

《化工技术经济》一书覆盖面广，层次感好，更新补充了该领域的新进展，并根据社会经济发展和行业要求，增补了化工项目管理、投资融资内容以及生产管理内容等，全书内容更加齐备。该书主编曾在化工企业工作多年，对化工行业有深刻了解和丰富的化工行业经验，该书编委会成员也将多年的科研、教学、生产应用的经验和一些体会融汇到各知识点中与读者分享。

《化工技术经济》课程的开设，不仅有助于完善学生与化工企业相关的生产路线的选择、项目的选择和产品的效益等方面的知识结构，了解与本专业相关的职业和行业的生产、设计、研究与开发，拓宽专业范围，还符合工程教育认证标准中关于培养的毕业生应掌握工程项目中涉及的管理与经济决策方法，理解产品全周期、全流程中涉及的工程管理与经济决策问题的要求，培养懂得经济知识的21世纪新型化工类复合型人才。在明确《化工技术经济》课程目标的前提下，通过灵活的案例教学以及优化课程考核来提升教学效果，在教学中，尤其注重结合先进的化工科研成果为企业带来经济效益的方式，潜移默化中，引导学生增加从事化学工业的积极性，有利于逐步树立学生勇于结合专业应用和社会需求的思考与走向创新的精神。

华南理工大学　教授　博士生导师

张正国

前　言

化工行业是世界上最具有活力和关键性的行业之一，但现代化工产业也面临着多重挑战，如原材料价格波动、产品竞争激烈等问题。在这种情况下，技术经济学已经成为化工企业经营的一个重要的决策支持工具。技术经济学是技术科学和经济科学相互渗透和外延发展形成的一种交叉性学科。它是研究为达到某一预定目的可能采取的各种技术政策、技术方案和技术措施的经济效果，从而选出技术上先进、生产上适用和经济上合理的最优方案，为科学决策提供依据。特别是在化学工业领域，技术经济学更是不可或缺，其应用范围从化工原材料的选择、工艺流程选择、设备选型到化工企业运行管理等多个层面都有所涉及，将化工技术和经济分析完美结合，使从业人员能够更好地了解化工企业的收益与成本，并制定更为合理的决策方案。化工技术经济学是技术经济学的一个分支学科，它是应用技术经济学的基本原理和方法，结合化学工业的特点，研究化学工业发展中的规划、设计、建设、生产以及科研创新等各方面和各发展阶段的经济效益问题，其任务就是将化工技术与经济有机地结合和统一，以取得最佳的经济效益。

化学工业生产过程，不仅涉及多学科知识和技术的综合运用，它的运行还必须具有经济效益和社会效益。因而，化工专业技术人员的培养，仅有技术和工程知识及能力是不够的，还需具有一定的经济知识。编写一本与时俱进的《化工技术经济》教材，有助于化工技术经济的应用和推广，对于培养懂得经济知识的21世纪新型化工类复合型人才大有裨益，并能够推动化工科技与产业的协同发展，为化工行业可持续的高质量发展做出新的贡献。

本书旨在通过系统介绍技术经济分析的基本原理和方法，使读者更好地掌握化工技术经济的实践能力。全书共九个章节，涵盖了化工技术经济分析的基本要素、化工技术经济分析的基本原理、经济效益与经济评价方法、不确定性分析与技术经济预测、项目可行性研究、化工项目管理、化工技术创新的经济分析以及化工生产管理的技术经济分析等主题，并通过完善的案例分析深度解读实质问题，引导读者获得清晰而实用的知识结构体系。在本书的编写过程中，我们精选案例、重视实践渗透，将学习技术经济学的体验带入化工领域的实际生产、管理、市场等实践中去。同时，为使读者全面掌握化工技术经济的理论和方法，在内容的安排上我们也注重系统性、层次性，从而使读者能够在学习过程中形成较为清晰完整的认知体系。为满足教学需要，本书各章均附有习题及思考题，供读者巩固和加深学习之用。

本书的学术价值在于覆盖了化学工业以及经济学的基本原理，包括化学工业的概念和地位、化工从业人员的工程经济知识、化工技术经济分析的基本要素和基本原理等内容，注重学习的循序渐进原则，通过从经济评价方法，到不确定性分析和技术经济预测的章节，推进到项目可行性研究和化工项目管理，内容规范并具有层次感，最后讲述化工技术创新和化工生产管理的技术经济分析，让学习和阅读本书的读者从化工行业的特征出发，一步一步地掌握解决化工技术经济分析问题的方法。本书更新补充了该领域的新进展，保持了内容的新颖性和先进性。其中根据现代社会经济要求，化工项目管理内容单独成章，让读者了解掌握更多项目管理知识；紧贴行业需要，增补了更多投资融资内容；化工生产管理的技术经济分析章节包含生产管理内容，使得全书内容更加完整。

中国工程教育认证标准《工程教育认证规定》中多个认证类型，均要求化工工程领域的本科教育涵盖化工技术经济的相关课程及教学考核要素。《化工技术经济》为化工专业工程教育认证的核心课程之一，本书可作为高等院校化工和应用化学类专业及相关专业的研究生、本科生、大专生的专业选修课教材或教学参考书，也可作为对化工技术经济感兴趣的企业管理人员、工程技术人员的参考用书。

本书主编获得工商管理硕士学位和工学博士学位，曾在企业从事化工管理和科研工作多年，先后担任过多家化工企业的技术负责人和副总经理职务，对化工行业有深刻了解和二十多年的实践经验。本书在编写和出版过程中，郑育英教授、滕俊江教授、丁春华老师、乔艳辉老师、张月红老师、余成华老师、刘晨宇老师和张震老师参与了多个章节的编写以及校对，还得到多位专家学者的指导和帮助，并获得广东工业大学教务处以及轻工化工学院、广东石油化工学院、中国石化出版社和广东省润滑油行业协会等的支持，在此表示衷心的感谢。本书参考了有关的文献资料，由于篇幅有限，仅列出其中的一部分，在此向有关著作者表示深切的敬意和感谢。

化工技术经济学是一门涉及多学科领域的仍在蓬勃发展中的综合性交叉学科，一些问题还有待进一步探讨，加之作者水平所限，书中难免存在不足或错漏，敬请读者提出批评和建议。

编者
2023 年 5 月 20 日于中国广州

目　　录

第一章　绪论

第一节　化学工业的概念和地位

一、化学工业的概念

化学工业(chemical industry)，泛指生产过程中化学方法占主要地位的过程工业。由原料到化学品的转化要通过化学工艺来实现。广义的化学工业是指利用天然物质或其他物质这些原材料发生的性质或形态变化，或以这些原材料组合、加工成有价值的化学产品的一类工业，其产品包括农业用化肥和杀虫剂、医药行业的药物中间体和药品、食品行业中的食品添加剂、石油加工行业中的润滑添加剂等。生产过程主要表现为化学反应过程，或生产化学产品的工业。例如涂料、制药、造纸、石油加工等均属化学工业的范畴，其中有些已形成独立的工业部门。而在其他的工业部门中，也有部分属于化学工业的范畴，例如建材行业的合成材料、电子行业的某些电子原材料等；又例如，钢铁工业不属于化学工业的一部分，在现代冶金学，像钛、钽和钨等金属，是通过涉及大量化学技能的工艺生产的，从某种意义上讲，金属是化学物质，因为它们是通过化学手段生产的，矿石有时在精炼之前需要采用化学方法进行预处理，精炼过程还涉及化学反应。这些产品的生产过程都有化学过程，具有共同的生产技术特点，遵循相同的技术经济规律。因此，本书讨论的内容，适用于广义的化学工业。

实际上，世界各国所指的化学工业，其含义基本相同，但包括的范围却有较大的差异。根据美国标准工业分类法(SIC)，化学工业包括生产基本化工产品的企业和产品加工以化学过程为主的企业，以及与石油加工有关的企业。这些企业的产品可分为三大类：一是基本化工产品，如酸、碱、盐以及有机化工产品等。二是需进一步加工后使用的化工产品，例如合成纤维、塑料、橡胶等。三是能直接消费的化工产品，如药品、洗涤剂、油漆及涂料等。

在我国，化学工业一般理解为包括石油化学工业在内的生产部门。我国化学工业可按三种方式分类，第一种是将化工产品分成 19 大类；第二种是按与上述产品基本相对应的行业分类，将化学工业分为 20 个行业；第三种是国家统计部门在统计工作中对我国化工行业的分类，较为粗略，但与国际上的通行分类较接近。如表1－1所示。

表1－1　我国化学工业的分类

序号	按产品分类	按行业分类	统计部门的分类
1	化学矿	化学矿	石油、煤炭及其他燃料加工业
2	无机化工原料	无机盐	化学原料和化学制品制造业
3	有机化工原料	有机化工原料	医药制造业
4	化学肥料	化学肥料	化学纤维制造业
5	农药	化学农药	橡胶和塑料制品业
6	高分子聚合物	合成纤维单体	
7	涂料、颜料	涂料、颜料	
8	染料	染料和中间体	
9	信息用化学品	感光和磁性材料	
10	试剂	化学试剂	
11	食品和饲料添加剂	石油化工	
12	合成药品	化学医药	
13	日用化学品	合成树脂和塑料	
14	黏合剂	酸、碱	
15	橡胶和橡塑制品	合成橡胶	
16	催化剂和助剂	催化剂、试剂和助剂	
17	火工产品	煤化工	
18	其他化学产品	橡胶制品	
19	化工机械	化工机械	
20		化工新型材料	

根据国家统计部门2017年颁布的《国民经济行业分类》（GB/T 4754—2017）中有关化工部分，包含石油、煤炭及其他燃料加工业，化学原料和化学制品制造业，医药制造业，化学纤维制造业，橡胶和塑料制品业等；其中，化学原料和化学制品制造业大类中，包括了基础化学原料制造，肥料制造，农药制造，涂料、油墨、颜料及类似产品制造，合成材料制造，专用化学产品制造，炸药、火工及焰火产品制造以及日用化学产品制造。

化学工业既是加工工业，也是原材料工业；既包括生产资料的生产，也包括生活资料的生产。人们曾将化工行业划分为三大类：石油化工、基础化工以及化学化纤。其中基础化工分为九小类：化肥、有机品、无机品、氯碱、精细与专用化学品、农药、日用化学品、塑料制品以及橡胶制品。

二、化学工业的特点

由于化工过程生产技术的特殊性，以及化学工业在国民经济中的作用，决定了化学工业具有许多不同于其他工业部门的特点。

1. 原料广泛、生产方法和产品的多样性与复杂性

化工的原料从传统的无机矿物类，例如硫、磷、盐等数百种原料，拓展到化石类资源，例如石油和天然气及其衍生产物等数千种原料，又进一步拓展到可再生的生物资源以及越来越多的可利用微生物。原料不同或其改变将导致工艺路线和生产装置有较大甚至根本的变化。用同一种原料可以制造多种不同的化工产品；同一种产品可采用不同原料或不同方法和工艺路线来生产；一个产品可以有不同用途，而不同产品可能会有相同用途。由于这些多样性，化学工业能够为人类提供越来越多的新物质、新材料和新能源。同时，多数化工产品的生产过程是多步骤的。有的步骤很复杂，其影响因素也是复杂的。

2. 装置向大型化、综合化、精细化发展

装置规模增大，其单位容积单位时间的产出率随之显著增大。化工生产过程通常是在若干种设备构成的整套装置中进行，是以装置为中心进行生产，生产装置占总投资的比例很大。一般化工装置投资费是生产能力投资的 0.6～0.7 次方倍。不同类型产品的最佳单套生产装置的规模可能有较大差异，具有产品的装置规模经济性。当市场发生变化时，生产装置的生产能力也难以作相应的调整。对改建、扩建或新建化工类企业均有必要进行规模分析。生产的综合化可以使资源和能源得到充分、合理的利用。精细化，不仅指生产小批量的化工产品，更主要的是指生产技术含量高、附加产值高的具有优异性能或功能性的产品，并且能适应变化快的市场需求，不断改变产品品种和型号。化学工艺也更精细化，深入分子内部的原子水平上进行化学品的合成，使产品的生产更加高效、节能、节省资源。

3. 能源消耗高，积极采用节能工艺和方法

化学工业是高能耗的产业，2018 年全国化学原料及化学制品能源消耗总量达 51278 万吨标准煤，同比增长 3.89%，占制造业能源消费总量的 20%，约占全国工业耗能总量的 17%，其中年耗电量约占全国工业用电总量的 15%。化学工业中的基本化学原料制造业、化学肥料制造业和有机化学品制造业，这三个行业的能源消费占化学工业总能源消费量的 70% 以上，因此，合理用能和节能显得极为重要，许多化工生产采用了低能耗工艺或节能工艺，例如以天然气为原料的合成氨生产过程，在近年来出现许多低能耗工艺、设备和流程，也开发出一些节能型催化剂，已将每生产 1t 液氨的能耗由 35.87×10^6kJ 降低至 28.04×10^6kJ。

那些耗能大的生产方法或工艺已经或即将遭到淘汰。能源短缺，化工生产必然受制约。因此，化工企业必须进一步搞好节能降耗，加强节能管理，或者在能源资源丰富的地方建厂。同时要大力开发节能型工艺技术。能源紧张一方面制约化工发展，另一方面也给化工发展提供了机遇。甲醇、乙醇、二甲醚等新型替代燃料的市场看好，为化工新能源的发展提供了良好的发展前景。

4. 资金密集、多学科合作、技术密集型生产

装置型工业的特点，决定了化学工业是资金密集度较高的工业。除了一次性投资很高外，由于多数化工产品的生产工艺流程较长，流动资金的占用时间也较长。化学工业的产值成为各国国民经济总产值指标的重要组成部分。此外，化工生产过程经常涉及高温、高压、低温、真空以及较强的腐蚀性等苛刻条件，每年必须花费的设备维修费也常常高于其他工业。现代化学工业是高度自动化和机械化的生产，并进一步朝着智能化发展。当今化学工业的持续发展越来越多地采用高新技术迅速将科研成果转化为生产力，如生物与化学工程、微电子与化学、材料与化工等不同学科的相互结合，可创造出更多优良的新物质和新材料；计算机技术的高水平发展，已经使化工生产实现了远程自动化控制，也将给化学品的合成提供强有力的智能化工具；将组合化学、计算化学与计算机相结合，可以准确地进行新分子、新材料的设计与合成，节省大量实验时间和人力。因此现代化学工业需要高水平、有创造性和开拓能力的多种学科不同专业的技术专家，以及受过良好教育及训练的、熟悉生产技术的操作和管理人员。国民经济的迅速发展，要求化学工业提供品种更加广泛、性能更为优良和质量更好的化工产品，这就对技术和知识提出了更高的要求。知识的扩大、产品和技术的更新速度均超过许多其他的工业部门。

5. 污染问题若处理不当将影响行业发展

工业部门中，化学工业是产生污染较多的行业之一。化工生产过程的中间产物多，副产物也多，可能导致的有害物质排放也相应地增多。有一些作为工业原料的化工产品本身对人体健康和生态环境也是有害的，处理不当将对人类和生态环境产生严重的影响。近年来，环境受到污染的事件也很多，这些都给化工类企业敲响了警钟，决不能以牺牲环境求发展，必须树立科学的发展观，坚定不移地走清洁生产之路。

6. 安全问题隐患大

化工生产中易燃、易爆、有毒仍然是现代化工企业首要解决的问题。化工生产多涉及高温、高压，及有毒试剂的使用，使用不当或出现使用故障，容易造成事故，导致伤害。国家继 2002 年 11 月实施《安全生产法》(2021 年修订)后，又出台了《危险化学品安全管理条例》，并进行了危险化学品的专项整治。随着一

系列法律法规的进一步实施，对化工企业的约束力加大，要求每个企业必须走新型工业化的路子，创建清洁生产环境，大力发展绿色化工，采用无毒无害的方法和过程，才能实现可持续发展。

7. 化工科研和新产品开发费用高

化工科研和新产品开发费用比较高，需要高投入。投入高，风险也大，收益也大。一般大公司比较注重新产品的开发，而且很多新产品研发周期比较长，并且需要占用大量的资金、人力、物力等。一般小公司无法承担这些投入和风险。比如，2021 年全球化工龙头企业巴斯夫(BASF)公司的研发费用达22 亿欧元，占销售额的2.8%。

三、化工产业的主要组织形式

化工产业的组织形式可以分为作坊式企业、工业化企业、集群企业及集团企业。

(1)作坊式企业：作坊式企业普遍不重视管理。企业想要公司化运作，那就一定需要管理。这种作坊式企业生产管理模式的特点是：分工不明显，没有特定的职责，缺乏规则标准，注重创造、工匠精神、亲情化，缺乏团队意识等。这是一种原始和天然的运作模式，也就是说是基于人的本能在进行管理，实际上不能称为真正意义上的管理，这类企业的生存靠的是一种工匠精神和创造力。这类企业在我国化学工业基础比较薄弱的时期，起到了积极的作用，随着化学工业的不断发展，将被逐步淘汰。

(2)工业化企业：技术含量高，组织更为规范，经济效益好，资源消耗低，污染少，人力资源基本能够得到充分发挥的企业。工业化企业体现了以人为本，经济与社会、城乡、地区、资源与环境和国内外均衡协调的科学发展观，是我国当前化工企业发展道路的理性选择。

(3)集群企业：指同一特定产业或具有直接上下游产业关联的企业以及相关支撑机构在地理上集中在一起，形成具有强劲、持续竞争优势的一种企业组织形式。具有专业化分工和协作的特点，能够以某一种或几种产业为主导带动区域内其他产业的发展。集群企业有利于资源集中，提高产品质量并降低产品成本，优化产品结构，从而在市场竞争中取得优势。

(4)集团企业：指某企业成为另一个企业的股东，结成资本关系或相互派遣人员，员工最终都成为集团的一员。集团是多个相关企业的联合体，它有多层次的组织结构，从另外一个角度就是由多个小的同类或不同类企业组成的“大企业”，也就是所说的集团。

目前，我国企业的组织形式有公司制企业、个人独资企业、合伙企业。在统计学中一般以年主营业务收入作为企业规模的标准，达到一定规模要求的企业就称为规模以上企业，中国规模以上工业企业是指年主营业务收入在2000万元以上的工业企业。

四、化学工业的地位

化学工业与国民经济各部门有着密切的联系，在国民经济中占有十分重要的地位。化学工业为工农业、现代交通运输业、国防军事、尖端科技等领域提供了必不可少的化学品和能源，保证并促进了这些部门的发展和技术进步。化工产品与人们的日常生活息息相关，在现代人类生活中，从衣、食、住、行、战胜疾病等物质生活到文化艺术、娱乐消遣等精神生活都离不开化工产品为之服务。有些化工产品的开发生产和应用对工业革命、农业发展和人类生活水平起到划时代的促进作用。

化学工业为现代农业的发展提供了十分重要的物质条件。化学肥料、农药、农用除草剂、植物生长剂、饲料添加剂、农用薄膜等已成为现代农业必不可少的生产资料。

化学工业为其他的工业部门提供了大量的基本原料和材料。化学合成纤维、染料、纺织助剂等均是纺织工业的基本原料。化学工业生产的塑料、合成橡胶和其他合成材料，也是许多工业部门必需的基本原材料。半导体材料、磁记录材料、感光材料和其他特殊功能材料等，为现代科技的发展提供了重要的基础条件。

化学工业也直接和间接地提供了国防所需的物质条件，例如信息产业所需的电子化学品，航天航空领域所需的高能燃料与火箭推进剂等。许多化学工业的产品，例如药品、洗涤用品、化妆品、食品添加剂，以及涂料、颜料和油漆等已成为人们日常生活中不可缺少的必需品。

可以说，没有现代化学工业，就没有现代的社会生活。当今世界面临人口膨胀、资源匮乏和环境污染日益严重等问题，需给不断增长的人口提供足够的食物、衣着和其他物质，提供更好的医药和保健物品，这些都需依赖于化学工业的发展。

化工行业作为能源消耗大、排放量高的重要行业，也需要积极响应国家的碳减排政策，推广低碳、可持续发展的生产模式。“双碳”是指减少碳排放和增加碳汇，即“碳减排+碳负载”，是应对全球气候变化的重要途径之一。“碳达峰”和“碳中和”是指减少人类社会对大气中温室气体排放的目标。“碳达峰”是指碳排放量到达顶峰之后开始下降，实现在特定时间内将温室气体排放控制在一定水平的过程。我国政府承诺，在2030年前实现二氧化碳排放达到峰值的目标。“碳中和”则是指实现排放量与吸收量相当，即净排放量为零。如果未来全球能实现“碳中和”，就可以避免或减缓气候变化的影响，保障人类的生存环境。我国政府承诺，在2060年前实现“碳中和”的目标。化工行业的低碳化改革主要包括以下方面：推广使用清洁的能源替代传统化石燃料、加强节能措施、发展循环经济、提高产品附加值。将产品升级，提高质量、提高性能或扩大应用范围，在提高企业经济效益的同时也减少对环境的影响。

化学工业是既古老又年轻的工业，一直都充满着发展的蓬勃生机，化学工业的发展水平已经成为衡量一个国家综合国力的重要标志之一。化学工业必须保持较高的发展速度，才能适应整个国民经济发展的需要。所以，认真研究和处理好化学工业中的技术经济问题，对化学工业乃至整个社会的经济效益和发展都有重要的意义。在我国，绿色石化仍是优先发展的支柱产业之一，精细化工和农用化学品也是化工发展的重点，随着生物技术的发展，化学工业与生物技术的相互渗透与结合，也是当今化学工业的发展方向，现已初步形成具有广阔发展前景的生物化工产业，给传统的化学工业增添了新的活力。我国化学工业发展速度大大超过了发达国家，发展潜力是巨大的，重点是发展新技术、开发新产品、增加高附加值产品的品种和产量，赶超世界先进水平。

第二节　化工技术经济学的发展及作用

一、化工技术经济学的发展

技术经济学是技术科学和经济科学相互渗透和外延发展形成的一种交叉性学科。它是一门研究技术领域经济问题和经济规律，研究技术进步与经济增长之间的相互关系的科学，是研究技术领域内资源的最佳配置，寻找技术与经济的最佳结合以求可持续发展的科学。另外，技术经济学的研究结合了社会条件和自然条件，探讨了技术进步和技术选择及其对经济、社会、资源、环境生态等的影响，从而促进技术、经济和社会三者的协调发展。

化工技术经济学是技术经济学的一个分支学科，它是结合化学工业的技术特点，应用技术经济学的基本原理和方法，研究化学工业发展中的规划、科研、设计、建设和生产各方面和各阶段的经济效益问题，探寻化工生产过程和整个化学工业的经济规律，提高能源和资源的利用率以及局部和整体效益问题的一门交叉学科。简而言之，它的任务就是将化工技术与经济有机地结合和统一，以取得最佳的经济效益。

人们对于技术与经济的研究，可以追溯到1926年。当时，美国的C. 泰勒

(Chaplin Tyler)1926年出版的《化学工程经济学》一书，是世界第一本化工经济的专著。该书的出版标志着化工技术经济学的诞生。尽管名称有所不同，但所研究的内容大致是相同的。第二次世界大战以后，化工技术经济的研究取得了重大的进展，有不少的论著发表，如胡尔的《实用化学过程经济学》(1956年)、哈伯尔的《化学过程经济学》(1958年)、涅克拉索夫的《化学工业经济学》(1959年)等。化工技术经济学早已成为西方主要工业国家中化工类大学生和研究生的必修课之一。

随着我国社会主义市场经济的发展，如何处理好技术与经济的对立统一，以取得良好的技术和经济效果的问题日益突出，化工技术经济学在我国也作为一门新兴应用性交叉学科受到重视，并不断取得了一些重要的研究成果。

化工技术经济学在我国的发展，主要经历了三个阶段：

1. 第一阶段(1953~1966年)

20世纪50、60年代，我国对156项重点项目进行了工程经济分析，取得了很好的效益。比如，长春第一汽车制造厂建设项目，建设前期的经济论证用了三年，使建设周期大大缩短。在这个时期，对重点项目进行技术经济论证，取得了较好的经济效益，但此时的论证是静态的。另外，当时的主要工作是关于建筑工程经济评价，一些大学如同济大学，开创了建筑经济专业，工程经济作为一个单独的学科列入了规划，初期的研究也是从建筑新材料、新结构、新工艺、新设备的技术经济分析入手的。

2. 第二阶段(1966~1976年)

国家经济工作受到严重影响，造成人力、物力和财力的巨大浪费，致使许多建设项目投资效益很低。在此阶段，虽然遭受一些曲折，但是工程技术经济还是有了一些进步，开辟了设计经济、技术定额、计划管理、劳动管理、施工组织、建筑工业及运筹学等，研究很注意理论联系实际。

3. 第三阶段(1976年至今)

我国许多行业部门都在逐步发展和应用化工技术经济学。国家对项目的经济评价的程序、方法和指标等逐渐形成了明确的规定。技术经济不管是从实践还是从理论研究上，都有了长足的发展，并扩展到多个行业，结合我国的实际情况，逐渐形成了一套技术经济的理论体系和方法。

近年来，随着我国大型工程项目的增多，工程经济学理论逐步得到应用和普及，为技术经济学的发展提供了更广阔的空间。

二、化工技术经济学的作用

技术经济学本身就是技术科学和经济科学的交叉学科，化工生产又涉及化学、物理、工程和自动控制等学科知识和技术的综合运用。化工技术经济学作为化工领域内一门重要的软科学，具有综合性、应用性、预测性和定量性的特点，它在化学工业的发展中具有十分重要的作用，对各个层次的人员都有重要的指导作用。

1. 高层，行政管理

对于化学工业的高层管理者来说，化学工业技术政策的发展和技术路线的制定，离不开化工技术经济学的指导。只有运用化工技术经济的科学原理和方法，对化学工业发展的布局、投资规模及投资方向等进行充分的研究，才能做出正确的决策，以促进化学工业与国民经济的协调发展。比如，在能源问题、污染问题突出的今天，国家引导发展绿色化学，采用新型反应器、新工艺，走高效、节能、减排、清洁的循环经济路线等。

2. 中层，企业高层决策

作为化工生产企业的决策者，对于新产品及新工艺的开发、新技术及新设备的采用，必须运用化工技术经济学的原理和方法，进行科学的论证之后，才能做出正确的决策。否则，很可能导致决策失误，给企业的生产和经营造成重大的损失。

3. 基层，技术人员

对于从事化学工业的专业技术人员来说，在化工产品和技术研究开发，以及设计和生产运行过程中，不仅要考虑技术方案的先进性和适用性，还必须了解技术方案或措施实施后的经济效果。具备化工技术经济的良好素质，对于化工科研项目选题、现有企业技术改造方案的制定和新建项目的设计等，都具有重要的作用，有利于化工科研成果更好地转化为生产力。

所以，无论从事化工领域技术开发研究的专业技术人员，还是生产经营管理人员，都需要学习和掌握化工技术经济学的基本原理和方法，这也是现代化工高等教育不可缺少的专业基础之一。

三、化工从业人员的工程经济知识

随着科学技术和社会经济的发展，各种新兴交叉学科不断出现，科学与工程技术在更高层次上走向综合化和整体化。现代工程项目中的纯技术工作和纯经济工作几乎已不存在。参与项目管理的工程技术人员应该具备技术、经济和管理的综合能力。

为了满足现代化工工程项目的要求，化工从业人员应具备的工程经济知识与能力包括：

(1) 了解社会需求及需求变化的规律，做好化工工程项目的可行性研究工作。熟悉化工工程项目的资金筹措方式和合理调整资金结构的技巧。

(2)能够运用经济分析方法，对拟建化工项目计算期内的投入和产出等诸多因素进行调查、分析、研究、计算和论证，并利用资金时间价值概念和价值工程原理、成本－效益分析等技术经济分析方法，进行投资方案与更新方案的比较和选择，在达到产品必要的使用功能的前提下，有效地控制工程项目投资。

(3)熟悉化工工程项目的风险分析方法，能够及时识别项目的风险大小，制定相应的风险对策，控制风险对项目的影响程度。

(4)掌握化工工程项目的财务评价方法，了解国民经济评价方法。财务评价是从企业角度分析项目的经济效益；而国民经济评价是从整个国家、民族角度分析项目的经济效益。对一个项目应该从这两个方面分别进行评价。

(5)具有获得化工工程信息和资料的能力，并能运用工程信息系统提供的各类技术与经济指标，结合工程项目的特点，对已完成项目进行后评估。我们在对化工项目进行可行性分析、经济评价过程中，需要大量的数据和信息，而有效数据和信息的获得对评价的准确性至关重要。

(6)客观公正、遵守国家法律法规。要有法律法规意识，不违纪违法，遵守国家有关法律、法规、政策，认真按企业规章和各种制度办事，行为规范，不出任何质量安全事故。

第三节　化工技术经济学研究的内容和方法

一、化工技术经济学研究的内容

化工技术经济学研究的内容主要有两大类：一类是宏观技术经济问题，是指涉及化学工业整体性的、长远的和战略性的技术经济问题，例如化学工业的布局，化工技术结构的选择，化工技术发展战略的规划，以及化工技术政策和技术引进策略的制定等；另一类是微观技术经济问题，是指一个企业、一个局部的技术经济问题，例如，化工企业的技术改造、建设项目的可行性研究、设备更新、产品生产的优化等。关于技术与微观或局部经济效果的关系，它与化工企业经营管理学产生一些交叉。相对于宏观技术经济，微观技术经济的技术性较强。本书的重点是研究化工领域的微观技术经济问题。

总而言之，化工技术经济学所研究的内容，就是运用技术经济学的基本原理和方法，结合化学工业的特点，对化学工业中的项目建设、新技术开发、技术改造和产品方向的选择等方面进行系统、全面的分析和评价，以做出经济、合理的选择。

二、化工技术经济学研究的方法

化工技术经济学研究的基本方法，就是对可能的技术方案进行全面的化工技术经济分析，以评价和论证技术方案的经济效果，为正确的决策提供科学依据。化工技术经济的分析有一套科学的程序和方法，通常包括以下过程(见图1－1)。

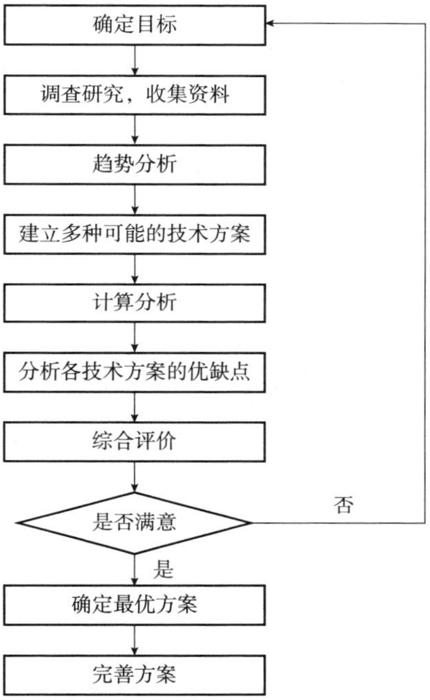

图1－1　化工技术经济分析的一般工作程序

1. 确定目标

包括社会目标和具体目标。前者是从化工行业乃至整个国民经济来考虑，后者则是地区或企业所要求达到的目标，并应该符合化工行业和整个国民经济的宏观目标。

2. 调查研究，收集资料

这是技术经济分析中的重要环节。技术经济分析所需的资料、数据来自生产实践，一般不能在实验室的实验中取得。只有通过深入实际调查研究，了解实际情况，收集到所需的各种基本资料和原始数据，作为定性和定量分析的基本依据。在以后的工作程序中，有时还需要补充此项工作。

3. 趋势分析

就是对所分析的课题，依据收集到的原始资料和数据，分析过去，总结现状，并预测未来。

4. 建立多种可能的技术方案

在前述工作的基础上，列出多种可能的技术方案，要注意既不能漏掉实际可靠的方案，也不要把实际不可行或明显不优的方案列进去。

5. 计算分析

技术经济问题比较复杂，仅凭经验常识和简单的推理是不行的，必须运用科学的计算分析方法，得出各种技术方案定量的技术经济指标。同时，还必须处理好各种方案指标的可比性问题。

6. 分析各技术方案的优缺点

一般来说，不同的技术方案在技术上和经济上都会有不同的优缺点。在分析时，不仅要从企业本身利益出发，还要考虑到国民经济的整体利益，淘汰那些不可行的方案。

7. 综合评价

综合评价是从技术、财务、经济、社会、生态，有时还有政治等方面，全面、统筹地对技术方案进行评价，是多因素、多目标、全方位的评价。综合评价需要依据定量的指标，或用货币量来表示技术的经济效果。但有些效果通常不能以货币表示，所以也需做定性分析。只有通过全面的效果比较和综合分析及评价，才能选择出最优的技术方案。

8. 完善方案

根据优选的结果，尽可能吸取其他方案的一些优点，完善优选出的方案，使其具有最佳的经济效果。

习题及思考题

1－1　化学工业涉及哪些行业？试说出至少 4 个相关行业。

1－2　化学工业有什么特点？试述化学工业的重要地位。

1－3　什么是化工技术经济学？

1－4　化工技术经济学有什么作用？

1－5　试述化工技术经济学研究的内容和方法。

第二章　化工技术经济分析的基本要素

第一节　成本和费用

一、成本及费用的概念

（一）产品成本的概念及构成

成本是指生产和销售某种商品或提供某项服务过程中，所发生的经济支出和损失的总和。成本是企业进行经营决策和生产设计的重要参考指标，也是计算企业盈利情况的基础。

产品成本费用是在产品的生产和销售过程中所消耗的活劳动与物化劳动的货币表现。在财务评价中，通常以年为单位计算成本费用。产品成本费用的高低，反映了投资方案的技术水平，也基本决定了企业利润的多少，它是一项极其重要的经济指标。实际的产品成本费用是发生在项目建成投产之后。在项目正式建设前计算出的产品成本费用，是为了提供技术经济分析，作为评价项目经济效益的依据之一。目前计算总成本费用有两种方法，即制造成本法和要素成本法。制造成本法计算较为复杂，但能反映不同生产技术条件下的产品成本，有利于对各部分成本进行分析；要素成本法则较简单，易于掌握。这两种方法各有其特点，它们的构成如图 2－1 所示。本书主要介绍制造成本法。

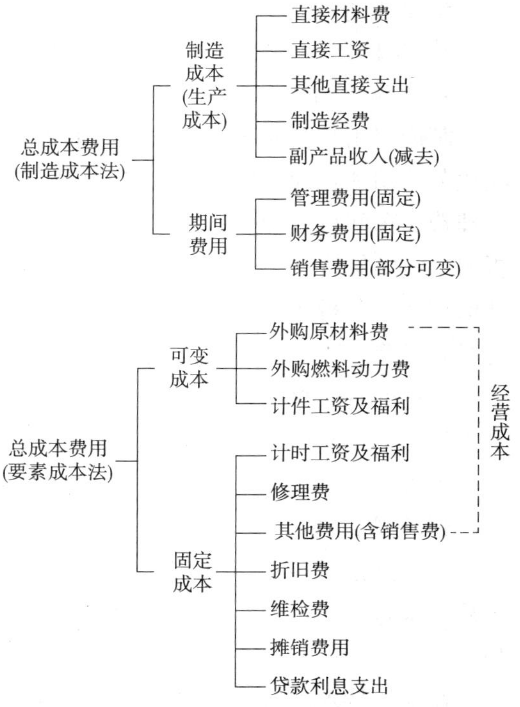

图 2－1　两种总成本费用、经营成本、固定成本及可变成本的构成

（二）制造成本

按制造成本法核算的产品成本，称为制造成本，亦称生产成本。它是指在生产经营过程中为生产产品或提供劳务等实际消耗的直接材料、直接工资、其他直接支出费用以及制造费用等费用之和。

1. 直接材料

(1)原材料包括主要原材料和辅助材料。主要原材料是指经过加工构成产品实体的各种物料，通常在化工产品成本中占有最大的比例；辅助材料是指虽不构成产品实体，但能直接用于生产，有助于产品形成，或使产品具有某些性能的物料，如催化剂、助剂等。

(2)燃料及动力燃料指直接用于产品生产过程的各种固体、液体和气体燃料。动力包括直接用于生产过程的水、电、蒸汽、压缩空气等。化工是耗能大户，燃料及动力的费用经常在化工产品成本中占有相当大的比重。

2. 直接工资

直接工资包括直接从事产品生产人员的工资、奖金、劳保，以及按比例提取的其他补贴。

3. 其他直接支出费用

其他直接支出费用包括直接从事产品生产人员的福利费等。

4. 制造费用

制造费用是企业各生产单位如车间、分厂为管理和组织生产活动而开支的各项业务费用和管理费用。制造费用包括车间固定资产折旧费、车间维修费和车间管理费。车间折旧费是指按规定对车间拥有并管理的全部固定资产所提取的基本折旧费；维修费是指中、小修理费；管理费包括车间管理人员工资及附加费、劳动保护费、分析化验费、低值易耗品购置费等。制造费用相当于以往成本计算中的车间经费。

上述的直接材料费、直接工资和其他直接支出费用等都是生产及直接费用，直接计入产品制造成本或生产成本；而制造费用是间接费用，应按一定的标准分配后计入产品制造成本。

5. 副产品收入

副产品是指在生产主要产品的同时附带生产的、具有一定经济价值的非主要产品，这是化工生产的一个重要特点。副产品回收的净收入，应从主产品成本中扣除。

在项目技术经济评价和分析中，制造成本或生产成本可计算如下：

$$制造成本(生产成本) = 原材料费 + 燃料及动力费 + 工资及福利费 + 制造费用 - 副产品收入 \quad (2-1)$$

(三)费用的概念及构成

费用是指建设项目在生产经营活动中除生产成本以外的其他支出，包括管理费用、财务费用和销售费用等，这些亦统称为期间费用。

1. 管理费用

管理费用是指企业行政管理部门组织和管理全厂生产经营活动中支出的各项费用，包括企业管理人员的工资及附加费、办公费、职工教育经费、劳动保险费、待业保险费、审计费、排污费、土地使用费、无形资产摊销、开办费摊销、业务招待费、坏账损失、存货亏损以及其他各项管理支出。管理费用包括的细项较多，在项目可行性研究阶段，可根据现有企业或类似项目情况，按其占总成本的一定比例估算。

2. 财务费用

财务费用是指企业为筹集生产经营所需资金而发生的各项支出，包括贷款的利息支出、汇兑损失、金融机构手续费、调剂外汇手续费，以及为筹集资金而支出的其他财务费用。

3. 销售费用

销售费用是指企业销售产品和促销产品而发生的费用支出，包括运输费、包装费、广告费、保险费、委托代销费、展览费，以及专设销售部门的经费，例如销售部门职工工资、福利费、办公费、修理费等。

在我国的财务管理中，管理费用、财务费用及销售费用，作为期间费用不计入产品成本，而直接计入当期损益，直接从当期收入中扣除。

(四)总成本费用和经营成本

1. 总成本费用

总成本费用是指建设项目在一定时期(一年)为生产和销售产品而支出的全部成本和费用。其计算式为：

$$总成本费用=制造成本+管理费用+财务费用+销售费用 \qquad (2-2)$$

在计算总成本费用时，应扣除消耗的原材料中的自产自用部分，避免重复计算。

2. 经营成本

经营成本是指建设项目的总成本费用扣除固定资产折旧费、摊销费用、贷款利息以后的成本费用。其计算式为：

$$经营成本=总成本费用-折旧费-摊销费-贷款利息 \qquad (2-3)$$

需要指出的是，经营成本是为便于进行建设项目的技术经济分析和计算，以及进行项目财务评价而设置的一种产品成本的形式，与企业财务会计中的产品总成本有所差异。图2-1给出了总成本费用、经营成本、制造成本(生产成本)等相互关系和主要构成。

二、固定成本与可变成本

产品成本费用根据其与产量变化的关系，可分为固定成本和可变成本，有时亦称固定费用和可变费用。

（一）固定成本

固定成本，是指在一定生产规模范围内，总成本费用中不随产品产销量的增减而变化的那部分成本费用，如图 2－1 所示。就产品成本的总额而言，固定成本是不随产量变化的，但将该部分成本分摊到单位产品中，则单位产品的固定成本是可变的，并与产品产量呈反比变化。

（二）可变成本

可变成本亦称为变动成本，是指产品成本费用中随产品产销量变化而变动的成本费用。一般包括构成产品实体的原材料费、燃料及动力费、计件工资及福利费等；催化剂要根据具体情况，计入固定成本或可变成本。可变成本显著的特点是其成本总额与产量的增加或降低呈比例变化。但对单位产品而言，这部分成本则与产量多少无关，是固定的。

有些成本费用介于固定成本和可变成本之间，称为半可变成本或半固定成本。例如化工生产中的一些催化剂的活性与产品的产量有关，但也与催化剂本身寿命周期有关。从而催化剂的费用不与产量呈比例。通常也可以将半可变成本进一步分解为固定成本和可变成本两部分，所以产品总成本费用仍可划分为固定成本和可变成本。

长期借款利息应视为固定成本。流动资金借款和短期借款利息可能部分与产品产量相关，其利息应视为半可变成本。为简化计算，一般也将其作为固定成本。

将产品成本费用区分为固定成本和可变成本，可计算达产期各年的成本，以及对项目进行盈亏平衡分析等，在项目技术经济分析和评价中有重要的作用。图 2－1 也给出了产品成本费用中的固定成本和可变成本的构成。

三、成本、费用的估算

（一）直接材料费

1. 原材料费

原材料费可如下计算：

$$C_{\mathrm{M}} = \sum_{i}^{n} Q_i P_i \qquad (2-4)$$

式中，C_M 为原材料总费用；Q_i 为第 i 种原材料消耗定额；P_i 为第 i 种原材料单价；n 为原材料种类数。

外购原材料价格一般为其出厂价另加到厂的运杂费，即：

$$原材料价格 = 出厂价 + 运输费 + 装卸费 + 运输损耗 + 库耗 \tag{2-5}$$

如果所用原材料是直接进口，则

$$原材料价格 = 到岸价格 + 关税 + 产品税 + 国内运杂费 \tag{2-6}$$

2. 燃料及动力费

该项费用的计算与原材料费类似，即：

$$C_P = \sum_{i}^{n} Q_i P_i \tag{2-7}$$

式中，C_P 为燃料及动力费；Q_i 为第 i 种燃料及动力的消耗定额；P_i 为第 i 种燃料及动力的单价；n 为燃料及动力的种类数。

需要指出的是，燃料及动力的单价因来源、品质不同而有很大的差异。如蒸汽有自备专用锅炉和废热锅炉之别，也有高、中、低压蒸汽之区别，它们应分别估算和计价。

（二）直接工资

直接工资包括直接从事生产人员的工资、津贴及奖金等附加费，可按下式计算：

$$C_W = \frac{C}{Q}N \tag{2-8}$$

式中，C_W 为生产工人工资及附加费；C 为生产工人年平均工资和附加费；Q 为产品年产量；N 为工人定员。

（三）其他直接支出费用

其他直接支出费用主要是福利费，按有关现行规定，可按直接工资总额的14%计取。其计算式为

$$C_F = 14\% \times C_W \tag{2-9}$$

（四）制造费用

制造费用类似原来所指的车间经费，一般由基本折旧费、维修费和其他费用构成。

（1）基本折旧费按本章第二节介绍的有关方法计算。

（2）维修费也称为修理费，允许在成本中直接列支。如果当期的数额较大，可以实行预提或摊销的办法。维修费可按固定资产原值的一定比例如4%计取，或者按基本折旧额的一定比例如50%提取。

（3）其他费用也可按基本折旧额的一定比例计取。

除了上述方法外，为简化计算，制造费用也可按直接材料费、直接工资及其他直接支出费用总额的一定比例计取。通常该比例为15%～20%，即：

$$制造费用 = (直接材料费 + 直接工资 + 其他直接支出费) \times (15\% \sim 20\%)$$

$$= (C_M + C_P + C_W + C_F) \times (15\% \sim 20\%) \quad (2-10)$$

(五)副产品收入

化工副产品的净收入应在主产品成本中扣除，其净收入可按下式估算：

$$副产品净收入\ S_F = 销售收入 - 税金 - 销售费用 \quad (2-11)$$

由以上各项，可计算出产品制造成本或生产成本：

制造成本(生产成本) = 原材料 + 燃料动力费 + 工资及福利 + 制造费用 - 副产品收入

$$= (C_M + C_P + C_W + C_F) \times (1.15 \sim 1.20) - S_F \quad (2-12)$$

(六)管理费用

管理费用的多少，与企业组织管理形式、水平等有关。对于化工企业，可按下式估算：

$$管理费用 = 制造费用 \times (6\% \sim 9\%) \quad (2-13)$$

(七)财务费用

对建设项目，财务费用主要是贷款利息，因而财务费用可用贷款利息来估算。贷款利息的具体计算方法可参见本书第三章相关部分。

(八)销售费用

销售费用各行业可能相差较大，对大多数化工企业，其销售费用可按销售收入的一定比例估算。可计算如下：

$$销售费用 = 销售收入 \times (1\% \sim 3\%) \quad (2-14)$$

分别计算以上费用后，产品的总成本费用可计算如下：

总成本费用 = 制造成本 + 总费用 = 制造成本 + 管理费用 + 财务费用 + 销售费用

在对项目进行技术经济计算和分析时，为简便起见，总成本费用也可按下式计算：

$$总成本费用 = 原材料费 + 燃料及动力费 + 工资及福利费 + 修理费用 + 折旧费用 + 摊销费用 + 利息支出 + 其他费用 \quad (2-15)$$

其他费用可按工资及福利费的2～3倍估算。如果有副产品净收入，应从上式中扣除该项收入。

技术经济分析中重要的参数经营成本可计算如下：

$$经营成本 = 总成本 - 折旧费用 - 摊销费用 - 利息支出$$

第二节　折旧

一、折旧的概念

固定资产在使用过程中不可避免地发生有形磨损和无形磨损，造成其使用价值和价值的损耗。与原材料、燃料等消耗一样，这种损耗的价值以某种形式转移到产品中去，构成产品的成本。为了补偿固定资产磨损，应将转移到产品中去的这部分价值收回。但固定资产的价值不是一次全部转移，而是分次逐渐转移到产品中去的。在产品销售后，将分次逐渐转移到产品中去的固定资产价值回收称为固定资产折旧。

在生产过程中，为了保证设备的正常运转，还要进行维护保养和修理。也就是说，除了设备磨损的价值损耗外，还有额外的耗费。将转移到产品中去的额外耗费从产品价值中收回，称为大修理折旧。

二、固定资产折旧的计算方法和比较

折旧既涉及产品的成本，又涉及设备和技术更新的速度，因而，折旧是生产经营活动中一项很复杂而重要的工作。按财税制度规定，企业固定资产应当按月计提折旧，并根据用途计入相关资产的成本或者当期损益。财务分析中，按生产要素法估算总成本费用时，固定资产折旧可直接列支于总成本费用。

计算固定资产折旧时应当考虑四个因素：计提折旧基数、折旧年限、折旧方法和净残值。

(1)计提折旧基数。计提折旧基数是固定资产的原始价值或账面价值，也是固定资产成本。现行会计制度规定，一般以固定资产的原价作为计提依据，但选用双倍余额递减法计提折旧的企业，以固定资产的账面净值作为计提依据。

(2)折旧年限。折旧年限的长短直接关系到折旧率的高低，是影响折旧额的关键因素，与固定资产的使用寿命直接相关。

(3)折旧方法。企业应当根据与固定资产有关的经济利益的预期消耗方式，合理选择折旧方法。我国可选用的折旧方法包括年限平均法、工作量法、双倍余额递减法和年数总和法。固定资产的折旧方法一经确定，不得随意变更。如需变更应当符合相关的规定。

(4)净残值。净残值是指预计固定资产清理报废时可收回的残值扣除清理费用后的数额。企业应根据固定资产的性质和使用方式，合理估计固定资产的净残值。

固定资产折旧年限、预计净残值率可在税法允许的范围内由企业自行确定或按行业规定。项目评价中一般应按税法明确规定的分类折旧年限，也可按行业规定的综合折旧年限。

折旧是固定资产在使用过程中，通过逐渐损耗(包括有形损耗和无形损耗)而转移到产品成本或商品流通费用中的那部分价值。折旧的核算是一个成本分摊的过程，即将固定资产取得成本按合理且系统的方式，在它的估计有效使用期间内进行摊配。这不仅是为了收回投资，使企业在将来有能力重置固定资产，而且是为了把资产的成本分配于各个受益期，实现期间收入与费用的正确配比。由于折旧要计入产品成本，直接关系到企业当期成本的大小、利润的高低和应纳税所得额的多少。因此，如何计算折旧便成为十分重要的事情。

固定资产的折旧方法有很多，我国一般采用直线法，直线法是最简单的一种折旧计算方法。直线法是每年按照相同的数额进行折旧，也就是说每年折旧费用是相等的。

直线法的公式为：年折旧费用 = (固定资产原值 − 残值)/预计使用年限。

直线法包括平均年限法和工作量法。

(1)平均年限法：这是一种比较常用的折旧方法，是先确定固定资产使用寿命，然后根据其总价值和使用寿命计算出每年应该分摊多少折旧费用。

平均年限法计算年固定资产折旧额 D 的计算公式为：

$$D=\frac{\text{资产原值}-\text{预计资产残值}}{\text{折旧年限}}=\frac{P-S}{n} \tag{2-16a}$$

由式(2－16a)可导出年折旧率 r 的计算公式：

$$r=\frac{P-S}{nP} \tag{2-16b}$$

若残值 S 可以忽略不计，式(2－16b)可简化为：

$$r=\frac{1}{n} \tag{2-16c}$$

$$\text{年折旧额}=\text{单位工作小时折旧额}\times\text{年工作小时} \tag{2-17}$$

平均年限法不足：

首先，固定资产在使用前期操作效能高，使用资产所获得收入比较高。根据收入与费用配比的原则，前期应提的折旧额应该相应比较多。

其次，固定资产使用的总费用包括折旧费和修理费两部分。通常在固定资产使用后期的修理费会逐渐增加。而平均年限法的折旧费用在各时期是不变的，这造成了总费用逐渐增加，不符合配比的原则。

再次，平均年限法未考虑固定资产的利用程度和强度，忽视了固定资产使用磨损程度的差异及工作效能的差异。

最后，平均年限法没有考虑到无形损耗对固定资产的影响。

平均年限法优点：

平均年限法最大的优点是简单明了，易于掌握，简化了会计核算。因此在实际工作中得到了广泛的应用。

(2)工作量法，又称变动费用法。是根据实际工作量计提折旧额的一种方法。它的理论依据在于资产价值的降低是资产使用状况的函数。根据企业的经营活动情况或设备的使用状况来计提折旧。假定固定资产成本代表了购买一定数量的服务单位(可以是行驶里程数、工作小时数或产量数)，然后按服务单位分配成本。这种方法弥补了平均年限法只重使用时间，不考虑使用强度的特点。

计算公式：单位工作量折旧额 = 固定资产原价 ×(1 － 预计净残值率)/ 预计总工作量

某项固定资产月折旧额 = 该项固定资产当月工作量 × 单位工作量折旧额

工作量法的缺点：

首先，同平均年限法一样，未能考虑到修理费用递增以及操作效能或收入递减等因素。其次，资产所能提供的服务数量也难以准确估计。最后，工作量法忽视了无形损耗对资产的影响。

工作量法的优点：

由于工作量法自身的特点，在有些情况下使用工作量法反而比较合理。当有形损耗比无形损耗更重要，或在各个期间资产使用不均衡和不经常使用时，其固定资产使用程度与产品的生产工作量有关。在这些条件下，可以选择工作量法。实际工作中，某些价值大而又不经常使用或季节性使用的大型机器设备，可以用工作量法来计提折旧。

我国税法也允许对某些机器设备采用加速折旧法，加速折旧法又包括年数总和法和双倍余额递减法两种。

加速折旧法有其合理性。首先，固定资产的净收入在使用期是递减的。固定资产在前期效能高，创造的收入也大。同时，固定资产的大部分投资者在投资初期会加大对固定资产的利用程度。其次，固定资产的维修费用逐年增加。再次，未来净收入难以准确估计，早期收入比晚期收入风险小。最后，加速折旧法考虑了无形损耗对固定资产的影响。

因此采用加速折旧法的优点有：

①最初几年工作效能高，收入大，相应的折旧费用大，符合成本与收入的配比原则。同时，早期多提折旧也符合谨慎性原则。

②通过提高折旧水平可及早收回投资，即可减少无形损耗、通货膨胀带来的

投资风险。

③可以用递减的折旧费抵补递增的维修费，使企业利润在正常生产年份保持稳定。

④可以加快固定资产设备的更新，促进企业技术进步，刺激生产和经济增长，从而增加国家财政收入。

⑤折旧具有“税收挡板”的作用，由于递延了税款，相当于企业可以获得一笔无息贷款。这是鼓励投资、刺激生产、推动经济增长的一种政策性举措。

加速折旧法具有其科学性和合理性，根据其特点适用于技术进步快、在国民经济中具有重要地位的企业。如化工、医药、电子生产企业等。

(1)年数总和法。年数总和法，又称年限合计法，是将固定资产的原价减去预计净残值的余额乘以一个固定资产尚可使用寿命为分子、以预计使用寿命逐年数字之和为分母的逐年递减的分数计算每年的折旧额。

$$\text{计算公式：年折旧率}=\frac{(\text{折旧年限}+1)-\text{已使用年限}}{\text{折旧年限}(\text{折旧年限}+1)\times 0.5} \tag{2-18}$$

$$\text{年折旧额}=(\text{固定资产原值}-\text{预计净残值})\times\text{年折旧率} \tag{2-19}$$

某化工设备预计使用 5 年，则预计使用寿命的年数总和为 15(5 +4 +3 +2 +1)。第 2 年时尚可使用寿命为 4，此年的年折旧率为 4/15。

(2)双倍余额递减法。双倍余额递减法，是指在不考虑固定资产预计净残值的情况下，根据每期期初固定资产原价减去累计折旧后的金额(即固定资产净值)和双倍的直线法折旧率计算固定资产折旧的一种方法。双倍余额递减法的折旧为：

$$\text{年折旧费用}=(\text{固定资产原值}-\text{累计折旧金额})\times\text{折旧率}\times 2$$

计算公式：

$$r=1-\sqrt[n]{\frac{S}{P}} \tag{2-20a}$$

对于双倍余额递减法，其折旧率为：

$$\text{年折旧率}=\frac{2}{\text{折旧年限}} \tag{2-20b}$$

设折旧率为 r，则各年折旧额为：

第 1 年 $D_1=rP$

第 2 年 $D_2=r(1-r)P$

第 3 年 $D_3=r(1-r)^2P$

……

第 t 年 $D_t=r(1-r)^{t-1}P$ (2-21)

式(2-21)是余额递减法的通式。

实行双倍余额递减法的，应在折旧年限到期前两年内，将固定资产净值扣除净残值后的净额平均摊销。这种方法一般适用于使用寿命不长或者落后技术设备的折旧计算。

固定资产的折旧方法可在税法允许的范围内由企业自行确定。企业应当根据与固定资产有关的经济利益的预期消耗方式，合理选择折旧方法。固定资产的折旧方法一经确定，不得随意变更。如需变更应当符合固定资产准则第十九条的规定。总的来说，企业在选择固定资产折旧方法时，需要考虑到其实际情况和实际经营需要，结合不同的折旧方法对财务报表所产生的影响，做出最佳选择。

三、不同折旧方法的比较

不同的折旧方法对纳税企业会产生不同的税收影响。首先，不同的折旧方法对于固定资产价值补偿和补偿时间会造成早晚不同。其次，不同折旧方法导致的年折旧额直接影响到企业利润，因而造成累进税制下纳税额的差异及比例税制下纳税义务承担时间的差异。企业正是利用这些差异来比较和分析，以选择最优的折旧方法，达到最佳税收效益。

客观地讲，折旧年限取决于固定资产的使用年限。由于使用年限本身就是一个预计的经验值，使得折旧年限容纳了很多人为成分，为合理避税筹划提供了可能性。缩短折旧年限有利于加速成本收回，可以使后期成本费用前移，从而使利润发生后移。在税率稳定的情况下，所得税递延交纳，相当于取得了一笔无息贷款。下面举例说明选择不同折旧方法的影响。

依据目前有关规定，对于下述几类可以实行加速折旧法，但一般不允许采用缩短折旧年限法。①在国民经济中具有重要地位、技术进步快的化工生产企业、医药生产企业的机器设备；②对促进科技进步、环境保护和国家鼓励投资项目的关键设备，以及常年处于震动、超强度使用或受酸、碱等强烈腐蚀的机器设备；③外购的达到固定资产标准或构成无形资产的软件等，但资产折旧或摊销年限最短为 2 年。

【例 2－1】 某化工企业，一台生产设备固定资产原值为 180000 元，预计残值为 10000 元，使用年限为 5 年。试分别用下述方法算出各年的折旧额及折旧率：(1) 直线折旧法；(2) 年数总和法；(3) 双倍余额递减法。

解：(1) 直线法。由式(2－16)可算出各年的折旧额

$$D=\frac{P-S}{n}=\frac{180000-10000}{5}=34000(\text{元})$$

各年折旧率为：

$$r=\frac{P-S}{nP}=\frac{180000-10000}{5\times 180000}=0.1889$$

(2)年数总和法。由式(2－18)和式(2－19)可算出各年的折旧额和折旧率

第一年：

$$r_1=\frac{(\text{折旧年限}+1)-\text{已使用年限}}{\text{折旧年限}(\text{折旧年限}+1)\times 0.5}=\frac{(5+1)-1}{5(5+1)\times 0.5}=0.333$$

$$D_1=(\text{固定资产原值}-\text{预计净残值})\times\text{年折旧率}$$

$$=(180000-10000)\times 0.333=56666(\text{元})$$

第二年：

$$r_2=\frac{(5+1)-2}{15}=0.267$$

$$D_2=(180000-10000)\times 0.267=45333(\text{元})$$

其余各年的折旧额和折旧率用同样的方法计算出，列于表2－1中。

表2－1　用三种折旧方法计算的各年折旧率及折旧额

t 年末	直线法		年数总和法		双倍余额递减法	
	折旧率/%	折旧额/元	折旧率/%	折旧额/元	折旧率/%	折旧额/元
1	18.89	34000	33.3	56667	40.0	72000
2	18.89	34000	26.7	45333	40.0	43200
3	18.89	34000	20	34000	40.0	25920
4	18.89	34000	13.3	22667	40.0	14440
5	18.89	34000	6.7	11333	40.0	14440
合计		170000		17000		170000

(3)双倍余额递减法。首先，由式(2－20b)算出双倍余额递减法的年折旧率

$$\text{年折旧率}=\frac{2}{\text{折旧年限}}=\frac{2}{5}=0.40$$

代入式(2－21)，计算出各年的折旧额。

第1年：$D_1=rP=72000$(元)

第2年：$D_2=r(1-r)P=43200$(元)

第3年：$D_3=r(1-r)^2P=25920$(元)

最后两年即第4年和第5年，使用直线法计算折旧额：

第4、第5年的折旧额＝(180000－72000－432000－25920－10000)/2＝14440(元)

上述结果一并列于表2－1中。

四、无形资产和其他资产估算

在本章中已明确，固定资产原值包括有形固定资产、无形资产和其他资产三个部分的总和。有形固定资产应按上述的折旧方法计算，对于无形资产和其他资

产，按我国的现行规定，无形资产从开始使用之日起，在有效使用期限内平均摊入成本。法律和合同规定了法定有效期限或者受益年限的，摊销年限从其规定，否则摊销年限应注意符合税法的要求，无形资产的摊销年限不得低于10年。无形资产的摊销一般采用平均年限法，不计残值。无形资产的摊销采取直线法计算；企业应当按月对无形资产进行摊销。无形资产的摊销额一般应当计入当期损益，企业自用的无形资产，其摊销金额计入管理费用；出租的无形资产，其摊销金额计入其他业务成本；某项无形资产包含的经济利益通过所生产的产品或其他资产实现的，其摊销金额应当计入相关资产成本。作为投资或者受让的无形资产，在有关法律或合同中规定使用年限的，可依其规定使用年限分期计算摊销；外购商誉的支出，在企业整体转让或者清算时准予扣除。

其他资产的摊销可以采用直线折旧法（平均年限法），不计残值。摊销年限应注意符合税法的要求。

第三节　销售收入、税金和利润

一、收入

企业以货币形式和非货币形式从各种来源取得的收入，为收入总额。包括：销售货物收入，提供劳务收入，转让财产收入，股息、红利等权益性投资收益，利息收入，租金收入，特许权使用费收入，接受捐赠收入以及其他收入。收入按企业经营业务的主次不同，分为主营业务收入和其他业务收入；收入按企业从事日常活动的性质不同，分为商品销售收入、提供劳务收入和让渡资产使用权收入。本书主要讨论销售收入。

衡量生产成果的一项重要指标，是年销售收入或年产值。销售收入是产品作为商品售出后所得的收入：

$$销售收入 = 商品单价 \times 销售量 \quad (2-22)$$

在经济评价中，销售收入是根据项目设计的生产能力和估计的市场价格计算的，是一种预测值。在进行项目的企业财务评价时，商品单价可采用现行市场价格；在进行国民经济评价时，应使用计算价格。

$$年产值 = 不变价格 \times 产品产量 \quad (2-23)$$

在年产值中采用不变价格是为了消除各时期、各地区价格差异而造成产值不可比较的缺点。不变价格由国家有关部门定期公布。

二、税金

税金是国家依据税法向企业或个人征收的财政资金，用以增加社会积累和对经济活动进行调节，具有强制性、无偿性和固定性的特点。无论是盈利或亏损，都应照章纳税。税金是企业盈利的重要组成部分。与项目的技术经济评价有关的税种主要有增值税、城市维护建设税、教育费附加、消费税、资源税和所得税等。

(一)增值税

增值税是以商品生产流通和劳务服务各个环节的增值因素为征税对象的一种税，通常包括生产、流通或消费过程中的各个环节，是基于增值额或价差为计税依据的中性税种，增值税已经成为中国最主要的税种之一，增值税的收入占中国全部税收的60%以上，是最大的税种。

增值税的计算公式为：

$$增值税应缴税额 = 销项税额 - 进项税额 \tag{2-24}$$

$$销项税额 = \frac{含税销售收入}{1+税率} \times 税率 \tag{2-25}$$

进项税是指企业购买各种物资而预交的税金，应从出售产品所缴纳的增值税额中扣除。进项税额的计算为：

$$进项税额 = \frac{购入品的外购含税成本}{1+税率} \times 税率 \tag{2-26}$$

上述式中的税率即增值税税率。近年来，国家对增值税税率做了多次调整。2022年，一般纳税人的增值税税率根据不同的征收方式有一定的区别，适用于一般计税方式时，其增值税税率为13%、9%、6%、0；针对小规模纳税人和一般纳税人适用简易计税方法计征时，其增值税征收率为3%或5%，采用征收率计税的，不得抵扣进项税额。

增值税税率13%适用范围：①销售或进口货物(另有列举的货物除外)。②提供加工、修理修配劳务。③提供有形动产租赁服务。大多化工产品属于这个范围。增值税税率9%适用范围：①销售或进口农产品(含粮食)、自来水、暖气、石油液化气、天然气、食用植物油、冷气、热水、煤气、居民用煤炭制品、食用盐、农机、饲料、农药、农膜、化肥沼气、二甲醚、图书、报纸、杂志、音像制品、电子出版物。②销售服务，包括交通运输服务、邮政服务、基础电信服务、建筑服务、不动产租赁服务。③销售不动产。④转让土地使用权。增值税税率6%适用范围：①销售服务，包括增值电信服务、金融服务、研发和技术服务、文化创意服务、信息技术服务、物流辅助服务、鉴证咨询服务、广播影视服务、商务辅助服务、其他现代服务、文化体育服务、教育医疗服务、旅游娱乐服务、餐饮住宿服务、居民日常服务、其他生活服务。②销售无形资产(转让土地使用权除外)。增值税零税率适用范围：①纳税人出口货物(国务院另有规定的除外)。②国际运输服务。③航天运输服务。④向境外单位提供的完全在境外消费的列举服务，包括研发服务、合同能源管理服务、设计服务、广播影视节目(作品)的制作和发行服务、软件服务、电路设计及测试服务、信息系统服务、业务流程管理服务、离岸服务外包业务、转让技术。⑤财政部和税务总局规定的其他服务。

(二)城市维护建设税

对于生产企业，其税额为：

$$城市维护建设税额 = 增值税额 \times 城建税率 \quad (2-27)$$

城建税率因地而异，纳税者所在地是城市市区的为7%，县城、镇为5%。

(三)教育费附加

$$教育费附加 = 增值税额 \times 3\% \quad (2-28)$$

(四)消费税

消费税是以特定消费品为课税对象所征收的一种税，属于流转税的范畴。在对货物普遍征收增值税的基础上，选择部分消费品再征收一道消费税，目的是调节产品结构，引导消费方向，保证国家财政收入。消费税征收税目包括烟、酒及酒精、高档化妆品、贵重首饰及珠宝玉石、鞭炮和焰火、成品油(包括汽油、柴油、石脑油、溶剂油、航空煤油、润滑油、燃料油)、汽车轮胎、小汽车、摩托车、高尔夫球及球具、高档手表、游艇、木制一次性筷子、实木地板、电子烟、电池和涂料等。税率为3%~56%，其中成品油消费税税率：汽油1.52元/升、柴油1.20元/升、航空煤油1.20元/升、石脑油1.52元/升、溶剂油1.52元/升、润滑油1.52元/升、燃料油1.20元/升；酒及酒精10%~20%；高档化妆品15%；鞭炮和焰火15%；木制一次性筷子5%；实木地板5%；电池和涂料为4%。

(五)资源税

资源税是为了调节资源级差收入，促进企业合理开发国家资源，加强经济核算，提高经济效益而开征的一种税，征收对象是涉及自然资源开发利用的项目。目前，对原油、天然气、煤炭等的开发企业征收，所有开采者开采的所有应税资源都应缴纳资源税。表2-2列出了资源税的税目及税额幅度。

资源税额的计算式为：

$$资源税额 = 资源数量 \times 单位税额$$

表 2－2　资源税的税目及税额幅度

序号	税目	单位税额幅度
1	原油	5%
2	天然气	5%
3	煤炭	2.3～8 元/吨
4	其他非金属矿原矿	0.5～20 元/吨
5	黑色金属矿原矿	3～25 元/吨
6	有色金属矿原矿	0.4～60 元/吨
7	盐：固体盐	12～25 元/吨
	液体盐	3 元/吨

(六)所得税

所得税是对我国境内的企业和其他取得收入的组织的生产经营所得和其他所得征收的税收，是对有销售利润的企业普遍征收的一种税。依据《中华人民共和国企业所得税法》(2008 年 1 月)，对依法在中国境内成立，或者依照外国(地区)法律成立但实际管理机构在中国境内的企业即居民企业，所得税率为 25%；依照外国(地区)法律成立且实际管理机构不在中国境内，但在中国境内设立机构、场所的，或者在中国境内未设立机构、场所，但有来源于中国境内所得的企业即非居民企业，所得税率为 20%。对于符合条件的小型微利企业，减按 20% 的税率征收企业所得税。国家需要重点扶持的高新技术企业，减按 15% 的税率征收企业所得税。

所得税额应按下式计算：

$$所得税额=应纳税所得额\times所得税率 \quad (2-29)$$

此外，国家对重点扶持和鼓励发展的产业和项目，给予企业所得税优惠。企业的某些支出，可以在计算应纳税所得额时加计扣除或按一定比例抵扣应纳税所得额。例如：创业投资企业从事国家需要重点扶持和鼓励的创业投资；企业综合利用资源，生产符合国家产业政策规定的产品所取得的收入；企业购置用于环境保护、节能节水、安全生产等专用设备的投资额；开发新技术、新产品、新工艺发生的研究开发费用以及符合条件的技术转让所得等。

三、利润

利润是劳动者为社会劳动所创造价值的一部分，是反映项目经济效益状况的最直接、最重要的一项综合指标。利润以货币单位计量，有多种形式和名称，其中有：

$$毛利润=销售收入-总成本费用(盈利) \quad (2-30)$$

销售利润 = 毛利润 − 销售税金 = 销售收入 − 总成本费用 − 销售税金（税前利润） (2−31)

利润总额 = 销售利润 + 营业外收支净额 − 资源税 − 其他税及附加（实现利润） (2−32)

税后利润 = 利润总额 − 所得税（净利润） (2−33)

上述销售税金包括增值税和城市维护建设税；其他税及附加包括调节税、教育费附加等。

四、销售收入、成本、利润与税金之间的关系

如前所述，销售收入与成本等费用密切相关，企业的净收益（税后利润）与销售利润和税金相关，而税金又以销售收入或销售利润等为计算依据之一。为了便于清楚它们之间的相互关系，可参见图2−2。

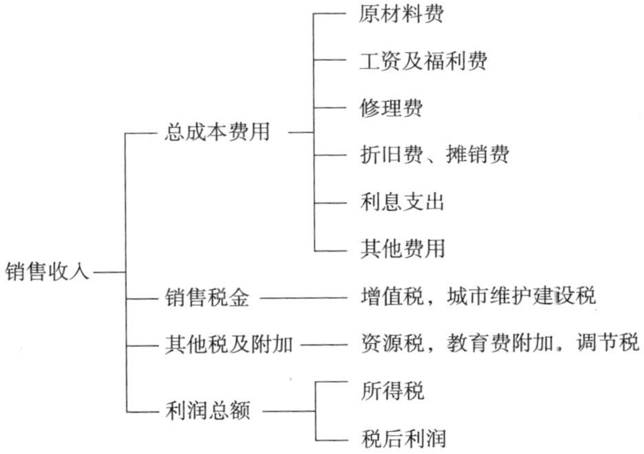

图2−2　销售收入、成本、利润与税金的相互关系

第四节　投资和融资

一、投资的基本概念

一般来讲，投资是指人们一种有目的的经济行为，即以一定的资源投入某项计划，以获取所期望的回报。投资可分为生产性投资和非生产性投资，所投入的资源可以是资金，也可以是技术、人力或者其他形式如产品品牌、商标等。上述投资的概念是广义的投资。本书所讨论的是狭义的投资，即是指人们在社会经济活动中，为某种预定的生产、经营目的而预先支出的资金等。

在建设项目的技术经济分析、评价中，根据计算的范围和用途，可将投资分为几种，其构成也有所不同。

建设项目总投资，是指建成一座工厂或一套生产装置、投入生产并连续运行所需的全部资金，它主要由固定资产投资、建设期贷款利息以及流动资金构成。对有的项目，还应包括固定资产投资方向调节税，如图 2－3 所示。

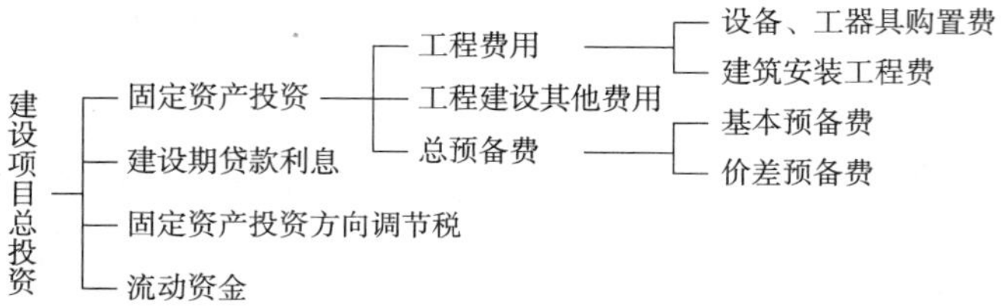

图 2－3　建设项目总投资构成

1. 固定资产投资

固定资产投资是指按拟定的建设规模、产品方案、建设内容等，建成一座工厂或一套装置所需的费用，包括工程费用、工程建设其他费用和总预备费。工程建设其他费用包括项目可行性研究费用、土地征用费、设计费、生产准备和职工培训等项目实施期间发生的费用。总预备费包括基本预备费和价差预备费。

2. 固定资产投资方向调节税

固定资产投资方向调节税是国家为了引导和控制社会投资方向和规模，使其符合国民经济和社会发展规划和产业政策而采用的税收杠杆。对于限制投资的项目，将征收这种调节税。

3. 流动资金

流动资金是使建设项目生产经营活动正常进行而预先支付并周转使用的资金。流动资金用于购买原材料、燃料动力、备品备件，支付工资和其他费用，以及垫支在制品、半制成品和制成品所占用的周转资金。在一个生产周期结束时，流动资金的价值一次全部转移到产品中，并在产品销售后以货币形式返回，在每一个生产周期完成一次周转。在项目寿命期内始终被占用，到项目寿命结束时，全部流动资金才能以货币形式回收。流动资金的构成如图 2－4 所示。

按我国的有关规定，固定资产投资又可分为基本建设投资和更新改造投资。基本建设投资，是指完成新建和扩建项目全部工作所需的资金，即包括从项目建设书的提出、可行性研究、勘察设计到施工、竣工、试车验收为止发生的所有费用。而更新改造投资是指用于现有企业已有设施进行技术改造和固定资产更新，以及相应的配套工程的投资。

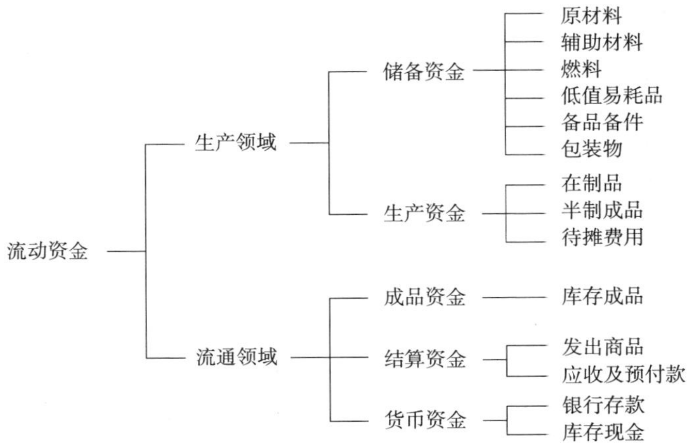

图 2-4　流动资金构成

二、项目资产

建设项目建成后将成为企业的资产，是企业从事生产经营活动的物质基础，并以各种形态分布或占用在生产经营的全过程。根据资本保全原则，当项目建成投产运营时，固定资产投资、固定资产投资方向调节税和建设期贷款利息将形成企业的固定资产、无形资产以及其他资产三部分。

(一)固定资产

固定资产是指使用期限超过一年，单位价值在规定标准以上，并且在使用过程中保持原有物质形态的资产。固定资产原值包括：工程费用(即建筑工程费、设备购置费和安装工程费)、固定资产其他费用、预备费、建设期利息等。

(二)无形资产

无形资产是指企业长期使用但没有实物形态的可辨认非货币性资产，无形资产原值包括：技术转让费或技术使用费(含专利权和非专利技术)、商标权、商誉等。

(三)其他资产

其他资产原称为递延资产，是指除流动资产、长期投资、固定资产、无形资产以外的其他资产，这些不能全部计入当年损益，应在以后年度内分期摊销。按照有关规定，除购置和建造固定资产以外，所有筹建期间发生的费用，先在长期待摊费用中归集，待企业开始生产经营起计入当期的损益。

(四)固定资产价值

一般将项目建成后按有关规定核定的固定资产价值称为固定资产原值，包括前述固定资产、无形资产和其他资产三个部分。按我国的现行规定，用基本建设贷款或基本建设拨款购建的固定资产，以建设单位交付使用的财产明细表中确定的固定资产价值为原值；而以专项拨款、专项基金和专用贷款购建的固定资产，以实际购建成本为原值；无形资产通常以取得该项资产的实际成本为原值。

按照《企业会计准则第 21 号——租赁》，融资租赁的固定资产，承租人应将租赁开始日租赁资产的公允价值与最低租赁付款额的现值两者中较低者作为租入资产的入账价值。计算最低租赁付款额的现值所用的折现率，应首先选择出租人的租赁内含利率，其次使用租赁合同规定的利率。如都无法知悉，应用同期银行贷款利率。项目评价中条件不清楚的，也可直接按该资产公允价值计算。

三、固定资产投资的估算

固定资产投资费用的估算，是技术经济分析和评价的基础资料之一，也是投资决策的重要依据。在项目建议书阶段，不允许也不必要花费较多的时间和精力去做详细的投资估算，可依据同类已有工厂的资料进行粗略的估算。在项目可行性研究阶段和初步设计阶段，可做较为详细的测算。下面将分别介绍几种常用的计算方法。

（一）单位生产能力估算法

如果拟建的工厂与已建成的工厂产品品种和生产工艺相同，可用已知工厂单位生产能力的投资费用为基础，估算拟建工厂的投资额。其估算公式为：

$$I_1 = \frac{I_2}{Q_2} \times Q_1 \tag{2-34}$$

式中，I_1 为拟建工厂投资额；I_2 为现有工厂投资额；Q_1 为拟建工厂生产能力；Q_2 为现有工厂生产能力。

若拟建工厂的生产能力是已知同类工厂的两倍以上或不到其二分之一，这种方法不宜采用。另外，地区的差别也不能忽略。厂址位于未开发地区，其投资费可能比已开发地区多25% ~40%，而在现有厂址基础上扩建，投资额则可能比全部新建少20% ~30%。此外，由于通货膨胀的影响，不同年份的投资额应按物价变动率作出适当的修正。

（二）装置能力指数法

拟建工厂与已知工厂的生产工艺相同，也可用下式估算拟建工厂的投资：

$$I_1 = I_2\left(\frac{Q_1}{Q_2}\right)^n \tag{2-35}$$

式中的 n 称为规模指数，是一个经验数据。表 2 -3 和表 2 -4 给出了一些装置和设备的规模指数。在没有文献可参考时，一般对于靠增加装置设备尺寸扩大生产能力的，可取 $n=0.6\sim0.7$；靠增加装置设备数量扩大生产能力的，可取 $n=0.8\sim1.0$；石油化工项目，通常取 $n=0.6$。同时，也不能忽略物价变动的影响。

表 2-3　一些装置的规模指数

装置类别	指数	装置类别	指数
烧碱	0.40	乙烯(炼厂气为原料)	0.83
氯气	0.40	丙烯腈	0.60
盐酸	0.68	催化裂化	0.55
氢气	0.75	催化重整	0.61
氰化钠	0.71	延迟焦化	0.45
过氧化氢	0.75	乙烯(油为原料)	0.72
硝酸	0.58	甲醛	0.55
氧气	0.68	甲醇	0.71
磷酸	0.60	低压聚乙烯	0.67
硫酸	0.65	高压聚乙烯	0.90
尿素	0.68	聚丙烯	0.70
合成氨	0.71	氯乙烯	0.80
硝酸铵	0.59	丁二烯	0.59
磷酸铵	0.68		

表 2-4　一些化工设备的规模指数

设备	指数	设备	指数
固体混合器	0.55	加热器	0.78
鼓风机	0.63	换热器(空冷)	0.80
压缩机(离心式)	0.80	(管壳式，小型)	0.45
(往复式)	0.40	(管壳式，大型)	0.75
离心机	0.55	泵	0.72
传送机	0.65	冷冻装置	0.72
干燥器(鼓型)	0.38	贮槽	0.52
(转型)	0.80	容器	0.50
(喷型)	0.22	塔(直径 5m 以下)	0.55
蒸汽喷射器	0.52	(直径 5m 以上)	0.70
过滤器	0.57		

(三)费用系数法

费用系数法是以方案的设备投资为依据，分别采用不同的系数，估算建筑工程费、安装费、工艺管路费以及其他费用等。其计算式为：

$$K_{固} = [K_{设备}(1 + R_1 + R_2 + R_3 + R_4)] \times 1.15 \quad (2-36)$$

式中，$K_{固}$ 为建设项目固定资产总投资额；$K_{设备}$ 为设备投资额；R_1、R_2、R_3、R_4 分别为建筑工程费用系数、安装工程费用系数、工艺管路费用系数以及其他费用系数，分别表示该项费用额相对于设备投资额的比值；1.15 为综合系数。

上式中投资额 $K_{设备}$ 的估算方法，一般是取各主要设备的现行出厂价之和，然后再乘以与次要设备、备品配件的投资及运杂费相关的附加系数，通常该系数可取为 1.2。

【例 2-2】 已知某化工项目的主要设备总出厂价为 300 万元。根据同类项目建设决算资料分析结果，知其建筑工程费用系数 $R_1 = 0.72$，安装工程费用系数 $R_2 = 0.15$，工艺管路费用系数 $R_3 = 0.35$，其他费用系数 $R_4 = 0.37$，试估算该化工项目的总投资。

解： 设备投资额 $K_{设备} = 300 \times 1.2 = 360$(万元)

项目固定资产总投资为：

$$\begin{aligned} K_{固} &= [K_{设备}(1 + R_1 + R_2 + R_3 + R_4)] \times 1.15 \\ &= [360(1 + 0.72 + 0.15 + 0.35 + 0.37)] \times 1.15 \\ &= 1072(\text{万元}) \end{aligned}$$

(四)编制概算法

建设项目的一个阶段称为初步设计，编制概算法就是根据建设项目的初步设计文件内容，采用概算定额或概算指标、现行费用标准等资料，以单位工程为对象，按编制概算的有关规则和要求，分单项工程测算投资，最后汇总形成项目固定资产总投资。

编制概算法的计算依据较为详细、准确，是一种较精确的投资测算方法，应用最为广泛。该方法通常分以下几个步骤进行。

1. 单项工程和单位工程的划分

单项工程是指具有独立设计文件，建成后可以独立发挥生产能力或产生效益的工程，如项目建设中的各个车间、仓库、公用工程和宿舍工程等；单位工程是指具有独立施工条件的工程，如机修车间、一幢宿舍楼等。一个建设项目可由两个或多个单项工程构成，而每一个单项工程又由一个或若干单位工程组成。以单位工程为对象，分别进行建筑安装工程概算、设备及工器具购置概算。

2. 编制设备工器具购置概算

设备工器具购置费由设备原价和运杂费构成。

（1）在确定设备原价时，国产设备与引进设备有所不同，而标准设备和非标准设备的原价也不相同。

对于国产标准设备，其设备原价即是设备制造厂的交付价格或出厂价格。化工建设工程中，非标准设备的比重较大，对非标准设备的原价，一般可根据非标准设备的类别、材质、重量等按设备单位重量规定的估价指标计算，或者对于施工现场制作的非标准设备，按照有关规定计算。

引进设备原价，一般由货价、国外运费、运输保险费、关税、银行财务费等组成。上述货价是指设备采购合同规定的设备价格。如果该货价是指到岸价，则已包括了国外运费和运输保险费，在计算引进设备原价时应扣除这两项费用。其他费用应按有关规定计算。

（2）设备运杂费是指设备在国内的运输费用，包括运输费（含基本运费、装卸费、搬运费、保险等杂费）、货物包装费、运输支架费、设备采购手续费等。

设备运杂费可如下计算：

$$设备运杂费 = 设备原价 \times 设备运杂费率 \tag{2-37}$$

式中的设备运杂费率可参考《化工设计概算、预算编制办法》中的有关规定。依据建厂所在地区不同，运杂费率有所差异，大多数为3%～16%。

根据设计文件所给出的设备、工器具清单，逐项计算出其购置费，汇总可得单位工程的设备、工器具费用。

3. 编制建筑安装工程概算

建筑安装工程费在建设工程造价的构成中占有重要的分量。为与计划、财务和统计部门数据一致，国家规定建筑安装费用由直接费用、间接费用、计划利润和税金等组成，如图2－3所示。

直接费用是指直接耗用在建筑安装工程上的各种费用，包括人工费、材料费、施工机械使用费和其他直接费。其中的人工费是指列入概预算定额的直接从事建筑安装工程施工的生产工人的工资、工资附加费及劳保费等。材料费是指列入概预算定额的材料、构件、零配件和半成品的用量以及周转材料的摊销量，按相应的预算价格计算的费用。施工机械台班量指按相应机械台班定额计算的建筑安装工程施工机械使用费。其他直接费用是指概预算定额分项定额规定以外的，而施工又需要的属于工程直接性质的费用，包括的内容可能较多，详见图2－5。

间接费用是建筑安装企业为了施工的组织和管理所需消耗的人力和物力的费用。它包括企业管理费、财务费用和其他费用。计划利润和税金按现行有关规定计算。

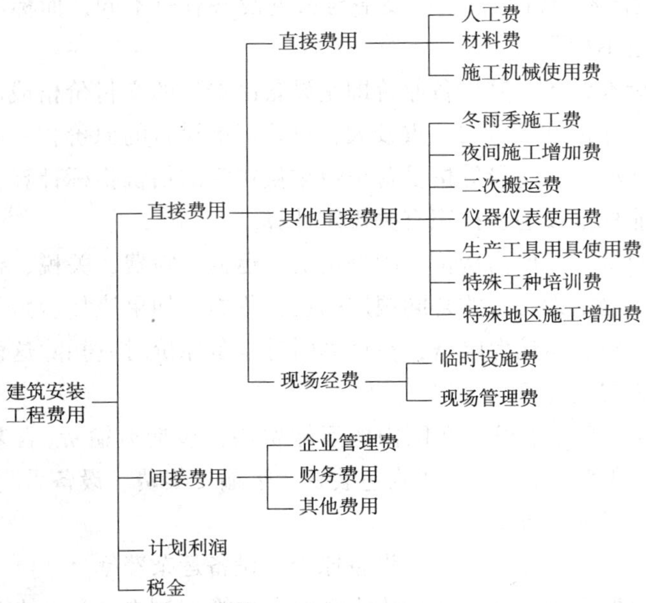

图2-5　化工建筑安装工程费用构成

依据项目方案所提出的建筑安装内容，逐项计算其费用，汇总可得单位工程的建筑安装工程费用。

4. 编制单项工程概算和工程费用概算

将构成该单项工程的各单位工程的概算汇总，即可得单项工程概算。再将构成工程建设项目的各单项工程概算汇总，可得工程费用概算。

5 编制其他费用概算

工程建设其他费用，是指在建设工程总费用中，除设备、工器具购置费和建筑安装工程费用以外的一切费用。工程建设其他费用是设计概算的独立组成部分，不包括在单位工程设计概算内，不直接作为建筑安装工程的成本，但属于项目总费用不可缺少的部分。

工程建设其他费用包括土地、青苗等补偿费和安置补助费、耕地占用税和土地使用税、研究试验费、勘探设计费等，应根据项目建设的具体情况予以确定。

6. 编制建设项目固定资产投资概算

由图2-3可知，建设项目固定资产投资，包括工程费用、工程建设其他费用以及总预备费。总预备费包括预备费和价差预备费。

预备费亦称基本预备费，是指在初步设计和概算中难以预见的工程和费用。价差预备费是指由于工程建设期间设备、材料等价格上涨而发生的价差。

7. 编制建设项目固定资产总投资概算

建设项目固定资产总投资除主要为固定资产投资外，还应包括建设期贷款利息以及固定资产投资方向调节税。这三项费用之和亦称为建设项目总造价。将前述已编制出的各项费用汇总，即得建设项目的全部固定资产投资。

四、流动资金的估算

流动资金是建设项目总投资的重要组成部分，是维持项目正常运营和产品流通必不可少的周转用资金。流动资金的需要量估算，是指为使项目生产和流通正常进行所必须保证的最低限度的物质储备量和必须维持在制品与产成品量的那部分周转用资金，亦称为定额流动资金。在技术经济分析和评价中，对项目流动资金量的估算，主要是估算定额流动资金额。

估算流动资金的方法有多种，但可大致分为两类：一是类比估算法，二是分项详细估算法。

(一)类比估算法

由于项目的流动资金需要量与项目的产业类别及产业特点有密切的内在联系，所以可以参照同类现有企业的流动资金占销售收入、经营成本、固定资产的比率以及单位产量占用流动资金的数额等，来估算拟建项目的流动资金需要量。属于此类的具体估算方法有多种，运用时需结合具体项目的情况和特点，选用适宜的估算方法。

1. 按经营成本估算

我国化工行业的销售收入流动资金率一般较国外偏高，可取15%～25%。

2. 按生产成本估算

国内无可借鉴的新建项目时，可按生产成本估算：

$$流动资金额=生产成本流动资金率\times年生产成本 \tag{2-38}$$

一般生产成本流动资金率可取为1.5～3个月的生产成本与年生产成本的比率。

(二)分项详细估算法

对建设项目的流动资金额需要进行比较详细估算时，可按照流动资产和流动负债各细项的周转天数或年周转次数来估算各细项的流动资金需要量。

按有关规定，可采用下述方式进行估算：

$$流动资金额=流动资产-流动负债 \tag{2-39}$$

其中

$$流动资产=应收账款+预付账款+存货+现金$$

$$流动负债=应付账款+预收账款$$

从而

$$流动资金额 = 应收账款 + 存货 + 现金 - 应付账款 \tag{2-40}$$

$$流动资金本年增加额 = 本年流动资金 - 上年流动资金 \tag{2-41}$$

1. 流动资产估算

(1)应收账款。应收账款是指企业销出商品、提供劳务等应收而尚未收回的本企业的资金，其计算式为：

$$应收账款 = \frac{年经营成本}{应收账周转次数} \tag{2-42a}$$

其中

$$周转次数 = \frac{360}{最低周转天数} \tag{2-42b}$$

(2)预付账款。预付账款是指企业为购买各类材料、半成品或服务所预先支付的款项，其计算式为：

$$预付账款 = \frac{外购商品或服务年费用}{预付账款周转次数} \tag{2-43}$$

(3)存货。存货是指企业在日常生产经营过程中持有以备出售，或者仍然处在生产过程，或者在生产或提供劳务过程中将消耗的材料或物料等，包括各类材料、商品、在制品、半制成品和制成品等。为简化计算，项目评价中仅考虑外购原材料、燃料、其他材料、在制品和制成品，并分项进行计算。各项计算式为：

$$存货 = 外购原材料和燃料 + 其他材料 + 在制品 + 制成品 \tag{2-44a}$$

$$外购原材料和燃料动力费 = \frac{年外购原材料和燃料动力费}{周转次数} \tag{2-44b}$$

$$在制品费 = \frac{年外购原材料和燃料动力费 + 年工资及福利费 + 年修理费 + 年其他费用}{在制品周转次数} \tag{2-44c}$$

$$制成品费 = \frac{年经营成本 - 年其他营业费用}{制成品周转次数} \tag{2-44d}$$

$$备品备件费 = \frac{年备品备件费}{周转次数} \tag{2-44e}$$

(4)现金。现金是指企业库存的现金，包括人民币和外币。其计算式为：

$$现金 = \frac{年工资及福利费 + 年其他费用}{现金周转次数} \tag{2-45a}$$

其中

$$\begin{aligned}年其他费用 = {} & 制造费用 + 管理费用 + 财务费用 + 销售费用 \\ & -(工资及福利费 + 折旧费 + 修理费 + 摊销费)\end{aligned} \tag{2-45b}$$

2. 流动负债估算

流动负债是指将在 1 年(含 1 年)或者超过 1 年的一个营业周期内偿还的债

务，包括短期借款、应付票据、应付账款、预收账款、应付工资、应付福利费、应付股利、应交税金、其他暂收应付款项、预提费用和1年内到期的长期借款等。在项目评价中，流动负债的估算可以只考虑应付账款和预收账款两项。

(1)应付账款。应付账款是指因购买原材料、商品或接受劳务等而应支付的款项或债务。其计算式为：

$$应付账款=\frac{外购原材料、燃料和动力以及其他材料年费用}{应付账款周转次数} \quad (2-46)$$

(2)预收账款：

$$预收账款=\frac{预收的营业收入年金额}{预收账款周转次数} \quad (2-47)$$

流动资金通常应在投产前开始筹集。为便于估算，按规定在项目建成投产运营的第一年就开始按达到产量设计的百分比安排同比例的流动资金，流动资金借款部分按全年计算利息。流动资金的利息应计入财务费用。

五、项目融资

(一)项目融资的特点和参与主体

项目融资通常是指以项目为主体的贷款，其偿还来源通常是项目本身的经济效益，包括项目未来可用于偿还贷款的净现金流量和项目本身的资产价值，故其融资基础源自项目的经济效益、项目投资者和其他有关方面对项目所做出的承诺，负债比例较高，贷款期限较长。项目融资主要具有下列特点。

1. 有限追索权

贷款方可在某个特定阶段或在一个规定的范围内对项目借款人实行追索，除此之外无论项目出现任何问题，贷款方均无权追索到项目借款人除该项目资产、现金流量及应承担义务之外的任何财产。

2. 风险分担

不由少数项目干系人承担项目债务的全部风险责任，而通过严格的法律合同，把责任和风险在项目投资者、贷款方、分包商、供应商以及其他项目干系人之间进行分担，以实现项目融资的顺利实施和有限追索。

3. 融资成本高

项目融资成本由前期费用和利息组成，前者包括法律费用、顾问费、评估费等，后者主要由贷款额度和利率决定。项目贷款的利率通常高于商业贷款利率，而高出的幅度则通常由贷款方在融资结构中承担的风险及贷款方对项目借款人的追索程度决定。

4. 信用结构多样化

项目借款人可将贷款的信用支持分配至与项目相关的各个关键方面，从而获得灵活的贷款信用支持，提高项目的债务承受能力，降低融资对项目借款人资信和其他资产的依赖度。

5. 非公司负债型融资

某个项目的债务，不进入项目借款人所在企业(即项目发起人)的资产负债表，项目债务的追索主要被限制在项目公司的资产和现金流量中，项目借款人承担有限责任。这种安排使企业能够以有限的财力进行更多的投资，也利于投资风险的分散。

项目融资的主体至少包括项目发起人、项目公司和贷款方三方。项目发起人通过对项目的投资活动获取利润，是项目的实际投资者；项目公司直接参与项目的投资和管理，承担项目债务责任和项目风险；贷款方通常包括一个或多个商业银行、非银行金融机构及某些出口信贷机构。除此三方之外，项目融资的主体还可能包括项目公司以外的其他借款人、财务顾问、技术专家、项目承建商、项目产品购买商、项目供应商、保险公司、担保受托方等。

(二)项目融资的审查与控制

项目融资由于贷款数量大、贷款期限长、风险高，贷款方对项目融资的审查通常极其严格，主要包括以下控制环节。

1. 融资对象审查

主要审查项目发起人、贷款用途和还款来源，与信用状况良好的项目发起人(或借款人)约定明确、合法的贷款用途和还款来源，并按照约定检查、监督贷款的使用和还款情况，防止挪用。

2. 风险审查

识别和评估融资项目中存在的建设期风险和运营期风险，包括政策、筹资、完工、市场、原材料、汇率、环保等方面可能出现的风险，形成风险评价报告，预测项目的未来收益和现金流。

3. 贷款金额与利率

综合考虑项目风险水平和风险承受能力，合理确定贷款金额和贷款利率，并合理确定贷款期限和还款计划。

4. 贷款担保

通常以项目资产和项目预期收益为贷款担保。

5. 风险控制

采取各种有效措施，降低和分散融资项目在建设期和运营期的各类风险，例如投保商业保险、建立完工保证金、签订长期供销合同等。

6. 贷款支付

贷款方通常根据项目实际执行的进度和资金需求，按照合同约定的条件，发放贷款，并对贷款资金的支付实施管理和控制。贷款发放后，贷款方定期进行贷后检查，包括项目借款人的履约情况、项目发起人的信用状况、项目的建设或运营状况等，并对出现的状况采取针对性措施，例如追加担保、提前收回贷款甚至解除合同、终止贷款等。

7. 贷款归还

贷款方和借款人约定专门的项目收入账户并实施动态监控，借款人根据合同约定的还款条件和支付方式进行还款，贷款方根据贷款担保、市场环境等因素的变动，定期评价项目风险，建立贷款风险预警和控制体系。

习题及思考题

2-1　什么是成本？什么是费用？

2-2　经营成本与产品总成本费用有何关系？

2-3　什么是固定成本和可变成本？产品总成本费用中哪些是固定成本？哪些是可变成本？

2-4　什么叫折旧？常用的折旧方法有哪些？

2-5　试举例说明销售收入与产值的差异。

2-6　我国的主要税种和附加费有哪些？

2-7　毛利润、销售利润、利润总额及净利润有什么相互关系？

2-8　投资的基本含义是什么？流动资金的作用是什么？其基本构成如何？

2-9　何谓企业的固定资产、无形资产及递延资产？它们是如何形成的？

2-10　流动资金的贷款利息应计入产品总成本的哪一部分费用？

2-11　某工厂购置一套设备需花费100000元，预计残值为1000元，计划使用期为5年。试用下列三种方法计算各年的折旧费及折旧率。

(1)直线法；(2)年数总和法；(3)双倍余额递减法。

第三章　化工技术经济分析的基本原理

第一节　可比性原则

为了达到某项目的经济目的，可采用不同的技术方案。在对这些可能的技术方案进行技术经济分析时，一方面需分析这些方案各自的经济效益，另一方面也要分析它们之间的相对经济效益。通过比较和分析，才能确定最佳的技术方案。可比性原则就是研究如何使不同的技术方案能建立在同一基础上进行比较和评价，从而保证技术经济评价结果的科学性和可靠性。

技术经济评价的可比性原则主要包括四个方面，即满足需要的可比性、消耗费用的可比性、价格的可比性和时间的可比性。认识和掌握这四项原则，是保证技术经济评价结论科学性、正确性的基础。

一、满足需要可比

任何技术经济方案的制订和实施都是为了达到一定的目的，即满足某种需要，例如为了提供一定数量的产品，或者为了提高产品质量，或者为了增加产品的花色品种，或者为了改善生产条件，或者为了提供某种劳动服务。所以，任何技术方案都是为满足预定的需要提出的。而达到同一目的或满足某一需要，可采用多种多样的途径和方法，即有多个技术方案可以相互替代。技术方案不同，其各自的投入、产出及经济效益不同，因而就需对这些技术方案进行比较、评价，进而选优。要比较就必须具备相比较的共同基础，其中之一就是满足相同的需要。

比如合成氨，可以采用不同原料生产，可以用煤炭作为原料，也可以用天然气作为原料，究竟使用哪一种原料比较经济合理呢？这就需要对使用煤炭作原料的方案和使用天然气作原料的方案进行比较。虽然煤炭和天然气在化学组成和物理性质等方面不一样，其生产氨所需要的设备和工艺有所差别，但是对于合成氨来说，它们都能满足需要，因而是可比的。

一般来说，技术方案主要是以提供产品的品种、产量和质量来满足社会需要。因而，满足需要的可比性，应在产品的品种(功能)、产量、质量等方面可比。

(一) 品种可比

要满足相同需要，首先是各技术方案所提供的产品品种或功能相同或基本相同，即具有产品品种可比性。对于这类技术方案，可直接进行技术经济比较和评价。

如果相比较的技术方案的产品品种结构差别较大，则各方案满足需要的效果将可能有较大的差别，不能相互比较，但可以作可比性处理。一般可采用分解法进行可比性处理，即对于一个单品种方案与一个多品种方案比较，需要把多品种方案分解成多个单品种方案，并合理地把费用分摊到分解出的各个单品种方案上，然后，与相应的单品种方案进行比较。例如，方案 A 满足动力供应需要，方案 B 满足动力供应和化工产品的需要，这两个方案不能直接比较，但可以把方案 B 分解为 B_1（动力供应）和 B_2（化工产品）两个独立的方案，然后，将 A 与 B_1 进行比较。

此外，某些技术方案涉及的产品品种从实物形态上看不相同，但其基本功能相同，仍可将这类技术方案进行可比性处理。譬如，煤炭与燃油不同，若均是作为燃料，其功能是相同的，对此可用效果系数加以修正。设一吨煤炭的发热量约为一吨燃油发热量的一半，可计算出煤炭与燃油的以发热量相比较的使用效果系数：

$$\alpha = \frac{E_{煤炭}}{E_{燃油}} = \frac{6500}{13000} = 0.5$$

然后，用使用效果系数 $\alpha = 0.5$ 修正以燃油为燃料的方案的投资总额和年经营成本总额；在此基础上，再与以煤炭为燃料的方案的投资总额和年经营成本总额相比较，以此来进行两方案的技术经济分析和评价。

(二) 产量可比

相比较的各方案在产品品种和质量相同的条件下，如果产品产量相等或基本相等，则具有产量可比性，可直接进行技术经济比较和评价。但当相比较的各方案生产规模不同、产品产量不相等时，则没有可比性。不能直接进行比较，需进行可比性的产品产量修正。

当相比较的方案产量相差不大时，可用单位产品指标进行比较和评价。可采用的单位产品指标包括单位产品投资额、单位产品经营成本及单位产品净收益等。例如，可如下计算方案 1、方案 2 的单位产品指标，从而进行比较：

$$p_1 = \frac{P_1}{Q_1},\ p_2 = \frac{P_2}{Q_2} \tag{3-1a}$$

$$c_1 = \frac{C_1}{Q_1},\ c_2 = \frac{C_2}{Q_2} \tag{3-1b}$$

$$m_1 = \frac{M_1}{Q_1}，\ m_2 = \frac{M_2}{Q_2} \tag{3-1c}$$

式中，p_1、p_2 为方案 1 和方案 2 的单位产品投资额；c_1、c_2 为方案 1 和方案 2 的单位产品经营成本；m_1、m_2 为方案 1 和方案 2 的单位产品净收益；P_1、P_2 为方案 1 和方案 2 的投资总额；C_1、C_2 为方案 1 和方案 2 的年成本总额；M_1、M_2 为方案 1 和方案 2 的年净收益总额；Q_1、Q_2 为方案 1 和方案 2 的年产量。

当相比较方案的产量指标相差较大时，可设想重复建设方案来满足产量可比原则。例如一个年产 10 万吨盐酸工厂与一个年产 5 万吨盐酸工厂的方案比较时，需用两个年产 5 万吨盐酸工厂的方案与一个年产 10 万吨盐酸工厂方案做比较，两者满足产量可比。

另外，对于这种产量指标相差较大的情况，也可以根据实际情况，选择一基准方案；以此基准方案的产品产量对其他方案的相应指标进行修正，得到在获得与基准方案相等产量时对应的折算投资总额及折算年成本总额等指标；再对其进行技术经济比较和评价。例如折算投资总额 $P_{折}$ 和折算年成本总额 $C_{折}$ 可用如下公式计算：

$$P_{折} = \frac{Q_{基}}{Q_{修}} P_{修} \left[1 - f_{P}\left(1 - \frac{Q_{修}}{Q_{基}}\right)\right] \tag{3-2}$$

$$C_{折} = \frac{Q_{基}}{Q_{修}} C_{修} \left[1 - f_{C}\left(1 - \frac{Q_{修}}{Q_{基}}\right)\right] \tag{3-3}$$

式中的下标“基”和“修”分别表示基准方案和修正方案；f_P 为总投资中固定费用所占比率；f_C 为产品总成本中固定成本所占比率。

(三) 质量可比

相比较的各方案在产品品种和质量相同的条件下，产品的寿命或有效成分的含量等主要质量指标相同或基本相同，即具备质量可比，可直接进行技术经济比较和评价。但有的时候由于不同技术方案的技术性能有差异，产品质量也不一定相同。为了满足质量可比条件，一般可把质量问题转化为数量问题进行比较。

$$L_2' = \frac{\theta_2}{\theta_1} L_2 \tag{3-4}$$

式中，L_2'为消除质量差别后的产量；θ_1、θ_2 为方案 1 和方案 2 的质量参数，$\theta_2 > \theta_1$；L_2 为方案 2 的产量。

例如，有两个生产化工阀门的方案，方案Ⅰ为国内长期采用的技术，方案Ⅱ为国外引进的新技术。两方案年产量均为 10 万件，规格相同。但方案Ⅰ的产品使用寿命是 1 年，方案Ⅱ的产品使用寿命是 3 年。两方案品种数量相同，但质量不同而不能直接比较。根据式(3-4)可得：

$$L_2 = \frac{\theta_2}{\theta_1} L_1 = \frac{3}{1} \times 10 = 30(\text{万件})$$

即 3 个方案Ⅰ可与方案Ⅱ比较，这样，就满足质量可比的要求。

二、消耗费用可比

消耗费用可比是指在计算和比较各技术方案的消耗费用时，必须考虑相关费用，以及各种费用的计算必须采取统一的规定和方法。

化工行业技术方案的实施，不仅对自身产生影响，也必然引起原材料供应和产品使用部门费用的变化。考虑相关费用就是要从整个国民经济出发，计算和比较因实施各技术方案而引起的生产相关环节或部门增加或减少的费用。如在计算磷酸生产方案的费用时，还应考虑到磷矿开采和运输量增加所需的费用，并应分析治理废水、废气和废渣对环境污染而增加的社会费用。

采取统一的规定和方法，是指各方案费用构成项目的范围应当一致，同时各方案费用的计算方法也应一致。例如，在计算投资指标时，也要将流动资金包括在内。又例如，对于上述磷酸生产方案费用计算，是否应将“三废”治理的社会费用考虑进去，各方案应当一致。如果不采用统一的计算范围和方法，计算的投资费用的差别是显而易见的，就不满足消耗费用可比。

三、价格可比

在计算各技术方案的投入费用和产出效益时，不可避免地涉及价格。价格可比就是要求采用合理、一致的价格。价格合理是指价格能够真实地反映产品的价值、有关产品之间的比价合理。由于我国的价格体系不够完善，存在着价格背离价值、比价不合理的现象。为了避免这些现象对经济效益分析的影响，需要对价格进行修正。

在技术经济分析中，对不可比价格进行可比性修正有以下方式。

1. 确定合理价格

对于一些价格与价值严重背离的商品，为了合理地利用资源、保护环境，取得最佳的投入产出效益，使国民经济效益达到最优，可按以下基本方法确定合理价格：

$$\text{合理价格} = \text{单位产品社会必要成本} + \text{单位产品合理盈利} \quad (3-5)$$

上式中单位产品社会必要成本包括单位产品中合理的劳动者为自己创造的价值，如工资及附加工资，也包括单位产品中合理的生产资料转移价值。

2. 采用国际贸易价格

对涉及产品进出口或利用外资、引进技术等项目的投入品或产出品的价格，可采用国际贸易价格进行方案的分析和评价。这种以国际贸易价格进行的价格可比性修正方式，有利于加速技术进步、优化资源配置及正确地对方案进行国民经济评价。

3. 采用折算费用

对一些投入品或者产品比价不合理的方案，可不用现行市场价格，而采用各项相关费用之和来达到价格的可比性，称为折算费用。采用折算费用能合理地分析和评价对比方案的经济效益。例如对“用煤方案”与“用电方案”进行比较时，由于目前我国电力和煤炭比价尚不合理，由此造成经济效益的失真。对这类方案，应采用折算费用，即对“用煤方案”采用煤炭开采、运输的全部消耗费用加上合理利润的煤折算费用，计算其经济效益；对“用电方案”也采用类似的折算费用。这样两种方案的价格具有可比性，从而能正确地比较和评价其经济效益。

4. 采用影子价格

影子价格是在最佳的社会生产环境和充分发挥价值规律作用的条件下，供求达到均衡时的产品和资源的价格，也称为最优计算价格或经济价格。影子价格比较准确地反映了社会平均劳动量的消耗和资源的稀缺程度，达到资源优化配置的目的，是发达国家较为普遍采用的一种价格可比性修正方式。在我国，对技术方案进行国民经济评价时，应采用影子价格计算项目或方案的效益、费用，并进行各方案的比较和评价。

5. 采用不同时期的变动价格

由于技术进步，劳动生产率提高，产品成本将降低，或者需求变化，价格将随时间的延长而发生变化。因而，在计算和比较方案的经济效益时，应考虑不同时间价格的变化。比如，近期方案相比较时，要采用现行价格或近期价格；远期方案相比较时，应采用预测的远期价格。当不同时期的方案相比较时，则应采用统一的、某一时期的不变价格，或者用价格指数折算成统一的现行价格，从而使相比较方案的价格具有可比性。

采用价格的可比性，对各方案经济评价结果影响较大，采用不合理的价格，很可能导致放弃最优的技术方案。方案经济评价结果对价格很灵敏。此外，决定价格的因素很多，有些因素是难以预测或掌握的，因而价格反映的价值只能是相近的或近似的，比价合理也是相对的，在实际工作中，如何得到合理的价格，是一个较复杂的问题。

四、时间可比

时间可比要求经济寿命不同的技术方案进行比较时，应采用相同的计算期。此外，技术方案在不同时期发生的费用支出和收益不能简单地加和，而必须考虑时间因素的影响。

对经济寿命不同的技术方案的比较，可采取它们寿命周期的最小公倍数作为共同的计算期。例如，有甲、乙两方案，甲方案的经济寿命是5年，乙方案是10年。对两方案进行比较时，它们共同采用的计算期应为两方案经济寿命周期的最小公倍数10年。这就是设想甲方案重复建设一次，即以两个甲方案的费用支出和收益，与一个乙方案的费用支出和收益相比较，从而满足时间可比的要求。

考虑到时间因素的影响，即由于资金具有时间价值，各方案有关费用发生的时间不同，持续的时间长短不一致，各时期发生的数额不一样，因而所产生的费用和经济效益有差别。必须在同时期基准上，考虑资金的复利后，才能进行计算和比较。这将在下一节讨论。

第二节　资金的时间价值

一、资金时间价值的概念

将一笔资金作为存款存入银行或作为投资成功地用于扩大再生产或商业循环周转，随着时间的推移，将产生增值现象，这些增值就是资金的时间价值。资金时间价值最常见的表现形式，是借款或贷款利息和投资所得到的纯利润。

从资金时间价值的表现形式来看，资金时间价值还可以进一步从以下两个方面来理解。

首先，如果通过直接投资，可从生产过程中获得收益或效益。将资金用于某项投资，在资金的运动过程(流通、生产、流通)中获得一定的收益或利润，使资金得到增值，例如直接投资兴办企业等。

其次，通过间接投资，出让资金的使用权来获得利息和收益，例如存入银行、放贷、购买债券、购买股票等。

从以上可以看出，如果放弃资金的使用权利，相当于失去收益的机会，也就相当于付出一定的代价。在一定时期内，这种代价就是资金的时间价值。

货币转化为资本进入流通领域并形成资本的循环是生产领域资金产生时间价值的根本原因。

在此过程中，主要经历了三个阶段。

第一个阶段：货币进入流通领域，通过购买过程，转化成生产要素；

第二个阶段：生产要素进入生产过程，经过投入一定的劳力与资源转化成商品；

第三个阶段：商品进入流通领域，提供可用的产品，满足人们的需要，从而回收更多的货币。

这样回收的货币与最初投入的货币之间的差值就是资金的时间价值。这个过程就是生产领域资金产生时间价值的原因。

二、资金时间价值的作用

认识资金的时间价值具有重要现实意义。资金的时间价值来源于劳动者在社会生产中所创造的价值。如果资金不投入生产或流通领域，不与劳动者的劳动相结合，就不可能形成增值。也就是说，没有存入银行参与生产和商品流通的“呆滞”资金，是不可能增值的。这实际上是一种经济损失。

为了缩减不必要的开支，节约使用资金，为了最大限度、合理、充分有效地利用资金，取得最好的经济效益，应认识和树立资金时间价值的观念，注意对资金利用的动态分析。对方案的评价，不仅要看其投资是否节省，而且要看其投资运用是否合理，投资效益是否良好。这对于提高方案技术经济评价的科学性，促进全社会重视资金的合理利用和有效运作，以及资金运用的优化配置，具有重要意义。

三、资金时间价值的衡量

利息、纯利润或纯收益是体现资金时间价值的基本形式，因而可用此作为衡量资金时间价值的基本尺度。这种尺度可分为绝对尺度和相对尺度。

借贷的利息和经营的纯利润或纯收益，都可视为资金使用的报酬，体现了资金在参与生产流通运动过程中的增值，因此是衡量资金时间价值的绝对尺度。

作为绝对尺度的利息、纯利润或纯收益的数额与本金数额、原投入资金多少以及时间长短有关。在单位时间内的利息额、纯利润或纯收益与本金或原投入资金额的比率，分别称为利率、盈利率和收益率，也统称为资金报酬率，是一种相对指标。这种相对指标反映了单位本金或单位原投入资金额的增值随时间变化，称为相对尺度，体现了资金随时间变化的增值率。技术经济分析中，在分析和计算资金的时间价值时，较多地采用相对尺度，单位时间通常为一年。

四、利息与利率

(一) 利息与利率的计算

利息是指占用资金所付的代价。如果将一笔资金存入银行或借贷出，这笔资金就称为本金。经过一段时间后，储户或出贷者可在本金之外再得到一笔金额，这就称为利息。这一过程可表示为：

$$F = P + I \tag{3-6}$$

式中，F 为第 n 个计息周期末的本利和；P 为本金；I 为利息。

利率是在一个计息周期内所得的利息额与借贷金额或本金之比，一般以百分数表示，其表示式为：

$$i = \frac{I_1}{P} \times 100\% \tag{3-7}$$

式中，i 为利率；I_1 为一个计息周期的利息。

式(3－7)表明，利率是单位本金经过一个计息周期后的增值额；利息也通常根据利率来计算。

(二)单利和复利

单利是只用本金计算利息，即不把前期利息累加到本金中去计算出的利息。我国银行存款利息实行单利，其计算公式为：

$$F = P(1 + ni) \tag{3-8}$$

式中，n 为计息周期数。

计息周期是指计算利息的时间单位，如年、季度、月等。

复利是不仅本金要计算利息，而且先前周期中已获得的利息也要作为这一周期的本金计算利息。以这种方式计算出的利息叫作复利。一般复利的计算公式为：

$$F = P(1 + i)^n \tag{3-9}$$

在我国，银行贷款利息为复利。在技术经济分析中，一般是按复利计息的，因为复利计息比较符合资金在社会再生产过程中的实际运动状况。

在技术经济分析中，利息的计算一般采用复利计算，利率是年利率，并以年为计息周期。但是在实际经济活动中，利率的时间单位可能与计息周期不一致，如计息周期可能是半年、一个季度，或者一个月等，这样一年对应的计息周期可能是2次、4次或12次等。由于一年内计算利息的次数不止一次，因此在复利的条件下，每计息一次，都要产生一部分新的利息，由此产生的实际本利和，利率也就不同了，因而产生了名义利率和实际利率的问题。

名义利率，是计息周期的利率与一年内的计息次数的乘积。是央行或其他提供资金借贷的机构所公布的未调整通货膨胀因素的利率，即利息(报酬)的货币额与本金的货币额的比率。名义利率通常是以年为计息周期的利率。实际利率是一年内按复利计息的利息总额与本金的比率，是指物价水平不变，从而货币购买力不变条件下的利息率。计息周期有：年、半年、季度、月、周、日等多种；当计息周期小于一年时，年实际发生的利率为实际利率。实际利率和名义利率的关系为：

$$i=\left(1+\frac{r}{m}\right)^m-1 \qquad (3-10)$$

或

$$r=m\left[(1+i)^{\frac{1}{m}}-1\right] \qquad (3-11)$$

式中，i 为实际利率；r 为名义利率；m 为年计息次数。

按年计息时，名义利率与实际利率是相同的，但当按季度、月、周等计算时，两者则不一致。例如，年利率为 12.0%，本金 1000 元，如果按年计息，一年后本利和为：

$$F=P(1+i)^n=1000\times(1+0.12)^1=1120(\text{元})$$

实际年利率为：

$$i=\frac{1120-1000}{1000}\times100\%=12.00\%$$

可见，名义利率与实际利率相同。如果仍是年利率为 12.0%，本金 1000 元，但按月计息，即每月的利率为(0.12/12) = 1.0%。一年 12 个月，即计息 12 次，到一年后本利和为：

$$F=1000\times(1+0.01)^{12}=1126.8(\text{元})$$

实际年利率为

$$i=\frac{1126.8-1000}{1000}\times100\%=12.68\%$$

这个 12.68% 是实际利率，高于名义利率($r=12.0\%$)。

第三节　现金流量及现金流量图

一、现金流量的概念与计算

我们将某一技术方案作为一个系统，对其在整个寿命周期内所发生的费用和收益进行分析和计量。在某一时间上，该系统实际支出的费用称为现金流出，该系统的实际收益称为现金流入。现金流入和现金流出的净差额，称为净现金流量。其计算式为：

净现金流量 = 现金流入 − 现金流出 = 收入款 − 支出款　　(3 − 12)

净现金流量可以是正、负和零。正数表示经济系统在一定寿命周期内有净收益，负数表示只有净支出或亏损，零表示盈亏平衡。

需要指出，技术经济学中的现金流量与会计学中的财务收支有较大的区别，主要表现如下。

第一，技术经济学中，由于考察的角度和范围不同，现金流量包括的内容也不同。例如企业缴纳的税金，从企业角度看是现金流出量，但从整个国民经济角度看则既不是现金流入也不是现金流出，因为社会的资源量没有变化，只是在国家范围内资金分配权和使用权的一种转移。而在会计学中税金则作为企业财务支出。

第二，在技术经济学研究中，现金流量中现金的含义不仅仅是现钞，也包括其他结算凭证，如转账支票等。而会计学中的现金，仅指现钞，即货币现金。

第三，技术经济学中流入或流出的现金流量都视为现金流量而一次性地计入发生的时点。例如固定资产投资和无形资产已在建设时，作为一次性支出而列为现金流出。因此，就不应在生产经营期以产品成本费用中的折旧、摊销费的形式再作为现金流出，以免重复计算。但在会计核算中，却以产品成本费用要素的形式逐期计提和摊销。

第四，技术经济学研究的是拟建项目未来不同时间将发生的现金流量，其数值是预测出的，因而预测的准确性很重要。而会计学涉及的是已经发生了的财务收支的实际数据，因而统计记录的完整性和真实性很重要。

二、现金流量的构成

在项目技术经济分析与财务评价中，项目寿命周期内现金流量主要由以下要素构成。

(1)固定资产投资及其贷款利息 I_P。除了项目固定资产投资在建设期全部投入外，固定资产投资贷款建设期利息实际上也已转为本金投入。所以，在技术经济分析和财务评价中，应将固定资产投资以及其建设期贷款利息都作为项目的现金流出项计算。

(2)流动资金投资 I_F。在项目建成投产时还要投入流动资金，以支付试生产和正式投产所需的原料、燃料动力等费用，才能保证生产经营活动的正常进行。因而，在技术经济分析和财务评价中，应将流动资金投资作为现金流出项计算。

(3)经营成本 C。经营成本是在项目建成投产后的整个运行期内，为生产产品或提供劳务等而发生的经常性成本费用支出。该经营成本应作为现金流出项计算。

(4)销售收入 S。销售收入是项目建成投产后出售产品或提供劳务的收入。在技术经济分析和财务评价中，应将销售收入作为重要的现金流入项计算。

(5)税金 R。国家颁布的税种有多种。在技术经济分析中，对项目进行财务评价时，税金作为重要的现金流出项计算。但在项目的国民经济评价时，税金既不属于现金流出，也不属于现金流入。

(6)新增固定资产投资 I_{ϕ} 与新增流动资金投资 I_{W}。在项目建成投产后的运行过程中，如果需增加投资，则新增加的固定资产投资和追加的流动资金在技术经济分析和财务评价中均作为现金流出项计算。

(7)回收固定资产净残值 I_{s}。在项目经济寿命周期结束、固定资产报废时的残余价值扣除清理回收费用之后的余额，称为固定资产的净残值，应将其作为现金流入项计算。

(8)回收流动资金 I_{r}。在项目经济寿命周期结束、终止生产经营活动时，应收回投产时以及投产后追加的流动资金，这部分回收的流动资金应作为现金流入项计算。

根据上述现金流量的构成要素，现金流量 CF 在不同时期的计算式可分别表示为

建设期：$$CF = I_{P} - I_{F} \quad (3-13)$$

生产期：$$CF = S - C - R - I_{\phi} - I_{W} \quad (3-14)$$

最末年：$$CF = S - C - R - I_{s} - I_{r}$$

三、现金流量图

现金流量图是以图形方式反映技术方案在整个寿命周期内各时间点的现金流入和流出状况，其特点是直观、清晰，便于检查核对，可减少或避免差错。现金流量图以纵轴表示现金流量，以横轴表示时间坐标，其形式如图 3-1 所示。

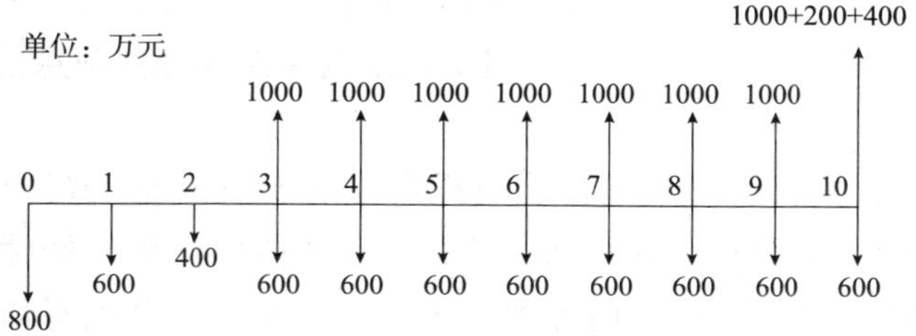

图 3-1　某化工项目现金流量图

绘制现金流量图的规定与方法如下。

(1)以纵轴为现金流量坐标，单位可取元、万元等。

(2)以横轴为时间坐标，时间间隔相等，时间的单位可根据需要选取为年、季度、月、周、日等，但通常以年为时间单位。

(3)现金流入为正，在横轴的上方，箭头向上；现金流出为负，位于横轴的下方，箭头向下。箭头线段的长短应反映出现金流入流出量的大小，最好能成比

例，使其具有直观等优点。

(4)时间坐标的原点通常为项目建设期开始的时点，有时也可根据需要将坐标原点取为投产期开始的时点。

(5)为简化和便于比较，通常规定在利息周期发生的现金流量均作为发生在周期终了时，如销售收入、经营成本、利润、税金、贷款利息等发生在各时期的期末。回收固定资产净残值与回收流动资金则在项目经济寿命周期末发生。

现金流量图形象地描述了项目在整个寿命周期内不同时间(年)的现金流收支情况，对于正确地进行经济效益分析和计算很有用。在实际工作中，一般也需将各年的现金流量列入表中再进行计算。图 3－1 反映了某化工项目的现金流量状况。该项目建设周期为 2 年，生产期为 8 年。第 1、2 年初固定资产投资分别是 800 万元和 600 万元，第 3 年初开始投产，投入流动资金 400 万元。投产后，年销售收入 1000 万元，年经营成本和税金支出是 600 万元。生产期最后一年回收固定资产余值 200 万元和流动资金 400 万元。

第四节　资金的等效值及其计算

一、资金等效值的概念

由资金的时间价值可知，一笔资金投入社会流通或生产，随着时间的推移，在不同时间，其绝对值是变化的。假设有人今年存入银行 1000 元，在年利率为 4% 时，3 年后可得本利和为：

$$1000\times(1+0.04)^3=1124.9(\text{元})$$

5 年后，本利和为：

$$1000\times(1+0.04)^5=1216.7(\text{元})$$

尽管资金的绝对数额不等，但在年利率为 4% 的条件下，5 年后的 1216.7 元或 3 年后的 1124.9 元的实际经济价值与今年的 1000 元却相同。这表明不同数额的资金，折算到某一相同时点所具有的实际经济价值是相等的，这就是资金的等效值或等值的基本概念。

资金的等效值考虑了资金的时间价值，在同一系列中，不同时点发生的有关资金，即使数额不等，其价值仍可能是相同的。决定资金等效值有三个因素，一是资金的数额，二是资金发生的时间，三是利率。其中，利率是一个关键的因素，资金的等效值是以同一利率为依据的。

资金的等效值在技术经济评价中有着重要的作用。根据这一概念，可将不同时间点的现金流量分别换算成某一时间点的现金流量，并保持其价值相等。把不同时间发生的资金支出和收入换算到同一时间，这样，就可以满足时间可比的原则，便于对不同技术方案的经济情况进行比较和分析。

在资金等效值计算中，把将来某一时间点的现金流量换算成现在时间点的等效值现金流量，称为“折现”或“贴现”，一般把将来时间点的等效值现金流量经折现后的现金流量叫作“现值”，而把将来时间点与现值具有同等价值的现金流量称为“终值”或“未来值”。

资金的等效值计算是以复利计算公式为基础，并经常使用现金流量图作为重要的辅助计算工具。等效值计算中的基准点一般选取计算期的起点，即最初存款、借款或投资的时间。

资金等效值的计算，根据现金流量的状况即是计算现值还是终值，可分为几种类型，包括一次支付类型等效值的计算、等额分付类型等效值的计算、等差序列现值计算，以及等比序列现值计算。下面分别介绍上述几种类型等效值的计算。

二、资金等效值的计算

（一）一次支付类型等效值的计算

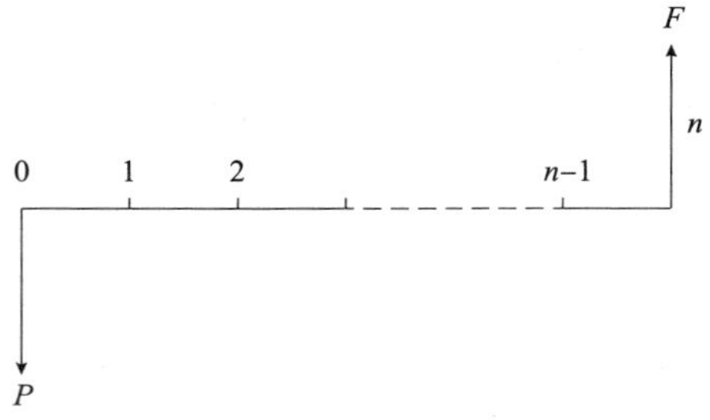

图3－2　一次支付现金流量图

一次支付又称为整付，是指流入或流出现金流量均在一个时点处一次发生，其典型的现金流量如图3－2所示。在所考虑的资金时间价值的条件下，若流入项目系统的现金流量正好能补偿流出的现金流量，则 F 与 P 就是等值的。一次支付 F 的等效值计算公式有两个，下面分别介绍。

1. 一次支付终值公式

一次支付终值公式就是前面求本利和的复利计算公式，亦称为一次支付复利公式，是等效值计算的基本公式，其他计算公式可以此为基础导出。

一次支付终值公式为：

$$F=P(1+i)^n=P(F/P,\ i,\ n) \tag{3-15}$$

式中，F 为资金的终值；P 为资金的现值；i 为利率；n 为计息周期。

式(3－15)在形式上与式(3－9)相同，但 F、P 是等效值概念上的终值和现值。i 可以是银行利率，更一般地说它是用于资金等效值计算的折现率，可取为银行利率，也可取为投资利润率，或者取为社会平均利润率。式中的 $(1+i)^n$ 称为一次支付终值系数，可用符号$(F/P, i, n)$表示。在该类型符号中，斜线"/"右边的P、i和n为已知条件，其左边的F是所求的未知量。

式(3-15)是用于已知支出本金(现值)P，当利率(报酬率或收益率)为i时，在复利计息的条件下，求第n期期末所取得的本利和，即终值F。其现金流量如图3-3所示。

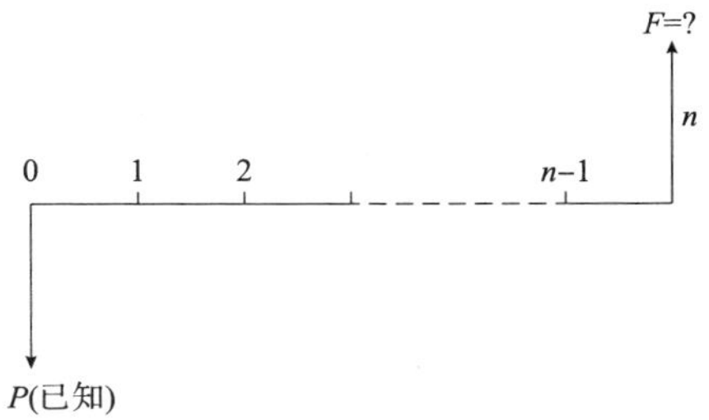

图3-3　一次支付终值计算现金流量图

【例3-1】　某化工企业计划购置一套新生产装置，拟向银行借贷款1000万元，若年利率为8%，借期为5年。问5年后，应一次性归还银行的本利和是多少？

解：$F=P(1+i)^n=1000\times(1+0.08)^5=1469$(万元)

即，5年后应一次性归还银行1469万元。

2. 一次支付现值公式

一次支付现值公式实际上是一次支付终值公式的逆运算，表示如果欲在未来的第n期期末一次收入F数额的现金流量，在利率为i的复利计算条件下，求出现在应一次投入或支付的本金P是多少。其计算公式为：

$$P=F(1+i)^{-n}=F\times\frac{1}{(1+i)^n}=F(P/F, i, n) \tag{3-16}$$

式中的$\frac{1}{(1+i)^n}$称为一次支付现值系数，或称折现(贴现)系数，可用符号$(P/F, i, n)$表示。一次支付现值计算现金流量如图3-4所示。

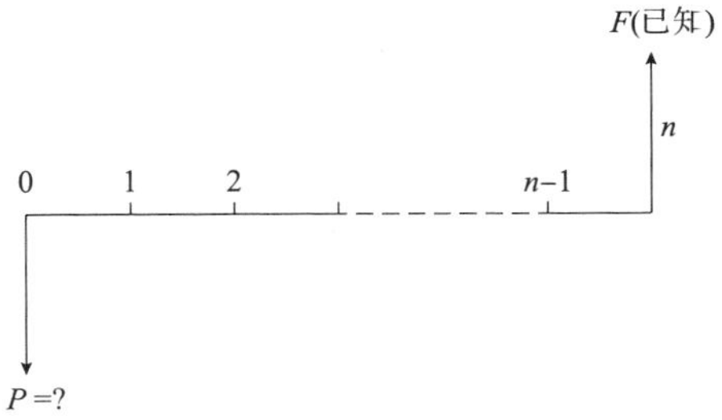

图3-4　一次支付现值计算现金流量图

【例3-2】　某化工企业拟在3年后购置一台新的过滤设备，估计费用为20万元。设银行存款利率为4%，现在应存入银行多少元？

解：$P=F(1+i)^{-n}=20\times(1+0.04)^{-3}=17.78$(万元)

即，现在应存入17.78万元。

(二)等额分付类型等效值的计算

等额分付是多次支付形式中的一种。多次支付是指现金流入和流出在各个时点上发生，而不是仅在一个时点上。各时点上现金流量的大小可以不相等，也可以相等。当现金流量序列是连续的，并且现金流量大小相等，则为等额系列现金流量。下面介绍等额系列现金流量的四个等效值计算公式。

1. 等额分付终值公式

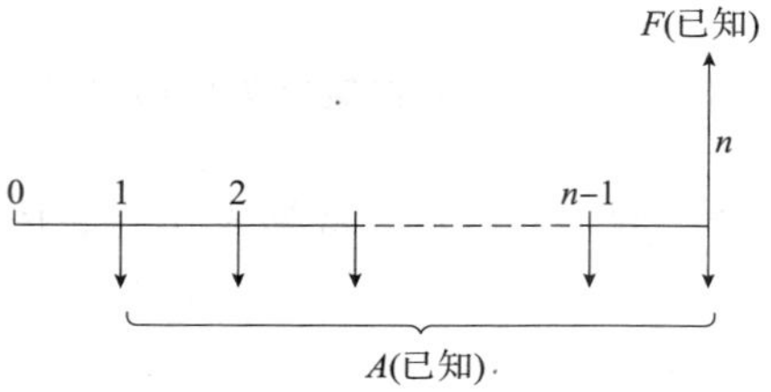

图 3－5　等额分付终值计算现金流量图

该公式用于对连续若干周期期末等额支付的现金流量 A，按利率复利计算，求其第 n 周期期末的终值 F，即本利和。该类计算在实际生活中也常常会遇到。例如，银行有一种储蓄称为零存整取，如果每年都存入等额现金 A，利率为 i，n 年后可从银行取得多少现金？这一问题的现金流量如图 3－5 所示。

从图 3－5 可知，在 n 期期末一次收回的总未来值(终值)F，应等于每期期末的等额支付序列值 A 对 n 期期末的终值之和，即

$$\begin{aligned} F &= A(1+i)^0 + A(1+i)^1 + A(1+i)^2 + \cdots + A(1+i)^{n-1} \\ &= A[1+(1+i)+(1+i)^2+\cdots+(1+i)^{n-1}] \end{aligned} \tag{3-17a}$$

上式中$[1+(1+i)+(1+i)^2+\cdots+(1+i)^{n-1}]$是一个公比为$(1+i)$的等比级数。根据等比级数的求和公式，可求出此等比级数的和为$\frac{(1+i)^n-1}{i}$，从而得到等额分付终值公式：

$$F = A\left[\frac{(1+i)^n-1}{i}\right] \tag{3-17b}$$

式中，A 是连续的每期期末等额支付的序列值，或称为等额年金序列值；$\frac{(1+i)^n-1}{i}$称为等额支付序列终值系数，亦可用符号$(F/A, i, n)$表示。

【例 3－3】 某技术改造项目的建设期为 4 年。在此期间，每年末向银行借贷 1000 万元，银行要求在第 4 年末一次性偿还全部借款和利息。若年利率为 8%，问第 4 年末一次性偿还的总金额为多少？

解： $F = 1000\left[\frac{(1+0.08)^4-1}{0.08}\right] = 4506.1$(万元)

即，第 4 年末一次性偿还的总金额为 4506.1 万元。

2. 等额分付偿债基金公式

这种情况与上述等额年金终值计算相反，是等额分付终值的逆运算，即按计

划在第 n 年末需要资金 F，采用每年等额筹集的方式，在利率为 i 时，每年要存入多少资金 A？解决这样问题的计算公式为：

$$A=F\left[\frac{i}{(1+i)^n-1}\right]=F(A/F,\ i,\ n) \tag{3-18}$$

式中，$\frac{i}{(1+i)^n-1}$称为等额分付偿债基金系数，可用符号$(A/F,\ i,\ n)$表示。其现金流量如图 3－6 所示。

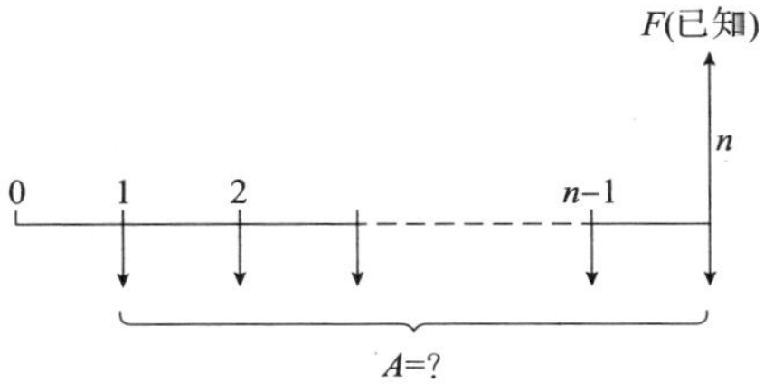

图 3－6　等额分付偿债基金计算现金流量图

【例 3－4】　某化工企业计划三年后建一丙类仓库，估计投资额为 3000 万元。欲用每年积累一定数额的专项建设基金解决。设银行存款利率为 4%，问每年末至少应存入多少钱？

解：$A=F\left[\frac{i}{(1+i)^n-1}\right]=3000\left[\frac{0.04}{(1+0.04)^3-1}\right]=961.1$（万元）

即，每年至少应存入 961.1 万元。

3. 等额分付资金回收公式

等额分付资金回收公式用于现在投入现金流量现值 P，在利率为 i、复利计算的条件下，在寿命期内与其等值的连续的等额支付序列值 A 的计算。其现金流量如图 3－7 所示。

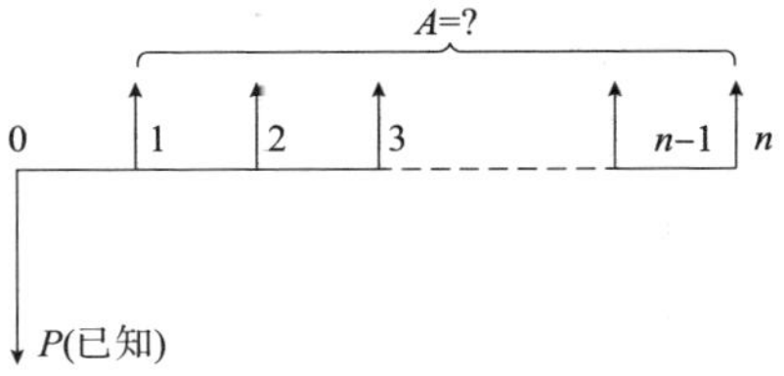

图 3－7　等额分付资金回收计算现金流量图

等额分付资金回收公式，可将一次支付终值公式(3－15)代入等额分付偿债基金公式(3－18)导出。

因 $$F=P(1+i)^n,\ A=F\left[\frac{i}{(1+i)^n-1}\right]$$

故 $$\begin{aligned}A&=P(1+i)^n\left[\frac{i}{(1+i)^n-1}\right]\\&=P\left[\frac{i(1+i)^n}{(1+i)^n-1}\right]\\&=P(A/P,\ i,\ n)\end{aligned} \tag{3-19}$$

式中的$\left[\frac{i(1+i)^n}{(1+i)^n-1}\right]$称为等额分付资金回收系数，可用符号$(A/P, i, n)$表示。上式常用于现在投入一笔资金，在今后若干年的每年年末等额回收，求每笔回收资金A的数额。

【例3-5】 某企业拟建一套过滤系统，需投资100万元，预计可用10年，假设期末无残值。如果在投资收益率不低于10%的条件下，问该系统投入使用后，每年至少应节约多少费用，该方案才合算？

解：已知$P=100$万元，$i=10\%$，$n=10$。

$$A=P\left[\frac{i(1+i)^n}{(1+i)^n-1}\right]=100\left[\frac{0.1(1+0.1)^{10}}{(1+0.1)^{10}-1}\right]=100\times0.16275=16.27(\text{万元})$$

即每年至少应节约16.27万元的费用，该方案才合算。

4. 等额分付现值公式

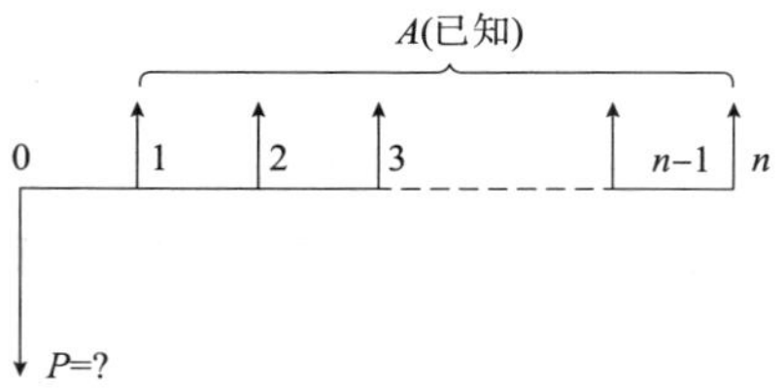

图3-8 等额分付现值计算现金流量图

式(3-20)表示要在每年末收入相同的金额A，在利率为i、复利计息的条件下，现在必须投入多少资金(现金)P。常用于求分期付(收)款的现值，其流量如图3-8所示。

等额分付现值实际上是等额分付资金回收的逆运算，所以其计算公式可由式(3-19)得到：

$$P=A\left[\frac{(1+i)^n-1}{i(1+i)^n}\right]=A(P/A, i, n) \qquad (3-20)$$

式中的$\left[\frac{(1+i)^n-1}{i(1+i)^n}\right]$称为等额分付现值系数，可用符号$(P/A, i, n)$表示。

【例3-6】 某化工企业欲购置一台水循环净化再生利用系统，每年可增加收益30万元，该系统可使用10年，期末残值为零。若预期年收益率为10%，问该系统投资的最高限额是多少？如果该系统售价为200万元，是否应购买？

解：已知$A=30$万元，$i=10\%$，$n=10$。根据式(3-20)得：

$$P=A\left[\frac{(1+i)^n-1}{i(1+i)^n}\right]=30\times\left[\frac{(1+0.1)^{10}-1}{0.1(1+0.1)^{10}}\right]=184.3(\text{万元})$$

即设备投资最高限额为184.3万元，但设备的售价超过该限额，故不宜购买。

(三)等差序列公式

等差序列是指按一个定数增加或减少的现金流量序列。例如，某项费用的支出逐年增加一个相同的数额，或某项收入逐年减少一个相同的数额，这些都是等差序列。图 3－9 表示逐期递增相同数额 G 的等差分付序列现金流量图。

从图 3－9 可见，现金流量可以分解为两部分：第一部分是由第 1 期期末现金流量 A_1 构成的等额分付偿债基金流量图，如图 3－10 所示；第二部分是由等差定额 G 构成的递增等差分付序列终值现金流量图，如图 3－11 所示。所以，该类序列的计算可分别进行。

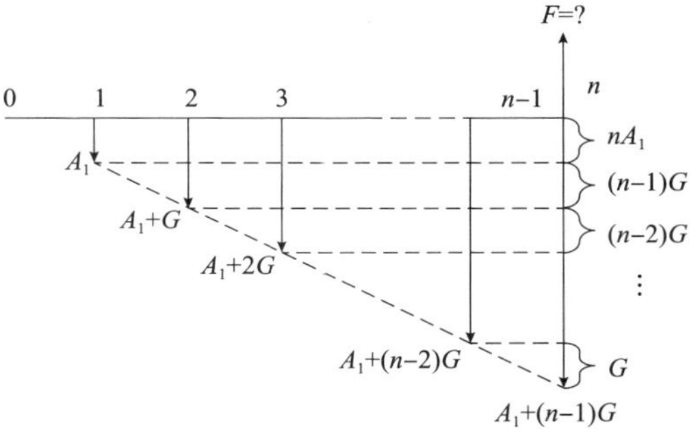

图 3－9　逐期递增等差分付序列终值现金流量图

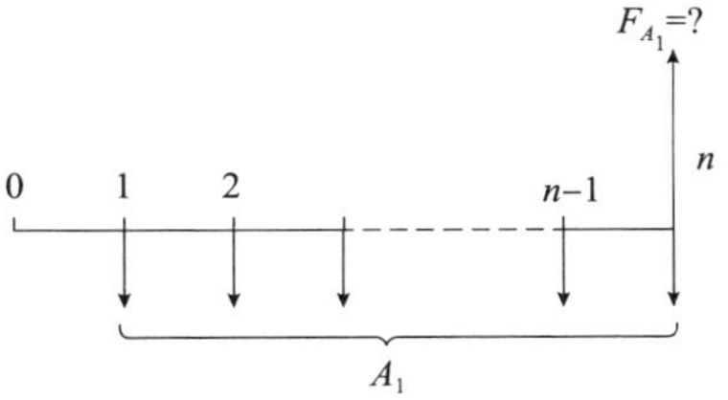

图 3－10　等额值为 A_1 的等额分付偿债基金流量图

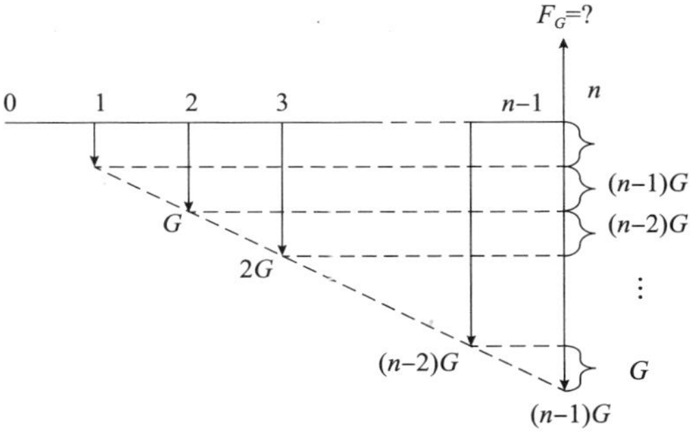

图 3－11　等差额为 G 的递增等差分付序列终值现金流量图

第一部分，如图 3－10 所示的等额值为 A_1 的终值计算式为：

$$F_{A_1}=A_1\left[\frac{(1+i)^n-1}{i}\right]=A_1(F/A_1,\ i,\ n)$$

第二部分，如图 3－11 所示的等差额为 G 的等差分付的计算。

1. 等差分付序列终值公式

图 3－11 表示已知等差额 G 和 i、n，求终值 F_G，即等差分付序列终值计算。从图 3－11 可知，第 n 期期末与等差分付序列等值的终值，应为每期期末的等差分付现金流量值折算为第 n 期期末的终值的累计总和，即：

$$F_G=G(1+i)^{n-2}+2G(1+i)^{n-3}+3G(1+i)^{n-4}+\cdots+(n-2)G(1+i)^{n-(n-1)}+(n-1)G(1+i)^{n-n} \tag{3-21a}$$

将上式两边乘以 $(1+i)$ 得

$$F_G(1+i)=G(1+i)^{n-1}+2G(1+i)^{n-2}+3G(1+i)^{n-3}+\cdots+(n-2)G(1+i)^2+(n-1)G(1+i)^1 \tag{3-21b}$$

式(3－21b)－式(3－21a)得

$$F_G \times i = G[(1+i)^{n-1}+(1+i)^{n-2}+(1+i)^{n-3}+\cdots+(1+i)^2+(1+i)^1+1-nG] \quad (3-21c)$$

再利用等比差级的求和公式，式(3－21c)可简化为：

$$F_G = G\left[\frac{(1+i)^n-1}{i}\right]-nG$$

即

$$F_G = \frac{G}{i}\left[\frac{(1+i)^n-1}{i}-n\right]=G(F/G,\ i,\ n) \quad (3-21d)$$

式中，$\frac{1}{i}\left[\frac{(1+i)^n-1}{i}-n\right]$称为等差分付终值系数，可用符号$(F/G,\ i,\ n)$表示。

2. 等差分付序列现值公式

用于已知等差额G和i、n，求现值P。该公式可直接由等差分付序列终值公式(3－21)乘以相同条件下的折现系数导出：

$$P = F_G \times \frac{1}{(1+i)^n} = \frac{G}{i}\left[\frac{(1+i)^n-1}{i}-n\right]\times\frac{1}{(1+i)^n}$$

$$= G\times\frac{1}{i}\left[\frac{(1+i)^n-1}{i(1+i)^n}-\frac{n}{(1+i)^n}\right]$$

$$= G\left[\frac{(P/G,\ i,\ n)-n(P/F,\ i,\ n)}{i}\right]$$

$$= G(P/G,\ i,\ n) \quad (3-22)$$

式中，$\frac{1}{i}\left[\frac{(1+i)^n-1}{i(1+i)^n}-\frac{n}{(1+i)^n}\right]$称为等差分付序列现值系数，可用符号$(P/G,\ i,\ n)$表示。

【例3－7】 某化工企业在技术改造中第一年的收益额为100万元，其后逐年进行技术改造，优化工艺参数等，使收益逐年递增。设第1年以后至第8年末收益逐年递增额为3万元。试求在年收益率10%的条件下，该厂8年的收益现值及等额分付序列收益年金值。

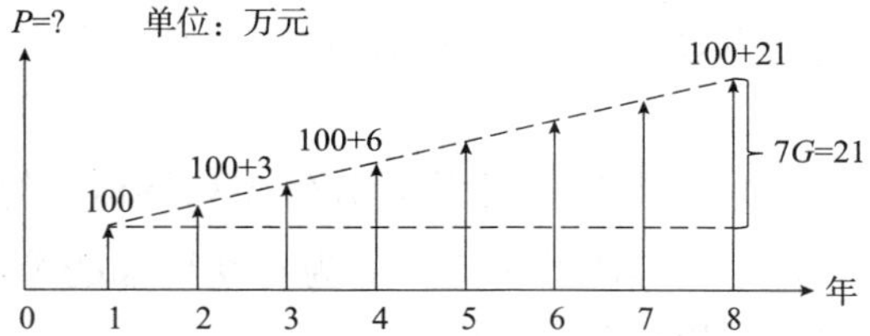

图3－12　例3－7的现金流量图

解：根据题意，这是递增等差分付序列，等差额$G=3$万元，其现金流量如图3－12所示。

图3－12的递增等差分付序列现金流量可以分解为两部分。

第一部分：以第一年收益额100万元为等额值A_1的等额分付序列现金流量，如图3－13所示。根据等额分付现值公式(3－20)，得

$$P = A_1\left[\frac{(1+i)^n-1}{i(1+i)^n}\right] = 100\times\left[\frac{(1+0.10)^8-1}{0.10(1+0.10)^8}\right] = 100\times 5.53 = 533(\text{万元})$$

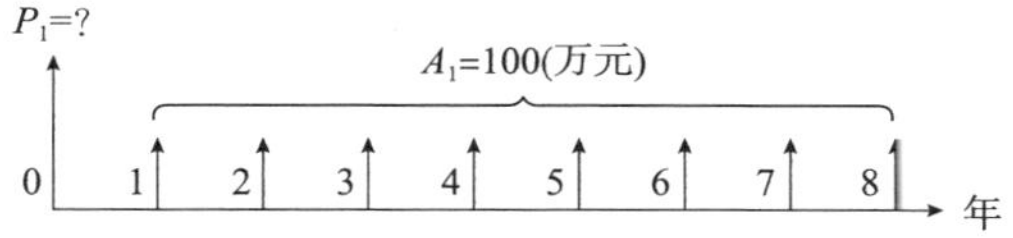

图3－13　例3－7的分解现金流量图(1)

第二部分：以等差额 $G=3$ 万元的递增等差分付序列现金流量，如图3－14所示。根据等差分付序列现值公式(3－22)，得

$$P = G\times\frac{1}{i}\left[\frac{(1+i)^n-1}{i(1+i)^n}-\frac{n}{(1+i)^n}\right]$$

$$=3\times\frac{1}{0.10}\left[\frac{(1+0.10)^8-1}{0.10(1+0.10)^8}-\frac{8}{(1+0.10)^8}\right]$$

$$=3\times 16.03 = 48(\text{万元})$$

所以 $P=P_1+P_2=533+48=581$(万元)

因此，该厂通过逐年技术改造在8年内收益现值为581万元。

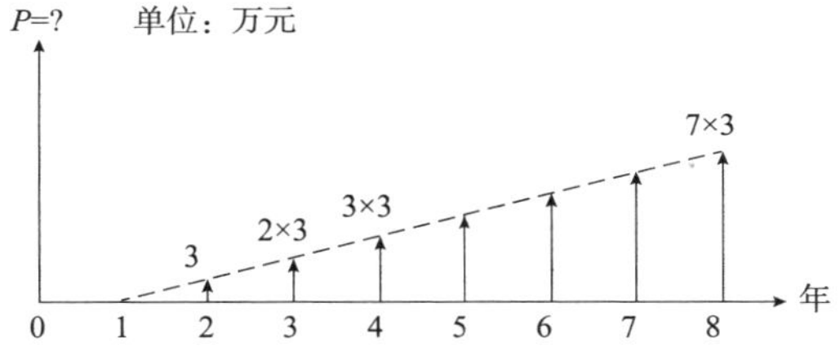

图3－14　例3－7的分解现金流量图(2)

(四)等比序列现值公式

有些技术方案的收益常呈现以某一固定百分率逐年递增或递减的情形。这种情况下现金流量就表现为等比序列，也称为几何序列。其现金流量如图3－15所示。

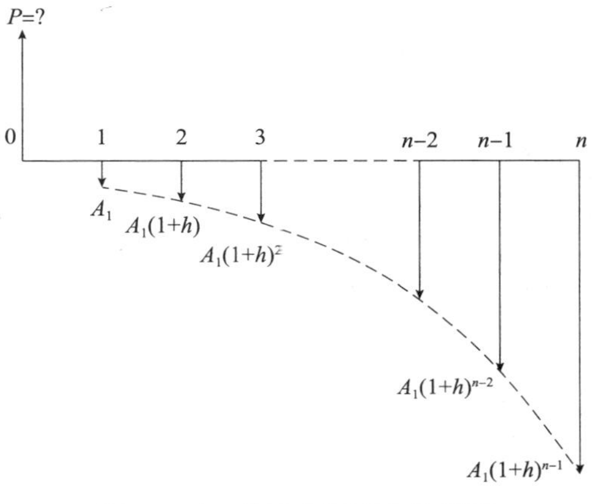

图3－15　等比序列现金流量图

从图3－15可知，等比序列现金流量的通式为：

$$A_t = A_1(1+h)^{t-1}\quad t=1,\ 2,\ \cdots,\ n \tag{3－23}$$

其总现值应等于各期等比支付的现值之和，即

$$
\begin{aligned}
P &= A_1(1+i)^{-1} + A_2(1+i)^{-2} + \cdots + A_n(1+i)^{-n} \\
&= A_1(1+i)^{-1} + A_1(1+h)(1+i)^{-2} + \cdots + A_1(1+h)^{n-1}(1+i)^{-n} \\
&= A_1(1+i)^{-1}[1 + (1+h)(1+i)^{-1} + \cdots + (1+h)^{n-1}(1+i)^{-(n-1)}]
\end{aligned}
$$

经过一步整理可得：

$$
P = \begin{cases} A_1 \times \left[\dfrac{1-(1+h)^n(1+i)^{-n}}{i-h}\right] & i \neq h \\ A_1 \times \dfrac{n}{1+i} & i = h \end{cases} \tag{3-24}
$$

其中的$\left[\dfrac{1-(1+h)^n(1+i)^{-n}}{i-h}\right]$和$\dfrac{n}{1+i}$称为等比现值系数，可表示为$(P/A, i, n)$。

(五)等效值计算公式汇总

为便于对等效值计算或复利公式的比较、分析和查阅，将各公式的类型、已知条件、要求的未知量、计算公式、复利系数及其符号等汇总于表3-1。

表3-1 资金等效值计算公式汇总

类型		已知	求解	计算公式	复利系数及符号
一次支付	终值公式	现值 P	终值 F	$F=P(1+i)^n$	一次支付现值系数 $(1+i)^n=(F/P, i, n)$
	现值公式	终值 F	现值 P	$P=F(1+i)^{-n}$	一次支付现值系数 $(1+i)^{-n}=(P/F, i, n)$
等额分付	终值公式	年值 A	终值 F	$F=A\left[\dfrac{(1+i)^n-1}{i}\right]$	等额分付终值系数 $\dfrac{(1+i)^n-1}{i}=(F/A, i, n)$
	偿债基金公式	终值 F	年值 A	$A=F\left[\dfrac{i}{(1+i)^n-1}\right]$	等额分付偿债基金系数 $\dfrac{i}{(1+i)^n-1}=(A/F, i, n)$
等额分付	现值公式	年值 A	现值 P	$P=A\left[\dfrac{(1+i)^n-1}{i(1+i)^n}\right]$	等额分付现值系数 $\left[\dfrac{(1+i)^n-1}{i(1+i)^n}\right]=(P/A, i, n)$
	资金回收公式	现值 P	年值 A	$A=P\left[\dfrac{i(1+i)^n}{(1+i)^n-1}\right]$	等额分付资金回收系数 $\left[\dfrac{i(1+i)^n}{(1+i)^n-1}\right]=(A/P, i, n)$
等差序列	终值公式	G	终值 F	$F_G=\dfrac{G}{i}\left[\dfrac{(1+i)^n-1}{i}-n\right]$	等差分付终值系数 $\dfrac{1}{i}\left[\dfrac{(1+i)^n-1}{i}-n\right]=(F/G, i, n)$
	现值公式	G	现值 P	$P=G\dfrac{1}{i}\left[\dfrac{(1+i)^n-1}{i(1+i)^n}-\dfrac{n}{(1+i)^n}\right]$	等差分付现值系数 $\dfrac{1}{i}\left[\dfrac{(1+i)^n-1}{i(1+i)^n}-\dfrac{n}{(1+i)^n}\right]=(P/G, i, n)$

续表

类型		已知	求解	计算公式	复利系数及符号
等比序列	现值公式	A_1 h	现值 P	$P=A_1\left[\frac{1-(1+h)^n(1+i)^{-n}}{i-h}\right]\quad i\neq h$ $P=A_1n(1+i)^{-1}\quad i=h$	等比现值系数 $\left[\frac{1-(1+h)^n(1+i)^{-n}}{i-h}\right]\quad i\neq h$ $n(1+i)^{-1}\quad i=h$ $=(P/A_1,\ i,\ n)$

习题及思考题

3－1　可比性原则包括哪些方面？

3－2　什么是资金的时间价值？

3－3　试述单利和复利的区别。

3－4　什么是现金流量图？如何绘制现金流量图？

3－5　什么是资金等效值？其影响要素有哪些？

3－6　某企业拟向银行商业贷款1000万元，5年后一次性还清。现有一家股份制银行可按年利率10%贷出，按年计息。另有一家地方商业银行愿按年利率9.0%贷出，按月计息。问该企业从哪一家银行贷款更合算？

3－7　一化工企业年初从银行贷款100万元，并计划从第二年开始，每年末偿还20万元。已知银行利率为8%，问该企业在第几年时，才能还完这笔贷款？

3－8　某企业计划5年后更新一台设备，预计那时新设备的售价为10万元，若银行年利率为8%，试求：(1)从现在开始，企业每年应等额存入多少钱，5年后才能够买一台新设备？(2)现在企业应一次性存入多少钱，5年后刚够买一台新设备？

第四章　经济效益与经济评价方法

第一节　经济效益

一、经济效益的概念

在人类社会活动中，从事任何实践活动都是为了达到一定的目的，取得预想的效果。由于所从事的实践活动的性质不同，所取得效果的性质也不同。尽管如此，无论从事何种实践活动，也不管取得什么性质的效果，都必须消耗劳动。也就是存在对取得的效果与所消耗的劳动的评价问题。这种对效果与劳动消耗的比较和评价，即是通常所指的经济效果问题。经济效果亦可称为经济效益，两者没有严格的区别。

提高经济效益或经济效果，是经济工作的核心。分析和评价与技术相关的经济活动的经济效益，是技术经济的主要任务。因为要取得任何有用的成果，即取得一定的使用价值，必须付出一定的代价，也就是说必须消耗一定数量的劳动。所谓经济效益，是指经济活动中所取得的使用价值或经济成果与获取该使用价值或经济成果所消耗的劳动的比较，或者说经济效益是经济活动中产出与投入的比较。

可见，经济效益必须将取得的经济成果与为此所付出的劳动耗费相联系。所以，经济效益通常可表达为：

$$E(\text{经济效益}) = \frac{V(\text{使用价值})}{C(\text{劳动消耗})} \tag{4-1}$$

式(4－1)中的 E 称为相对经济效益，表示单位消耗所获得的使用价值。除此之外，还可以用下述方式表达经济效益：

$$E(\text{经济效益}) = V - C \tag{4-2}$$

这是以绝对量的形式表示的经济效益，称为绝对经济效益。经济效益表达式中的劳动消耗包括活劳动消耗和物化劳动消耗两部分。活劳动消耗是指劳动者在经济活动中所耗费的劳动量；物化劳动消耗是指经济活动中所耗费的实物量，包括所消耗的设备、工器具、材料、燃料、动力等。不同的技术方案所取得的使用价值，应该从各方面来衡量，譬如产品的产量、质量、满足社会对产品品种或功能的要求、减轻劳动强度、保护环境的效果，以及对化工生产可持续发展的价值等。这些使用价值有的能够用货币表示，有的不能用货币表示，例如对环境保护的长远效益，对提高大众健康水平的作用，或对增强国防能力的作用等。对这些非常重要的因素，只能进行定性的分析。因此，使用价值应从可定量的和不可定量的两方面予以衡量。

对技术方案进行评价时，不仅要计算分析可以用货币表示的成果，而且要分析那些不能用货币表示的成果；不仅要重视可以定量的成果，也要对那些非定量化效果进行分析。在有的情况下，非定量化效果甚至成为决定方案取舍的决定性因素。

二、经济效益的分类

依据评价角度及分析对象的不同，经济效益可以有不同的分类。

1. 企业经济效益和国民经济效益

根据受益分析对象不同可以分为企业经济效益和国民经济效益。站在企业立场上，从企业的利益出发，分析得出的技术方案为企业带来的效果称为企业经济效益。而技术方案对整个国民经济以至整个社会产生的效果称为国民经济效益。由于分析的角度不同，对同一技术方案的企业经济效益评价结果与国民经济效益评价结果可能会不一致，这就要求不仅要做企业经济效益评价而且还要分析国民经济效益。对技术方案的取舍应主要取决于国民经济效益评价的结果。

2. 直接经济效益和间接经济效益

一个技术方案的采用，除了给实施企业带来直接经济效益外，还会对社会其他部门产生间接经济效益。如水电站建设，不仅给建设单位带来发电和旅游收益，而且给下游带来防洪收益。一般来说，直接经济效益容易看得见，不易被忽略。但从全社会角度，则更应强调后者。

3. 有形经济效益和无形经济效益

有形经济效益是指能用货币计量的经济效益，比如利润等；无形经济效益是指难以用货币计量的经济效益，例如技术方案采用后对改善环境污染、保护生态平衡、提高劳动力素质、填补国内空白等方面产生的效益。在技术方案评价中，不仅要重视有形经济效益的评价，还要重视无形经济效益的评价。

三、经济效益的评价原则

1. 技术、经济和政策相结合

某项技术是否要采用，并不完全取决于技术本身，还要看其是否具有生产上的适用性和经济上的合理性，并且要分析它对国民经济发展的促进作用。此外，宏观上还要求它能符合国家技术政策和经济政策。对经济效益的评价应充分地考虑技术、经济和政策诸方面的效果。

2. 宏观经济效益与微观经济效益相结合

宏观经济效益指的是社会效益或国民经济效益，而微观经济效益则是指企业或项目本身的经济效益。一般情况下，两者是一致的，但有时也有矛盾。在评价经济效益时，应使局部利益服从整体利益，选择宏观经济效益好的方案。

3. 短期经济效益与长期经济效益相结合

短期经济效益体现眼前的利益，长期经济效益应体现长远利益。在评价技术方案时，不仅要看到眼前的利益，也要分析和考察长远利益。只顾眼前利益，不符合社会的发展趋势，最终会葬送自己的利益，这样的技术方案不具有持久的生命力；只讲长远利益人们得不到应有的眼前利益，会损害人们的积极性。因此，正确处理好短期经济效益与长期经济效益的关系是很重要的，是保证化学工业可持续发展的重要内容。

4. 定性分析和定量分析相结合

经济效益有些是可以定量化的，有的则不能定量化，因而在评价技术方案时，不仅要从定量方面去衡量其经济效益的大小，而且要从定性方面分析经济效益的优劣。由于某些定性的效果往往也可以通过定量的数值指标反映出来，所以，定量分析比定性分析更加有效和重要。定量分析是定性分析的基础，定性分析又为定量分析指出方向，二者是相辅相成的。

四、提高经济效益的主要途径

从劳动成果及劳动消耗两个方面考虑，一切能增加产出以及能够节约活劳动与物化劳动消耗的办法和措施，都是提高经济效益的途径。

根据技术经济学的原理，影响企业和社会经济效益的因素很多，主要包括以下九个因素。

(1)提高产量和劳务量、增加品种。同样一个企业和一台机器设备，如果产量和劳务量提高，经济效益就可以成比例地提高。企业开工率不足，设备利用率不高，产量和劳务量少，经济效益就相应地降低。

(2)提高质量、优质优价。质量功能的优劣直接影响经济效益。提高成品率、优质品率和新产品率，可以直接改善经济效益。

(3)提高资金的利用效率。节约资金是提高企业和社会经济效益的一个非常重要的途径。

(4)提高能源和原材料的利用效率。在工业产品成本中能源和原材料费用占很大的比重(50% ~90%)。所以，节约使用物资，尤其是紧缺的原材料和能源，提高它们的利用效率，对提高经济效益有很大的影响。

(5)提高劳务的利用效率。交通运输是主要劳务部门。由于经济布局和运输调度不合理以及各种物资消耗定额偏高等种种原因，运输劳务量有很大的浪费。改进布局、合理调度、节约物资、减轻重量，就可以节约大量劳务量。

(6)提高人力的利用效率。提高劳动生产率，节约活劳动，也是提高经济效益的一个重要途径。

(7)提高自然资源的利用效率。把有限的自然资源利用好，提高利用效率，节约自然资源，发挥自然资源的最大作用。

(8)提高时间的利用效率。时间就是速度，时间就是经济效益。缩短建设工期，缩短达产期，缩短生产周期，加快流动资金周转的速度，就能够提高经济效益。

(9)调整经济结构和合理分配各种生产要素。提高经济效益的一个重要途径是调整经济结构和合理分配各种生产要素。价格是经济评价和利益分配的工具，如果价格不合理，既不能客观地反映经济效益的大小，也不能合理地分配利益，使各方面积极性受到影响，最后对经济效益产生不好的影响。所以，价格合理化是提高企业和社会经济效益的一个很重要的途径。

由此可见，提高企业和社会经济效益的措施是全方位的，必须依靠和动员企业、全社会的力量。有些措施是明显见效的，有些则是潜移默化长期才能见效的，但是都要认真对待。

五、技术经济指标体系及构成

(一)技术经济指标体系

不同的技术方案各有其特点，由此造成技术经济评价的复杂性，从而也决定了考察技术方案指标的多样性。对技术方案应从不同的方面去比较、分析才能反映其全貌，全面地评价技术方案，为技术经济决策提供科学依据。因此，就应该采用多种技术经济指标，从技术和经济的不同角度反映技术经济活动的效果，所有的技术经济指标就构成了衡量经济效益的指标体系。这些指标体系是全面、客观地衡量技术经济方案经济效益的基本依据。

(二)技术经济指标体系的构成

评价经济效益的指标体系，按照其应用范围可分为财务评价技术经济指标体系和全社会的国民经济评价指标体系两类。

1. 财务评价技术经济指标体系

财务评价技术经济指标体系是对工程项目或技术方案进行技术经济评价的一

系列指标，这些指标可分为以下几类。

(1)劳动成果类指标。这类指标反映采用技术方案或实施项目后可直接获得的有用成果，表征劳动成果的有数量指标、质量指标、品种指标以及时间指标等。

①数量指标是表示技术方案在一定时间所能提供的产品或产值数量水平的指标。产量指标包括可以直接、具体地反映技术方案在一定时期内能提供的劳动成果的数量，即实物量指标，也包括价值量指标，例如工业企业总产值、工业净产值等。

②质量指标是表示产品满足必要功能的程度。判别产品质量的优劣是看其是否符合国家和部门规定的质量标准。工业产品的质量通常包括性能、寿命、可靠性、安全性等要素。

③品种指标是表示在基本功能相同的条件下，能满足社会各种特别需求，从而在性能、形状等方面有明显差别的产品品种数量。例如化学肥料可分为氮肥、磷肥和钾肥，而氮肥又可进一步分为尿素、碳酸氢铵、稀氨水等品种。产品品种的数量、新品种增加的速度等反映了一个国家技术水平和满足国民经济需要的程度。

④时间指标是表示与时间因素紧密相关的指标，通常包括产品设计和制造周期、工程项目建设周期、使用年限、投资回收期、贷款偿还期等。

(2)劳动耗费指标。劳动耗费类指标可分为反映劳动消耗的指标和反映劳动占用情况的指标。这类指标可用实物量表示，也可用价值量表示。

①劳动消耗经济效益指标主要有反映活劳动消耗的指标，例如劳动生产率指标、全员劳动生产率，以及反映物化劳动消耗的指标，如原材料消耗、燃料和动力的消耗、单位产品折旧等。

②劳动占用经济效益指标主要有厂房和设备等固定资产占用和原材料储备、在制品等流动资金的占用量。

(3)综合经济效益类指标反映了劳动收益与劳动耗费的相互比较。这类指标包括利润率、投资收益率等。

2. 国民经济评价指标体系

(1)人均国民收入是体现项目的社会经济效益的一项重要的综合指标，该指标从总体上反映了人民生活富裕程度和一个国家或地区经济发展水平和实力。

(2)社会劳动生产率是指生产部门劳动者平均每人每年创造的国民收入，该指标综合地体现了全社会的劳动生产率，是反映国民经济效益的一项重要指标。

(3)社会积累效果是指单位社会积累基金所新增加的国民收入额。社会积累效果的高低反映了社会积累基金使用效率的高低和经济效益的大小。

(4)国民收入物质消耗率是指单位国民收入的物质消耗额，是反映社会物质消耗的一项重要的经济效益指标。

(5)能源利用效果是指每消耗相当于1吨标准煤的能量所创造的国民收入，是反映了项目对能源利用效果的一项重要效益指标。对于耗能大户化工行业，该指标尤为重要。

(6)资金利税率以单位资金所提供的利税总额，反映社会资金的利用效果。资金利税率高，表明单位资金为社会提供较多的利税，即社会纯收入。所以，资金利税率是衡量项目国民经济效益很重要的指标。

(7)流动资金占用率是指单位国民收入占用的流动资金数额，它反映了建设、生产和流通领域的经营管理水平。但许多化工生产企业的生产周期较长，所以流动资金的占用率可能在客观上较其他行业高。

(8)固定资产交付使用率是指计划周期内建成投产并交付使用的固定资产投资额与同期固定资产投资总额之比，反映了固定资产投资后形成的固定资产的使用能力。固定资产交付使用率是衡量固定资产投资效益的一项综合经济效益指标。

由上可见，衡量经济效益的指标体系是由一系列指标构成的。实际运用时，应根据技术方案或项目的特点，用一些最重要的指标来衡量其企业经济效益和国民经济效益。

第二节　经济评价概述

一、经济评价概念及类别

项目经济评价是指在对影响项目的各项技术经济因素预测、分析和计算的基础上，评价投资项目的直接经济效益和间接经济效益，为投资决策提供依据的活动。对工程项目进行经济性评价，其核心内容是经济效果的评价。经济效益是一个综合性的指标，不能仅从一项指标中得到完整的评价，需要多个评价指标从评价对象的几个方面进行评价，只有这样才能做出全面、客观的评价。

依据出发点不同，经济评价方法也有不同的分类。

按评价角度、目标和费用与效益识别方法的不同，项目经济评价可分为财务评价和国民经济评价。财务评价与国民经济评价的主要区别在于角度不一样，财务评价是站在企业角度看盈亏；而国民经济评价是站在全民的角度去分析评价。

根据所处的阶段不同，经济评价可以分为三类：投资前期评价、投资期评价和投资运行期评价。

投资前期评价属于预测性和探索性评价，如果投资项目的经济效益不佳，可另选项目；投资期评价属于进行中评价，在此期间若发现问题，可采取改进措施，或暂时终止，以保证预期投资效益的实现；投资运行期评价属于事后评价，是在项目投产后，将设计能力与实际生产能力、预计经济效益与实际达到的经济效益相比较，考察投资项目是否符合投资目标及设计要求。

二、项目经济评价指标分类

经济效益是一个综合性指标，而任何一种具体的评价指标都只是反映项目的某一侧面或某些侧面，却忽视了另外的因素。因此，经济效益应采用不同的指标予以反映，从多个方面进行分析考察。目前国内外提出的经济评价指标和方法很多，在项目评价中常用的有几十种。

这些评价方法根据资金的回收速度、获利能力及使用效率可以分为三类：

第一类是以时间作为计量单位的时间型评价方法。时间型指标兼顾了经济性和风险性，主要有静态评价指标、动态评价指标、投资回收期以及贷款偿还期等。

第二类是以货币单位计量的价值型指标，如净年值、净现值、费用现值和费用年值等。

第三类是反映资源利用效率的效率型指标，如总投资收益率、净现值指数、内部收益率和外部收益率等。

在项目经济评价指标中，净现值、内部收益率和投资回收期是最常用的项目经济评价指标。由于净现值反映项目投资所获得净收益的现值价值大小，它的极大化与企业经济评价目标是一致的，因此，净现值是项目经济评价时常用的评价指标，并且常用来检验其他评价指标。

第三节　静态评价方法

在评价项目经济效益的指标中，一类不考虑资金时间价值的指标，叫作静态评价指标。利用这类指标对技术方案进行评价，称为静态评价方法。一般地讲，静态评价比较简单、直观，运用方便，但不够准确。静态评价主要用于项目可行性研究初始阶段的粗略分析和评价，以及技术方案的初选阶段。

一、静态投资回收期法

投资回收期，也称为投资偿还期或投资返本期，是指技术方案实施后的净收益或净利润抵偿全部投资额所需的时间，一般以年表示。不考虑资金时间价值因素的投资回收期，称为静态投资回收期。

(一)静态投资回收期的计算

投资回收期是反映技术方案清偿能力的重要指标，希望投资回收期越短越好，其一般计算公式为：

$$\sum_{t=0}^{P_t}(CI-CO)_t = 0 \tag{4-3}$$

式中，P_t 为以年表示的静态投资回收期；CI 为现金流入量；CO 为现金流出量；t 为计算期的年份数。

如果投产后每年的净收益$(CI-CO)$相等，即

$$(CI-CO)_1=(CI-CO)_2=\cdots\cdots=(CI-CO)_t=Y$$

或者用年平均净收益计算，则静态投资回收期的计算可简化为：

$$P_t=\frac{I}{Y} \tag{4-4}$$

式中，I 为总投资；Y 为年平均净收益。

投资回收期的起点，一般从建设开始年份算起，也可以从投产年或达产年算起，但应予注明。

求得的技术方案的投资回收期 P_t 应与部门或行业的标准投资回收期 P_s 进行比较。当 $P_t \leqslant P_s$ 时，认为技术方案在经济上是可以考虑接受的；当 $P_t>P_s$ 时，认为技术方案在经济上不可取。

【例4-1】 对某建设项目的计算结果显示，该项目第一年建成，投资100万元。第二年投产并获净收益20万元，第三年的净收益为30万元，此后连续五年均为每年50万元。试求该项目的静态投资回收期 P_t。

解： 将已知条件代入静态投资回收期计算式(4-3)得

$$\sum_{t=0}^{P_t}(CI-CO)_t=-100+20+30+50=0$$

即该项目的静态投资回收期从建设开始年算起为4年，若从投产年算起为3年。

静态投资回收期也可用财务现金流量表中累计净现金流量计算：

$$\text{静态投资回收期}(P_t)=(\text{累计净现金流量开始出现正值年份数})-1+\left[\frac{\text{上年累计净现金流量绝对值}}{\text{当年净现金流量}}\right] \tag{4-5}$$

【例4-2】 某项目建设方案的投资和收益情况如表4-1所示，若标准投资回收期为5年，试用静态投资回收期法评价此方案。

解：根据表 4－1 中的数据可计算出项目方案各年净现金流量及累计净现金流量如表 4－2 所示。

根据表 4－2 的结果和式(4－3)可得

$$P_t = 5 - 1 + \left(\frac{|0|}{40}\right) = 4.0(\text{年})$$

表 4－1　例 4－2 的项目投资、收益情况

年份	投资/万元	净收益/万元	年份	投资/万元	净收益/万元
0	80	—	5	—	40
1	20	—	6	—	40
2	—	20	7	—	40
3	—	40	8	—	40
4	—	40			

表 4－2　例 4－2 的净现金流量及累计净现金流量

年份	净现金流量/万元	累计净现金流量/万元	年份	净现金流量/万元	累计净现金流量/万元
0	－80	－80	5	40	40
1	－20	－100	6	40	80
2	20	－80	7	40	120
3	40	－40	8	40	160
4	40	0			

(二)静态追加投资回收期

评价单一方案时，可以用静态投资回收期判断该方案在经济上是否可取。当多方案比较时，也可以分别计算每一方案的静态投资回收期，判断哪些方案在经济上是否可行；然后对经济上可行的方案进行比较和分析。在经济上可行的方案中可以选择一种方案为参比方案，其余的分别与它比较，从而选出最优方案。但对两方案进行比较时，经常会有这样的情况，即投资额大的方案经营费用少，而投资额小的方案经营费用多。这时，可采用追加投资回收期，即用投资额大的方案比投资额小的方案所节约的经营费用，来回收其多追加的投资额所需的时间，叫作追加投资回收期，也称为差额投资回收期。当两方案的生产能力相同时，即 $Q_1 = Q_2$，其计算式为：

$$P_{2/1} = \frac{I_2 - I_1}{C_1 - C_2} = \frac{I_2 - I_1}{Y_1 - Y_2} \tag{4-6}$$

当两方案的生产能力(即年产量)不同时，即 $Q_1 \neq Q_2$，可用下式计算：

$$P_{2/1}=\frac{I_2/Q_2-I_1/Q_1}{C_1/Q_1-C_2/Q_2}=\frac{I_2/Q_2-I_1/Q_1}{Y_2/Q_2-Y_1/Q_1} \tag{4-7}$$

式中，$P_{2/1}$为追加投资回收期；I_1、I_2 为方案 1 和方案 2 的投资额，$I_2>I_1$；C_1、C_2 为方案 1 和方案 2 的经营费用，$C_1>C_2$；Q_1、Q_2 为方案 1 和方案 2 的年产量；Y_1、Y_2 为方案 1 和方案 2 的年均净收益。

用追加投资回收期进行方案优选，当 $P_{2/1}\leqslant P_s$ 时，投资额大的方案 2 较优；反之，则投资额小的方案 1 较优。

【例 4-3】 某企业在扩大生产能力时，有两种技术方案。第 1 种方案是再建一套现有的装置，投资额 $I_1=60$ 万元，年经营费用 $C_1=40$ 万元；第 2 种方案是采用一套新型的装置，投资额 $I_2=80$ 万元，经营费用 $C_2=32$ 万元。两方案生产能力相同，问哪种方案经济效益较优(设 $P_s=5$ 年)？

解：两方案生产量相同，但 $I_2>I_1$，$C_2>C_1$ 应采用追加投资回收期：

$$P_{2/1}=\frac{I_2-I_1}{C_1-C_2}=\frac{80-60}{40-32}=2.5(\text{年})(<P_s=5)$$

故第 2 种方案较优。

需要指出，追加投资回收期只反映了两方案对比的相对经济效益，没有反映两方案自身的经济效益。为了正确地进行多方案的评价和选优，相比较的方案应是经济上可接受的，通常将其中投资额最小的方案作为参比方案。

(三)静态投资回收期法的特点

主要优点：

①经济含义直观、明确，计算方法简单易行。

②明确地反映了资金回收的速度，是投资者十分关心的指标之一。投资回收期的长短，在一定程度上反映了投资风险性的程度，也意味着项目盈利能力的大小。

③常用于方案的初选或概略评价，是项目评价的重要辅助性指标。

主要缺点：

①由于没有考虑资金的时间价值，所以，计算方法不科学，计算结果不准确，以此为依据的评价有时不可靠。

②没有反映投资回收后项目的收益和费用，而任何投资的目的不仅是收回投资，更主要的是要有收益。因此，静态投资回收期没有全面地反映项目的经济效益，难以对不同方案进行正确的评价和选择。

二、静态投资效果系数法

投资效果系数，又称为投资收益率或投资报酬率，是指项目方案投产后取得的年净收益与项目总投资额的比率。投资效果系数体现了项目投产后，单位投资所创造的净收益额，是考察项目投资盈利水平的重要指标。

在不考虑资金时间价值的条件下，得出的投资效果系数称为静态投资效果系数。依据静态投资效果系数对项目进行评价，称为静态投资效果系数法。

（一）静态投资效果系数

静态投资效果系数 E 可按下式计算：

$$E=\frac{Y}{I} \tag{4-8}$$

式中，Y 为项目年平均净收益；I 为项目总投资额。

根据比较的基准或分析的目的不同，Y 也可以是年平均利润总额，或者年平均利税总额等。

用静态投资效果系数对项目进行评价时，应将计算出的项目静态投资效果系数 E，与部门或行业的标准投资效果系数 E_s 相比较。若 $E \geqslant E_s$，则表明在经济上该项目方案可以接受；反之，则在经济上不可取。投资回收期 P_t 与投资效果系数 E 有直接的联系。由式（4－4）和式（4－8）可得

$$E=\frac{1}{P_t} \text{或} E_s=\frac{1}{P_s} \tag{4-9}$$

（二）静态投资效果系数的应用

实际工作中，应依据分析的项目具体情况，主要计算三种静态投资效果系数指标，即投资利润率、投资利税率及资本金利润率。

1. 投资利润率

投资利润率是指项目达到设计能力后的一个正常年份的年利润总额或生产期年平均利润总额与项目总投资额的比率，它表示项目正常年份中单位投资每年所创造的利润。其计算公式为：

$$\text{投资利润率}=\frac{\text{年利润率总额或年平均利润总额}}{\text{总投资}}\times 100\% \tag{4-10}$$

式（4－8）中：

年利润总额＝年产品销售收入－年总成本费用－年销售税金及附加

年销售税金及附加＝年增值税＋年城市维护建设税＋年教育费附加＋年资源税

总投资＝固定资产投资＋建设期借款利息＋流动资金＋固定资产投资方向调节税

计算出的项目投资利润率应与部门或行业的平均投资利润率进行比较，以判别项目的单位投资盈利能力是否达到本行业的平均水平，若项目的投资利润率大

于或等于标准投资利润率或行业平均利润率，则认为项目在经济上是可以接受的；否则一般不可取。

2. 投资利税率

投资利税率是指项目达到设计生产能力后正常年份的年利税总额或生产期年平均利税总额与项目总投资的比率，它反映了在正常年份中，项目单位投资每年所创造的利税。其计算公式为：

$$投资利税率 = \frac{年利润总额或年平均利润总额}{总投资} \times 100\% \qquad (4-11)$$

式中

年利税总额 = 年产品销售收入 − 年总成本费用 = 年利润总额 + 年销售税金及附加

计算出的项目投资利税率应与标准投资利税率或行业平均投资利税率进行比较。若项目的投资利税率大于或等于标准投资利税率或行业平均投资利税率，表明项目在经济上可接受；否则，一般不可取。

3. 资本金利润率

资本金利润率是指项目达到设计生产能力的正常年份的年利润总额或生产期年平均利润总额与资本金的比率，反映了投入项目的资本金的盈利能力。其计算公式为：

$$资本金利润率 = \frac{年利润总额或年平均利润总额}{资本金} \times 100\% \qquad (4-12)$$

式中的资本金是指项目的全部注册资金。

计算出的项目资本金利润率，应与标准资本金利润率或行业平均资本金利润率进行比较。若项目的资本金利润率大于或等于标准的或行业的平均资本金利润率，表明该项目在经济上可接受；否则，一般不可取。

【例4-4】 某拟建项目建设期为2年，第一年初投资150万元，第二年初投入225万元，固定资产投资全部为银行贷款，年利率为8%。该项目寿命周期为15年，生产期第一年达到设计生产能力，正常年份的产品销售收入为375万元，总成本费用225万元，增值税率为14%（设已经扣除进项税部分），忽略其他税金及附加，流动资金为75万元。若项目的全部注册资金为950万元，试求该项目的投资利润率、投资利税率及资本金利润率各是多少？

解：

$$
\begin{aligned}
项目总投资 &= 固定资产 + 建设期利息 + 流动资金 \\
&= 150 \times (1+0.08)^2 + 225 \times (1+0.08) + 75 \\
&= 493（万元）
\end{aligned}
$$

正常年份利润 = 年销售收入 − 年总成本费用 − 年销售税金及增加

$$=375-225-375\times 14\%$$
$$=97.5(\text{万元})$$

$$\text{正常年份利税总额}=\text{年销售收入}-\text{年总成本费用}$$
$$=375-225=150(\text{万元})$$

由此可计算出：

$$\text{投资利润率}=\frac{\text{年利润总额或年平均利润总额}}{\text{总投资}}\times 100\%$$
$$=\frac{97.5}{493}\times 100\%$$
$$=19.8\%$$

$$\text{投资利税率}=\frac{\text{年利税总额或年平均利税总额}}{\text{总投资}}\times 100\%$$
$$=\frac{150}{493}\times 100\%$$
$$=30.4\%$$

$$\text{资本金利润率}=\frac{\text{年利润率总额或年平均利润总额}}{\text{资本金}}\times 100\%$$
$$=\frac{97.5}{950}\times 100\%$$
$$=10.3\%$$

(三)静态追加投资效果系数

静态追加投资效果系数，亦称静态差额投资效果系数，是指在不考虑资金时间价值条件下，相比方案的净收益差额与投资差额的比率，它表示单位差额投资所引起的年成本的节约额或年利润的变化值。在多方案分析中，常用于方案之间的比较和选优。

当两个方案的生产能力相同，即 $Q_1=Q_2$ 时，静态追加投资效果系数可用如下公式计算：

$$E_{2/1}=\frac{C_1-C_2}{I_2-I_1}=\frac{Y_1/Y_2}{I_2-I_1} \tag{4-13}$$

当两个方案的生产能力不同，但相差不太大时，可用如下公式计算：

$$E_{2/1}=\frac{C_1/Q_1-C_2/Q_2}{I_2/Q_2-I_1/Q_1}=\frac{Y_2/Q_2-Y_1/Q_1}{I_2/Q_2-I_1/Q_1} \tag{4-14}$$

式中，$E_{2/1}$ 为静态追加投资效果系数；C、I、Q 和 Y 的含义与式(4－7)中相同；$C_1>C_2$，$I_2>I_1$，$Y_2>Y_1$。

计算出的项目追加投资效果系数 $E_{2/1}$ 应与基准或行业的平均投资利润率 E_s

比较，当 $E_{2/1} > E_s$ 时，则投资额较大、净收益多、经营成本低的方案 2 较优；反之，方案 1 较优。

但需要注意的是，静态追加投资效果系数只反映两方案相对的盈利能力，并没有反映这些方案自身的盈利能力或经济效益是否可接受。所以，相互比较的方案应首先通过绝对经济效益的评价，即均是在经济上可接受的方案，其次用追加投资效果系数进行这些多方案的比较和选优。

（四）静态投资效果系数法的特点

1. 优点

经济含义明确、计算方法简单、使用方便。

明确地体现了项目的获利能力。投资利润率和投资利税率等都是以单位投资额的利润或利税表示，从而便于同类项目的相互比较。

2. 缺点

由于没有考虑资金的时间价值因素，所以计算方法不科学，其结果不准确，评价结论的可靠性、准确性可能受到较大影响。

只反映了项目投资的获利能力，但投资所承担的风险性完全没有体现。一个获利能力很好的项目，若投资回收期较长，在科学技术迅速发展的时代，该项目在收回其投资时，项目的技术经济性能可能已经落后于那时的社会平均指标，从而难以取得原先所预期的盈利水平。

【例 4-5】 试用静态追加投资效果系数法，对例 4-3 的两方案进行经济效益比较。

解： 两方案产量相同，由式(4-13)，得

$$E_{2/1} = \frac{C_1 - C_2}{I_2 - I_1} = \frac{40 - 32}{80 - 60} = 0.4$$

例 4-3 中 $P_s = 5$ 年，即 $E_s = \frac{1}{P_s} = 0.2$，可见

$$E_{2/1} = 0.4 > E_s$$

故投资额较大的第 2 种方案较优，这与前述用静态追加投资回收期法的评价结果一致。

三、评价标准

从前面的分析和评价可知，无论是使用投资回收期还是追加投资回收期对项目方案进行评价、比较和选优时，都不可避免地要与标准的指标或参数进行比较。所以，如何保证评价标准的相对统一性、评价标准参数或指标取值的合理性，是决定项目方案评价结论可靠性和可比性的重要因素，应予以重视。

国家发展与改革委员会和建设部组织约500名专家、有关研究机构以及各行业对于财务基准收益率等进行了调研，于2006年8月发布了《建设项目经济评价方法与参数(第三版)》，部分行业的有关结果列于表4-3中。其中的基准投资回收期、平均投资收益率以及平均投资利税率等指标可供在无其他数据时参考。

表4-3中的基准收益率和标准投资回收期可作为项目财务评价的基准依据；而平均投资收益率与平均投资利税率用来衡量项目的投资利润率和投资利税率是否达到本行业的平均水平，不一定作为判别项目是否可行的标准，但可依据行业的平均参数进行估算。

表4-3　化工及相关行业经济评价参数

序号	行业	财务基准收益率（融资前税前指标）i_0/%	财务基准收益率（项目资本金税后指标）i_0/%	基准投资回收期 P_s/年	平均投资收益率/%	平均投资利税率/%
05	石油化工	12~14	13~16	9~12	4~15	11~20
051	原油加工及石油制品制造	12	13			
052	初级形态的塑料及合成树脂制造	13	15			
053	合成纤维单(聚合)体制造	14	16			
054	乙烯联合装置	12	15			
055	纤维素原料及纤维制造	14	16			
06	化工	9~13	9~15	9~11	8~15	11~23
061	氯碱及氯化物制造	11	13			
062	无机化学原料制造	11	11			
063	有机化学原料及中间体制造	11	12			
064	化肥	9	9			
065	农药	12	14			
066	橡胶制品制造	12	12			
067	化工新型材料	12	13			
068	专业化学品制造（含精细化工）	13	15			
12	煤炭	12~13	3~15	8~13	14~18	11~19
121	煤炭采选	13	15			
122	煤气生产	12	13			

续表

序号	行业	财务基准收益率（融资前税前指标）i_0/%	财务基准收益率（项目资本金税后指标）i_0/%	基准投资回收期 P_s/年	平均投资收益率/%	平均投资利税率/%
15	轻工	10～16	12～18	7～11	13～19	12～36
151	卷烟制造	16	18			
152	纸浆及纸制品制造	13	15			
153	变性燃料乙醇	13	15			
154	制盐	10	12			
155	家电制造	12	13			
156	家具制造	13	15			
157	塑料制品制造	13	15			
158	日用化学品制造	13	15			
17	医药	15～18	16～20	6～10	17～22	15～25
171	化学药品、原料制剂制造	15	16			
172	中成药制造	18	20			
173	兽用药品制造	18	20			
174	生物、生化制品制造	18	20			
175	卫生材料及医药用品制造	15	18			

第四节　动态评价方法

项目方案的动态评价，是指对项目方案的效益和费用的计算考虑了资金的时间价值因素，用复利计算的方式，将不同时点的支出和收益折算为相同时点的价值，从而完全满足时间可比性的原则，能够科学、合理地对不同项目方案进行比较和评价。而且，动态评价中采用的大多数动态评价指标考虑了项目在整个寿命周期内支出与收益的全部情况，使动态评价比静态评价更加科学、全面，其评价结论的科学性、准确性及全面性更好。动态评价方法是现代项目经济评价常用的方法。

动态评价方法是依据项目的一系列动态指标，对项目进行评价。每一动态指标都从不同角度、不同范围体现项目的主要技术经济特点，从而形成了多种动态评价方法，它们各有其特点和适用条件，下面将分别介绍一些常用的动态评价方法。

一、动态投资回收期法

在采用投资回收期对项目进行评价时，为了克服静态投资回收期法未考虑资金时间价值的缺点，应采用动态投资回收期法。动态投资回收期是指在考虑资金时间价值条件下，按一定利率复利计算，收回项目总投资所需的时间，通常以年表示。

（一）动态投资回收期的计算

1. 以累计净收益计算

累计净收益计算方法是以现值法计算各时期资金流入与流出的净现值，由此计算出当其累计值正好补偿全部投资额时所经历的时间。这也是动态投资回收期计算的一般化方法，其计算式可从第三章的资金回收公式导出。

$$\sum_{t=0}^{P_t'} (CI - CO)_t (1+i)^{-t} = 0 \tag{4-15a}$$

或

$$\sum_{t=0}^{P_t'} Y_t (1+i)^{-t} = 0 \tag{4-15b}$$

式中，P_t'为动态投资回收期；Y_t 为每年的净收益或净现金流量；i 为贷款利率或基准收益率。

动态投资回收期也可直接从财务现金流量表中计算净现金流量现值累计值求出。其计算式为：

$$P_t' = [\text{净现金流量现值累计值开始出现正值的年份数}] - 1 + \left[\frac{\text{上年净现金流量现值累计值的绝对值}}{\text{当年净现金流量现值}}\right] \tag{4-16}$$

2. 以平均净收益或等额净收益计算

如果项目每年的净收益可用平均净收益表示，或者能将各年净收益折算为年等额净收益 Y，设 I 为总投资现值，则动态投资回收期的计算可简化为：

$$P_t' = \frac{\lg\left(1 - \frac{I \times i}{Y}\right)}{-\lg(1+i)} \tag{4-17}$$

将计算出的项目动态投资回收期 P_t'与标准投资回收期 P_s 或行业平均投资回收期比较。当 $P_t' < P_s$ 时，表示项目在经济上可接受；反之，一般认为该项目不可取。

【例 4－6】 试对例 4－2 的项目用动态投资回收期进行评价。

解：根据已知条件，可以利用式(4－16)，用计算表计算，见表4－4。根据表4－4的计算结果，利用内插法，由公式(4－16)得：

$$P_t' = 5 - 1 + \frac{20.22}{27.24} = 4.74(\text{年})$$

此外，由于该项目现金流量在第二年以后均相同，即每年的净收益相同，因而也可利用式(4－17)计算。其计算过程如下。

以第二年为基准时点的总投资为：

$$I = 80 \times (1 + 0.08)^2 + 20 \times (1 + 0.08) - 20 = 94.91(\text{万元})$$

由于第三年及其以后各年净收益相同，根据式(4－17)得：

$$P_t' = \frac{\lg\left(1 - \frac{I \times i}{Y}\right)}{-\lg(1+i)} = \frac{\lg\left(1 - \frac{94.91 \times 0.08}{40}\right)}{-\lg(1+0.08)} = 2.74$$

所以，以建设开始为基准的投资回收期为 $2 + P_t' = 2 + 2.74 = 4.74$(年)

即该项目的动态投资回收期为4.74年，比前述的静态投资回收期 $P_t' = 4.0$ 年略长，但仍满足 $P_t' < P_s$，所以该项目在经济上是可接受的。

表4－4　动态投资回收期计算表　　万元

年份	净现金流量	8%的折现系数	净现金流量现值	净现金流量现值累计值
0	－80	1.000	－80	－80.00
1	－20	0.926	－18.52	－98.52
2	20	0.857	17.14	－81.38
3	40	0.794	31.76	－49.62
4	40	0.735	29.40	－20.22
5	40	0.681	27.24	+7.02
6	40	0.630	25.20	+32.22
7	40	0.583	23.32	+55.54
8	40	0.540	21.60	+77.14

【例4－7】　某企业需贷款兴建，基建总投资(现值)为800万元，流动资金(现值)400万元。投产后每年净收益为250万元，贷款年利率为8%。试分别用静态投资回收期法和动态投资回收期法，对该项目进行评价[设基准投资回收期 $P_s = 5$(年)]。

解：

(1)静态法。根据题意，由式(4－4)得

$$P_t = \frac{I}{Y} = \frac{800 + 400}{250} = 4.8(\text{年})$$

(2)动态法。利用式(4－17)，可得

$$P_t' = \frac{\lg\left(1 - \frac{I \times i}{Y}\right)}{-\lg(1+i)} = \frac{\lg\left(1 - \frac{1200 \times 0.08}{40}\right)}{-\lg(1+0.08)} = 6.3(\text{年})$$

以上计算表明，用静态投资回收期法评价时，因 $P_t < P_s$，该项目可接受；但用动态投资回收期法评价，却因 $P_t' > P_s$，使该项目一般不可取。

(二)动态追加投资回收期

上述动态投资回收期法可用于对单一或独立方案的评价，以判别其在经济上是否可行。对于多个方案的比较和评价，与静态方法类似，用动态追加投资回收期法对两方案进行比较并选优。

动态追加投资回收期，是指在考虑资金时间价值的条件下，用投资额大的方案比投资额小的方案所节约的经营费用或增加的年净收益，来回收其多追加的投资额所需的时间，亦称为动态差额投资回收期。其计算式可由等额分付现值公式导出。

$$P_{2/1}' = \frac{\lg\Delta C - \lg(\Delta C - \Delta I i)}{\lg(1+i)} \tag{4-18}$$

或

$$P_{2/1}' = \frac{\lg\Delta Y - \lg(\Delta Y - \Delta I i)}{\lg(1+i)} \tag{4-19}$$

式中，$P_{2/1}'$为动态追加投资回收期；ΔC 为相比较方案的经营费用差额，$\Delta C = C_1 - C_2$，且$C_1 > C_2$；为相比较方案的投资差额，$\Delta I = I_2 - I_1$，且 ΔY 为相比较方案的净收益差额，$\Delta Y = Y_2 - Y_1$，且$Y_2 > Y_1$；i 为设定的利率。

将上述求出的动态追加投资回收期与基准或行业的平均投资回收期 P_s 相比较。如果 $P_{2/1}' \leqslant P_s$ 表明投资大、经营成本低或净收益高的方案 2 较方案 1 为优；否则，方案 1 较优。

动态追加投资回收期法主要用于互斥方案间的相互比较和选优。采用动态追加投资回收期进行多方案评价时应注意的是，动态追加投资回收期 $P_{2/1}'$仅反映了两个对比方案之间的相对经济效益，并不能确认这两个方案本身在经济上是否可行。因此，通常是先用动态投资回收期 P_t'判别可行方案；然后再用动态追加投资回收期 $P_{2/1}'$进行比较和选择最优方案。

【例 4-8】 试用动态追加投资回收期法，对例 4-3 中的两方案进行选优（设 $i=10\%$）

解： 依据题意，知$C_1 = 40$ 万元，$C_2 = 32$ 万元，$I_1 = 60$ 万元，$I_2 = 80$ 万元，$i = 10\%$。代入式(4-18)，得

$$P_{2/1}' = \frac{\lg\Delta C - \lg(\Delta C - \Delta I i)}{\lg(1+i)}$$

$$=\frac{\lg(40-32)-\lg[(40-32)-(80-60)\times0.10]}{\lg(1+0.10)}$$

$$=3.0(\text{年})$$

由于 $P'_{2/1}<P_s=5$，即方案2优于方案1。

(三) 动态投资回收期法的特点

1. 优点

①与静态法相同，经济意义明确、直观。

②由于考虑了资金的时间价值，计算方法科学、合理，所反映的项目风险性和盈利能力也更加真实、可靠，是对投资方案进行技术经济评价的重要指标。

2. 缺点

①与静态投资回收期法相比，当年净收益各不相同时，计算方法和过程较为复杂。

②没有反映投资收回以后，项目的收益、项目使用年限和项目的期末残值等，不能全面地反映项目的经济效益。

静态投资回收期法和动态投资回收期法的评价标准相同，均应满足小于或等于 P_s。但前者的计算较简便，所以通常先快捷地计算静态投资回收期。在投资回收期不长的条件下，用静态法也可获得较可靠的结论。若静态投资回收期较长，这时动态投资回收期与静态投资回收期相差较大，应进一步计算动态投资回收期。

静态投资回收期法和动态投资回收期法的评价标准相同，均应满足小于或等于 P_s。但前者的计算较简便，所以通常先快捷地计算静态投资回收期。在投资回收期不长的条件下，用静态法也可获得较可靠的结论。若静态投资回收期较长，这时动态投资回收期与静态投资回收期相差较大，应进一步计算动态投资回收期。

二、动态投资效果系数法

动态投资效果系数，是指在考虑资金时间价值的条件下，按复利法计算出的项目净收益与总投资的比率，较真实地反映了单位投资额所能获得的收益，是项目的重要经济效益指标之一。

由于投资效果系数与投资回收期互为倒数关系，从而可直接由动态投资回收期计算式(4-17)导出。

$$E'=\frac{1}{P'_t}=-\frac{\lg(1+i)}{\lg\left(1-\frac{I\times i}{Y}\right)} \qquad (4-20)$$

式中，E' 为动态投资效果系数。

动态投资效果系数法的判别原则，与静态投资效果系数法相同。将 E 与基准或行业的平均投资收益率 E_s 相比较，当 $E' \geq E_s$，则方案可接受。反之，一般不应采纳。动态投资效果系数法主要用于判别单一或独立方案是否可接受以及对盈利和风险程度的大致分析。

三、净现值法和净现值比率法

(一)净现值法

净现值法是动态评价最重要的方法之一。它不仅考虑了资金的时间价值，也考虑了项目在整个寿命周期内收回投资后的经济效益状况，从而弥补了投资回收期法的缺陷，是更为全面、科学的技术经济评价方法。

1. 净现值的概念及计算

净现值是指技术方案在整个寿命周期内，对每年发生的净现金流量，用一个规定的基准折现率，折算为基准时刻的现值，其总和称为该方案的净现值(NPV)。

$$NPV = \sum_{t=0}^{n}(CI - CO)_t(1 + i_0)^{-t} = \sum_{t=0}^{n}CF_t(1 + i_0)^{-t} \qquad (4-21)$$

如果每年的净现金流量相等，投资方案只有初始投资 I，则净现值可用等额分付现值公式导出为：

$$NPV = CF\frac{(1+i_0)^n - 1}{i_0(1+i_0)^n} - I = CF(P/A,\ i_0,\ n) - I \qquad (4-22)$$

式中，NPV 为净现值；i_0 为基准折现率；CI 为现金流入；CO 为现金流出；CF 为净现金流量；n 为项目方案的寿命周期。

其中，$(CI - CO)_t = CF_t$ 称为第 t 年的净现金流量；$(1+i_0)^{-t}$ 称为第 t 年的折现因子；$CF_t(1+i_0)^{-t}$ 称为第 t 年的净现金流量现值。净现值的折算一般以投资开始为基准，通常按以下步骤进行计算。

(1)列表或作图标明整个寿命周期内逐年现金的流入和现金的流出，从而算出逐年的净现金流量；

(2)将各年的净现金流量乘以对应年份的折现因子，得出逐年的净现金流量的现值；

(3)将各年的净现金流量现值加和，即得该项目的净现值。

2. 净现值的经济意义及用于经济评价

净现值是反映技术方案在整个寿命周期内获利能力的动态绝对值评价指标。对于投资者来说，投资的目的除了要收回全部投资外，主要是期望能获得额外的盈利。净现值 NPV 直观、明确地体现了投资的期望。所以，净现值是表示项目经济效益最重要的综合指标之一。

根据净现值的经济含义，可对项目进行判别。

(1)净现值大于零时，表明该方案的投资不仅能获得基准收益率所预定的经济效益，而且还能获得超过基准收益率的现值收益，说明该方案在经济上是可取的。净现值越大，表明获利能力越佳。

(2)净现值等于零时，表明技术方案的经济收益刚好达到基准收益水平，说明在经济上是合理的，一般可取。

(3)净现值小于零时，表明方案的经济效益没有达到基准收益水平，说明方案一般不可取。

将净现值指标用于单方案评价时，如果 $NPV\geq 0$，方案通常可取；而用于多方案评价时，当各方案投资额的现值相等时，净现值最大的方案最优。因此，也可按净现值的大小对项目排队，优先考虑净现值大的项目。

【例 4－9】 某项目各年净现金流量如表 4－5 所示，试用净现值评价项目的经济性(设 $i=8\%$)。

表 4－5 某项目的现金流量 万元

项目 \ 年份	0	1	2	3	4～10
投资	40	700	150	—	—
收入	—	—	—	670	1050
其他支出	—	—	—	450	670
净现金流量	－40	－700	－150	220	380

解： 根据表 4－5 中各年的净现金流量和公式(4－21)，可计算净现值为：

$$
\begin{aligned}
NPV &= \sum_{t=0}^{n} CF_t(1+i_0)^{-t} \\
&= -40-700(P/F,8\%,1)-150(P/F,8\%,2)+220(P/F,8\%,3) \\
&\quad +380(P/A,8\%,7)(P/F,8\%,3) \\
&= -40-700\times\frac{1}{(1+0.08)}-150\times\frac{1}{(1+0.08)^2}+220\times\frac{1}{(1+0.08)^3}+380 \\
&\quad \times\left[\frac{(1+0.08)^7-1}{0.08(1+0.08)^7}\right]\times\frac{1}{(1+0.08)^3} \\
&= 928.4(\text{万元})
\end{aligned}
$$

由于 $NPV>0$，所以项目在经济上是可行的。

3. 基准折现率对 NPV 的影响

从净现值计算式知，在项目现金流量一定的条件下，净现值的大小与基准折现率密切相关，即

$$NPV=f(i_0)$$

用净现值指标评价和选择方案时，正确选择和确定折现率很重要，这关系到方案评价的正确性和合理确定项目的盈利水平。目前常用的折现率主要有行业财务基准收益率和社会折现率。

行业财务基准收益率，是项目财务评价时计算财务净现值的折现率，以此折现率计算的净现值，称为行业评价的财务净现值。行业财务基准收益率体现了行业内投资应获得的最低财务盈利水平。表 4 –3 给出了我国制定的部分行业的财务基准收益率，供实际使用时参考。有的情况下，也可以投资贷款利率为参考，制定适宜的折现率。

社会折现率，是项目进行国民经济评价时计算经济净现值的折现率，以此折现率计算的净现值，称为国民经济评价的经济净现值。社会折现率反映了从国家角度对资金机会成本、资金时间价值以及对资金盈利能力的一种估量。目前我国一般将社会折现率取 12%。

(二)净现值比率法

用净现值评价投资项目时，没有考虑其投资额的大小，因而不能直接反映资金的使用效率。为此，引入净现值比率作为净现值的辅助指标。

净现值比率，又称净现值率或净现值指数，它是指净现值与投资额的现值之比值。其计算公式为：

$$NPVR = \frac{NPV}{I_P} = \frac{NPV}{\sum_{t=0}^{n} I_t \times \frac{1}{(1+i_0)^t}} \tag{4-23}$$

式中，$NPVR$ 为项目方案的净现值比率；I_P 为项目方案的总投资现值；I_t 为项目方案第 t 年的投资。

其余符号与式(4 –21)相同。

净现值比率反映了方案的相对经济效益，即反映了资金的使用效率，它表示单位投资现值所产生的净现值，也就是单位投资现值所获得的超额净效益。

用净现值比率评价方案时，当 $NPVR \geq 0$ 时，表示方案可行；当 $NPVR < 0$，方案一般不可行。用净现值比率进行方案比较时，以净现值较大的方案为优。

【例 4 –10】 设有 A、B 两种方案，它们的各自初始投资额和各年净收益见表 4 –6。如果折现率 $i_0 = 0.1$，试分别用净现值和净现值比率比较方案的优劣。

表 4 –6　例 4 –10 的已知条件

方案	初始投资/万元	年净收益/万元				
		第 1 年	第 2 年	第 3 年	第 4 年	第 5 年
A	1000	290	290	290	290	290
B	500	150	150	150	150	150

解：

(1) 用净现值：

$$NPV(\mathrm{A}) = 290 \times (P/A,\ 0.1,\ 5) - 1000$$

$$= 290 \times \frac{(1+0.1)^5 - 1}{0.1 \times (1+0.1)^5} - 1000$$

$$= 290 \times 3.7908 - 1000$$

$$= 99.33(\text{万元})$$

$NPV(\mathrm{B}) = 290 \times (P/A,\ 0.1,\ 5) - 500 = 68.62(\text{万元})$

因为 $NFV(\mathrm{A}) > NFV(\mathrm{B})$，故仅从净现值大小看，方案 A 较优。

(2) 用净现值比率：

$$NPV(\mathrm{A}) = \frac{NPV(\mathrm{A})}{I_{\mathrm{P}}(\mathrm{A})} = \frac{99.33}{1000} = 0.09933$$

$$NPV(\mathrm{B}) = \frac{NPV(\mathrm{B})}{I_{\mathrm{P}}(\mathrm{B})} = \frac{68.62}{500} = 0.1372$$

因 $NPVR(\mathrm{B}) > NPVR(\mathrm{A})$，故方案 B 较优。

由计算结果可见，两种方法对方案的比较结果截然不同。但认真分析表 4-6 中的数据可知，方案 A 的投资是方案 B 的两倍，而其年净收益现值却不到方案 B 的两倍。根据净现值比率的含义，方案 B 除确保投资得到 10% 的基准收益率或偿还贷款利息外，每万元还带来 0.1372 万元的额外经济收益（现值），而方案 A 仅能带来 0.09933 万元的额外经济收益。实际上，方案 B 优于方案 A。

以上表明，在进行多方案对比时，有时不能简单地根据净现值的大小来优选。因为净现值只反映了盈利额的多少，并没有指出这种盈利额所花费的投资额，也就是说没有直接反映资金的利用效率。因而，净现值大的方案不一定是经济效果最好的方案。只用净现值指标来评价方案的效益，对投资额大的方案有利，而可能忽略掉投资额较小、经济效益好的方案。因此，在用净现值评价方案时，还应同时计算净现值比率作为辅助评价指标。尤其是两方案的投资额相差较大时，净现值比率指标在优选方案时更显重要。

(三) 净现值法的特点

(1) 经济概念清晰、直观、容易理解。

(2) 不仅考虑了资金的时间价值，而且计算了项目整个寿命周期的现金流量，因而较全面地反映了项目方案的经济效益状况。

(3) 评价多方案时，可初选净现值最大的方案较优，但还应计算净现值比率指标，才能正确地反映资金的使用效率，选出效益最优的方案。

(4) 用净现值和净现值比率评价和比较方案时，各方案的寿命周期应基本相同，才能满足可比性。对不同寿命周期方案的比较，应采用适宜的方式将其寿命周期转换或折算成相同年限。

四、年值法

当用净现值法比较和评价方案时，如果方案的寿命周期不同，需要转换成相同的年限，其过程较为烦琐。有的情况下，这种年限的处理结果不合理，难以正确地进行方案的比较。

因此，经常采用年值法来解决此类问题。

年值法是将项目方案在寿命周期内不同时间点发生的所有现金流量，均按设定的折现率换算为与其等值的等额分付年金。由于都换算为一年内的现金流量，而且各年现金流量相等，满足时间可比较性，从而可对方案进行评价、比较和选优。年值法一般可分为净年值法和年费用法两种。

(一)净年值法

净年值是指将方案寿命期内逐年的现金流量换算成均匀的年金系列，也就是换算成等额净年金。净年值的计算公式为：

$$NAV = NPV(A/P,i,n)$$

$$= \left[\sum_{t=0}^{n} CF_t(1+i_0)^{-t}\right]\left[\frac{i_0(1+i_0)^n}{(1+i_0)^n-1}\right] \quad (4-24)$$

当投资方案只有初始投资 I，而每年等额净收益为 CF，方案寿命周期结束时的残值为 F 时，上式可简化为：

$$NAV = CF + F(A/F,\ i_0,\ n) - I(A/P,\ i_0,\ n) \quad (4-25)$$

应用净年值法来评价对比方案时，一般是以净年均值为标准，故也称为净年均值法。项目方案的净年值 $NAV \geqslant 0$，表明方案可行；当 $NAV < 0$，则方案一般不可接受。在比较多方案时，因为净年值的大小体现了方案在寿命周期内每年除了能获得设定收益率的收益外，所获得的等额超额收益。所以，净年值法对于寿命不相等的各个方案进行比较和选择，是最便捷的方法。

【例 4-11】 某企业拟建一套生产装置，现提出两种方案，有关的经济情况列于表 4-7。如果选择 $i_0 = 12\%$，试比较和选择两方案。

表 4-7 例 4-11 的已知条件

方案	初始投资/万元	年收益/万元	寿命期/年
A	400	150	13
B	300	100	15

解： 用净年值指标选择方案，因投资方案仅有初始投资 I，故可用式(4-23)计算：

$$
\begin{aligned}
NAV(A) &= 150 - 400(A/P,\ 0.12,\ 13)\\
&= 150 - 400 \times \frac{0.12 \times (1+0.12)^{13}}{(1+0.12)^{13}-1}\\
&= 150 - 400 \times 0.1557\\
&= 87.73(\text{万元})\\
NAV(B) &= 100 - 300(A/P,\ 0.12,\ 15)\\
&= 100 - 300 \times 0.1468\\
&= 55.96(\text{万元})
\end{aligned}
$$

$NAV(A) > NAV(B)$，故方案 A 优于方案 B。

在上例中，两方案的寿命周期不同。如果用前面介绍的净现值法，就需将计算期扩大到两方案寿命 13 年和 15 年的最小公倍数 13×15=195 年。在这样条件下计算出的结果很难保证有实际意义。而采用净年值法，在对寿命期不同的多方案进行比较时，则避免了净现值法的不足。这是净年值法较其他评价方法独特的优点。

(二)年费用法

在对多个方案进行比较和评价时，如果各方案只有费用的差异，而产出效果相同，或者满足相同需要的程度基本相同，但其效益难以用价值形态计量(如教育、卫生保健、环境保护、国防等)，可采用年费用法。

年费用法亦称年费用比较法，是按设定的收益率将各方案寿命周期内、不同时间点发生的所有支出费用换算为与其等值的等额分付序列年费用，从而以此年费用比较、评价和选择方案。其计算式为：

$$AC = PC(A/P,i_0,n) = \left[\sum_{t=0}^{n} CO_t(P/Fi_0,t)\right](A/P,i_0,n) \qquad (4-26)$$

式中，AC 为年费用或费用年值；CO_t 为第 t 年现金流出；PC 为费用现值。其他符号与式(4-21)相同。

年费用通常只用于多方案的比较和选择，其评判准则是：年费用或费用现值最小者为最优方案。

【例 4-12】 某拟定项目有三个方案可供选择，它们都满足同样的需求，其费用如表 4-8 所示。在基准折现率 $i_0=8\%$ 的条件下，试用年费用法和费用现值法选择最优方案。

表 4-8　三个方案的费用情况

方案	总投资(第 0 年)	年运营费用(第 1 至第 10 年末)
A	200	60
B	250	50
C	300	30

解：依据题意和式(4－24)，各方案的费用现值为：

$$PC_A = 200 + 60 \times \frac{(1+0.08)^{10}-1}{0.08(1+0.08)^{10}} = 602.6(\text{万元})$$

$$PC_B = 250 + 50 \times \frac{(1+0.08)^{10}-1}{0.08(1+0.08)^{10}} = 585.5(\text{万元})$$

$$PC_C = 300 + 30 \times \frac{(1+0.08)^{10}-1}{0.08(1+0.08)^{10}} = 501.3(\text{万元})$$

可进一步计算各方案的年费用为：

$$AC_A = 602.6 \times \frac{0.08(1+0.08)^{10}}{(1+0.08)^{10}-1} = 89.81(\text{万元})$$

$$AC_B = 585.5 \times \frac{0.08(1+0.08)^{10}}{(1+0.08)^{10}-1} = 87.26(\text{万元})$$

$$AC_C = 501.3 \times \frac{0.08(1+0.08)^{10}}{(1+0.08)^{10}-1} = 13.00(\text{万元})$$

根据选优准则，费用现值和年费用的计算结果都表明，方案 C 最优，方案 B 其次，方案 A 最差。

费用现值与年费用的关系，类似于前述净现值与净年值的情况，两者是等效评价指标，但各有其计算特点及适用范围。

五、内部收益率法

内部收益率，又称内部报酬率。在技术经济评价方法中，除净现值法以外，内部收益率法是另一种较为重要的动态评价方法。

（一）内部收益率的概念

对于任何一项技术方案在寿命周期内，其净现值通常是随着折现率的增大而减小。当折现率增大到某一特定的数值$i_0 = IRR$时，净现值 $NPV = 0$。这种使技术方案净现值为零时的折现率 IRR，我们称之为该技术方案的内部收益率。内部收益率的表达式如下：

$$\sum_{t=0}^{n} CF_t (1 + IRR)^{-t} = 0 \qquad (4-27)$$

如果投资现值为 I，投产以后每年都取得相等的年净收益 CF，内部收益率 IRR 可如下计算：

$$CF(P/A,\ IRR,\ n) = I \qquad (4-28)$$

将计算得到的内部收益率 IRR 与项目的基准收益率i_0相比较。当 $IRR \geqslant i_0$ 时，则表示项目方案的收益率已超过或者达到基本的或通常的水平。若 $IRR < i_0$，表明项目方案的收益率未达到设定的收益水平，不应接受。

内部收益率反映技术方案在该收益率的条件下，整个寿命周期内的净收益刚够补偿全部投资的本息。因而，内部收益率表示技术方案可能承受的最高贷款利率。当 IRR 等于或大于基准收益率 i_0 时，说明该方案的净收益达到或超过最低的要求。因此，内部收益率也可以理解为投资项目对占用资金的一种回收能力，其值越高，经济效益越好。

(二)内部收益率的计算及方案评价

由于式(4－27)是一个高次方程，难以直接求解，常采用试差法求得 IRR 的值。一般的计算程序是：先假设一个初值 i，代入式(4－27)，当净现值即式(4－27)的左边为正时，增大 i 值；如果净现值为负，则减少 i 值。直到净现值等于零，这时的折现率即为所求的内部收益率 IRR。

常采用的试差法有手算试差法和计算机迭代法两类。

1. 手算试差法

给定一初值，试算，直到两个折现率 i_1 和 i_2 一般不超过2%～5%，且 i_1 和 i_2 所对应的净现值 NPV_1 和 NPV_2 分别为正和负，可以用下述插值公式计算 IRR。

$$\frac{IRR-i_1}{i_2-i_1}=\frac{|NPV_1|}{|NPV_1|+|NPV_2|} \tag{4－29}$$

即

$$IRR=i_1+\frac{|NPV_1|}{|NPV_1|+|NPV_2|}(i_2-i_1) \tag{4－30}$$

2. 计算机迭代法

用计算机试差求内部收益率更快捷、准确，通常采用牛顿迭代法。其迭代公式为：

$$X_{k+1}=X_k-\frac{F(X_k)}{F'(X_k)} \tag{4－31}$$

迭代计算框图如图4－1所示。

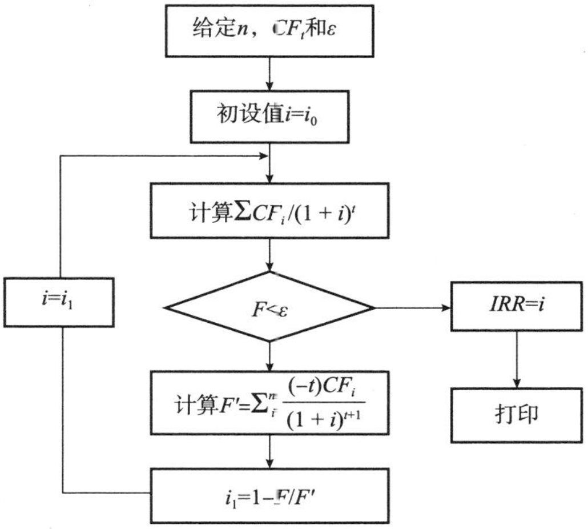

图4－1　收益率计算框图

【例4－13】 某技术方案在其寿命周期($n=7$ 年)内各年的净收入列于表4－9中。试求该方案的内部收益率。

解：用试差法计算基本步骤为

(1)先假设一折现率 i，计算出各年的折现系数 $\frac{1}{(1+i)^t}$。

(2)计算出各年的现值 $NPV_t = CF_t \frac{1}{(1+i)^t}$。

(3)将各年的现值加和得到净现值 $NPV = \sum NPV_t$。

(4)如果计算出的 NPV 大于零，则增大原假设的折现率 i，再从头计算，一直到新的折现率使 NPV_2 小于零。前一个折现率为 i_1，净现值为 $NPV_1 > 0$。

(5)代入式(4-30)，计算出内部收益率 IRR。

对本例，设 $i = 14\%$ 时，各年的折现系数及现值分别为

第一年：折现系数 $= \frac{1}{(1+0.14)} = 0.887$　现值 $= -1000 \times 0.887 = -887$

第二年：折现系数 $= \frac{1}{(1+0.14)^2} = 0.769$　现值 $= 200 \times 0.769 = 154$

……

各年的折现系数、现值列于表 4-9 的第三、四列中，将各年的现值加和，得：

$$NPV_1 = -887 + 154 + \cdots = 25.0(\text{万元}) > 0$$

又设 $i = 15\%$，此时也可算出各年的折现系数、现值等，相应的净现值 $NPV_2 = -3.0$万元，如表 4-9 的第五、六列所示。以上表明，使 $NPV = 0$ 的 IRR 一定位于 14%~15%。用插值公式(4-30)计算：

$$\begin{aligned} IRR &= i_1 + \frac{|NPV_1|}{|NPV_1| + |NPV_2|}(i_2 - i_1) \\ &= 0.14 + \frac{25.0}{|25.0| + |-3.0|}(0.15 - 0.14) \\ &= 0.149 \\ &= 14.9 \end{aligned}$$

表 4-9　例 4-13 的计算

年份	各年净收入	折现率 $i_1 = 14\%$		折现率 $i_0 = 15\%$	
	CF_t/万元	折现系数 $\frac{1}{(1+i)^t}$	现值 NPV_t/万元	折现系数 $\frac{1}{(1+i)^t}$	现值 NPV_t/万元
1	-1000	0.877	-877	0.870	-870
2	200	0.769	154	0.756	151
3	250	0.675	169	0.658	165
4	310	0.592	184	0.572	177
5	290	0.519	151	0.497	144
6	280	0.456	128	0.432	121
7	290	0.400	116	0.376	109
净现值 NPV		$NPV_1 = 25.0$		$NPV_2 = -3.0$	

(三)内部收益率方程多解的问题

内部收益率方程式(4-27)是一元高次方程。为清楚起见，令$(1+IRR)^{-1}=X$，$CF_t=a_t$，则式(4-27)可变为：

$$a_0+a_1X+a_2X^2+\cdots+a_nX^n=0$$

即上式为一 n 次方程，n 次方程有 n 个复数根，其正数根的个数可不止一个。有可能出现多个解的情况，也可能出现无解。

内部收益率方程有可能无解，或出现多解，与项目现金流量的变化状况有关，可能有以下几种情况。

(1)净现金流量序列的正负号变化一次，故只有一个正实数根。如例4-12中的净现金流量，见表4-9。这类项目称为常规项目，内部收益率可得到有经济意义的唯一解。

(2)净现金流量序列都是正数或负数，净现值曲线与水平轴不相交，内部收益率无解。这种情况极少出现。这是非常规项目的一种，不适宜用内部收益率法评价。

(3)净现金流量序列正负号变化一次以上，内部收益率仅有一个正实数根。如表4-10中的方案A，其净现金流量正负号变化三次，从而内部收益率计算式可解出三个实数根分别为：$r_1=0.1297$，$r_2=-2.30$，$r_3=-1.42$。作为内部收益率方程的解，负数无实际经济意义，只有实根正数 r_1 可能为内部收益率。

(4)现金流量序列正负号变化一次以上，内部收益率方程有多个正实数根。如表4-10中的方案B，其净现金流量变化三次，经计算求出三个正实数根分别为：$r_1=0.20$，$r_2=0.50$，$r_3=1.0$。

表4-10　具有不同实根的两个方案净现金流量　　万元

方案	年份					
	0	1	2	3	4	5
A	-100	60	50	-200	150	100
B	-100	470	-720	360	0	0

如图4-2所示。这三个正实数根是否都是内部收益率，或者某些是内部收益率？这需要依据内部收益率的经济含义对这些根进行分析才能确定。

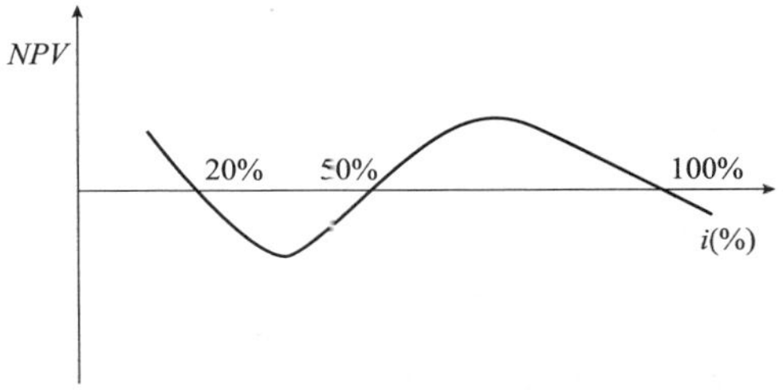

图4-2　方案B的净现金流量曲线

对于多解时，判别或检验方程的根是否为内部收益率的法则为：

在该折现率(实根)条件下，项目寿命期内是否始终存在未被收回的投资，且只有在寿命周期末才完全收回。

依据上述法则，对表4－10中的方案A进行判别，计算在 $r_1=0.1297=12.97\%$ 条件下的净现金流量现值及其累计值，即资金回收状况，见表4－11。

表4－11　方案A的净现金流量现值及其累计值　　万元

年份	0	1	2	3	4	5
净现金流量	－100	60	50	－200	150	100
净现金流量现值	－100	53.1	39.2	－138.7	92.1	54.3
净现金流量现值累计值	－100	－46.9	－7.7	－146.4	－54.3	0

从表4－11可见，各年的净现金现值累计值在第5年刚好为零，即收回投资外，其余各年的累计值均为负，即均有未收回的投资余额。所以，方案A的解 $r_1=0.1297$ 是内部收益率。

依据上述判别法则，对方案B的三个正实数根分别进行检验，可知它们均不符合内部收益率的经济意义，所以都不是方案B的内部收益率。

(四)差额投资内部收益率的概念及计算

差额投资内部收益率，又称为追加投资内部收益率或增量投资内部收益率，是两个方案净现值差额为零时的折现率。其计算式为：

$$\sum_{t=0}^{n}(CF_{t2}-CF_{t1})\times(1+\Delta IRR_{2/1})^{-t}=0 \qquad (4-32)$$

如果方案各年的净收益相同，式(4－32)可简化为：

$$\Delta CF(P/A,\ \Delta IRR_{2/1},\ n)-\Delta I=0 \qquad (4-33)$$

式中，CF_{t2} 为投资额大的方案第 t 年的净现金流量；CF_{t1} 为投资额小的方案第 t 年的净现金流量；$\Delta IRR_{2/1}$ 为差额投资内部收益率。

$$\Delta CF=CF_2-CF_1$$

由上式可导出：$NPV_2-NPV_1=0$

即 $NPV_1=NPV_2$

可见，差额投资内部收益率也是两方案净现值相等时的内部收益率。

式(4－30)也是一个高次方程，所以，求解差额投资内部收益率 $\Delta IRR_{2/1}$ 的方法与前述介绍的求解内部收益率 IRR 的方法相同。

(五)差额投资内部收益率用于多方案评价

设有两个技术方案，它们的内部收益率 i_1 和 i_2 均大于基准收益率 i_0，方案1的投资额比方案2的投资额大。如果 $\Delta IRR_{2/1}>i_0$ 则表明投资额小的第2方案优于第1方案；如果 $\Delta IRR_{2/1}<i_0$，则表明投资额大的第1方案优于第2方案。

多方案评选时，首先从所有可供考虑的方案中选出 $IRR \geqslant i_0$ 的方案。其次对选出的方案按初始投资额从小到大的顺序排列，从投资额最小的方案开始，与后一个投资额较大的方案进行比较，即计算前后两方案的差额投资内部收益率 $\Delta IRR_{j+1/j}$；如果 $\Delta IRR_{j+1/j} > i_0$，则选择投资额较大的方案；反之，则选择投资额较小的方案。将选出的方案再与后一个投资额较大的方案比较，计算出它们的 $\Delta IRR_{j+1/j}$。按上述方式依次比较，直至选出最优方案。

应当注意的是，差额投资内部收益率只能体现两对比方案的相对经济能力或经济效益。具体方案在经济上的可行性，应用内部收益率判别。此外，用差额投资内部收益率法比较和评选的方案，必须具有相同的寿命周期，即相同的计算期，以保证方案的时间可比性。

第五节　多方案评价与选择

一、方案的分类

在实际工作中，为一项拟议的投资，通常要提出不止一个项目方案，因而就需对多方案进行比较和选优。根据方案的特点，可分为以下几种类型。

独立型方案，是指项目方案的采纳与否，只受自身条件的制约，不影响其他方案的采纳或拒绝。这种类型方案的现金流量是独立的，互不相关。如果评价的对象是单一方案，可以认为是独立型方案的特例。

互斥型方案，是指各方案之间存在互不相容、互相排斥的关系。对各个互斥方案只能选择其中之一，其余必须放弃。

混合型方案，是指在一组可选方案中，既有互斥型又有独立型方案的情况。

除了以上三种较常见的类型外，还有相互依存型、现金流相关型和互补型方案。

由于各方案的性质、类型以及相互之间的关系各不相同，使经济效益比较和评价有一定的复杂性。所以简单地使用前述介绍的一些评价指标和方法，有可能难以获得正确的结论。为此，本节将在投资方案类型认识的基础上，根据其类型、相互之间的关系等，进一步讨论如何运用前面介绍的各种指标和方法，对各方案进行全面的评价和选择。

二、独立型方案的评价与选择

独立型方案的评价和选择，可分为资金不受限制和资金有限两种情况。

(一)资金不受限制时的评价与选择

在资金不受限制的条件下，独立型方案的采纳与否，只取决于方案自身的经济效益如何。所以，只需检验它们能否通过净现值、净年值或内部收益率指标的评价标准，即方案在经济上是否可行。在这种条件下，独立型方案的评价和选择与单一方案是相同的。

【例4－14】 两个独立型方案A、B，其投资和各年净收益如表4－12所示。试对其进行评价，设 $i=10\%$。

解： 运用式(4－20)，两方案的净现值分别为

$$NPV_A = CF_A(P/A, i, n) = 70 \times \frac{(1+0.10)^{10}-1}{(1+0.10)^{10}} - 300 = 130.1(\text{万元})$$

表4－12 例4－15的方案投资和净收益 万元

方案 \ 年份	1	2
A	－300	70
B	－300	45

$$NPV_B = CF_B(P/A, i, n) - I_B = 45 \times \frac{(1+0.10)^{10}-1}{(1+0.10)^{10}} - 300 = -23.5(\text{万元})$$

由于 $NPV_A>0$，而 $NPV_B<0$，则方案A可接受，方案B予以拒绝。对于这类方案，也可用净年值 *NAV* 或内部收益率 *IRR* 进行评价，结论一样。

(二)资金有限时的评价与选择

对于资金有限的条件，不能保证通过绝对经济效益检验的所有方案被采纳，必须放弃其中一些方案。在这种条件下的评价和选择，应使一定的总投资发挥最佳的效益。为此，通常可采用两种方式。

1. 净现值比率排序法

这种方法是首先计算各方案净现值比率，其次将其比率大于或等于零的方案按净现值比率大小排序；最后依此排序情况从大至小选取方案，直到所选方案的投资总额接近或等于投资总额限制条件为止。这样，所选出的方案是在一定投资限制条件下，具有最大的净现值。

净现值比率排序法的基本思路是单位投资的净现值越大，在一定投资限额内能获得的净现值总额也越大。用这种方法比较和选优的特点是含义明确、计算简便、使用方便。但由于各方案投资额各不相同，有时很难保证所选出方案的投资累计额能达到计划的资金总额，从而也难以真正获得在一定总资产条件下的最佳效益。另外需注意的是，用这种方法比较和选择方案时，各方案的寿命周期应相同。如果不同，应用净年值的概念，或者将其计算期换算为相同。

【例 4－15】 有 5 个可供选择的独立方案，各方案的初始投资及年净收益列于表 4－13。总投资计划为 800 万元，试按净现值比率法对方案进行选择（$i_0=12\%$）。

表 4－13 各独立方案的初始投资及年净收益 万元

方案	初始投资	第 1～10 年净收益	方案	初始投资	第 1～10 年净收益
A	210	36	D	290	55
B	170	32	E	230	46
C	250	48			

解： 依据表 4－13 的数据，由式（4－22）和式（4－23）计算出各方案的净现值及净现值比率如表 4－14 所示。根据表 4－14 的净现值比率，淘汰其比率小于零的方案 A，并进行排序。按净现值比率从大到小顺序选择方案，直到所选方案投资累计额满足计划总投资。这些方案依次为：E、C、D，所用资金总额为 770 万元。

表 4－14 各独立型方案的净现值比率及排序情况 万元

方案	净现值（*NPV*）	净现值比率（*NPVK*）	按 *NPVR* 排序
A	－6.6	－0.031	E
B	10.8	0.064	D
C	21.2	0.085	B
D	20.8	0.072	C
E	29.9	0.130	A

2. 互斥方案组合法

互斥方案组合法的基本思想是将各独立型方案排列组合成若干相互排斥的方案组，再对各方案组用净现值进行比较，选出在满足投资总额限制条件下净现值最大的方案组合。

这种方法是实现独立型方案最优选择的可靠方法，能保证所选方案的净现值总额最大。

【例 4－16】 设有三个独立方案 A、B、C，其初始投资及收益见表 4－15。基准收益率为 10%。若投资限额为 650 万元，试进行方案选择。

表 4－15 独立方案 A、B、C 的投资及收益 万元

方案	总投资	第 1～10 年净收益
A	450	87
B	370	74
C	150	33

解： 该题可采用前面介绍的两种方法选择方案。

（1）净现值比率法采用该方法的计算列于表 4－16。各方案的净现值比率均大于零；按净现值比率大小顺序，应选择方案 C、B，其净现值总额为 132.5 万元，总投资 525 万元。

表 4－16　方案 A、B、C 的净现值比率　　万元

方案	投资	第 1～10 年净收益	净现值	净现值比率	按净现值比率排序
A	450	87	84.6	0.188	C
B	375	74	79.7	0.213	B
C	150	33	52.8	0.352	A

（2）互斥方案组合法。

第一步：对于 k 个独立方案，全部相互排斥的方案组合数共有 2^k 个。对本例有 $2^3=8$ 个，列于表 4－17 中。

第二步：计算各组合方案的总投资及净现值总额，具体结果列于表 4－17。

第三步：淘汰净现值总额≤0 或总投资额超过总投资限制的方案组，并在余下的组合方案中选出净现值最大的可行方案组，即最优方案组合。从表 4－17 可见，方案组 1、5、8 应淘汰。

表 4－17　方案 A、B、C 的互斥组合方案及指标　　万元

组合方案编号	组合方案构成 A	B	C	投　资	第 1～10 年净收益	净现值
1	0	0	0	0	0	0
2	1	0	0	450	87	84.6
3	0	1	0	375	74	79.7
4	0	0	1	150	33	52.8
5	1	1	0	825	161	164.3
6	1	0	1	600	120	137.4
7	0	1	1	525	107	132.5
8	1	1	1	975	194	217.1

在余下的方案组 2、3、4、6 和 7 中，方案组 6 的投资总额接近计划资金限额，并且净现值总额最大，为 137.4 万元，高于按净现值比率法选出的方案 C、B，所以方案 A、C 为最优。

三、互斥型方案的评价与选择

对互斥型方案的评价与选择，通常包括两方面的内容：一是考察各方案自身

的经济效益，即进行方案绝对经济效益检验；二是考察那一个方案相对最优，亦称为相对经济效益检验。两种检验的目的和作用不同，通常缺一不可。只有在多个互斥方案中必须选择一个时，才可以只进行相对经济效益检验。

互斥方案经济效果评价的主要内容是进行多个方案的比较和选择。要进行方案比较，就应满足方案间的可比性。而实际工作中方案的寿命或计算期可能相同，但更多的是不相同。针对方案寿命周期是否相同，所采用的比较和评价指标也不一样，其方法也有差异。但无论采用何种评价指标和方法，都应满足方案间具有可比性的基本要求。

(一)寿命相等的互斥方案的评价与选择

对于寿命相等的互斥方案，通常将它们的寿命周期作为共同的计算期或分析期。可采用价值型指标如净现值、费用现值或费用年值进行方案比较评价，也可用效率型指标如追加投资内部收益率等，比较和评价方案。

1. 净现值、净年值等方法

【例4－17】 有四个可供选择的互斥方案，其投资及现金流量如表4－18所示。设寿命周期均为15年，基准收益率为10%，试用净现值对此方案选优。

表4－18 四个互斥方案的投资及现金流量 万元

方案	A	B	C	D
投资	350	275	220	180
年净现金流量	52	43	28	26

解：用净现值指标评价和选择方案的步骤为

(1)对各方案进行绝对经济效益检验，即分别计算各方案的净现值。根据表4－18，运用式(4－22)，各方案的现值为

$$NPV_A = 52(P/A, 10\%, 15) - 350 = 45.5(\text{万元})$$

$$NPV_B = 43(P/A, 10\%, 15) - 275 = 52.1(\text{万元})$$

$$NPV_C = 28(P/A, 10\%, 15) - 220 = -7.0(\text{万元})$$

$$NPV_D = 26(P/A, 10\%, 15) - 180 = 17.8(\text{万元})$$

由于 $NPV_A > 0$，$NPV_B > 0$，$NPV_D > 0$，$NPV_C < 0$，所以方案C被淘汰，而方案A、B、D的经济效果可接受。

(2)对可行方案进行相对经济效益检验，即计算两方案的差额净现值为

$$NPV_{B-A} = NPV_B - NPV_A = 52.1 - 45.5 = 6.6(\text{万元})$$

由于 $NPV_{B-A} > 0$，方案B较方案A好。再与方案D比较：

$$NPV_{B-D} = NPV_B - NPV_D = 52.1 - 17.8 = 34.3(\text{万元})$$

$NPV_{B-D} > 0$，说明方案B也比方案D好。所以，方案B为最优方案。

实际上，对本例有：

$$NPV_B > NPV_A > NPV_D > NPV_C$$

即方案 B 的净现值最大。

从上述可见，用净现值法对寿命相同的互斥方案进行评价和选择时，可依据 $NPV \geqslant 0$ 及净现值最大即为最优方案的原则来进行选优。

用净现值指标进行互斥方案评价的上述原则，可以推广至净现值的等效指标净年值，即净年值大于或等于零且净年值最大者为最优方案。对于各方案间只需计算费用差异的互斥方案，可只进行相对经济效益检验，选择的原则是：费用现值或费用年值最小者为最优方案。

2. 内部收益率法

【例 4-18】 对例 4-18 的方案，用内部收益率法评价和选择方案。

解：用内部收益率法评价和选择方案的步骤如下。

(1)计算各方案的内部收益率，检验其绝对经济效益。根据题意和式(4-28)，可得

$$52(P/A, IRR_A, 15) - 350 = 0$$
$$43(P/A, IRR_B, 15) - 275 = 0$$
$$28(P/A, IRR_C, 15) - 220 = 0$$
$$26(P/A, IRR_D, 15) - 180 = 0$$

由上式可求得 $IRR_A = 12.2\%$，$IRR_B = 12.8\%$，$IRR_C = 9.5\%$，$IRR_D = 11.7\%$。由于 $IRR_C < i_0 = 10\%$。方案 C 被淘汰，其余方案的 IRR 均大于 i_0，经济上可行。

(2)对可行方案进行相对经济效益检验，即计算它们的追加投资内部收益率。根据题意，结合式(4-30)，可得

$$(52-43)(P/A, \Delta IRR_{A/B}, 15) - (350-275) = 0$$

解得：$\Delta IRR_{A/B} = 8.5\%$

由于 $\Delta IRR_{A/B} < i_0$，方案 B 优于方案 A。再与方案 D 比较：

$$(43-26)(P/A, \Delta IRR_{B/D}, 15) - (275-180) = 0$$

解得：$\Delta IRR_{B/D} = 15.9\%$

由于 $\Delta IRR_{B/D} > i_0$，方案 B 也较方案 D 优，所以 B 为最优方案。这与前面用净现值法的结论是一致的。

(二)寿命不相同互斥方案的评价与选择

寿命不相同的互斥方案的评价与选择原则，与寿命相同互斥方案的一样，均应通过绝对效益检验和相对效益检验。但检验的指标和方法有一定的要求。

1. 净年值法

对寿命不等互斥方案进行评价和选择时，用净年值法是最为简便的方法。设

各个互斥方案的寿命周期分别为n_1，n_2，…，n_k，方案$j(j=1, 2, \cdots, k)$在其寿命周期内的净年值为：

$$NAV_j = NPV_j(A/P, i_0, n_j) = \left[\sum_{t=0}^{n} CF_{tj}(P/F, i_0, t)\right](A/P, i_0, n_j) \quad (4-34)$$

式中，CF_{tj}为方案j在第t年的净现金流量。

用净年值法评价和选择的准则为：净年值大于或等于零且净年值最大者为最优可行方案。对于只需计算费用现金流量的互斥方案，可以用费用年值指标进行评价和选择，其准则是：费用年值最小的方案为最优方案。

【例4－19】 两个互斥方案A、B的产出相同，方案A的寿命周期$n_A=5$年，方案B的$n_B=10$年。两方案的费用现金流量列于表4－19。若$i_0=10\%$，试选择最优方案。

表4－19　互斥方案A、B的费用现金流量　　万元

方案	投资		年经营费用净残值	
	第0年	第1年	第2～10年	第11～15年
A	100	110	42	42
B	100	145	60	—

解：由于两方案的产出相同，是仅需计算费用现金流量的互斥方案。依据表4－19中的数据和式(4－26)，可得各方案的费用年值分别为：

$AC_A = PC_A(A/P, i_0, n_A)$

$= [100 + 110(P/F, 0.10, l) + 42(P/A, 0.10, 14)(P/F, 0.10, l)]$

$(A/P, 0.10, 15)$

$= (100 + 110 \times 0.9091 + 42 \times 7.367 \times 0.9091) \times 0.13147$

$= 67.5$(万元)

$AC_B = PC_B(A/P, i_0, n_B)$

$= [100 + 145(P/F, 0.10, l) + 60(P/A, 0.10, 9)(P/F, 0.10, 1)]$

$(A/P, 0.1010)$

$= (100 + 145 \times 0.9091 + 60 \times 5.7570.9091) \times 0.16275$

$= 88.9$(万元)

由于$AC_A < AC_B$，所以选择方案A。

2. 净现值法

当互斥方案寿命不相等时，各方案在各自寿命期内的净现值不具有时间可比性，需要设定一个共同的分析期或计算期。计算期的设定应依决策的需要和方案的技术经济特征来决定。一般可采用以下几种处理方法，来决定共同的计算期。

(1)寿命期最小公倍数法亦称原方案重复法，其基本原理是假定可选方案中

的一个或者若干个在其寿命期结束后，按原方案重复实施若干次，取各方案寿命期的最小公倍数作为共同的计算期，然后再进行计算和分析比较。这是处理寿命不同互斥方案计算期最常用的方法。

【例 4－20】 现有两寿命不等的互斥方案，其有关数据列于表 4－20。设基准收益率为 10%，试用净现值法选择最优可行方案。

表 4－20 寿命不等互斥方案的数据 万元

项目方案	投资 I	年净收益 CF	使用寿命 n/年	净残值 F
A	5500	2000	4	200
B	19500	3000	12	1000

解：因两方案寿命不等，选两方案使用寿命的最小公倍数 12 年为共同计算期。因此，方案 A 需在 12 年计算期中的第 4 年末和第 8 年末将原方案进行两次重复。两个方案的现金流量如图 4－3 和图 4－4 所示。

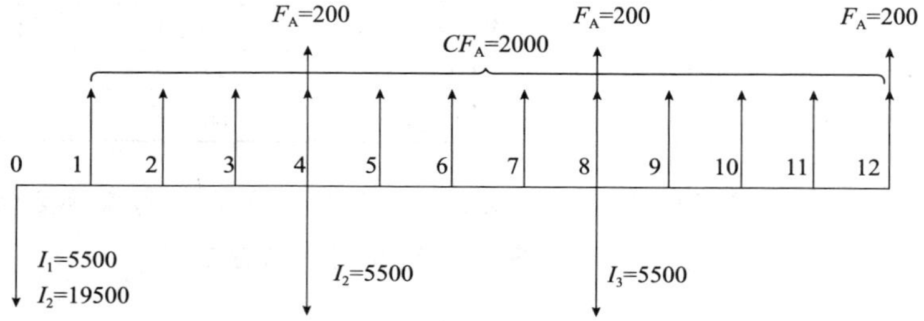

图 4－3 方案 A 的现金流量图

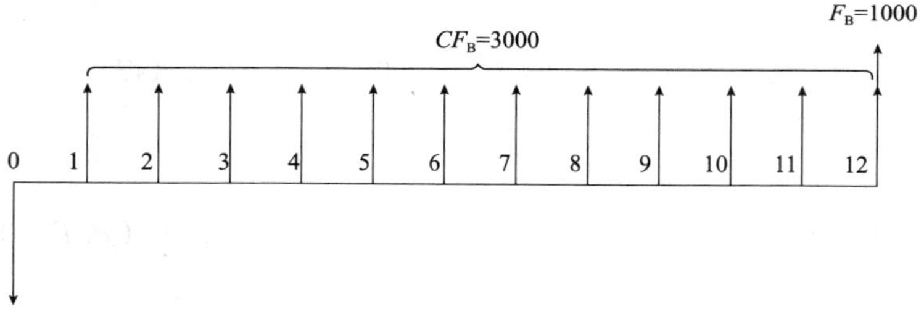

图 4－4 方案 B 的现金流量图

下面分别计算两方案的净现值：

$$
\begin{aligned}
NPV_A &= I_A - I_A(P/F,\ 0.10,\ 4) - I_A(P/F,\ 0.10,\ 8) + CF_A(P/A,\ 0.10,\ 12) \\
&\quad + F_A(P/F,\ 0.10,\ 4) + F_A(P/F,\ 0.10,\ 8) + F_A(P/F,\ 0.10,\ 12) \\
&= -5500 - 5500 \times 0.683 - 5500 \times 04665 + 2000 \times 6814 \\
&\quad + 200 \times (0.683 + 0.4665 + 0.3186) \\
&= 2099(元)
\end{aligned}
$$

$NPV_B = -I_B + CF_B(P/A,\ 0.10,\ 12) + F_B(P/F,\ 0.10,\ 12)$

$= -19500 + 3000 \times 6814 + 1000 \times 03186$

$= 1261$(元)

因为 $NPV_A > NPV_B$，所以选择方案 A。

(2)分析截止期法。依据对未来市场状况和技术经济发展前景的估测，直接选取一个适宜的分析期或计算期，假定寿命短于此计算期的方案重复实施，并对各方案在计算期末的资产余值进行估算，在计算期结束时回收资产余值。如果各方案的寿命期相差不大，一般取最短方案寿命期作为共同计算期。

(3)年值折现法。按设定的共同分析期，将各方案的净现值折现得到方案的净年值，从而对方案进行比较。这实际上是净年值法的另一种形式。设方案 j 的寿命期为 n_j，共同分析期为 N，方案 j 的净现值可如下计算：

$$NPV_j = \left[\sum_{t=0}^{n_j} CF_j\left(\frac{P}{F}, i_0, t\right)\right](A/P, i_0, n_j)(P/A, i_0, N) \qquad (4-35)$$

式中，CF_{tj} 为方案 j 在第 t 年的净现金流量；NPV_j 为方案项的净现值。

用年值折现法求现值时，共同分析期 N 的取值大小一般不会影响方案的比较和选择结果。但 N 的取值通常不大于最长的方案寿命期，不小于最短的方案寿命期。

用上述分析期处理方法计算出的净现值，用于寿命不等互斥方案比较和选择的准则是：净现值大于或等于零且净现值最大的方案为最优者。对于只需计算费用现金流量的互斥方案，可参照净现值的准则，即费用现值最小的方案为最优。

【例 4-21】 寿命不等的互斥方案 A、B 的投资及年净收益列于表 4-21，若 $i_0 = 11\%$，试用净现值法比较和选择方案。

表 4-21 寿命不等的互斥方案投资及收益情况 万元

方案＼年份	0	1	2	3	4	5	6
A	-120	43	43	43	43	—	—
B	-300	95	95	95	95	95	95

解：可取最短的方案寿命期 4 年作为共同分析期，用年值折现法分别计算各方案的净现值如下：

$NPV_A = -120 + 43(P/A,\ 0.11,\ 4) = 13.4$(万元)

$NPV_B = [-300 + 95(P/A,\ 0.11,\ 6)](A/P,\ 0.11,\ 6)(P/A,\ 0.11,\ 4) =$ 74.7(万元)

由于 $NPV_B > NPV_A$，所以选择方案 B。

3. 内部收益率法

用内部收益率法也可以对寿命不等的互斥方案进行评价和选择。首先对方案的可行性进行评价，其次对可行的方案用追加投资内部收益率进行比较和选优。

对方案可行性的判别一般用净年值、净现值或内部收益率等。计算寿命不等互斥方案的追加投资内部收益率方程，可用使两方案净年值相等的形式表达。设互斥方案 A、B 的寿命期分别为 n_A、n_B，计算其追加投资内部收益率的方程为：

$$\left[\sum_{t=0}^{n_A} CF_{tA}(P/F,\Delta IRR,t)\right](A/P,\Delta IRR,n_A) - \left[\sum_{t=0}^{n_B} CF_{tB}(P/F,\Delta IRR,t)\right](A/P,\Delta IRR,n_B) = 0 \quad (4-36)$$

如果相比较方案各年的净现金流量相同，要采用年均净现金流量 CF_A、CF_B，则式(4－36)可简化为

$$[-I_A + CF_A(P/A,\ \Delta IRR,\ n_A)](A/P,\ \Delta IRR,\ n_A) - [-I_B + CF_B(P/A,\ \Delta IRR,\ n_B)](A/P,\ \Delta IRR,\ n_B) = 0 \quad (4-37)$$

通常，用追加投资内部收益率对寿命不等的互斥方案进行比较和选择时，应满足以下条件：初始投资额大的方案年均净现金流量大，且寿命期较长，或者初始投资额小的方案年均净现金流量小，且寿命期较短。设方案 j 的寿命期为n_j，则

$$\text{方案}\ j\ \text{的年均净现金流量} = \sum_{t=0}^{n_j} (CI-CO)_{t/n_j} \quad (4-38)$$

若 ΔIRR 存在，当 $\Delta IRR > i_0$，表明年均净现金流量大的方案为优；当 $0 < \Delta IRR < i_0$，则年均净现金流量小的方案为优。

【例 4－22】 对例 4－22 的方案，用内部收益率法选择方案。

解：首先检验绝对经济效益，即计算两方案在各自寿命周期内的内部收益率，其方程分别为：

$$-120 + 43(P/A,\ \Delta IRR_A,\ 4) = 0$$

$$-300 + 95(P/A,\ \Delta IRR_B,\ 6) = 0$$

求得：

$$IRR_A = 16.1\%,\ IRR_B = 22.1\%$$

由于 IRR_A、IRR_B 均大于基准收益率 11.0%，两方案均可接受。

下面再用追加投资内部收益率比较两方案。初始投资大的方案 B 的年均净现金流量(－300/6＋95＝45)大于初始投资小的方案 A 的年均净现金流量(－120/4＋43＝13)，且方案 B 的寿命周期比方案 A 长，可以用式(4－36)计算追加投资内部收益率如下：

$$[-300 + 95(P/A,\ \Delta IRR_B,\ 6)](A/P,\ \Delta IRR,\ 6) - [-120 + 43(P/A,\ \Delta IRR_A,\ 4)](A/P,\ \Delta IRR,\ 4) = 0$$

解得：

$$\Delta IRR = 25.8\%$$

由于 $\Delta IRR > i_0$，从而应选择投资额较大的方案 B。这与例 4－22 中采用净现值法的结论一致。

对于仅需计算费用现金流量的相比较方案，求解这类寿命不等的互斥方案追加投资内部收益的方程，可采用使两方案费用年值相等的形式。设 A、B 为只有费用现金流量差异的寿命不等互斥方案，求解的方程为：

$$\left[\sum_{t=0}^{n_{\mathrm{A}}} CA_{t\mathrm{A}}(P/F,\Delta IRR,t)\right](A/P,\Delta IRR,n_{\mathrm{A}}) - \left[\sum_{t=0}^{n_{\mathrm{B}}} CA_{t\mathrm{B}}(P/F,\Delta IRR,t)\right](A/P,\Delta IRR,n_{\mathrm{E}}) = 0 \qquad (4-39)$$

若各方案的每年费用相等且用年均费用 CA_{A}、CA_{B} 表示，则可用如下方程求解：

$$[-I_A + CA_{\mathrm{A}}(P/A,\ \Delta IRR,\ n_{\mathrm{A}})](A/P,\ \Delta IRR,\ n_{\mathrm{A}}) - [-I_{\mathrm{B}} + CA_{\mathrm{B}}(P/A,\ \Delta IRR,\ n_{\mathrm{B}})](A/P,\ \Delta IRR,\ n_{\mathrm{B}}) = 0 \qquad (4-40)$$

式中，$CA_{t\mathrm{A}}$ 为方案 A 第 t 年的经营费用；$CA_{t\mathrm{B}}$ 为方案 B 第 t 年的经营费用；I_{A} 为方案 A 的投资；I_{B} 为方案 B 的投资；n_{A} 为方案 A 的寿命期；n_{B} 为方案 B 的寿命期。

用费用现金流量计算追加投资内部收益率，以此来对寿命不等的互斥方案进行比较和选择时，通常方案应符合以下条件：初始投资额大的方案年均费用现金流量较小，且寿命期较大，或者初始投资额小的方案年均费用流量较大，且寿命期较短。其判别的准则为：在 ΔIRR 存在的情况下，如果 $\Delta IRR > i_0$，表明年均费用现金流量较小的方案为优；如果 $\Delta IRR < i_0$，则年均费用现金流较大的方案为优。

方案 j 的年均费用可如下计算：

$$CA_j = \left(\sum_{t=0}^{n_j} CO_{tj}\right) / n_j \qquad (4-41)$$

【例 4－23】 根据例 4－20 的数据，用追加投资内部收益率比较和选择方案。

解： 应用式(4－39)，可分别计算各方案的年均费用为

$$CA_{\mathrm{A}} = (100 + 145)/15 + 42 = 58.3(\text{万元})$$

$$CA_{\mathrm{B}} = (100 + 110)/10 + 60 = 81.0(\text{万元})$$

可见，初始投资额大的方案 A 其年均费用 CA_{A} 小于初始投资额小的方案 B 的年均费用 CA_{B}，且方案 A 的寿命期长于方案 B 的寿命期，从而可以使用追加投

资内部收益率。

根据式(4-40)，求解追加投资内部收益率的方程为：

$[100+110(P/F, \Delta IRR, 1)+60(P/A, \Delta IRR, 9)\times(P/F, \Delta IRR, 1)]\times(A/P, \Delta IRR, 10)-[100+145(P/F, \Delta IRR, 1)+42(P/A, \Delta IRR, 14)\times(P/F, \Delta IRR, 1)]\times(A/P, \Delta IRR, 15)=0$

解得：$\Delta IRR=54.9\%$

由于 $\Delta IRR>i_0$，所以应选择初始投资额大但年均费用较小的方案A。

四、混合型方案的评价与选择

对于这类的方案选择，应认真研究各方案的相互关系，最终是选择一个最佳的方案组合，而非某一独立方案。

通常，混合型方案的评价和选择，按以下基本过程进行：

(1)构成所有可能的组间独立、组内方案互斥的方案组合；

(2)以互斥型方案的比较和选择原则，对各组内的方案进行评价和选择；

(3)在总投资限额条件下，以独立型方案的比较和选择原则，选出最佳的方案组合。

【例4-24】 某集团公司拟在其下属的A、B两个子公司各投资一个项目，两个子公司各提出三个方案供选择，有关的投资及利润预测如表4-22所示。设投资总额分别为300万元和400万元，试选择最佳方案组合。

表4-22 A、B两公司的拟建项目情况 万元

A公司	投资	利润	B公司	投资	利润
A_1	100	40	B_1	100	30
A_2	200	50	B_2	200	45
A_3	300	70	B_3	300	66

解：依据题意，这是一类混合型方案。其比较和选择步骤如下。

(1)形成A、B两种方案组合。A、B两组之间是独立的，但组内 A_1、A_2、A_3 相互排斥；同样 B_1、B_2、B_3 也是相互排斥，三者中仅能取一个。

(2)组内各方案的比较。根据本题的已知条件，可采用投资效果系数法中的投资利润率指标比较。参照差额或追加投资效果系数的计算，可计算各方案的追加投资利润率。例如，对A组方案，以 A_i 为基准，其追加投资利润率计算如下：

$$E_1=\frac{Y_1}{I_1}=\frac{40}{100}=40\%$$

$$E_{2/1}=\frac{Y_2-Y_1}{I_2-I_1}=\frac{50-40}{200-100}=10\%$$

$$E_{3/1}=\frac{Y_3-Y_1}{I_3-I_1}=\frac{70-40}{300-100}=15\%$$

B组内各方案的追加投资利润率也以类似方式计算。各方案的结果列于表4－23。在A、B两组内依据追加投资利润率的大小排序，见表4－23。

表4－23　各方案的追加投资利润率

方案	A_1	A_2	A_3	E_1	B_2	B_3
追加投资利润率/%	40	10	15	30	15	22
利润率的大小排序	①	③	②	[illegible]	③	④

组内各方案的比较和选择，除了可用追加投资利润率指标比较外，还可用作图法进行比较。如图4－5和图4－6所示，横坐标为投资额，纵坐标为利润额。将各方案所处的点用直线连接起来，则连接直线的斜率即是方案的追加投资利润率。

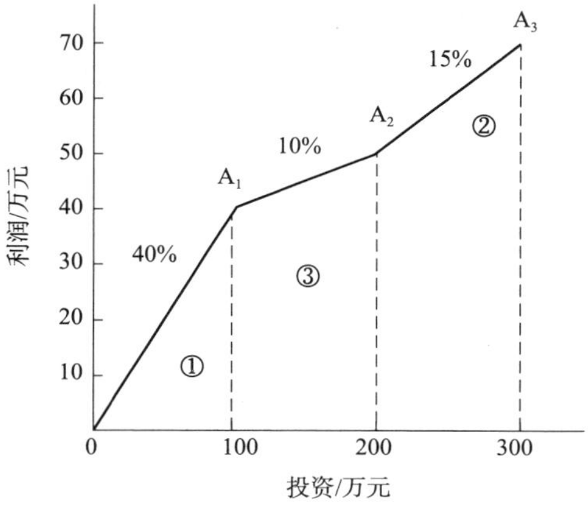

图4－5　A组方案比较图解

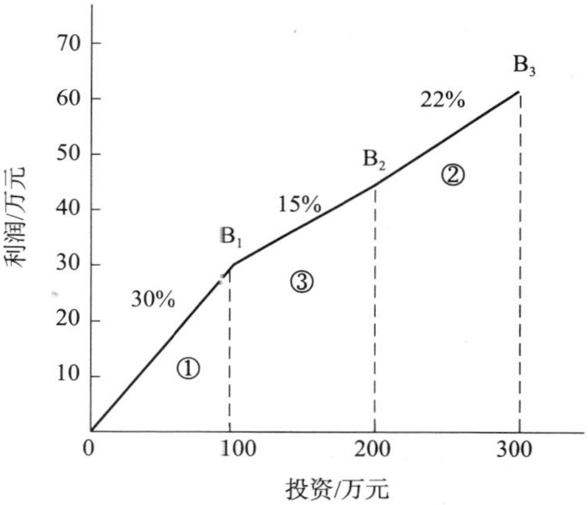

图4－6　B组方案比较图解

(3)选择最优方案组合。对不同方案的投资额、利润额及利润率排序情况综合考虑，可列出不同的组合方案如表4－24所示。在总投资额为300万元的限制条件下，应选择方案组合A_1和B_2；而在总投资额为400万元的条件下，以方案组合A_1和B_3为最佳。

表4－24　方案组合与盈利额　　万元

方案	总投资额								
	200	300	400	300	400	600	400	500	600
A	A_1	A_1	A_1	A_2	A_2	A_2	A_3	A_3	A_3
B	B_1	B_2	B_3	B_1	B_2	B_3	B_1	B_2	B_3
总盈利	70	100	132	80	95	116	100	115	136

五、其他类型方案的评价与选择

在进行各方案的评价和选择时，除了可能会有上述介绍的独立型、互斥型和混合型方案外，还可能有其他几种不同类型的方案。下面将分别简介。

(一)相互依存型方案

在两个或多个方案之间，某一方案的实施要求同时接受另一方案，那么方案之间具有相互依存性。由于某一方案的实施以另一方案的接受为条件，故亦称为条件性。例如，建设一座磷矿(方案B)必须修建一条公路(方案A)，尽管修公路(方案A)不一定非要建设磷矿(方案B)。但若不为开采磷矿，该公路也不会急于修建。在这种情况下，修建一条公路的投资方案与建设一座磷矿的方案实际是相互依存的。

(二)现金流相关型方案

一组方案中，方案间不完全互斥，也不完全依存，但某一方案的取舍将导致其他方案现金流量的变化，这类方案称为现金流相关型方案。例如，有两种在技术上都可行的建设方案，一个是在某大河上建一座收费公路桥(方案A)，另一个是在该桥附近建一个收费轮渡码头(方案B)。尽管这两个方案间不存在互不相容的关系，但任一方案的实施或放弃，都会影响另一方案的收入，从而影响方案经济效益评价的结论。

(三)互补型方案

在一组方案中，某一方案的接受有利于其他方案的采纳，方案之间存在着相互补充的关系。例如，建设一居住小区A和建设一个购物中心B，购物中心的建设实施有利于居住小区方案的实现，同时位于居住小区，购物中心的日常销售量可望增加。

对上述相互依存型、现金流相关型及互补型方案的评价和选择，原则上可以将其化为独立型或互斥型方案，并按独立型或互斥型方案的评价和选择方法来评选。如果两个方案是依存型或互补型，其经济效益评价一般可以合在一起作为独立方案的特例，即按单一方案来处理。

【例4-25】 为满足交通运输需求，有关部门提出在某两地之间建一条铁路和(或)一条公路。只建一条铁路或公路的净现金流量列于表4-25。若铁路和公路都建设，由于运输量分流的影响，铁路和公路两项目的净收入都将减少，其净现金流量如表4-26所示。当基准折现率$i_0=10\%$时，应如何选择方案?

解：这是一种现金流相关型多方案的比较与选择问题。可以先将两个相关方案A、B组合成三个互斥型方案：A、B和A+B，然后再用互斥型方案的评价方法对其进行比较和选择。这三个互斥方案的净现值如表4－27所示。

根据净现值判别准则，在三个互斥方案中，由于 $NPV_A > NPV_B > NPV_C > 0$，故A方案为最优可行方案。

表4－25　只建铁路或公路时的项目净现金流量　　百万元

年份 方案	0	1	2	3～32
铁路A	－250	－250	－250	130
公路B	－150	－150	－150	80

表4－26　铁路和公路都建时的项目净现会流量　　百万元

年份 方案	0	1	2	3～32
铁路A	－250	－250	－250	130
公路B	－150	－150	－150	80
两项合计(A＋B)	－400	－400	－400	－160

表4－27　三个互斥方案的净现金流量及净现值　　百万元

年份 方案	铁路A	铁路B	A＋B
0	－250	－150	－400
1	－250	－150	－400
2	－250	－150	－400
3～32	130	80	160
NPV	329	213	152

习题及思考题

4－1　简述经济效益的基本含义。

4－2　经济效益的原则有哪些？其常用的衡量指标有哪些？

4－3　简述静态评价方法及其特点。

4－4　与静态评价方法相比，动态评价方法有何特点？它常用的方法或指标有哪些？

4－5　与动态投资回收期相比，净现值有何特点？用净现值对项目进行判别的准则是什么？

4－6　年值法有哪些具体方法？

4－7　内部收益率的含义是什么？能否以各方案的内部收益率大小判别方案

的优劣？

4－8　现有 A、B 两套方案，其现金流量如下表所列，设 $i_0 = 12\%$，$R = 5$ 年。试分别求 A、B 方案的以下内容：(1) 净现值；(2) 静态和动态投资回收期；(3) 内部收益率，并判断方案是否可行。

方案 A 和方案 B 现金流量　　万元

年份	0	1	2	3	4	5
方案 A	－1000	500	500	500	500	500
方案 B	－10	10	20	30	40	50

第五章　不确定性分析与技术经济预测

第一节　不确定性问题及分析方法

第四章所介绍的经济评价方法，有一个重要的前提假设，即不存在不确定性因素，所有计算都是建立在已知的、确定的现金流量和投资收益率的基础上。比如，经济评价中所用的数据，有些是来自对未来的预测，有些是引用现行数据。这就造成未来实际发生的情况与事先的估算预测可能有相当大的出入。因为投资活动所处的环境、条件及相关因素是变化发展的。因此，为了提高投资决策的可靠性，减少决策时所承担的风险，就必须对投资项目的风险和不确定性进行正确的分析和评价。

一、不确定性的概念

不确定性是对事物既不知道状态或发生的可能性，也没有规律可寻的情况。技术经济分析中的不确定性是指：被评价项目(方案)的预测效果与将来实施后的实际效果的差异。这是因为项目实施过程中，会受到与项目方案经济效益相关的各种因素影响而难以确定其具体结果，使投资带有潜在的风险。产生不确定性的原因有多种，主要有以下几个方面：

1. 物价膨胀和物价变动

任何一个国家，货币的价值都不是固定不变的，它通常会随着时间的增长而降低。货币价值的降低，必然导致物价上涨；物价上涨，反过来又促进或加重通货膨胀。通货膨胀和物价的变动，直接影响到项目未来的技术经济效益。对这些因素不加考虑，就必然使评价人员预测到的未来情况与实际情况有差异，这是造成不确定因素的主要原因之一。

2. 技术装备和生产工艺变革

在评价项目时，所采用的技术和工艺路线都是现实比较成熟和比较有把握的技术和工艺路线，而在项目将来实施过程中，由于生产技术进步，技术装备和生产工艺的变革，使评价时的各种考虑或假设发生了变化，这样也造成了项目的不确定性。

3. 生产能力的变化

在评价项目时，需要对生产能力进行定量设计，但是实际生产中，达不到设计生产能力或超过设计生产能力的情况是经常存在的。如果建设项目的生产能力达不到预期水平，就会造成产品成本过高，销售收入必然下降，其他各种经济效益也随之改变或达不到预期效果。这样也造成了项目未来的不确定性。

4. 建设资金和工期的变化

在进行项目可行性研究和评估过程中，建设资金的估算和筹措对项目经济效益影响较大。目前，存在过低估算建设资金的现象，以求项目获得国家或地方政府的审批、通过和上马。建设资金估算过低，投资安排不足，就必须延长建设工期，推迟投产时间，增加建设资金和利息。这样，就必然引起总投资增大，经营成本和各种收益的变化。同时，建设工期的延长，对项目的经济效益是非常不利的，因为资金的折现系数逐年降低。因而，建设资金的估算或工期的变化，是项目评价时的不确定性因素。

5. 国家经济政策和法规、规定的变化

我国是发展中国家，正处在由计划经济向市场经济过渡的阶段。目前，不合乎时宜的法规、规定要不断改革。经济政策随着国家经济形势的发展和需要，每个时期都要有每个时期的政策，变化是不可避免的。这些变化是项目可行性研究或评估人员无法预测和不能控制的。这些因素的变化，不仅是不确定因素的源泉，而且还可能给项目带来很大的风险。

因此，为了作出正确决策，需要对这些不确定的因素进行技术经济分析，计算其发生的概率及对决策方案的影响程度，从中选择经济效果最好(或满意)的方案。

二、不确定性分析基本含义

不确定性分析是以计算和分析各种不确定因素(如产品价格、产量、经营成本投资费用等)的变化对投资项目财务效益的影响程度为目的的一种经济分析方法。体现在对决策方案受到各种事前无法控制的外部因素变化与影响所进行的研究和估计，是决策分析中常用的一种方法。通过该分析可以尽量弄清和减少不确定性因素对经济效益的影响，预测项目投资对某些不可预见的政治与经济风险的抗冲击能力，从而证明项目投资的可靠性和稳定性，避免投产后不能获得预期的利润和收益，以致使企业亏损。

按照不确定性的侧重点和处理方法不同，不确定性分析可以分为盈亏平衡分析、敏感性分析和概率分析。盈亏平衡分析是对于在一定的市场环境、生产能力的条件下，研究项目成本与收益之间的平衡关系；敏感性分析是分析可能变化因素在不同估计值的情况下，对经济效益指标的影响程度；概率分析是分析可能变化因素在出现变化的各种可能情况下，对经济效益指标的综合影响等。三类分析方法侧重点不同，应用上相互补充。

三、不确定性分析的一般步骤

影响投资项目的不确定性因素有很多，但不同因素在不同的投资项目中不确定性程度及其对投资项目的影响程度是不同的。因此，在开始分析时，首先要在各个变量及其相关诸因素中，找出不确定程度较大的关键变量或因素，这些变量和因素是不确定性分析的重点。在投资项目的不确定性分析中，其主要的不确定性因素有销售收入、生产成本、投资支出和建设工期等。

估计不确定性因素的变化范围：进行初步分析找出主要的不确定性因素，估计其变化范围，确定其边界值或变化率，也可先进行盈亏平衡分析，来分析项目财务上的经营安全性。

敏感性分析：对不确定性因素进行敏感性分析，即分析其对投资项目的影响程度，找出影响经济效益的最敏感因素和数据，以便对这些敏感性因素加以控制。

概率分析：通过分析获得经济效益目标（有关指标）实现的可能性（概率）的方法，如实现 *NPV* 的概率有多大，项目 *IRR* 的概率分布如何等。与经济评价有关的国家管理文件要求“有条件时，应进行概率分析”。

根据分析结果，对项目中存在的风险进行判断，预先提出减小或规避风险的措施。

第二节　盈亏平衡分析

一、盈亏平衡分析的概念

方案的经济效益受各种不确定性因素的影响，如销售量、成本、产品价格等。这些因素发生变化，方案的经济效果也会有相应的变化。当这些不确定因素变化达到某一临界值时，就会影响到方案的取舍。此时，方案处于一种特殊的临界状态，即不盈不亏的盈亏平衡状态。

盈亏平衡分析的目的就是通过确定方案的盈亏平衡状态，判断某些不确定因素的变化对方案经济效益的影响，为决策提供依据。盈亏平衡分析实质上是分析产量、成本和盈利三者的相互关系。当它们之间的关系均是线性时，称之为线性盈亏平衡分析；反之称为非线性盈亏平衡分析。此外，还有一种称之为优劣盈亏平衡分析。

二、线性盈亏平衡分析

盈亏平衡与预计的正常年份的产品产量或销售量、生产成本、产品售价等相关。盈亏平衡可以用产量、销售收入或生产能力利用率等表示。

(一) 以实际产品产量或销售量表示的盈亏平衡

以实际产品产量或销售量表示的盈亏平衡的含义是：在销售价格 P 不变的条件下，必须至少生产或销售多少产品 Q，才能使收入和支出达到平衡。项目的销售收入 S 与产品产量或销售量 Q 为线性关系，如图 5－1(a)所示，即：

$$S = PQ \tag{5-1}$$

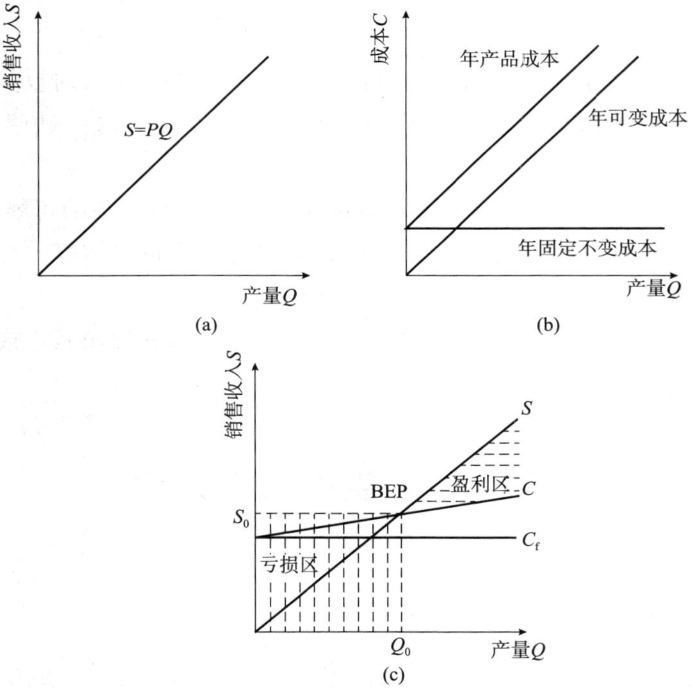

图 5－1　盈亏平衡分析示意图

而产品的产量与总成本又有如下关系：

$$C = V_C Q + C_f \tag{5-2}$$

式中，V_C 为单位产品的可变成本；C_f 为总固定成本(含基本折旧费)。

产品产量与总成本的这种关系也可用图 5－1(b)表示。在盈亏平衡时，销售收入等于生产总成本，设此状态时的产量为 Q_0，则：

$$PQ_0 = V_C Q_0 + C_f$$

所以

$$Q_0 = \frac{C_f}{P - V_C} \qquad (5-3)$$

式(5－3)中的 Q_0 即是项目不亏本时的最低产量(销售量)，或称为保本产量，Q_0 这种关系如图 5－1(c)所示。

在图 5－1(c)中，总成本线 C 与销售收入线 S 相交的点 BEP，称为盈亏平衡点，此时的销售收入等于总成本。当产量低于Q_0时，销售收入低于总成本，出现亏损；当产量大于Q_0时，销售收入高于总成本，获得盈利。盈亏平衡点越低，表明项目盈利的机会越大，亏损的风险就越小。项目盈亏点所对应的保本产量Q_0也反映了项目生产能力的最低允许利用程度。在评价项目或选择方案时，应该选择盈亏点较低的一个。

(二)以销售价格表示的盈亏平衡

以销售价格表示盈亏平衡，是指在一定的生产条件下，销售总收入与总成本达到收支平衡时的产品售价。设盈亏平衡点价格为 P_0，因为

$$S - C = P_0 Q - (V_C Q + C_f) = 0$$

则

$$P_0 = V_C + \frac{C_f}{Q} \qquad (5-4)$$

上式表明，盈亏平衡价格 P_0 与单位产品的可变成本 K 有直接的关系；同时也与总固定成本及产量有关。对确定的项目，V_C 和 C_f 不变，盈亏平衡价格 P_0 随产量而变化，如图 5－2 所示。

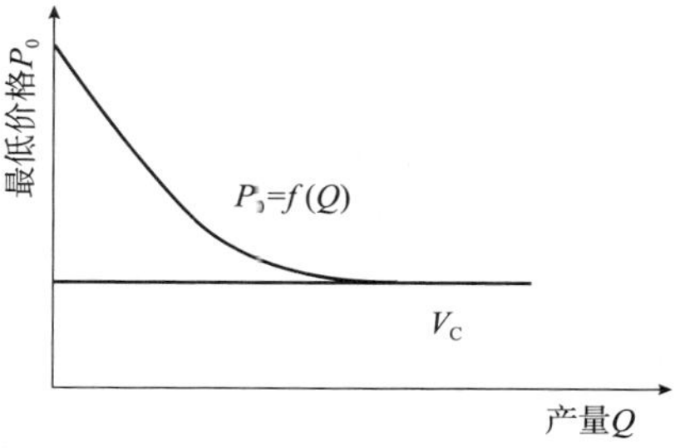

图 5－2　价格盈亏平衡分析示意图

(三)以生产能力利用率表示的盈亏平衡

一般来说，生产能力越大，固定成本或支出也越大。项目的生产能力是确定的，在单位产品售价一定的条件下，要维持收支平衡，必须有一个最低规模的产量，即最低的生产能力利用率。

设 Q_S 为设计的生产能力，Φ 为生产能力利用率，其计算式可表达为：

$$\Phi = \frac{Q_0}{Q_S} \times 100\% = \frac{C_f}{(P - V_C) Q_S} \times 100\% \qquad (5-5)$$

式中的 Φ 反映了最低的生产能力利用率。在实际盈亏平衡分析时，应根据具体情况，选择适当的形式表示盈亏平衡，并分析可变化因素对盈亏情况的影响。

（四）多品种产品盈亏平衡分析

有的工程项目，特别是大型综合加工项目，可生产和销售的往往不止一种产品。由于生产中的总成本很难合理地分摊到每一种产品上，而且即使确定了每一种产品的盈亏平衡也并不能反映项目总体的盈亏状况。对这类多品种产品的盈亏平衡，应该运用临界收益法来分析。

假设某多品种项目的产品销售及收益如表 5－1 所示。临界收益 R_i 是指销售收入减去可变成本后的余额。临界收益的高低表示产品 i 能够为补偿总固定成本所做出的绝对贡献的大小。

表 5－1　多种产品销售及收益表

产品代号	销售收入 S	临界收益 R	固定成本 G
1	S_1	R_1	
2	S_2	R_2	C_f
⋮	⋮	⋮	
n	S_n	R_n	

临界收益法盈亏平衡分析的一般步骤为：

（1）根据表 5－1 所示的资料，用下式计算各产品的临界收益率 r_i

$$r_i = \frac{R_i}{S_i}(i=1,\ 2,\ \cdots,\ n) \tag{5-6}$$

临界收益率 r_i 表示产品 i 能够为补偿总固定成本所做出的相对贡献的大小。通常，为有效地补偿总固定成本，达到项目盈亏平衡，应当依据各产品临界收益率大小的次序安排生产，即优先安排盈利较大产品的生产。

（2）将表 5－1 所示的资料，按照临界收益率的大小次序进行调整，并计算累计销售量和累计临界收益，如表 5－2 所示。

表 5－2　各产品按临界收益率大小排列的收益情况

r_i的大小次序	各产品的 r_i	ΣS_i	ΣR_i
1	r_1	S_1	R_1
2	r_2	S_1+S_2	R_1+R_2
⋮	⋮	⋮	⋮
n	r_n	$S_1+\cdots+S_n$	$R_1+\cdots+R_n$

（3）确定盈亏平衡点所在的产品区域，即按表 5－2 中的排列，依次用累计临界收益与总固定成本比较。当累计临界收益首次大于或等于 C_f 时，则首次大于 C_f 的产品即是盈亏平衡点所在的产品区域。

（4）计算与盈亏平衡点对应的销售量或销售收入。设盈亏平衡点所在产品区

域的产品序号为 k，则盈亏平衡销售收入为：

$$S_0 = \sum_{I=1}^{K-1} S_I + \frac{C_f - \sum_{i=1}^{k-1} R_I}{r_i} \tag{5-7}$$

【例 5-1】 某化工项目建成投产后可生产 A、B、C 和 D 四种产品，有关的销售及收益情况列于表 5-3，试确定该项目的盈亏平衡点。

解：(1)计算各产品的临界收益率如下：

$$r_A = \frac{R_A}{S_A} = 46.7\%；\ r_B = \frac{R_B}{S_B} = 44.0\%$$

$$r_C = \frac{R_C}{S_C} = 50.0\%；\ r_D = \frac{R_D}{S_D} = 30.0\%$$

表 5-3　四种产品的销售及收益情况　　万元

产品代号	销售收入 S_i	临界收益 R_i	固定成本 C_f
A	600	280	500
B	500	220	
C	400	200	
D	500	150	

(2)按 r_i 的大小次序，对产品进行排序，并计算累计销售量和累计临界收益，如表 5-4 所示。

(3)确定盈亏平衡点所在的产品区域，将表 5-4 中的 R 累计值从小到大与固定成本 C_f 进行比较，即计算 $\sum R_i - C_f$。当产品 C、A、B 的 $\sum R_i$ 首次大于 C_f，说明 B 是盈亏平衡点所在的产品区域，即 $k=3$。

表 5-4　四种产品按临界收益率大小排序后的收益情况

产品代号	r_i的大小次序	各产品的 r_i/%	$\sum S_i$/万元	$\sum R_i$/万元	$\sum R_i - C_f$/万元
C	1	50.0	400	200	-300
A	2	46.7	1000	480	-20
B	3	44.0	1500	700	200
D	4	30.0	2000	850	350

(4)计算盈亏平衡点销售收入，根据式(5-7)和表 5-4 中的数据，其盈亏平衡点销售收入为：

$$S_0 = \sum_{i=1}^{k-1} S_i + \frac{C_f - \sum_{i=1}^{k-1} R_i}{r_k} = S_C + S_A + \frac{C_f - (R_C + R_A)}{r_B}$$

$$= 400 + 600 + \frac{500 - (200 + 280)}{0.44} = 1045(万元)$$

(五) 成本结构与经营风险

经营风险是指销售量、产品价格及成本等可变因素变化对项目盈利额的影响。通过盈亏平衡分析，可以了解这种影响的程度。

设固定成本占总成本的比例为 E，即：

固定成本：

$$C_{\mathrm{f}} = CE$$

单位产品可变成本：

$$V_{\mathrm{C}} = \frac{C(1-E)}{Q}$$

式中，C 为预期的总成本；Q 为预期的产量销售量。

将 $C_{\mathrm{f}} = CE$ 和 $V_{\mathrm{C}} = \frac{C(1-E)}{Q}$ 代入式(5－3)，可得产品价格为 P 时盈亏平衡产量：

$$Q_0 = \frac{CE}{P - \frac{C(1-E)}{Q}} = \frac{CE}{\frac{1}{E}(PQ - C) + C} \tag{5-8}$$

从上式可见，固定成本占总成本的比例 E 越大，盈亏平衡产量 Q_0 越高。这意味着在不确定因素发生变化时，出现亏损的可能性较大。

对于预期的产量和成本，项目的年净收益 M 为：

$$M = PQ - C_{\mathrm{f}} - V_{\mathrm{C}}Q = PQ - CE - \frac{C(1-E)}{Q}Q \tag{5-9}$$

$$\frac{\mathrm{d}M}{\mathrm{d}Q} = P - \frac{C(1-E)}{Q} \tag{5-10}$$

式(5－10)反映了产量或销售量对年净收益的影响，当 E 较大时，年净收益受产量变化的影响较大。也就是说，固定成本占总成本的比例越大，受市场需求变化可能导致亏损的风险也越大。

三、非线性盈亏平衡分析

(一) 基本概念

以上分析中做了如下的假设：产量等于销售量；产品销售单价 P 不变；固定成本和单位可变成本不变，这样得到的是线性盈亏平衡分析。在实际工作中，常常会遇到产品的年总成本与产量不成线性关系，产品的销售价格会受市场供求变化和批量大小的影响。例如，要进一步增加销售额，通常需要适当地降低产品售价，使销售收入不再随产量增减呈线性变化，这时就要采用非线性盈亏平衡分析。

非线性产生的原因有很多种，主要由以下两个方面造成：

首先，从总成本方面来看，以下因素都会使总成本与产量的关系由线性变为非线性。

(1)成本发生变化。例如原材料价格发生变化，即当生产扩大到一定程度后，用正常的价格获得的原料、动力等不能保证满足供应，必须付出较高的代价才能获得。

(2)设备磨损加剧，寿命缩短，维修费用增加。

(3)加班等造成劳务费用增大。当正常的生产班次已经不能完成生产任务时，不得不采用加班加点的做法。而加班工资一般会更高，从而会增大劳务费用。

其次，从销售收入方面考虑，在产品的销售税率不变的情况下，由于市场供求关系发生变化，或发生批量折扣，这样会使销售收入与产量不成线性关系。

由于上述两方面的原因，导致产量、成本和盈利三者的变化关系为非线性，相应的盈亏平衡分析称为非线性盈亏平衡分析。

较为常见的非线性盈亏平衡分析是二次曲线型分析。设：

$$P = g - hQ \tag{5-11}$$

$$V_C = a + bQ \tag{5-12}$$

式中，a、b、g 和 h 为常数，上式表示产品价格 P 和单位产品可变成本 V_C 也随产量变化的情况。

由于

$$S = PQ = (Cg - hQ)Q = gQ - hQ^2 \tag{5-13}$$

$$C = C_f + V_C Q = C_f + aQ + bQ^2 \tag{5-14}$$

盈亏平衡时 $S = C$，即：

$$(b+h)Q^2 - (g-a)Q + C_f = 0$$

解上述一元二次方程，可得两个根，即：

$$Q_0 = \frac{(g-a) - \sqrt{(g-a)^2 - 4(b+h)C_f}}{2(b+h)} \tag{5-15a}$$

$$Q_0' = \frac{(g-a) + \sqrt{(g-a)^2 - 4(b+h)C_f}}{2(b+h)} \tag{5-15b}$$

这种销售收入 S、成本 C 随产量 Q 的非线性变化以及 Q_0 和 Q_0'的含义如图5－3所示。

从图5－3可见，产量 Q 需满足：

$$Q_0 < Q < Q_0' \tag{5-16}$$

才能保持盈利 $M = S - C > 0$。使盈利 M 达到最大 M_{max} 时的最优化产量 Q_{opt} 应满足：

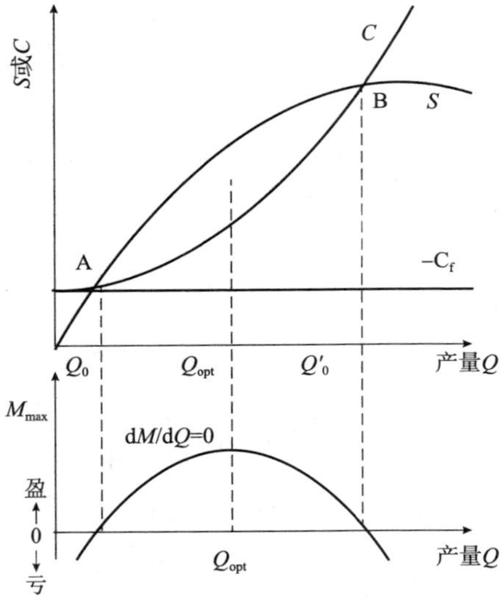

图 5－3　非线性盈亏平衡分析示意图

$$\frac{dM}{dQ}=0$$

即

$$\frac{dM}{dQ}=-2(h+b)Q+(g-a)=0$$

从而可得：

$$Q_{opt}=\frac{g-a}{2(b+h)} \qquad (5-17)$$

$$M_{max}=\frac{(g-a)^2}{4(b+h)}-C_f \qquad (5-18)$$

其最优化产量 Q_{opt} 和最大盈利 M_{max} 如图 5－3 所示。

(二) 确定最佳设计或经营规模

非线性盈亏平衡分析，也给项目最佳设计规模或最优产量的确定提供了重要的依据。从图 5－3 可知，A 点为一个盈亏平衡点，当产量 $Q>Q_0$ 时，项目处于盈利状态。但当产量 Q 超过 B 点对应的产量 Q'_0 以后，产品成本高于销售收入，项目进入亏损状态。所以点 A、B 间两条曲线形成的区域为盈利区，该盈利区也就是最佳设计规模区，或称为经济规模区。项目的设计规模或运营规模一般在此区域内选定。

【例 5－2】 设某化工企业的年销售总收入 S 与产量 Q（吨）的关系为 $S=300Q-0.03Q^2$（元），总固定成本 $C_f=180000$ 元，总可变成本为 $V_CQ-100Q-0.01Q^2$。试对该项目进行盈亏平衡分析。

解：依据题意，总成本为

$$C=C_f+V_CQ=180000+100Q-0.01Q^2\text{（元）}$$

盈利函数 M 为

$$M=S-C=200Q-0.02Q^2-180000\text{（元）}$$

达到盈亏平衡时，$M=0$。解上式得：

$$Q_0=1000\text{（吨/年）}$$

$$Q'_0=9000\text{（吨/年）}$$

即该企业的年产量要控制在 1000～9000 吨才能盈利。如要获得最大盈利额，则有：

$$\frac{dM}{dQ}=200-0.04Q_{opt}=0$$

即 $Q_{opt}=5000$（吨/年）。相应的最大盈利额为：

$$M_{max}=200\times5000-0.02\times5000^2-180000=320000(元)$$

四、优劣盈亏平衡分析

(一)基本方法

对各个方案进行分析、比较和选择，是技术经济经常要解决的问题。对于多个方案的盈亏平衡状况进行分析和比较，应采用优劣盈亏平衡分析，从而可帮助投资者做出正确的决策。

在对两个或两个以上方案进行盈亏平衡分析时，通常是将各方案的费用支出与某同一参数相联系，求出各方案间费用相等时所对应的该参数值，以此来评价各方案之间的相对优劣。设有Ⅰ、Ⅱ两种方案，它们各自的总成本可按 $C=f(x)$ 计算，即：

$$C_{\mathrm{I}}=f_{\mathrm{I}}(x)=V_{C\mathrm{I}}x+C_{f\mathrm{I}} \tag{5-19a}$$

$$C_{\mathrm{II}}=f_{\mathrm{II}}(x)=V_{C\mathrm{II}}x+C_{f\mathrm{II}} \tag{5-19b}$$

若上式中的参数 x 表示产量，C_{I} 和 C_{II} 随产量变化，必有一交点 x_0，称为优劣盈亏平衡点，如图 5-4 所示。

从图 5-4 可见，当产量 $Q<x_0$ 时，方案Ⅰ的总成本 C_I 较小，方案Ⅰ较优；当 $Q>x_0$ 时，方案Ⅱ较优。根据对市场需求的预测，确定生产规模后，就可以根据图 5-4 所提供的分析结果，确定选择何种方案。

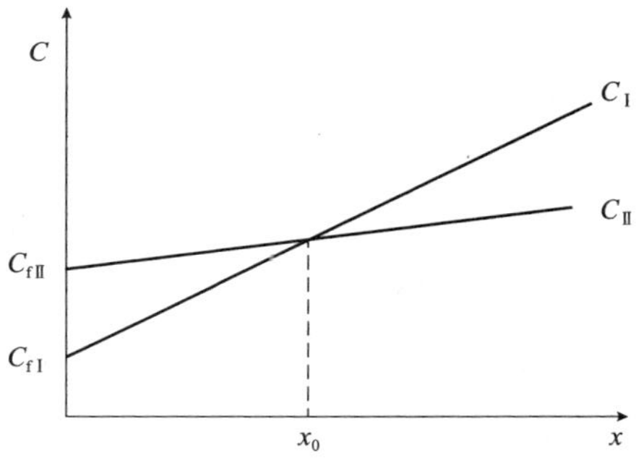

图 5-4　优劣盈亏平衡分析示意图

【例 5-3】　某计划建设的化工项目有三个互斥型方案：第一种，从国外引进全套装置，固定成本 800 万元/年，单位可变成本 10 元/吨；第二种，采用较先进的自动化装置，固定成本为 500 万元/年，单位可变成本 12 元/吨；第三种，采用一般国产通用装置，固定成本为 300 万元/年，单位可变成本为 15 元/吨。试对三种方案进行优劣盈亏平衡分析。

解：由于不知道各方案的收益情况，则依据产品成本进行分析。

各方案的产品总成本为：

$$C_1=C_{f1}+C_{V1}Q=800+10Q$$

$$C_2=C_{f2}+C_{V2}Q=500+12Q$$

$$C_3=C_{f3}+C_{V3}Q$$

可以看出，三个方案的总成本都是产量单一变量的函数。各方案的总成本随产量变化的情况如图 5－5 所示。

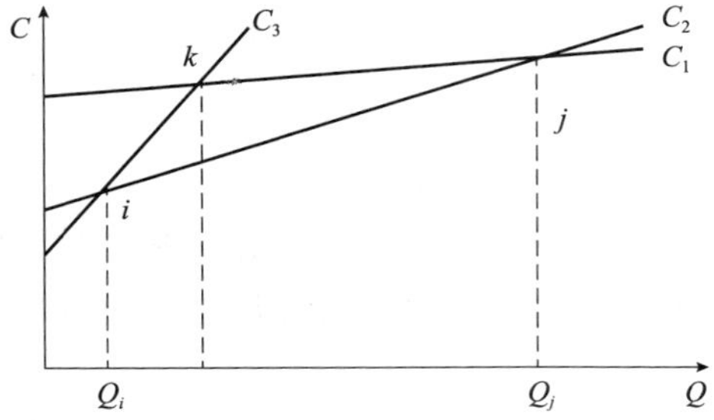

图 5－5　三个方案的优劣盈亏平衡分析

从图 5－5 可见，三条直线两两相交于 i、j 和 k 三个交点。其中 i、j 两点将最低成本线分为三段，是三个方案转折的两个优劣平衡点，i、j 两点所对应的产量 Q_i 和 Q_j 即为优劣平衡产量。从图中可见：

当 $Q < Q_i$ 时，第三种方案总成本最低；

当 $Q_i < Q < Q_j$ 时，第二种方案总成本最低；

当 $Q > Q_j$ 时，第一种方案总成本最低。

所以，i 点为第二种和第三种方案的优劣平衡点，顶点则为第一种和第二种方案的优劣平衡点。各平衡点的对应产量计算如下：

在 i 点，$C_2 = C_3$，即：

$$500 + 12Q_i = 300 + 15Q_i$$

解得 $Q_i = 66.7$（万吨）

在 j 点，$C_1 = C_2$，即：

$$800 + 10Q_j = 500 + 12Q_j$$

解得 $Q_j = 150$（万吨）

若根据市场调查，预测市场需求量为 80 万吨，则第二种方案较佳。

（二）动态盈亏平衡分析

以上没有涉及资金的时间价值问题，属静态盈亏平衡分析。盈亏平衡分析也可作动态分析，以下面例子予以说明。

【例 5－4】 某化工企业拟上马一套生产线，有 A、B 两套装置可供选择，有关的投资及成本列于表 5－5。试求：(1) 若折现率为 12%，使用年限均为 8 年，问年产量为多少时，选用装置 A 有利？(2) 若折现率为 12%，年产量均为 13000 吨，则装置使用多少年限时，选用装置 A 较有利？

表 5－5　A、B 两套装置的投资和成本情况

装置代号	初始投资/万元	可变成本/(元/吨)
A	2000	800
B	3000	600

解：(1) 此问即是求 A、B 两套装置的产量优劣平衡点。考虑了资金的时间价值后，两方案的年固定费用分别为：

$$C_{fA}=2000\times\frac{0.12(1+0.12)^8}{(1+0.12)^8-1}$$

$$C_{fB}=3000\times\frac{0.12(1+0.12)^8}{(1+0.12)^8-1}$$

据优劣盈亏平衡点的含义，有：

$$C_A=C_B$$

即

$$C_{fA}+C_{VA}Q_0=C_{fB}+C_{VB}Q_0$$

化简得

$$Q_0=\frac{C_{fA}-C_{fB}}{C_{VB}-C_{VA}}=50000\times\frac{0.12(1+0.12)^8}{(1+0.12)^8-1}=10065(\text{吨/年})$$

即当产量小于10065吨/年时，宜选择装置A，其总成本曲线如图5－6所示。

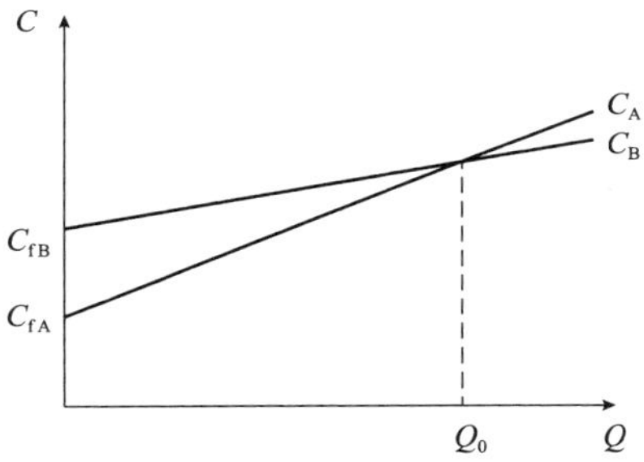

图5－6　A、B装置优劣盈亏平衡分析

(2)所求的实际是不确定性因素，即设备使用年限n，依据$C_A=C_B$，得：

$$2000\times\frac{0.12(1+0.12)^n}{(1+0.12)^n-1}+800\times1.3=3000\times\frac{0.12(1+0.12)^n}{(1+0.12)^n-1}+600\times1.3$$

化简为：

$$\frac{0.12(1+0.12)^n}{(1+0.12)^n-1}=0.26$$

解得

$n=5.46$(年)

即当装置的使用年限小于5.46年时，宜选择装置A；否则应选择装置B。

五、盈亏平衡分析的应用范围及特点

1. 盈亏平衡分析的应用范围

盈亏平衡分析可以应用在以下几个方面：

(1)判定企业经营状况。确定盈亏平衡点，与项目实际产量、价格或生产能力利用率进行比较，可以对企业的经营状况进行初步判断。

(2)利润预测及决策。采取目前的经济策略或手段，可以收获多少利润，风险主要存在什么地方，风险概率有多大，这样可以提前做好应对准备，规避或减弱风险。

(3)价格决策。通过盈亏平衡分析，可以确认产品的价格变动范围，帮助准确定价。否则，价格制定过高，偏离市场主体，造成市场损失；价格制定过低，容易造成亏损。

(4)指导成本管理。在单价、固定成本、销售量及目标利润可知的情况下控制单位变动成本。

(5)选择合理的决策方案。如亏损产品是否继续生产，零件自制还是外购，是否接受追加订货，采用哪种生产工艺方案等；有的时候因为要保持市场占有率，亏本也需要生产；根据风险程度，选择合适的工艺方案，比如当项目风险比较大的时候，就需要保本产量比较低的技术路线。

2. 优点

盈亏平衡分析的优点有以下四个方面。

(1)有助于快速确定项目的各项经济指标。了解项目可能承担的风险盈亏平衡分析是对拟建项目进行不确定性分析的方法之一。因为这时一方面需要对项目的一些主要参数如产量、售价和成本等做出决定，而另一方面，某些经济数据如总投资、收益率还不易确定。因此，用盈亏平衡分析法可以粗略地对高敏感度的产量、售价及成本等因素进行分析，会有助于快速确定项目的各项经济指标，了解项目可能承担的风险。

(2)有助于合理确定生产规模。由盈亏平衡公式 $Q_0=\frac{C_f}{P-V_C}$ 可知，Q_0 的高低取决于年固定总成本、售价及单位可变成本之差。因此，如果一个项目有多个不同的方案可供选择，且方案的固定总成本相同，则 $P-V_C$ 越小，平衡产量越高，风险越大，反之则越低；如果 $P-V_C$ 相等，则固定成本越高，则平衡产量越高，风险越大，则项目较容易受到生产或销售水平的影响。

(3)可以对不同设备、不同的工艺流程方案进行选择。设备生产能力的变化会引起总固定成本的变化，而工艺流程的不同会影响到单位可变成本。当采用技术上先进的工艺，会有助于效率的提高，原材料和劳动力都会有所节约，而使单位可变成本降低。所以通过对这些方案值的计算，可以为方案抉择提供有用的信息。

(4)可以用于多个互斥项目的优选及多个不确定性因素互斥项目的比较和分析。

3. 缺点

盈亏平衡分析的缺点体现在以下两个方面。

(1)盈亏平衡分析是建立在生产量等于销售量的基础上，即产品能完全销售而没有积压，因此，准确度不高；

(2)所用的数据是以类似工厂的正常生产年份的历史数据修正得来的，因此，精确度不高。

所以，盈亏平衡分析只适合于现有项目的短期分析，而由于项目多是一个长期的过程，所以利用这种方法很难得到一个全面的结论。

第三节　敏感性分析

一、敏感性分析的概念

1. 敏感性分析的作用

敏感性分析就是通过分析和预测经济评价中的各种不确定因素发生变化时，对项目经济评价指标的影响，从而找出敏感性因素，并确定其影响的程度。敏感性分析是投资建设项目评价中应用十分广泛的一种技术，用以考察与项目有关的各种不确定因素对项目基本方案经济评价指标的影响，找出敏感因素，估计项目评价效益指标对这些敏感因素变化的敏感程度，粗略预测项目可能承担的风险，为进一步的风险分析打下基础。

敏感性分析中设定的变化因素和受影响的经济效益评价指标应根据项目的特点和实际需要确定。可能发生变化的因素有：产品产量、产品价格、固定成本、可变成本、总投资、主要原材料及燃料为动力价格、项目建设工期等。受影响的经济效益评价指标通常选择净年值、净现值、内部收益率、投资回收期等。

敏感性分析包括单因素敏感性分析和多因素敏感性分析。单因素敏感性分析是指每次只改变一个因素的数值来进行分析，估算单个因素的变化对项目效益产生的影响；多因素分析则是同时改变两个或两个以上因素进行分析，估算多因素同时发生变化的影响。为了找出关键的敏感性因素，通常多进行单因素敏感性分析。

2. 敏感性分析的一般步骤与内容

(1)选择不确定因素及确定其变动范围。尽管影响方案经济效益的不确定因素有多个，但其影响程度或重要性却可能有很大的差别，也就没有必要对所有的不确定因素进行敏感性分析。可依据以下原则选择主要的不确定性因素。

①在可能的变动范围内，预计该因素的变化将较强烈地影响方案的经济效益

指标。

②对于在确定性经济分析中，采用该因素及数据的准确性把握不大。对于化学工业类项目，可能作为敏感性分析的因素通常包括：投资额、项目建设期限、产品产量或销售量、产品价格、经营成本、项目寿命期限、折现率等。在选择需要分析的不确定因素过程中，应根据实际情况确定这些因素的变动范围。

(2)确定敏感性分析的指标。敏感性分析都是在确定性经济分析基础上进行的，因而敏感性分析的指标参数应与确定性分析所使用的指标一致，不应超出确定性分析所用指标的范围。

当确定性分析中所用的指标较多时，敏感性分析可针对其中一个或几个最重要的指标进行，最基本的指标是内部收益率。此外，根据项目的实际情况也可以再选择净现值或投资回收期等。必要时可以选择两个或两个以上指标进行敏感性分析。

(3)计算不确定因素对指标的影响。在主要的不确定因素和拟考察的敏感性分析指标确定后，分别计算各不确定因素单独变动或者多个因素同时变动对敏感性分析指标的影响结果。

敏感性分析一般是选择不确定因素变化的百分率为±5%、±10%、±15%、±20%等；对于不便用百分数表示的因素，例如建设工期，可采用延长一段时间表示，如延长一年。获得不确定因素变动与敏感性分析指标变化的对应关系，通常用图或表格的形式表示出来。

二、判别因素敏感性的基本方法

在敏感性分析中，不同因素变化相同的比例，例如均变化±10%，但所引起的指标的变化程度却可能很不相同，或者同一因素在不同的条件下，其变动对指标的影响结果也不一样。敏感性分析的首要任务就是找出其数值变化能显著影响方案经济效益或主要经济指标的因素，即敏感性因素。衡量一个因素是否为敏感性因素，可用相对衡量法或绝对衡量法。

(一)相对衡量法

相对衡量法是设定要分析的因素都从确定性经济分析中所采用的数值开始变动，并且各因素每次变动的幅度相同。从而比较在相同变动幅度条件下，各因素的变动对经济效益指标的影响程度，那些对指标影响程度较大的即为该方案的敏感性因素。常用的方法是运用敏感度系数来进行判别。

敏感度系数是指项目评价指标变化的百分率与不确定因素变化的百分率之比。若敏感度系数较大，则表示项目效益对该不确定因素敏感的程度较高。敏感度系数的计算公式为：

$$S_{AF}=\frac{\frac{\Delta A}{A}}{\frac{\Delta F}{F}} \tag{5-20}$$

式中，S_{AF}为评价指标 A 对于不确定因素 F 的敏感系数；$\frac{\Delta F}{F}$为不确定因素 F 的变化率；$\frac{\Delta A}{A}$为不确定因素 F 发生 ΔF 变化率时，评价指标 A 的相应变化率。

$S_{AF}>0$，表示评价指标与不确定因素同方向变化；$S_{AF}<0$，表示评价指标与不确定因素反方向变化。S_{AF}较大者敏感度系数高。

相对衡量法是敏感性分析中最常采用的方法，其经济含义明确，表达形式直观，易于理解，并且各因素影响情况的可比性较好。

(二)绝对衡量法

绝对衡量法的基本做法之一，是设定各因素都向对方案不利的方向变化，并取其有可能出现的对方案最不利的数值，据此计算方案的经济效益指标，看其在这样的条件下是否可达到使方案无法被接受的程度。如果某一因素可能出现的最不利数据值可使方案变得不能接受，表明该因素是方案的敏感性因素。

判别方案能否接受是看其经济指标是否达到临界值或临界点(转换值 Switch Value)，它是指不确定性因素的变化使项目由可行变为不可行的临界数值，可采用不确定性因素变化相对应的具体数值来表示基本方案的变化，也可以采用相应的变化率表示。当该不确定因素为费用项目时，即为其增加的百分率；当其为效益项目时为降低的百分率。

当不确定因素的变化超过了临界点所表示的不确定因素的极限变化时，项目将由可行变为不可行。例如使用净现值或净年值指标，要看其值是否大于或等于零；而使用内部收益率则要看其是否大于或等于基准折现率。

临界点数值的高低与计算临界点选用指标的初始值有关。若选取基准收益率为计算临界点的指标，通常随着设定基准收益率的提高临界点会降低(即临界点表示的不确定因素的极限变化变小)；而在一定的基准收益率下，临界点越低，说明该因素对项目评价指标影响越大，项目对该因素就越敏感。

临界点的计算主要是采用试插法，包括用计算机软件的函数或图解法求得。运用绝对衡量法时，也可以先设定拟考察的经济效益指标为其临界值，例如令净现值等于零，然后求出在此条件下，待分析因素的最大允许变动幅度，并与其可能出现的最大变动幅度相比较。如果某一因素可能出现的变动幅度超过最大允许变动幅度，则表示该因素是方案的敏感性因素。

三、敏感性分析结果在项目决策分析中的应用

将敏感性分析的结果进行汇总，可采用编制敏感性分析表(表5－6)和敏感度系数与临界点分析表(表5－7)的方式，以及绘制敏感性分析图(图5－7)的方式。表5－6和图5－7中的项目仅作为举例说明，应依据项目的实际情况选择适宜的敏感性因素和考察的评价指标，但一般不低于2项。表5－7中的"不确定因素"可以依据实际情况选择，一般也不应少于两项。但该表中的"内部收益率""敏感度系数""临界点"以及"临界值"等评价指标一般不应缺少，必要时可增加评价指标例如净现值等。

表5－6　敏感性分析

变化率	－30%	－20%	－10%	0	10%	20%	30%
基准折现率或贷款利率							
建设投资							
原材料成本							
销售收入							

表5－7　敏感度系数和临界点分析

不确定因素	变化率/%	内部收益率/%	敏感度系数	临界点/%	临界值
基本方案					
基准折现率或贷款利率					
产品产量(生产量)					
产品价格					
主要原材料价格					
建设投资					

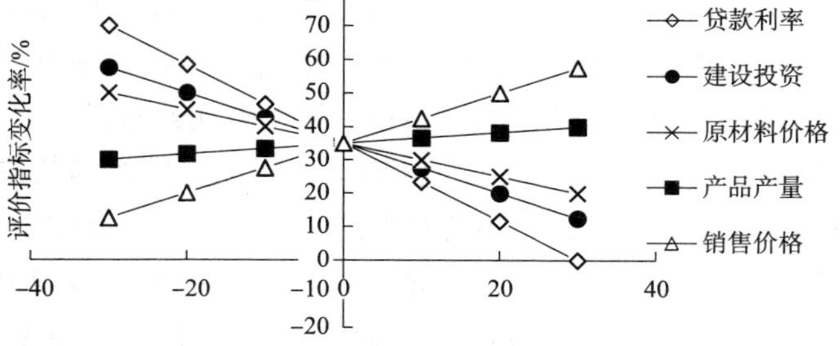

图5－7　敏感性分析图

此外，还应对分析结果进行文字说明，将不确定因素变化后计算的经济评价

指标与基本方案评价指标进行对比分析，结合敏感度系数及临界点的计算结果，按不确定性因素的敏感程度进行排序，找出最敏感的因素，分析敏感因素可能造成的风险，并提出应对措施。当不确定因素的敏感度很高时，应进一步通过风险分析，判断其发生的可能性及对项目的影响程度。

四、单因素敏感性分析

单因素敏感性分析是指仅变动某一个因素，保持其他因素不变，看其对经济效益指标的影响程度；然后，只变动另一个因素，进行类似的计算。

【例5－5】 某项目初始投资为100万元，预计项目寿命为5年，每年可提供净收益28万元，基准收益率为8%，项目期末残值为20万元。试分析考虑项目寿命、基准收益率的变化对经济效益指标净年值的影响。

解： 设 n 和 i 分别是项目寿命和基准收益率，经济效益指标净年值与它们的关系为式(4－25)，即

$$NAV(n,\ i) = CF + F(\frac{A}{F},\ i,\ n) - I(\frac{A}{P},\ i,\ n)$$

$$= 28 + 20(\frac{A}{F},\ I,\ N) - 100(\frac{A}{P},\ i,\ n)$$

$$= 28 + 20 \times \frac{i}{(1+i)^n} - 100 \times \frac{i(1+i)^n}{(1+i)^n - 1} \qquad (A)$$

在上述 n 和 i 中，维持其中之一不变，对另一因素每变动一定幅度，就对应一个 NAV 的值，如表5－8所示。例如保持 i 不变，考察 n 变动对 NAV 的影响，从表5－8中可知：

$n = n_0 = 5$（年），$i = i_0 = 8\%$ 时，代入式(A)，得：

$$NAV(5,\ 8\%) = 28 + \frac{1.6 - 8 \times 1.08^5}{1.08^5 - 1} = 6.4(\text{万元})$$

当项目寿命 n 减小20%，从表5－8中可见，对应的 $n = n_0 \times 0.8 = 4.0$（年），i 不变为8%，从而得：

$$NAV(4,\ 8\%) = 28 + \frac{1.6 - 8 \times 1.08^4}{1.08^5 - 1} = 2.2(\text{万元})$$

类似地，也可计算出当 n 保持不变，仅 i 变化时 NAV 的变化情况。从而可分别计算出当 n 或 i 变化 ±10%、±20%、±30%以及 ±40%时的净年值 NAV，其计算结果见表5－8。表5－8中还给出了 NAV 的变化率，其定义为：

$$\Delta NAV = \frac{NAV(n,\ i) - NAV(n_0,\ n_0)}{NAV(n_0,\ n_0)} \times 100\% \qquad (B)$$

如表5－8这样的计算分析表称为敏感性分析表。根据敏感性分析表中的数

据，也可画出直观的敏感性分析图，如图5－8所示。

表5－8　例5－5的敏感性计算

因素	因素变化率 x/%	因素变化值		指标变化值 NAV/万元［由式(A)计算］	指标变化率 ΔNAV/%
		n	i/%		
寿命周期/年	+40	7.0	8	11.0	+71.9
	+30	6.5	8	10.1	+57.8
	+20	6.0	8	9.1	+42.2
	+10	5.5	8	7.9	+23.4
	0	5	8	6.4	0
	−10	4.5	8	4.5	−29.7
	−20	4.0	8	2.2	−65.6
	−30	3.5	8	−0.7	−100
	−40	3.0	8	−4.6	
折现率 i/%	+40	5	11.2	4.0	−37.5
	+30	5	10.4	4.6	−28.1
	+20	5	9.6	5.2	−18.8
	+10	5	8.0	5.8	−9.4
	0	5	8.0	6.4	0
	−10	5	7.2	6.9	+7.8
	−20	5	6.4	7.5	+17.2
	−30	5	5.6	8.1	+26.6
	−40	5	4.8	8.7	+35.9

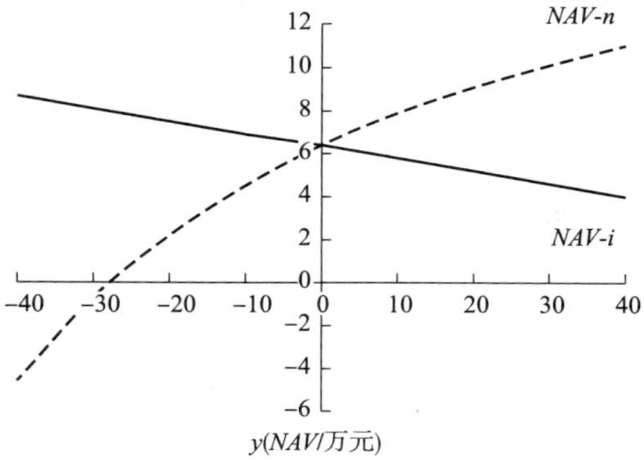

图5－8　例5－5的敏感性分析

从图5－7和表5－6可看出：

①项目寿命周期 n 的变化对经济指标净年值 NAV 的影响比较突出。例如，当 n 减小约26%时，净年值由原预计的6.4万元减小为零，使项目从盈利转为无盈利可求。而且，从曲线 $NAV-n$ 的变化趋势还可进一步地看出，n 减少对 NAV 的不利影响明显大于 n 增大同样幅度对 NAV 的有利影响。例如，比较表5－8中的“因素变化率 x”列和“指标变化率 ΔNAV”列中对应的数据，当 $n=-20\%$，$\Delta NAV=-65.6\%$，即寿命周期比预计缩短20%时，经济效益指标 NAV 比预计的减少65.56%，是因素列变化的3倍多；类似地当 $n=+20\%$，$\Delta NAV=+42.2\%$，仅是因素 n 变化的2倍左右。可见寿命周期增长或缩短同样幅

度，对 NAV 的影响程度则有明显差别。上述分析揭示，我们应特别注意项目寿命周期比预计的缩短所导致的项目经济效益的不利变化，也即指出了该项目的主要风险之一。

②$NAV-i$ 是一条直线，而且 NAV 随 i 的变化幅度较 $NAV-n$ 的变化幅度小。例如，当基准收益率增加40%时，经济指标 NAV 也仍保持为正值，即当因素 i 向不利于经济指标 NAV 的方向变化达到很大幅度时，项目的经济效益指标仍可接受。这表明基准收益率或项目贷款利率的变动对项目经济效益的影响不大，是一个不敏感的因素。

③从图5－8中的 $NAV-i$ 和 $NAV-n$ 的变化关系，或者从表5－8中可见，当 n 或 i 均变化 +10%时，前者引起经济指标 NAV 变化23.4%，而后者仅使 NAV 变化9.4%；考察 n 或 i 的其余幅度变化时对 NAV 的影响，也存在类似的关系。这表明，经济指标净年值 NAV 对项目寿命周期 n 的变化比对基准收益率 i 的变化更为敏感。因而，对寿命周期 n 的估计应尽可能地准确，以提高可行性分析中经济指标净年值的预计准确度。同时也揭示，我们在项目投产后，应尽量延长项目的寿命周期，这样将很有利于项目的经济效益。

五、多因素敏感性分析

实际上，许多因素的变化具有相关性，某一特定因素的变化也会引起其他因素的变化。为了更准确地进行因素的敏感性分析，有必要考虑多个因素同时变化的相互作用和综合效果，即进行多因数分析。

多因数敏感性分析更为真实地反映了因素变化对经济指标的影响，较常用的有双因素敏感性分析和三因素敏感性分析。

(一)双因素敏感性分析

在多个不确定因素中，保持其他因素不变化，仅考虑两个因素变化对经济指标的影响，称为双因素敏感性分析。由于有两个可变因素，所以双因素敏感性分析的图示结果是一个敏感面或区域。

【例5－6】 在例5－5中，由于初始投资100万元是估算值，实际上有偏差，而且受物价变化的影响，原材料和燃料动力价格的变化引起预计的年收益也发生变化。因此，试分析当初始投资额和年净收益额同时为可变因素时它们对项目净年值的影响。

解：设初始投资额的变化率为 x，年净收益变化率为 y，则净年值为

$$NAV=(x,\ y)=28(1+y)+20(A/F,\ 8\%,\ 5)-100(1+x)(A/P,\ 8\%,\ 5)$$

要使项目盈利，必须有 $NAV\geqslant 0$，即

$$y\geqslant 0.8649x-0.2271$$

盈亏平衡时，$NAV=0$，即：

$$y=0.8946x-0.2271$$

上式为两参数，是一直线方程。当初始投资额保持不变，即 $x=0$ 时，要保证净年值 $NAV\geqslant 0$，则年净收益变化率：

$$y\geqslant 0.2271=-22.71\%$$

当 $y=0$ 时，

$$x\leqslant \frac{0.2271}{0.8946}=0.2539$$

$$\leqslant 25.39\%$$

将 $x=0$，$y=-0.2271$ 和 $x=0.2539$，$y=0$ 两点绘于二维平面坐标系上，连接两点并延伸，如图 5-9 所示。

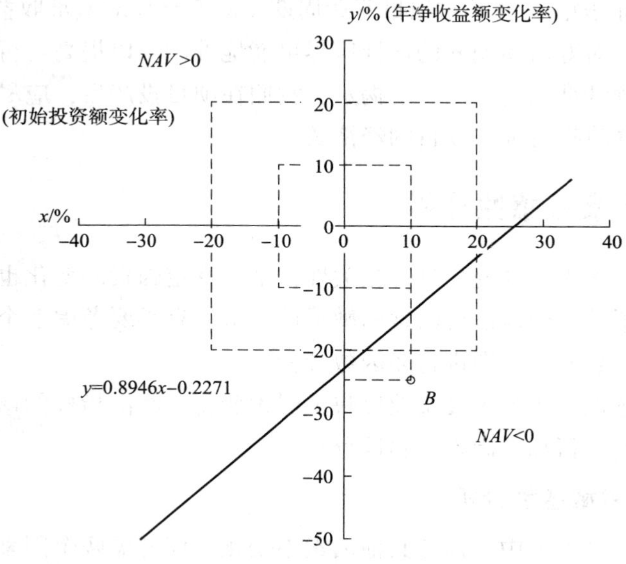

图 5-9　双因素敏感性分析

从图 5-9 可见，当初始投资 I、年净收益 CF 同时变化范围位于斜线上方区域时，例如 I 增长 15%，同时 CF 减少 5%，NAV 的值即图中 A 点位于直线 $y=0.8946n-0.2271$ 的上方，$NAV>0$；而当 I 增大 10%、CF 减少 30% 时，NAV 值即图中的 B 点位于直线下方区域，$NAV<0$。这就直观地表示出初始投资和年净收益额的变化在什么范围内，项目可获得盈利或者亏损。

进一步分析还可看出，当投资额增加 10.00%，即 $x=0.10$ 时，相应的年净收益额的变化 $y=-0.1376=-13.76\%$，可见净年值 NAV 对于初始投资额的敏感性比对于年净收益额的敏感性要小一些。

（二）三因素敏感性分析

以上仅是两个因素同时变化的敏感性分析，若变化因素多于两个，就比较难以用图形表示。但对于三个因素，可以将其中一个因素依次改变，就可以得到另两个因素同时变化的一组临界曲线族。

【例5－7】 对于例5－5，若也同时考虑基准收益率 i 为可变因素，试分析这三个因素对净年值的影响。

解：根据题意净年值为：

$$NAV = 28(1+y) + 20(A/F,\ i,\ 5)$$

当基准收益率 i 分别为6%、8%、10%、12%、15%和20%时，可得净年值的一组临界曲线：

$$NAV(6\%) = 28(1+y) + 20(A/F,\ 6\%,\ 5) - 100(1+x)(A/P,\ 6\%,\ 5) = 0$$

$$NAV(8\%) = 28(1+y) + 20(A/F,\ 8\%,\ 5) - 100(1+x)(A/P,\ 8\%,\ 5) = 0$$

$$NAV(10\%) = 28(1+y) + 20(A/F,\ 10\%,\ 5) - 100(1+x)(A/P,\ 10\%,\ 5) = 0$$

$$NAV(12\%) = 28(1+y) + 20(A/F,\ 12\%,\ 5) - 100(1+x)(A/P,\ 12\%,\ 5) = 0$$

$$NAV(15\%) = 28(1+y) + 20(A/F,\ 15\%,\ 5) - 100(1+x)(A/P,\ 15\%,\ 5) = 0$$

$$NAV(20\%) = 28(1+y) + 20(A/F,\ 20\%,\ 5) - 100(1+x)(A/F,\ 20\%,\ 5) = 0$$

即：

$$y(6\%) = 0.8479x - 0.2789$$

$$y(8\%) = 0.8946x - 0.2271$$

$$y(10\%) = 0.9421x - 0.1749$$

$$y(12\%) = 0.9907x - 0.1217$$

$$y(15\%) = 1.0653x - 0.0406$$

$$y(20\%) = 1.1943x + 0.09829$$

将上面这些曲线绘在以 x 和 y 为坐标的平面图上，即是图5－10。

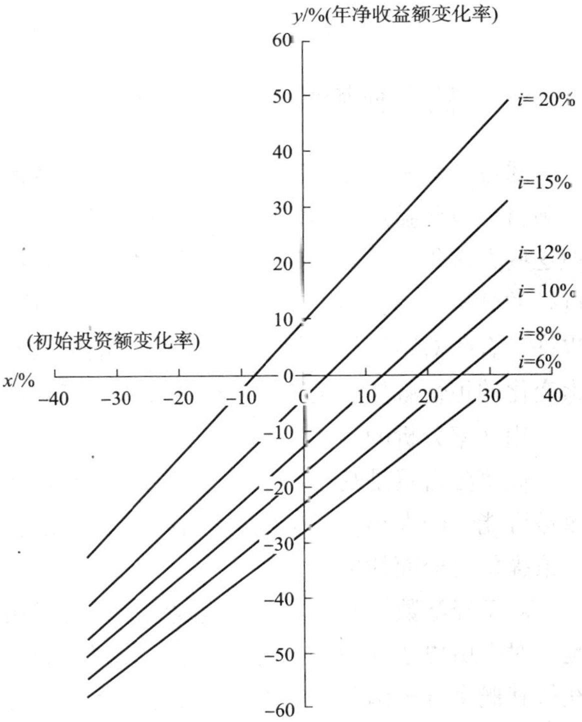

图5－10 三参数敏感性分析

从图5－10可以看出，基准收益率 i 上升，临界线向上方移动，使净现值 $NAV>0$ 的范围缩小，基准收益率降低，临界线向下方移动，使净现值 $NAV>0$ 的区域扩大。根据这种三因素敏感性分析图，我们能够直观地了解投资额、年净收益和基准收益率这三个因素同时变动对项目经济效益的影响，有助于做出正确的决策。

六、敏感性分析的局限性

敏感性分析在一定程度上就各种不确定因素的变动对方案的经济效果的影响做了定量描述。这有助于决策者了解方案的风险情况，有助于确定在决策过程中及方案实施过程中需要重点研究和控制的因素。但敏感性分析没有考虑到各种不确定因素在未来发生变动的概率，这可能会影响分析结论的准确性。

实际上，各种不确定因素在未来发生某一幅度变动的概率是不一样的。可能有这样的情况，通过敏感性分析找出的某一敏感因素未来发生不利变动的可能性非常小，因而实际上所带来的风险并不大，以至于可以忽略不计。而另一个不敏感的因素未来发生不利变动的可能性却很大，实际上，所导致的风险比那个敏感性因素更大。这种问题是敏感性分析所不能解决的，必须借助于下节所述的概率分析方法。

第四节　概率分析

一、概率分析的目的

通过盈亏平衡分析和敏感性分析，能使我们进一步了解不确定性因素的变化对项目经济效益产生的影响，为方案的选择和投资决策提供了更进一步的依据。但这些方法仍然具有一定的局限性，它们是在我们假定这些因素发生的条件下所进行的分析。而实际上，这些因素的变化并不一定会发生，只有发生的可能性。也许，有些对项目经济效益产生较大影响的因素变化几乎不可能发生，对这些因素变化的担忧就显然是不必要的。要解决诸如发生可能性大小的问题，就需进一步应用概率分析的方法。

概率分析就是利用概率的方法来分析和预测不确定性因素影响投资项目经济效益可能性的大小，或确定某些不确定因素发生的概率值，为项目的风险分析和决策提供更全面的依据。

对于经济数据或因素的不确定性，通常可用概率分布函数表示。其基本方法是，对有历史数据的不确定性因素，可对其数据用一定的统计方法进行处理，以获得其概率分布函数；对无历史数据的因素，可以根据经验，选取最可能的分布函数类型，并给出一定参数值。在经济分析和决策中，使用最普遍的是均匀分布和正态分布。关于概率和统计方面的详细概念和方法，请读者参见有关的文献。

二、概率分析步骤和方法

概率分析依据以下步骤进行分析。

(1)列出各种欲考虑的不确定因素。例如销售价格、销售量、投资和经营成本等，均可作为不确定因素。需要注意的是，所选取的几个不确定因素应是互相独立的。

(2)设想各个不确定因素可能发生的情况，即其数值发生变化的几种情况。

(3)对可能发生的各种情况，计算不确定性因素发生的概率。

(4)计算目标值的期望值。可根据方案的具体情况选择适当的方法。假若采用净现值为目标值，则一种方法是，将各年净现金流量所包含的各个不确定因素在各种可能情况下的数值与其概率分别相乘后再相加，得到各年净现金流量的期望值，然后求得净现值的期望值。另一种方法是直接计算净现值的期望值。

三、期望值与标准差

不确定因素也可以认为是随机变量，定量化描述随机变量的主要参数是期望值与方差。期望值就是在大量的重复事件中，随机变量取值的平均值，也是最大可能的取值，它最接近实际值。其计算公式为：

$$E(x) = \sum_{i=1}^{m} x_i P_i = x_1 P_1 + x_2 P_2 + \cdots + x_m P_m \tag{5-21}$$

$$\sum_{i=1}^{m} P_i = 1$$

式中，$E(x)$为随机变量 x 的期望值；x_i 为随机变量 x 的各种可能取值；P_i 为对应于出现 x_i 的概率值。

从式(5－21)可见，期望值也就是随机变量所有可能取值的加权平均值。我们可以把每一方案的期望值作为评价的标准。

标准差表示随机变量的离散程度，也就是与实际值的偏离程度。其计算公式为：

$$\sigma(x) = \sqrt{\sum_{i=1}^{m} (\overline{X} - x_i)^2 P_i} \tag{5-22}$$

式中，$\sigma(x)$为随机变量 x 的标准差；在实际计算时，可用期望值代替的平均值，则：

$$\sigma(x) = \sqrt{\sum_{i=1}^{m} [E(x) - x_i]^2 P_i} \tag{5-23}$$

【例5-8】 设某项目方案的估计净年值以及相应的概率如表5-9所示。试计算该方案净年值的期望值标准差。

解：根据式(5-21)，该方案净年值的期望值为：

$$
\begin{aligned}
E(NAV) &= \sum_{i=1}^{s} NAV_i P_i \\
&= -40 \times 10 + 100 \times 0.20 + 200 \times 0.35 + 250 \times 0.25 + 300 \times 0.10 \\
&= 178.5(\text{万元})
\end{aligned}
$$

方案净年值标准差的平方为：

$$
\begin{aligned}
\sigma^2(NAV) &= \sum_{i=1}^{s} [E(NAV) - NAV_i]^2 P_i \\
&= (178.5+40)^2 \times 0.10 + (178.5-100)^2 \times 0.20 + (178.5-200)^2 \times 0.35 \\
&= (178.5-200)^2 \times 0.25 + (178.5-300)^2 \times 0.10 \\
&= 8922.8
\end{aligned}
$$

故净年值的标准差为：

$$\sigma(NAV) = \sqrt{\sigma^2(NAV)} = 94.5(\text{万元})$$

四、投资方案风险分析

分析投资方案风险常用的方法有解析法和模拟法两类。

(一)解析法

如果投资方案的经济效益指标，例如净年值服从某种已知的概率分布，并能计算出它的期望值和标准差，就可以用解析法进行方案的风险分析。

【例5-9】 假设在例5-8中，方案的净年值服从正态分布，试利用例5-8的计算结果求：(1)净年值大于或等于零的概率；(2)净年值小于-40万元的概率；(3)净年值大于或等于300万元的概率。

解：根据概率的知识，若连续型随机变量 x 服从参数为 μ、σ 的正态分布，则 x 具有以下标准正态分布函数。

$$F(x) = \frac{1}{\sqrt{2}\pi}\int_{-\infty}^{x-\mu} e^{-\frac{\mu 2}{2}} d\mu = \Phi\left(\frac{x-\mu}{\sigma}\right)$$

令 $Z = \left(\frac{x-\mu}{\sigma}\right)$，由标准正态分布表，可直接查出 $x < x_0$ 的概率值为：

$$P(x < x_0) = P\left(Z < \frac{x_0-\mu}{\sigma}\right) = \Phi\left(\frac{x_0-\mu}{\sigma}\right)$$

在本例中，我们将方案净年值 NAV 看成连续随机变量。从例5-8已知：

$$\mu = E(NAV) = 178.5(\text{万元})$$

$$\sigma = \sigma(NAV) = 94.5(\text{万元})$$

则

$$Z = \frac{NAV - E(NAV)}{\sigma(NAV)} = \frac{NAV - 178.5}{94.5}$$

由此，可计算出不同 NAV 取值时的概率。

(1)净年值大于或等于零的概率：

$$\begin{aligned} P(NAV \geqslant 20) &= 1 - P(NAV < 0) \\ &= 1 - P\left(Z < \frac{0 - 178.5}{94.5}\right) \\ &= 1 - P(Z < -1.89) \\ &= 0.9706 \end{aligned}$$

(2)净年值小于 -40 万元的概率：

$$P(NAV < -40) = P\left(Z < \frac{-40 - 1785}{94.5}\right) = P(Z < 1.29) = 0.0104$$

(3)净年值大于或等于 300 万元的概率：

$$\begin{aligned} P(NAV \geqslant 300) &= 1 - P(NAV < 300) \\ &= 1 - P\left(Z < \frac{300 - 178.5}{94.5}\right) \\ &= 1 - P(Z < 1.29) \\ &= 0.5985 \end{aligned}$$

从以上计算结果可见，该方案能够取得满意经济效旲，即 $NAV \geqslant 0$ 的概率为 97.06%；不能取得满意经济效果，即 $NAV < 0$ 的概率为 2.94%。而且经济效果指标净年值小于 -40 万元的概率仅为 1.04%，投资亏损的可能性非常小。而取得很好的经济效果的可能性，即净年值大于 300 万元的概率为 59.85%。

一般来讲，对于服从正态分布的经济指标，可根据正态分布的特点，估计出其概率，而不必像例 5 -9 那样计算，从而对方案的风险情况做出大致的判断。例如，在正态分布条件下，随机变量实际取值，在 $\mu \pm \sigma$（μ 为期望值，σ 为标准差）范围内的概率为 68.3%，在 $\mu \pm 2\sigma$ 范围内的概率为 95.4%，在 $\mu \pm 3\sigma$ 范围内的概率为 99.7%。对于例 5 -4 来说，方案实际净年值在(178.5 ±94.5)万元，即在 84.0 万 ~273 万元范围的可能性为 68.3%，而在(178.5 +2 ×94.5)万元，即 -10.5 万 ~367.5 万元范围内的可能性为 95.4%。不过，有时这种可能的范围太宽，不便于较准确地把握风险程度。

(二)蒙特卡罗模拟法

前面介绍的期望值法和方差分析法，含义明确，计算过程较方便，统称为解析法。在实际工作中，用解析法进行方案风险分析，有时会受到一定的限制。例如，没有足够的数据或参考文献以便对方案经济效果指标的概率分布类型作出明确的判断，或者这种分布无法用典型的分布函数来描述等问题。尽管不能用解析法对方案经济效果指标的概率进行分析，但如果已知影响方案经济效果的不确定因素的概率分布，就可以采用模拟法进行方案的风险分析。

模拟法也叫蒙特卡罗技术，是一种动态模拟方法。蒙特卡罗模拟法是一种通过反复进行随机抽样技术来解决复杂问题的方法。它可以模拟现实世界中的不确定性因素，进行数值计算和统计分析。换言之，就是将影响经济效果指标的因素的概率分布，利用模拟技术归纳成经济效果指标的概率分布。

具体而言，蒙特卡罗模拟法可以分为以下几个步骤：

(1)确定要分析的问题及其影响因素。通过建立数学模型，将问题转化为可计算的形式。

(2)假设各个影响因素满足一定的概率分布，然后随机生成大量的符合这些概率分布的样本。

(3)对于每一个样本，使用数学模型进行运算，得到相应的结果。

(4)对运算结果进行统计分析，比如求平均、方差、置信区间等，以评估不确定因素对生产或商业活动的影响程度。

蒙特卡罗模拟法在生产、金融、保险等领域广泛应用，例如在工程项目中预测施工周期和成本等。这种方法具有很强的灵活性、适用范围广泛、能够考虑上下限极端情况及时预警风险等优点，但蒙特卡罗模拟技术需要进行大量的计算，对数据的质量和处理方法要求很高，只有借助于电子计算机才能实现。随着计算机技术的发展和普及，蒙特卡罗模拟在经济分析中将获得更多的应用。感兴趣的读者，可参考有关的文献。

第五节　风险决策

前述的概率分析可以给出方案经济效益指标的期望值和标准差，以及经济效益指标的实际值发生在某一区间的可能性，为风险条件下的方案决策提供了依据，但没有指出风险条件下方案取舍的原则和多方案比较以及选择的方法，下面的风险决策将讨论这些问题。

一、风险决策的原则

风险条件下的决策涉及多种因素和考虑，较为复杂，但所应遵循的基本原则是明确的。风险决策的原则是风险条件下决策的基本依据，包括以下内容：

1. 优势原则

风险决策的优势原则是指，在 A、B 两个可选方案中，如果无论什么状态下方案 A 总是优于 B，则认为 A 是优势方案，B 是劣势方案，应将 B 从可选方案中剔除。应用优势原则一般不能决定最佳方案，但能够减少可选方案的数量，缩小决策范围，通常在运用其他决策原则对多方案进行比较、选择之前，应先用优劣原则剔除劣势方案。

2. 期望值原则

该原则是依据各可选方案损益值的期望值大小进行决策。如果损益值以费用或成本表示，应选择期望值最小的方案；如果损益值以收益表示，则应选择期望值最大的方案。

3. 最小方差原则

方差反映了实际发生的方案损益值偏离其期望值的程度，所以方差较大，方案的风险也较大，或者其稳定性和可靠性较小。因而，倾向于选择损益值方差较小的方案，这就是最小方差原则。有时收益期望值大的方案，其方差也较小，期望值原则与最小方差原则没有矛盾。但在不少情况下，期望值原则与最小方差原则并不一致。

对于按照期望值原则与最小方差原则选择结论不一致情况下的决策，目前尚难以确定一个广泛接受的解决方法，因为不同决策者对方案风险大小的判断不一样。一般来说，风险承受能力较强的决策者倾向于按期望值原则进行决策，而风险接受能力较弱者则宁愿按最小方差原则选择期望收益不太高但更为安全的方案。

4. 最大可能原则

最大可能原则是指，若一种状态发生的概率显著大于其他状态，则根据这种状态下各方案损益值的大小进行决策，而置其余状态的情况于不顾。这实际上是把风险决策问题化为确定性决策问题来解决。

最大可能原则有一定的适用条件，只有当某一状态发生的概率大大高于其他状态发生的概率，并且各方案在不同状态下的损益值差别不是很大时，才可应用最大可能原则。

5. 满意原则

对于比较复杂的风险决策，往往又难以找出最佳方案，因此可采用一种比较现实的决策原则，即满意原则。满意原则是定出一个足够满意的目标值，将各可选方案在不同状态下的损益值与此目标值相比较，损益值优于或等于此目标值的概率最大的方案为应选择的方案。

二、不确定型决策

盈亏平衡分析是明确其分析对象及影响因素的关系，在此条件下进行决策。概率分析是计算不确定因素发生的可能性，为决策提供依据。不确定型决策对未来情况有一定程度的了解，但又无法确定各种情况可能发生的概率条件下，对多方案进行决策。

不确定型决策方法有多种，常用的有乐观决策法、中庸决策法、小中取大法及后悔值法。

(一) 乐观决策法

乐观决策法，是从各方案中选出最大估计值，然后再从最大值中选出最大者为最优方案。各方案的获益期望值可以如下计算：

$$E_i = a\,x_i + (1-a)\,y_i \tag{5-24}$$

式中，E_i 为方案的期望值；x_i 为方案的最乐观获利值；y_i 为方案的最悲观获利值；α 为乐观系数。

乐观系数 α 的取值范围是 $0<\alpha<1$，一般取 $\alpha=0.5$。下面举例说明该方法的运用。

【例 5－10】 某日化公司为开发一种防晒新产品进行了市场调查，表 5－9 列出了开发这种新产品的三种方案及相应市场情况下的盈利额。

表 5－9　各方案市场调查可能盈利情况　　万元

市场情况	方案 A	方案 B	方案 C
畅销	60	30	10
一般	10	25	10
滞销	－6	0	10

解： 依据式(5－24)和表 5－9 的数据，各方案的期望值可计算如下：

$$E_A = 0.5\times 60 + (1-0.5)\times(-6) = 27(\text{万元})$$

$$E_B = 0.5\times 30 + (1-0.5)\times(0) = 15(\text{万元})$$

$$E_C = 0.5\times 10 + (1-0.5)\times 10 = 10(\text{万元})$$

因 E_A 最高，所以应选择方案 A。

(二) 中庸决策法

中庸决策法的基本思想是随大流，其期望值可用如下公式计算：

$$E_i = \frac{x_i + y_i + 4\,z_i}{6} \tag{5-25}$$

式中的 z_i 为方案 i 的一般估计值，其余符号与式(5－24)相同。

对于例 5－10，用中庸决策法，各方案期望值计算如下：

$$E_A = \frac{60-6+4\times10}{6} = 15.7(\text{万元})$$

$$E_B = \frac{30-0+4\times25}{6} = 21.7(\text{万元})$$

$$E_C = \frac{10+10+4\times10}{6} = 10.0(\text{万元})$$

由于 E_B 最大，依据中庸决策法，应选择方案 B。

(三)小中取大法

该方法是着眼于最悲观获利值上，即着眼于小上，然后从中选择获利最大的方案，也即取大。这种方法亦称为悲观决策法。

对例 5－10，各方案的最悲观值为：

$$y_1=-6,\ y_2=0,\ y_3=10$$

由于 $y_3>y_2>y_1$，y_3 最大，所以应选择方案 3。

(四)后悔值法

后悔值法着眼于不正确决策后的损失，即后悔值上，从而决策者应尽量使后悔值减至最小。后悔值是指每种市场情况下的最高获利额与该市场情况下的其他获利额之差。

用后悔值法决策的一般步骤如下。

①列出市场各种情况下的最高获利值，对例 5－8，如表 5－10 所示。

表 5－10　不同市场情况下的最高获利值

市场情况	畅销	一般	滞销
最高获利值/万元	60	25	10

②按下式计算不同市场情况下的后悔值：

$$hx_i = x_{max} - x_i$$
$$hy_i = y_{max} - y_i$$
$$hz_i = z_{max} - z_i \qquad (5-26)$$

其计算结果列于表 5－11。

表 5－11　各方案的后悔值　　万元

方案	市场情况		
	畅销	一般	滞销
A	0	15	16
B	30	0	10
C	50	15	0

找出各方案中的最大后悔值。从表 5－12 可知，方案 A、B 和 C 的最大后悔值分别为 16 万元、30 万元和 50 万元。

选择最大后悔值最小的方案为最优方案。对本例方案 A 的最大后悔值最小，故应选择方案 A。

从上述可见，不确定决策方法有多种，各有其特点，而且其决策结果往往各异。所以，对不确定型决策，应根据投资方案的类型和特点，对决策方法进行选择。

三、风险决策

如果决策者对未来情况无法做出肯定的判断，但可判断其各种情况发生的概率，在这样条件下的决策，称为风险决策。风险决策应以风险决策的原则为基本依据，选用合适的决策方法。

（一）期望值分析法

该方法就是计算出所有备选方案及期望值，对此加以比较，从中选出具有最优期望值的方案作为最优方案。运用期望值分析法，需明确分析目标，有两个或两个以上的可选方案，并已知其概率等。运用期望值分析法，可以对多个方案进行比较和选择，下面举例说明。

【例 5－11】 已知某化工项目决策有“投资”和“不投资”两个方案。若投资时又面临“有竞争”和“无竞争”两种客观状态。当采用投资方案时，拟建项目的寿命周期为 3 年，报酬率为 10%，有关的损益情况列于表 5－12。若采用不投资方案，将资金存入银行可获得净现值 150 万元。设“有竞争”和“无竞争”状态发生的概率分别为 0.25 和 0.75。试比较两个投资方法的优劣。

表 5－12　两种方案的损益　　万元

年份	有竞争时的损益	无竞争时的损益	年份	有竞争时的损益	无竞争时的损益
0	－320	－320	2	80	300
1	55	210	3	100	470

解：（1）求出“有竞争”和“无竞争”状态下的损益值净现值。

$$P_{有} = -320 + 55(P/F,\ 10\%,\ 1) + 80(P/F,\ 10\%,\ 2) + 100(P/F,\ 10\%,\ 3)$$
$$= -320 + 55 \times 0.90909 + 80 \times 0.82645 + 100 \times 0.75131$$
$$= -128.8（万元）$$

$$P_{无} = 320 + 210(P/F,\ 10\%,\ 1) + 300(P/F,\ 10\%,\ 2) + 470(P/F,\ 10\%,\ 3)$$
$$= 320 + 210 \times 0.90909 + 300 \times 0.82645 + 470 \times 0.75131$$
$$= 472（万元）$$

(2)列出矩阵表，见表5-13。

表5-13 投资损益分析矩阵 万元

方案	自然状态及相应的概率	
	有竞争 $P_1=0.25$	无竞争 $P_2=0.75$
投资	-128.8	472
不投资	150	150

(3)计算投资方案的净现值期望值为：

$$E_1=(-128.8)\times0.25+472\times0.75=322(万元)$$

不投资方案的净现值期望值为：

$$E_2=150\times0.25+150\times0.75=150(万元)$$

因 $E_1>E_2$，故应选择“投资”的方案。

(二)方差分析法

对项目方案的比较和选择，在用期望值分析的基础上，也可运用方差法进一步分析。期望值法比较方案的依据是最大可能取值，表明其可能性较大。方差反映可选方案经济效益指标期望值的上下波动，其波动性大小与方案的稳定性、可靠性程度有关。方差分析可对方案经济效益指标的稳定性进行表述。

【例5-12】 某企业需从下面四个相互排斥方案中选择一个方案，各方案的净现值及其可能发生的概率等列于表5-14。试用方差分析法评价和选择方案。

表5-14 各方案的净现值和概率

自然状态 概率方案	净现值/万元				
	160	110	60	10	-40
1	0.1	0.3	0.3	0.2	0.1
2	0.1	0.2	0.4	0.2	0.1
3	0.1	0.2	0.3	0.4	0.0
4	0.2	0.2	0.2	0.2	0.2

解：(1)计算各方案净现值期望值 E。

$$E_1=160\times0.1+110\times0.3+60\times0.3+10\times0.2-40\times0.1=65(万元)$$

$$E_2=160\times0.1+110\times0.2+60\times0.4+10\times0.2-40\times0.1=60(万元)$$

$$E_3=160\times0.1+110\times0.2+60\times0.3+10\times0.4-40\times0.1=60(万元)$$

$$E_4=160\times0.2+110\times0.32+60\times0.2+10\times0.2-40\times0.1=60(万元)$$

(2)计算各方案的方差。

各方案的方差可按下式计算

$$D=P(E^2)-E^2$$

则有：

$D_1=160^2\times0.1+110^2\times0.3+60^2\times0.4+10^2\times0.2+(-40)^2\times0.1-65^2=3850$（万元）

$D_2=160^2\times0.1+110^2\times0.2+60^2\times0.4+10^2\times0.2+(-40)^2\times0.1-60^2=3000$（万元）

$D_3=160^2\times0.1+110^2\times0.2+60^2\times0.3+10^2\times0.4+(-40)^2\times0.0-60^2=2500$（万元）

$D_4=160^2\times0.1+110^2\times0.1+60^2\times0.2+10^2\times0.2+(-40)^2\times0.2-65^2=5000$（万元）

（3）依据上述结果，对方案进行分析。

从期望值来看，方案2、3、4的净现值期望值相同，都为60万元，三者无优劣之分。但从方差分析角度看，因为 $D_4>D_2>D_3$，方案3的方差最小，应该为最优方案。而方案1的期望值最大，若按净现值期望值判别，应为最佳方案。但从方差分析看，其方差在4个方案中仅次于方案4，表明其获利的稳定性和可靠性较差。

对方案的最终选择，应综合各方面的因素，最终由决策者权衡利弊做出抉择。对本例是选择方案1或方案3？请思考决策。

第六节 技术经济预测

一、预测的概念及作用

通常所说的预测是指对未来的预计和推测，即根据客观的信息和主观的认识经验，按照事物演变的规律来描述和推断未来的情况。在对历史和现实进行调查研究的基础上，运用预测理论对研究对象的特性及所处的环境进行科学的分析，找出事物发展的客观规律，对未来事件状态作出推测，称为预测分析。预测所用的方法和手段，叫作预测技术。

朴素的预测，人人皆有，几乎每个人都会根据自己掌握的信息和经验，对某一方面的事物变化作出自己的预测。但预测真正成为一门科学，而且广泛应用于经济、技术等领域，还是近几十年的事。预测科学和技术的形成和发展依赖于现代科技的高度发展，它综合了数学、管理学、经济学、行为学、系统论、控制论、信息科学及电子计算机技术等多方面的特点，是一门交叉性的应用学科。

在对项目方案进行技术经济分析时，需要大量的基础数据，这些大都是靠预测获得。因此，掌握预测技术，获得科学的数据，是正确决策的前提条件之一。例如，一个项目的设想通常来自对市场需求的信息和研究结果。对市场需求的预测结果，将对项目的取舍、规模、获利能力及风险产生重要的影响。

在实际工作中，预测具有以下作用。

1. 为发展规划拟定提供基础数据

预测是拟定和编制发展规划，决定技术经济发展方向及速度的重要依据。尤其是制定中期和长期发展规划过程中，预测可以提供重要的定性或定量的估计。另外，预测还可以用来评审已编制的发展规划、项目的效果，论证其是否与将来的发展情况一致。

2. 为项目决策提供重要的依据

要对技术、经济方案作出正确决策，其重要的前提是有可靠的预测。现代科学技术变化较迅速，技术和经济问题错综复杂。对于一个投资方案，如果事先不对投资后果进行正确的预测分析，就可能得不到预期的投资效果，可靠的预测是正确决策的基础。

3. 调整经营策略，增强竞争力

在激烈的市场竞争中，应针对可能出现的市场变化，适时调整经营策略，制定新的经营方针，其前提是可靠的预测。这包括对技术发展的预测、市场竞争的预测等，使企业能采取有战略远见的步骤和措施，调整和改进产品的品种、产量和质量，保持良好的可持续发展能力。

二、预测的特点及分类

(一)预测的特点

1. 科学性

由于预测是在调查和收集大量数据和资料的基础上，以科学的理论和方法进行分析，并建立适宜的数学模型对事物未来的状况进行推测。所以，预测的结果反映了事物发展的客观规律，具有科学性。

2. 近似性

因为预测是人们在掌握大量历史的、现有的信息基础上，根据一定的方法与规律对未来事件进行的推测。由已知推测未知，从而揭示未来客观事实趋势和规律。所以，推测的结果和已知事实具有一定的近似性。

3. 随机性

由于事物的发展往往受多种不确定因素的影响，从而事物的发展也可能出现偶然或必然的变化。影响预测准确度的主要因素包括：预测环境的多变性，预测者的滞后性，预测资料的准确性以及预测方法的适宜性。

4. 局限性

预测的对象常常受各种因素变化的影响，而且这些因素变化的规律有时也很难准确把握，加之人们对未来事件的认识不可能十分全面，或者收集、掌握的历史资料不够准确和充分，或者所采用的预测模型在简化时过多地忽略了一些重要的因素和条件，使预测的结果难以反映事物发展的全貌，即预测的结果在反映事物的本质和行为方面，具有一定的局限性。

(二)预测的分类

预测是一门实用性很强的应用科学，其应用的领域广，服务对象多，可应用于技术经济的不同层次和项目的不同阶段。所以，可从不同角度对预测进行分类。

1. 按预测对象或应用领域分类

(1)社会发展预测是对社会发展有关问题的预测，例如人口变化、就业状况、教育需求、文化结构、生活方式等。

(2)科学预测是对自然科学、社会科学等科学的未来发展趋势，事先提出的一种有根据的预见，为制定中、长期科学发展规划提供重要的信息。

(3)技术预测是指对技术发展、技术应用等及其对社会、经济等方面的发展所产生的影响，事先提出的一种有根据的预见。

(4)经济预测是对社会经济活动可能产生的经济后果及其发展趋势，事先提出的一种有根据的预见，是制定经济发展规划的重要依据。经济预测的内容包括社会产值、经济结构、国民收入等。

(5)政治军事预测是对有关未来政治军事形势的预见。例如对国际政治局势的预测，国家将可能采取的军事方针政策及行动的预测。

2. 按预测的范围分类

(1)宏观预测是指涉及整个人类、整个国家或者整个行业或部门未来发展的预见。例如对我国未来(某年代)化肥产品需求的预测等。

(2)微观预测是相对于宏观预测而言，涉及的范围较小，例如对本市精细化工发展的预测，对拟建或在建项目的投资、收益及成本等的预测。

3. 按预测性质分类

(1)定性预测是对预测对象作定性的分析和判断，通常用于较长远目标的预测。

(2)定量预测是对事物未来的状况作出定量的测算。例如对某化工产品需求量的预测，对某项新工艺和技术何时应用的预测等。这类预测往往又借助于数学模型和现代计算手段。

4. 按预测时间长短分类

(1)短期预测的时间多为几个月至5年，因预测对象不同而异。例如，对市场的短期预测，通常是几个月至1年；而对科学技术预测，5年内为短期。

(2)中期预测为1~10年，因预测的对象不同而异。例如市场的中期预测为1~3年，而科学技术的中期预测大都为5~10年。

(3)长期预测及时间：对市场预测一般为3年以上；对科学技术的预测大都为10年以上。

三、预测的基本步骤

预测的具体过程因预测对象、预测要求等不同而有所差异，但其基本步骤应包括以下内容。

1. 确定预测目标

在进行预测之前，首先要根据决策所提出的要求来确定预测目标，做到有的放矢地去收集资料和信息，包括预测内容、精确度要求及预测期限等。

2. 制订预测工作计划

制订科学、合理的工作计划是顺利开展预测的基本保证。计划的内容包括：由谁负责组织工作，采用何种方式收集必要的资料和信息，各阶段应完成的内容或工作进度安排等。有了周密的工作计划，才能职责明确、有条不紊地进行预测工作。在实施过程中，也应就新出现的问题，对计划及时做出修改或调整。

3. 收集、分析预测资料和信息

根据预测的目标要求，收集必要的预测资料和信息，是进行正确预测的前提。这包括预测对象本身发展的历史资料、对其发展变化有影响的各种因素的历史和现状，有关的历史背景情况等，要尽量全面地进行收集。同时，还应对收集到的各种资料和信息进行认真的分析，辨别其真实性与可靠性，剔除不可靠的数据或对其作适当的修正。

4. 选择预测方法和建立预测模型

选择预测方法和建立预测模型，是预测中极为重要的步骤。由于预测方法各有其特点和适用范围，所以应根据预测对象的要求和基本的工作条件，本着效果好、经济实用的原则，选择适宜的预测方法。在选择预测方法时，应考虑以下因素：预测对象的特点；预测方法的正确性及实用性；预测方法简单明了，方便易行；预测任务能按时完成。

5. 预测计算及结果的分析评价

预测计算就是根据已建立的模型和有关参数，对事物的未来状况进行计算。由于数学模型都有一定程度的简化，存在近似性和局限性，需对预测结果进行分析和评价。分析和评价的内容主要包括：

(1) 影响预测结果的内部和外部因素；

(2) 内部和外部因素对预测结果的影响程度和范围；

(3) 预测结果的可能偏差及偏差分析；

(4) 是否对预测结果进行修正。

6. 提交预测研究报告

预测的结果最终以预测研究报告的书面形式提出。预测结果报告中应包括前述步骤的内容，例如，确定的研究目标，收集资料和信息的方法及对所收集的资料和信息可靠性的评估，选择的预测方法和模型及其选择依据，预测的定性和定量结果及其误差分析、可靠性、精度等的评价等。

技术经济预测的一般步骤如图 5－11 所示。

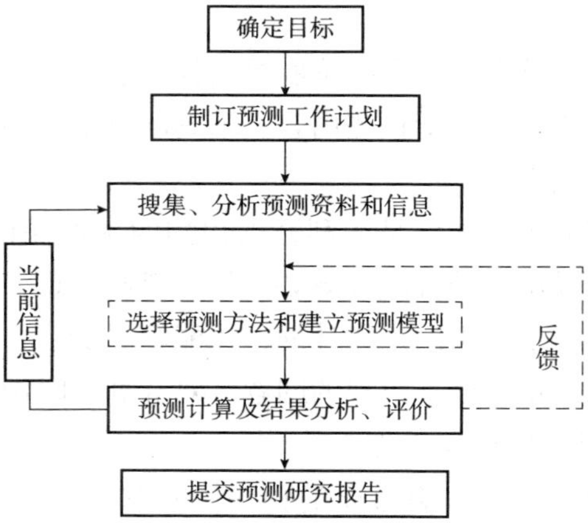

图 5－11　技术经济预测研究的步骤

第七节　定性预测和定量预测方法

一、定性预测

定性预测是指预测者依靠熟悉业务知识、具有丰富经验和综合分析能力的人员与专家，根据已掌握的历史资料和直观材料，运用个人的经验和分析判断能力，对事物的未来发展做出性质和程度上的判断。然后，再通过一定形式，综合各方面的意见，作为预测未来的主要依据。

定性预测主要有专家调查法和集合意见法。

（一）专家调查法

专家调查法是以专家为信息收集对象，同时凭专家的知识和经验进行预测。专家调查法包括几种具体的方法，譬如个人判断法（权威预测法）、专家会议法、德尔菲法等。该类方法适用于资料缺乏或影响因素复杂的中、长期预测，例如石油、天然气价格变动，化工技术发展趋势等问题的预测。此处仅就其中最具代表性的德尔菲法进行介绍。

德尔菲法又称征询专家意见法，是兰德公司的一个杰作，它是全球多种预测方法中使用比例最高的一种。此方法是通过信函的方式，利用一系列简明扼要的征询表对专家征得意见和对征得的意见有选择性的反馈，从而取得一组专家的最可靠的统一意见。

德尔菲法是一种主观预测方法。它以书面形式背对背地分轮征求和汇总专家意见，通过中间人或协调员将第一轮预测过程中专家们各自提出的意见集中起来，加以归纳后反馈给他们。

德尔菲法有三个显著的特点。

(1)匿名性。为了克服专家之间相互的心理影响，该方法采用匿名方式，对专家进行意见征询。专家可以参考前一轮预测结果，修改自己的意见，而无须担心对自己声望的损害。

(2)反馈性。德尔菲法的预测一般要经过几次调查才能完成。预测组织机构对每一次的预测结果进行汇总统计，并将有关专家的论据及资料一同提供给各位专家作下一次预测的参考。由于这种不断的信息反馈，各专家可以借助新的信息进行分析和比较，对自己的意见进行修正。

预测结果的统计性：预测组织机构采用统计方法，对每次专家的意见和预测结果进行处理，以便科学地综合专家的预测，使最终预测结果具有较高的可靠性。

具有较强的代表性：由于此法采用信函征询方式，可邀请很多专家参与和预测，具有较广的代表性。

(3)局限性。专家对问题的某些态度会对结果带来明显的偏误。且此法需要一定的时间。

德尔菲法的具体过程包括五个环节。

建立预测组织机构，确定征询的专家和预测内容。

进行第一轮预测，发给专家询问调查表，但只提出预测对象和目标，不提供其他参考条件，让专家完全凭自己掌握的情况回答询问。预测组织者对寄回的调查表进行统计整理，取出主要意见作为反馈要素，次要意见作为参考，提出一个新的详细调查表，进行再次调查。

将前一轮的整理意见反馈给各位专家，请专家对调查表所要求的项目进行预测，并提出相应的评价和依据。预测组织者对返回的意见进行再处理。

将前一轮的处理结果及意见再次反馈给各位专家，要求他们对所给出的证据进行评价，并重新预测，提出理由。

编写预测报告。如果前一轮的意见相差较大，有必要做再一次的继续调查。征询的对象可以是前述参加的全部专家，也可以是部分专家，视意见的分歧情况而定。

德尔菲法具有重要及广泛的应用，但是仍然具有一些缺点。一般而言，由于专家的时间紧，回答可能比较草率；同时由于预测主要依靠专家，因此归根结底仍属专家们的集体主观判断。此外，在选择合适的专家方面也较困难。征询意见的时间较长，对于需要快速判断的预测难于使用等。尽管如此，该方法因简便可靠，仍不失为一种人们常用的定性预测方法。

(二)集合意见法

集合意见法是指在缺乏长期统计资料的情况下，根据有限的资料或一定范围内相关人员的经验，经过分析判断，提出各自对某事件未来发生的可能性或概率；然后，对有关人员的结果进行综合，获得事件发生的总概率。

集合意见法使用简单、方便，但预测精度很差。一般仅用于对事件的粗略估计或用于近期预测。

该方法使用的基本式为：

$$\overline{P}=\frac{1}{n}\sum_{i=1}^{n}P(E_i) \tag{5-27}$$

式中，$\overline{P}$ 为事件发生的平均概率；$P(E_i)$为第 i 个人员估计的概率值；n 为参加预测的人员数。

各位人员提出的主观概率 $P(E_i)$应符合概率论的基本公理：

$$0\leq P(E_i)\leq 1$$

【例 5-13】 某日化企业拟开发一种新型护肤美白产品，为了确定该产品成功的可能性，企业将此项目的计划、目标及现有的背景资料等分发给 10 位人员。这 10 位人员分别在企业的不同部门工作，如供销采购部门、技术开发部门、生产管理部门。请他们给出建议中项目成功的可能性。收回的答案为：成功概率 0.9 的 1 人；0.8 的 2 人；0.7 的 3 人；0.6 的 3 人；0.5 的 1 人。请判断该项目成功的总概率。

解： 用式(5-29)计算：

$$\overline{P}=\frac{0.9\times1+0.8\times2+0.7\times3+0.6\times3+0.5\times1}{10}=0.69$$

所以，该新产品成功的可能性为 69%。

二、定量预测

技术经济分析主要是定量分析，因而所需的预测大都是定量预测。定量预测的方法有多种，常用的有时间序列法和回归分析法两大类，也有特别适用于某些对象和范围的以模型为基础的方法，如模拟模型、投入产出模型等。本书具体介绍时间序列法和回归分析方法。

(一)时间序列法

时间序列法是指用历史的数据简单地推测未来，因为事物的发展具有时间性，事物发展的规律与原来所发生的情况之间有密切的关联。所以，用历史数据来推测一定时间范围内的事物状况依然有效。属于时间序列类的具体预测方法有多种，例如：简单平均法、移动平均法、加权平均法、指数平滑法等。其中，最常用的是移动平均法和指数平滑法。

1. 移动平均法

移动平均法是根据预测期以前的不同资料进行不断移动，求其几个数据的平均值的方法。这种方法通过对越来越近的数据，不断修改平均值，作为预测值。这种基于平均数随时间推移而逐期向后移动的计算方法，称为移动平均法。根据这种方法，将按时间顺序排列起来的数字加以简单延伸，就可以预测未来事物的情况。

(1)一次移动平均法

一次移动平均法适用于具有线性趋势的时间序列数据的预测，是一种简易可行的预测方法，其计算公式为：

$$M_t^{(1)} = \frac{1}{n}\sum X_i \tag{5-28}$$

式中，$M_t^{(1)}$ 为到第 t 期的移动平均值；n 为移动期数；$\sum X_i$ 为各时期实际值之和。

(2)二次移动平均法

此法是对第一次移动平均值再进行移动平均，并在两次移动平均值的基础上，建立预测模型。其计算式为：

$$M_t^{(2)} = \frac{1}{n}\sum M_t^{(1)} \tag{5-29}$$

式中，$M_t^{(2)}$ 为到第 t 期的二次移动平均值；$\sum M_t^{(1)}$ 为移动期数内的一次移动平均值之和。

在计算二次移动平均值基础上，可利用二次移动平均法的预测模型进行预测：

$$F_{t+T} = \alpha_t + \beta_t T \tag{5-30}$$

式中，F_{t+T}为第 $t+T$ 期的预测值；α_t，β_t 为参数值。

$$\alpha_t = 2M_t^{(1)} - M_t^{(2)} \tag{5-31}$$

$$\beta_t = \frac{2}{n-1}[M_t^{(1)} - M_t^{(2)}] \tag{5-32}$$

n 为移动平均的期数，其大小对平滑效果影响很大。n 值较小，平滑灵敏度不高，但抗随机干扰的性能差；n 值较大，抗随机干扰的性能好，但灵敏度低，对新的变化趋势不敏感。所以，选择合理的 n 值运用移动平均法很重要。实际运用中，应根据预测对象时间序列数据点的多少和预测周期的长短，来确定 n 值。通常 n 的取值范围为 3 ~20。

【例 5 –14】 某企业 1985 ~1996 年的销售利润如表 5 –15 所示，试用二次移动平均法(n 取 3)预测该企业 1997 年和 1998 年的利润。

表 5 –15 销售利润

年度	利润/万元	一次移动平均值	二次移动平均值	α_t	β_t	Y_{t+1}
1985	220.0					
1986	240.5					
1987	256.5	239.0				
1988	255.0	250.5				
1989	268.0	259.8	249.8	269.9	10.00	
1990	287.5	270.0	260.1	279.9	9.85	279.9
1991	310.0	288.5	272.8	304.2	15.70	289.7
1992	330.0	309.2	289.2	329.1	19.95	319.9
1993	355.5	331.9	309.9	353.9	22.00	349.1
1994	368.0	351.2	330.7	371.6	20.45	375.9
1995	395.5	373.0	352.0	394.0	21.00	392.1
1996	412.5	392.0	372.1	411.9	19.90	415.0
1997						431.8
1998						451.8

解：(1)计算一次移动平均值和二次移动平均值，其平均值放于平均期的最后一期。例如第一个移动平均值 239.0 放在从 1985 年算起平均值($n=3$)的最后一期，即 1987 年的行中，第一个二次移动平均值放在 1989 年的行中。因移动跨期数 $n=3$，依据式(5 –28)，可计算一次移动平均值如下：

$$M_3=\frac{1}{3}(220.0+240.5+256.5)=239.0$$

$$M_4=\frac{1}{3}(240.5+256.5+255.0)=250.5$$

……

依据式(5 –29)，可计算二次移动平均值如下：

$$M_5^{(2)}=\frac{1}{3}(239.0+250.5+259.8)=249.8$$

$$M_6^{(2)}=\frac{1}{3}(250.5+259.8+270.0)=260.1$$

……

(2)计算预测模型中的参数值。根据式(5-31)和式(5-32)，α_t 和β_t 计算如下

$$\alpha_{12}=2M_{12}^{(1)}-M_{12}^{(2)}=2\times392-372.1=411.9$$

$$\beta_{12}=\frac{2}{n-1}[M_{12}^{(1)}-M_{12}^{(2)}]=\frac{2}{3-1}(392-372.1)=19.90$$

用模型进行预测。根据式(5-30)，1997 年和 1998 年的预测值分别为

1997 年：

$$F_{12+1}=\alpha_{12}+\beta_{12}\times1=411.9+19.90\times1=431.8(\text{万元})$$

1998 年：

$$F_{12+2}=\alpha_{12}+\beta_{12}\times2=412.0+19.90\times2=451.8(\text{万元})$$

所以，根据二次平均移动法的预测，该企业的销售利润 1997 年为 431.8 万元，1998 年可能是 451.8 万元。

2. 指数平滑法

指数平滑法是采用一个平滑系数。来对不同时间的数据作加权处理，以消除时间序列的偶然性影响，找出预测对象的变化特征和趋势。这种方法适用于短期预测。

(1)一次指数平滑

一次指数平滑是二次指数平滑的基础，其公式为：

$$S_t^{(1)}=aX_t+(1-a)S_{t-1}^{(1)} \tag{5-33}$$

或

$$X_{t+1}=aX_t+(1-a)S_{t-1}^{(1)} \tag{5-34}$$

式中，$S_t^{(1)}$ 为第 t 周期一次指数平滑预测值；$S_{t-1}^{(1)}$ 为第 $t-1$ 周期一次指数平滑预测值；X_t 为第 t 周期的实际值；X_{t+1} 为第 $t+1$ 周期的预测值；α 为平滑系数。

平滑系数 α 呈指数变化，故这种预测方法称为指数平滑法。α 的取值大小表现了不同时间的因素在预测中所起的作用。α 值越大，近期数据对预测的影响越大。α 的取值目前主要靠经验确定。根据对化工产品的统计分析，α 的取值范围通常为 0.35 ~ 0.4，对发展很快的产品可取 0.5，一般产品可取 0.3。

指数平滑计算要设初始预测值，一般可用第一期实际值或者前几期实际值的平均数作为第一期的预测值。

(2)二次指数平滑

二次指数平滑是指在一次指数平滑的基础上，再作一次指数平滑。其公式为：

$$S_t^{(2)}=\alpha S_t^{(1)}+(1-\alpha)S_{t-1}^{(2)} \tag{5-35}$$

式中，$S_t^{(2)}$ 为第 t 周期二次指数平滑预测值；$S_{t-1}^{(2)}$ 为第 $t-1$ 周期二次指数平滑预

测值。式(5－35)通常不便于直接用于预测，常采用下式：

$$F_{t+T}=a_t+b_tT \tag{5-36}$$

式中，F_{t+T}为第 $t+T$ 周期的预测值；T 为预测的超前周期数；a_t、b_t 为预测模型的截距和斜率。

其中，a_t 和b_t 的计算式为：

$$a_t=2S_t^{(1)}-S_t^{(2)} \tag{5-37a}$$

$$b_t=\frac{\alpha}{1-\alpha}[S_t^{(1)}-S_t^{(2)}] \tag{5-37b}$$

求二次指数平滑值需要先确定初始值，通常直接取 $S_0^{(1)}=S_0^{(2)}$，也可以取前几个一次指数平滑值的平均值作为二次指数平滑的初始值。

(3)三次指数平滑

如果实际数据序列呈非线性增长趋势，则不宜用二次指数平滑进行预测，而应采用三次指数平滑。三次指数平滑法就是对二次指数平滑值序列再次进行指数平滑，并利用该平滑值建立非线性预测模型进行预测。

三次指数平滑值的计算公式为：

$$S_t^{(3)}=\alpha S_t^{(2)}+(1-\alpha)S_{t-1}^{(3)} \tag{5-38}$$

其预测模型为：

$$F_{t+T}=a_t+b_t+c_tT \tag{5-39}$$

上式中的模型参数 a_t、b_t 和 c_t，分别用下式计算

$$a_t=3S_t^{(1)}-3S_t^{(2)}+S_t^{(3)} \tag{5-40a}$$

$$b_t=\frac{\alpha}{2(1-\alpha)^2}[(6-5\alpha)S_t^{(1)}-2(5-4\alpha)S_t^{(2)}+(4-3\alpha)S_t^{(3)}] \tag{5-40b}$$

$$c_t=\frac{\alpha^2}{2(1-\alpha)^2}[S_t^{(1)}-2S_t^{(2)}+S_t^{(3)}] \tag{5-40c}$$

与二次指数平滑的初始值类似，可以直接取$S_0^{(3)}=S_0^{(2)}$，或者取前几个二次指数平滑的平均值。

【例 5－15】 某企业在过去 8 年内的产品销售量统计如表 5－16 所示。请分别用一次指数平滑和二次指数平滑法预测下一年即第 9 年的销售量。

解：(1)平滑系数的选择：

选择三个平滑系数 0.1、0.3 和 0.5，试计算 $S_t^{(1)}$，以确定较合适的平滑系数值。取初始的一次平滑值作为第一年的实际销售量，即 $S_0^{(1)}=32$ 万吨。由式(5－33)

$$S_t^{(1)}=\alpha X_t+(1-\alpha)S_{t-1}^{(1)}$$

可对于不同的 α 值，分别计算一系列的 $S_t^{(1)}$ 值。下面仅以 $\alpha=0.1$ 为例，说明其计算过程

$$S_1^{(1)}=0.1\times32+(1-0.1)\times32=32$$

$$S_2^{(1)}=0.1\times40+(1-0.1)\times32=32.8$$

$$S_3^{(1)}=0.1\times47+(1-0.1)\times32.8=34.2$$

其余依次类推进行计算，计算结果列于表5－16。为了便于直观地进行比较，将表5－16中不同α值的平滑结果绘于图5－12中，图中的实线为实际序列。从图5－12中可清楚地看出，当$\alpha=0.5$时，能较好地反映实际序列的变动状况，因而选用一次平滑预测下一年的销售量。

表5－16　例5－15的计算结果

t/年	X_t/万吨	$S_1^{(1)}$/万吨			$S_2^{(1)}$/万吨	
		$\alpha=0.1$	$\alpha=0.3$	$\alpha=0.5$	$\alpha=0.3$	$\alpha=0.5$
1	32	32	32	32	32	32
2	40	32.8	34.4	36.0	32.7	34.0
3	47	34.2	38.2	41.5	34.4	37.8
4	52	36.0	42.3	46.8	36.8	42.3
5	54	37.8	45.8	50.4	39.5	46.4
6	53	39.3	48.0	51.7	42.1	49.1
7	58	41.2	51.0	54.9	44.8	52.0
8	60	43.1	53.7	57.5	47.5	54.8
9				58.8		62.9

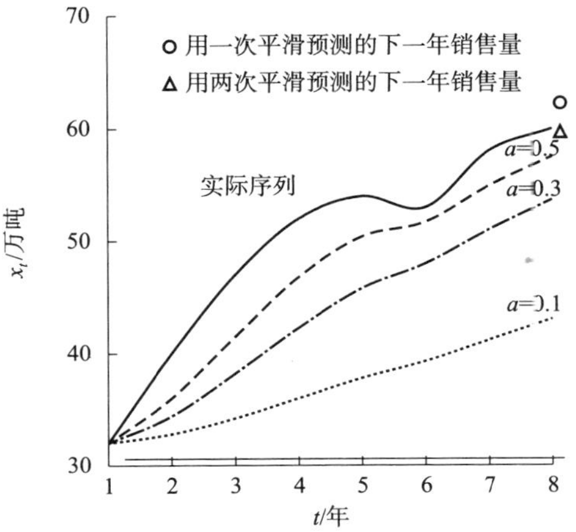

图5－12　不同平滑系数的实际序列、一次和二次平滑及预测值

（2）用一次平滑预测下一年的销售量由式（5－34）可得：

$$X_9=S_8^{(1)}=0.5\times X_8+0.5S_7^{(1)}=57.5（万吨）$$

(3) 用二次平滑预测下一年的销售量，取 $S_0^{(2)}$ 为第一年的销售量，由式(5－35)可得

$$S_t^{(2)} = \alpha S_t^{(1)} + (1-\alpha) S_{t-1}^{(2)}$$

其余以此类推，计算结果列于表5－17。由式(5－37)可得：

$$a_8 = 2S_8^{(1)} - S_8^{(2)} = 2 \times 57.5 - 54.8 = 60.2$$

$$b_8 = \frac{\alpha}{1-\alpha}[S_8^{(1)} - S_8^{(2)}] = \frac{0.5}{1-0.5}(57.5 - 54.8) = 2.7$$

此处，预测的超前周期数为一年，即 $T=1$，由式(5－36)可得第9年的预测销售量为：

$$F_{8+1} = a_8 + b_8 T = 60.2 + 2.7 \times 1 = 62.9 \text{(万吨)}$$

采用一次指数平滑和二次指数平滑预测的下一年销售额分别列入表5－17中和绘于图5－12。从历年的销售趋势看，采用二次平滑预测的下一年销售额更合理一些。

(二) 回归分析法

回归分析就是根据因果关系对某些相关关系的事物进行预测的方法。回归分析方法有线性回归和非线性回归两大类，本书主要介绍线性回归。

1. 一元线性回归预测

该方法适用于预测对象主要受一个相关变量影响，而且两者的因果关系呈线性变化的情况。

一元线性回归模型为：

$$Y = a + bx \tag{5-41}$$

式中，Y 为因变量(预测对象的预测值)；x 为自变量(影响因素的某个状态)；a、b 为回归系数。

一元线性回归模型能否真实地反映预测对象 Y 和自变量 x 之间的关系，一是取决于是否正确地选择影响因素 x，二是取决于模型参数 a、b 的值。a、b 的值可以根据历史数据，用最小二乘法求出：

$$b = \frac{n\sum_{i=1}^{n} x_i y_i - \sum_{i=1}^{n} x_i \sum_{i=1}^{n} y_i}{n\sum_{i=1}^{n} x_i^2 - \left(\sum_{i=1}^{n} x_i\right)^2} = \frac{\sum_{i=1}^{n} x_i y_i - \bar{X}\sum_{i=1}^{n} y_i}{\sum_{i=1}^{n} x_i^2 - \bar{X}\sum_{i=1}^{n} x_i} \tag{5-42a}$$

或者

$$b = \frac{n\sum_{i=1}^{n}(x_i - \bar{X}) - (y_i - \bar{X})}{n\sum_{i=1}^{n}(x_i - \bar{X})^2} \tag{5-42b}$$

$$a = \frac{\sum_{i=1}^{n} y_i - b\sum_{i=1}^{n} y_i}{n} \tag{5-43a}$$

$$= \overline{Y} - b\overline{X} \tag{5-43b}$$

式中，y 为预测对象的第 i 个实际值；$\overline{Y}$ 为 n 个预测对象的实际平均值；x_i 为影响因素的第 i 个状态；$\overline{X}$ 为 n 个状态点的平均值；n 为历史数据点数或样本数。

变量 x 和 y 是否线性相关，可用相关系数 r 来度量。相关系数 r 可用下式求出：

$$a = \frac{n\sum_{i=1}^{n} x_i y_i - \sum_{i=1}^{n} x_i \sum_{i=1}^{n} y_i}{\sqrt{\left[n\sum_{i=1}^{n} {}_i^2 - \left(\sum_{i=1}^{n} x_i\right)^2\right]\left[n\sum_{i=1}^{n} y_i^2 - \left(\sum_{i=1}^{r} y_i\right)^2\right]}} \tag{5-44a}$$

$$= \frac{\sum_{i=1}^{n}(x_i - \overline{X})(y_i - \overline{Y})}{\sqrt{\sum_{i=1}^{n}(x_i - \overline{X})^2 \sum_{i=1}^{n}(y_i - \overline{Y})^2}} \tag{5-44b}$$

$r = \pm 1$，称为完全线性相关；$r = 0$ 则称为完全线性不相关，即所选模型不能用。通常 $r > 0.7$ 可以认为线性相关，但应尽可能接近 1，这样，可以得到较精确的预测结果。

回归预测模型除要进行相关性检验外，还应进行显著性检验和确定其置信区间。这部分的内容可参考有关的书籍。

【例 5－16】 某化工设备制造集团公司 2013～2022 年工业总产值与零配件生产的产值如表 5－17 所示。设该厂下一年的总产值为 5100 万元，试用回归分析法预测其 2013 年零配件生产的年产值。

表 5－17　例 5－16 计算结果　　百万元

年份 n	总产值 x_i	配件产值 y_i	x_i^2	$x_i y_i$	y_i^2
2013	49.1	16.7	2410.81	819.97	278.89
2014	50	17	2500.00	850.00	289.60
2015	49.2	16.6	2420.64	821.64	278.89
2016	49	16.7	2401.00	813.40	275.56
2017	49	16.7	2401.00	818.30	282.89
2018	49.6	16.8	2460.16	833.28	282.89
2019	49.9	16.9	2490.01	843.31	285.61
2020	49.8	16.7	2480.04	831.66	278.89
2021	50	17	2500.00	850.00	289.00
2022	50.2	17.1	2520.04	858.42	292.41
$n = 10$	$\sum x_i = 495.8$	$\sum y_i = 168.2$	$\sum x_i^2 = 24583.7$	$\sum x_i y_i = 8339.98$	$\sum y_i^2 = 2829.38$

解：(1)计算回归分析所需的数据，其结果列于表5－18，由表中的计算值，可算出：

$$\overline{X}=\frac{\sum x_i}{n}=\frac{495.8}{10}=49.58$$

$$Y=\frac{\sum y_i}{n}=\frac{168.2}{10}=16.82$$

(2)计算回归系数。

由式(5－42a)和式(5－43b)得：

$$b=\frac{\sum_{i=1}^{n}x_iy_i-\overline{X}\sum_{i=1}^{n}y_i}{\sum_{i=1}^{n}x_i^2-\overline{X}\sum_{i=1}^{n}x_i}=\frac{8339.98-49.58\times168.2}{24583.7-49.58\times495.8}=0.319$$

$$a=\overline{Y}-b\overline{X}=16.82-0.319\times49.85=1$$

可得该厂配件年产值与总产值之间的关系模型为：

$$Y=a+bx=1+0.319x$$

已知 $x=51$(百万元)，故1993年配件产值预测值为：

$$Y=1+0.319\times51=17.27(\text{百万元})$$

(3)相关性检验。

由式(5－44a)得：

$$r=\frac{n\sum_{i=1}^{n}x_iy_i-\sum_{i=1}^{n}x_i\sum_{i=1}^{n}y_i}{\sqrt{[n\sum_{i=1}^{n}x_i^2-(\sum_{i=1}^{n}x_i)^2][n\sum_{i=1}^{n}y_i^2-(\sum_{i=1}^{n}y_i)^2]}}$$

$$=\frac{10\times8338.98-168.2\times495.8}{\sqrt{[10\times24583.7-(495.8)^2]\times[10\times2829.38-(268.2)^2]}}$$

$$=0.89$$

$r>0$，表明 x 与 y 之间为正相关，并具有较高的线性相关，上述预测结果精度较高。

2. 多元线性回归

有时，影响预测对象的主要因素不止一个，如果这些因素与预测对象之间的变化关系都呈线性趋势，则可采用多元线性回归预测法。多元回归的原理与一元回归基本相同，但计算较为复杂，一般要借助于计算机完成。

多元线性回归模型的一般形式为：

$$Y=b_0+b_1x_1+b_2x_2+\cdots b_mx_m \tag{5-45}$$

式中，Y 为预测对象的预测值；x_1，x_2，…，x_m 为 m 个独立的影响因素；b_0，b_1，b_2，…，b_m 为回归模型参数。

模型参数值的确定，是根据现有数据，采用最小二乘法回归得到的。基本公式为：

$$Q_{min} = \sum_{i=1}^{n}(y_i - Y_i) = \sum_{i=1}^{n}(y_i - b_0 - b_1x_1 - b_2x_2 - \cdots - b_mx_m)^2 \tag{5-46}$$

求偏导：

$$\frac{\partial Q_{\min}}{\partial b_k} = \frac{\partial}{\partial b_k}\left[\sum_{i=1}^{n}(y_i - \sum_{j=0}^{n}b_jx_{ji})^2\right] = 0(k=0,\ 1,\ 2,\ \cdots,\ m) \tag{5-47}$$

可得线性方程组：

$$b_0 = b_1\sum_{i=1}^{n}x_{1i}^2 + \cdots + b_m\sum_{i=1}^{n}x_{1i}x_{mi}$$

$$\begin{cases} b_0\sum_{i=1}^{n}x_{1i} + b_1\sum_{i=1}^{n}x_{1i}^2 + \cdots + b_m\sum_{i=1}^{n}x_{1i}x_{mi} = \sum_{i=1}^{n}x_{1i}y_i \\ \vdots \quad \vdots \quad \vdots \quad \vdots \\ b_0\sum_{i=1}^{n}x_{mi} + b_1\sum_{i=1}^{n}x_{mi}x_{1i} + \cdots + b_m\sum_{i=1}^{n}x_{mi}^2 = \sum_{i=1}^{n}x_{mi}y_i \end{cases} \tag{5-48}$$

解此线性方程组，即可求出模型参数 b_0，b_1，$\cdots$，b_m。

多元线性回归的相关性检验也可采用相关系数。这种相关系数称为全相关系数，计算式为：

$$R = \sqrt{\frac{\sum_{i=1}^{n}(Y_i - \overline{Y})^2}{\sum_{i=1}^{n}(y_i - \overline{Y})^2}} \tag{5-49}$$

式中，R 为全相关系数；Y_i为第 i 个点预测对象的预测值；y_i为第 i 个点预测对象的实际值；$\overline{Y}$为 n 个点预测对象实际值的平均值；n 为数据点数。

3. 季节变动指数预测法

某些预测对象的实际数据序列的变动除有随机变动和线性或非线性总体发展趋势外，还有季节性的周期变化趋势。用回归法或平滑法处理这类预测对象，可能把有规律的季节性变动平滑掉。因此，对这类呈季节性周期变化趋势的预测对象，应采用季节指数法进行预测。季节变动指数预测法的预测一般由三个阶段组成。

(1)用前述各章方法确定在不考虑季节变化因素影响下的年度预测值，也称水平/趋势预测值。

(2)利用按季(月)度的各年历史值计算各季度的季节指标(季节指数、季节变差、季节比重)。

(3)运用步骤(2)中得到的季节指标和步骤(1)中得到的年度预测值，估算预测期各季(月)度的预测值。

【例 5－17】 某化工公司产品近两年内各月的销售额见表 5－18，试预测其下一年各月份的销售额。

表 5－18　例 5－17 的季节变动指数计算

年份	周期数或月序数 t	销售额实际值 y_t	销售额计算值 Y_t	季节变动指数 $F_k^{(i)}=y_t/Y_t$
1	1	59.1	49.5	1.19
	2	55.0	50.1	1.10
	3	50.2	50.7	0.99
	4	46.9	51.3	0.91
	5	46.2	51.9	0.89
	6	46.1	52.5	0.88
	7	46.5	53.1	0.88
	8	47.2	53.7	0.88
	9	49.5	54.3	0.91
	10	58.1	55.0	1.06
	11	64.4	55.6	1.16
	12	66.2	56.2	1.18
2	13	65.6	56.8	1.15
	14	63.2	57.4	1.10
	15	59.2	58.0	1.02
	16	55.7	58.6	0.95
	17	54.2	59.2	0.92
	18	53.7	59.8	0.90
	19	54.0	60.5	0.89
	20	54.8	61.1	0.90
	21	56.3	61.7	0.91
	22	62.6	62.3	1.00
	23	69.1	62.9	1.10
	24	71.9	63.5	1.13

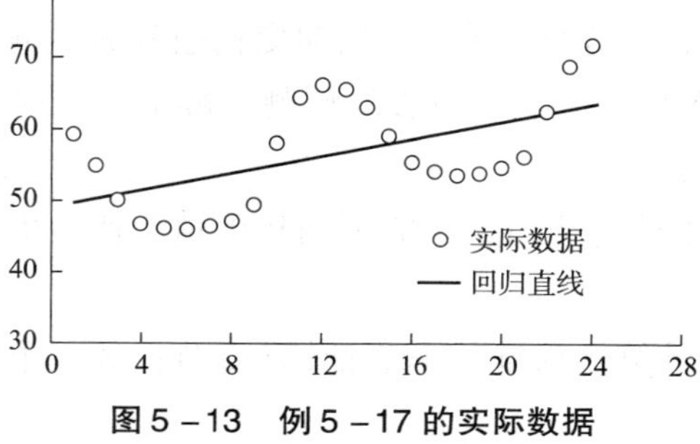

图 5－13　例 5－17 的实际数据

解：(1) 分析数据变化趋势。将两年的各月销售额对时间(月份)作图，如图 5－13 所示。从图 5－13 可见，实际数据序列既有线性增大的趋势，又有季节性周期变化。故宜采用季节变动指数法。

(2) 建立线性方程。根据表 5－18 中的数据 y_t-t，用回归法可求出一元线性回归方程

$$Y_t = a + bt = 48.85 + 0.611t \tag{A}$$

式中，Y 为只考虑线性变化趋势时第 t 月销售量的计算值；t 为月序数或周期数。

根据上式可计算出近两年内各月销售额的计算值 Y。

$$Y_1 = 48.85 + 0.611 \times 1 = 49.461$$

$$Y_2 = 48.85 + 0.611 \times 2 = 50.072$$

……

将计算的值分别填入表 5－19。

(3)计算季节变动指数。季节变动指数是指不同时期的实际值 y 与线性方程计算值 Y 之间的比值，即

$$F_k^{(1)} = \frac{y_t}{Y_t}(k=1,\ 2\cdots,\ 12;\ t=1,\ 2,\ \cdots,\ 12) \tag{B_a}$$

$$F_k^{(2)} = \frac{y_t}{Y_t}(k=1,\ 2\cdots,\ 12;\ t=13,\ 14,\ \cdots,\ 24) \tag{B_b}$$

或

$$F_k^{(i)} = \frac{y_t}{Y_t}$$

$$\left[\begin{array}{l} i=1,\ 2,\ \cdots,\ 12;\ k=1,\ 2,\ \cdots,\ 12; \\ t=12(i-1)+1,\ 12(i-1)+2,\ \cdots 12(i-1)+12 \end{array}\right] \tag{C}$$

式中，$F_k^{(i)}$ 为第 i 年月份的季节变动指数；y_t 为第 t 个月的实际数据；Y_t 为根据线性回归方程计算出的第 t 个月的计算值。

根据式(B)或式(C)可分别计算出前两年各月份的季节变动指数，见表 5－19。取各年相同月份季节变动指数的平均值，作为预测中使用的该月份的季节变动指数，即

$$F_k = \frac{1}{n}\sum_{i=1}^{n} F_k^{(i)}(k = 1,2,\cdots,12) \tag{D}$$

本例中 $F_k = \frac{1}{2}[F_k^{(1)} + F_k^{(2)}]$，例如

第 1 周期：$F_1 = \frac{1}{2}(1.19 + 1.15) = 1.17$

第 2 周期：$F_2 = \frac{1}{2}(1.10 + 1.10) = 1.10$

各周期的季节变动指数列于表 5－20 中。

(4)计算预测值。在求得各月份季节变动指数后，即可用下式求第 n 年各月份的预测值。

$$\hat{Y}_t = F_k Y_t[k=1,\ 2,\ \cdots,\ 12;\ t=12(n-1)+k] \tag{E}$$

式中，$\hat{Y}_t$ 为第 t 个月或第 n 年 k 月份的预测值；Y_t 的含义与式(A)中相同。

对本例，第三年各月销售额的预测值可如下计算：

$$\hat{Y}_t = F_k(48.85 + 0.611t)\ (k = 1, 2, \cdots, 12;\ t = 24 + k)$$

例如，对于要预测的第三年，第一、第二个月的销售额分别为

$$\hat{Y}_{25} = 1.17 \times 64.1 = 75.0$$

$$\hat{Y}_{26} = 1.10 \times 64.7 = 71.2$$

其余预测结果列于表 5－19。

表 5－19　例 5－18 的销售额预测

年份	周期数或月序数 t	季节变动指数 F_k	销售额线性回归计算值 Y_t	销售额预测 $\hat{Y}_t$	年份	周期数或月序数 t	季节变动指数 F_k	销售额线性回归计算值 Y_t	销售额预测 $\hat{Y}_t$
3	25	1.17	64.1	75.0	3	31	0.89	67.8	60.3
	26	1.10	64.7	71.2		32	0.89	68.4	60.9
	27	1.01	65.3	66.0		33	0.91	69.0	62.8
	28	0.93	66.0	61.3		34	1.03	69.6	71.7
	29	0.91	66.6	60.6		35	1.13	70.2	79.4
	30	0.89	67.2	59.8		36	1.16	70.8	82.4

习题及思考题

5－1　盈亏平衡分析的作用是什么，常以哪些方式表示盈亏平衡。

5－2　何谓非线性盈亏平衡分析？实际生产中，产量高于盈亏平衡就一定能盈利吗？

5－3　如何确定最佳设计或经营生产规模？

5－4　如果在盈亏平衡计算中，要求考虑资金的时间价值，应如何处理。

5－5　什么是敏感性分析？

5－6　概率分析有什么作用，盈亏平衡分析、敏感性分析和概率分析三者有何相互关系？

5－7　试述蒙特卡罗模拟法的步骤。

5－8　某化工厂年生产能力为 4 万吨，产品售价为 2000 元/吨，生产总成本为 1200 元/吨，其中固定成本为 400 元/吨，可变成本为 800 元/吨。试求：(1) 以产量、销售价格、生产能力利用率表示的盈亏平衡点；(2) 如果当年实际生产量为 3 万吨，试分析该厂的盈亏状况；(3) 如果计划年盈利 60 万元，应如何安排产量？

5－9　简述预测的特点和分类？有哪些步骤？

5－10　什么是定性预测方法？试述常用的定性预测方法及其特点。

5－11　什么是定量预测方法？试述常用的定量预测方法及其基本特点。

第六章　项目可行性研究

第一节　可行性研究概述

一、工程项目的特点及分类

（一）工程项目的特点

工程项目是可行性研究的对象，是指在一定的约束条件下（主要是限定时间、限定资源），具有明确目标的一次性任务，其主要特点包括以下几个方面：

（1）在一个总体设计或总概算范围内，由几个互有内在联系的单项工程所组成。建成后在经济上可以独立核算，行政上可以统一管理的建设单位。

（2）有明确的建设目标和任务，既有设计规定的产品品种、生产能力目标和工程质量标准，也有竣工验收和投产使用的标准、工期目标和投资目标。

（3）一般具有建筑工程和设备安装工程等有形资产，也有些项目除有形资产外，还购买有商标、商誉、技术专利、技术许可证等无形资产。

（4）一般是一次性的，建设任务完成后，则项目结束。

（5）在投资建设过程中都必须依次经过项目成立、可行性研究、评价、决策、设计、项目实施、竣工投产、总结评价以及资金回收等阶段。

（二）工程项目的分类

工程项目从不同角度出发有不同的分类方式。按照我国的投资管理体制，工程项目可以分为以下两类。

1. 基本建设项目

基本建设项目构成我国投资项目的主要部分，一般指在一个或几个施工现场，按照一个总体设计进行施工的各单项工程的总体。比如一个工厂、一条铁路等都可以构成一个建设项目。建设项目按照性质，可以分为新建、扩建、改建、恢复、迁建等项目。按照建设规模可以分为大、中、小型项目。除此之外，还可以按照隶属关系、管理关系和行业等进行分类。

2. 设备更新和技术改造项目

设备更新和技术改造项目是指投资者为了提高产品质量，加速技术进步，增加产品的花色品种，促进产品升级换代，降低消耗和成本等，采用新技术、新工艺、新材料等，对现有设施、工艺条件进行设备更新或技术改造的项目，是我国投资项目的另一个重要组成部分，它与基建项目投资构成全社会的固定资产投资。转变市场观念和经营理念是我国企业发展的重要途径，随着企业两个转变的深入进行，更新改造投资比例将日益增大。

这两个项目的基本区别在于，基本建设属于固定资产的外延扩大再生产，而更新改造属于固定资产的内涵扩大再生产。考虑到化工行业投资大，化工相关工程项目的投资趋势将以更新改造项目作为重点。

二、可行性研究的产生与发展

可行性研究是指对所提出的建设项目从技术、经济、市场、环境、社会、财务、工程和环境等方面进行精确、系统、全面的调查分析，完成包括市场和销售、规模和产品、厂址、原辅料供应、工艺技术、设备选择、人员组织、实施计划、投资与成本、效益及风险等的计算、论证和评价，为项目建设的决策提供科学依据，并作为进一步开展工作的基础，从而保证所建项目在技术上先进可行、经济上合理有利。项目可行性研究内容也在不断发展，除了传统的技术、经济、市场、环境和社会因素外，新增加了法律(Policy)、政策(Program)、生态(Planet)等因素，又称为“6P”可行性研究。

项目可行性研究，最早可以追溯到20世纪30年代，美国政府采用了一种名为“异常回报法”(Abnormal Return Technique)的技术来评估公共项目的可行性。而1930~1960年这个时期内，尤其是第二次世界大战后，美国百废待兴，有许多的项目需要建设和改造。要振兴与发展经济，就必须解决资本的短缺，做到最合理地配置有限的资本，以取得最大的经济效益。为此，人们在理论上和方法上都对其进行了探索，项目可行性研究正是在这种情况下产生和发展起来，并在许多工业发达的国家得到了普遍的应用。进入21世纪，互联网、人工智能等先进科技的不断发展，极大地改变了可行性研究的内容和方法论。通过灵活使用数据科技，将大量丰富的数据进行有效分析和处理，提升项目可行性研究的精度和深入度。

可行性研究运用现代技术科学和经济科学的新成就，发展并形成了一套比较完整的理论，是工程项目投资决策前的技术经济论证，是争取最佳经济效果的一种科学方法。是预测项目的经济效益，筹措资金，进行谈判和签订各种合同，进行施工准备等工作的重要依据。它所研究的内容，对项目的投资决策和指导工程建设具有重要的实用价值。

可行性研究是从市场、技术、经济等方面论证建设项目可行性的综合研究。随着工程规模和投资额的增大、市场竞争的加剧，为了尽可能减少投资的失误和风险，在项目投资管理和工程建设中，可行性研究已经成为必不可少的重要环节。在国外，它已成为项目建设前不可缺少的重要环节和项目决策的重要依据。

联合国工业发展组织（UNIDO）为促进国际的交流，推动发展中国家开展可行性研究，于1978年编写和发行了《工业可行性研究手册》和《项目评价准则》等文件，这对我国可行性研究工作的开展起到了一定的指导和推动作用，使可行性研究向规范化方向发展迈出了新的步伐。

1980年以来，我国恢复了在世界银行的活动。世界银行对我国的建设项目提供贷款时，首先就要审查建设项目的可行性研究，其次才决定是否给贷款。由于有了这种提供贷款的决策程序，使得世界银行贷款项目的成功率高达95%以上。在这样的背景下，我国从西方引进了项目可行性研究技术，以加强项目的投资决策分析。

1981年，国务院颁布了《技术引进项目和设备进口工作暂行条例》，并提出了《可行性研究报告内容要求》的提纲，这是我国最早制定的关于可行性研究工作内容的提纲。

1983年国家计委制定颁布了《关于建设项目进行可行性研究的试行管理办法》，明确规定了可行性研究的任务、项目范围、编制程序、编制内容、预审和复审等事项，把可行性研究作为重要组成部分列入了项目建设程序之中，并规定建设项目必须进行可行性研究和技术经济分析论证，对于那些没有可行性研究报告的建设项目一律不予审批，从而为全面开展可行性研究工作提出了统一的标准和要求，将可行性研究纳入了基本建设程序。1987年9月，国家计委发布了《建设项目经济评价方法与参数》第一版，内容包括《关于建设项目经济评价工作的若干规定》《建设项目经济评价方法》《建设项目经济评价参数》和《中外合资经营项目经济评价方法》四个规定性文件以及建设项目经济评价案例。对经济评价的程序、方法、指标等都做了明确的规定和具体的说明，并第一次发布了一些主要部门和行业经济评价的各类参数，并在全国大中型基本建设项目和限额以上的技术改造项目中试行。根据几年的使用所反馈的意见及国家财税体制的改革情况，1993年国家又发布了《建设项目经济评价方法与参数》第二版，标志着我国已进入了项目投资决策科学化、民主化的新阶段。

三、可行性研究的研究范围及手段

可行性研究的研究对象是项目，通过对项目的主要内容和配套条件，如市场需求、资源供应、建设规模、工艺路线、设备选型、环境影响、投资和融资等，从技术、知识产权和法规、态势、经济等方面进行调查研究和分析比较，从而提出该项目是否值得投资和如何进行建设的分析评价意见。

1. 技术可行性

对项目所采用的技术进行横向和纵向分析，并结合自身经济、技术实力等判断技术可行性。

2. 知识产权和法规

根据项目特点，在全国或世界范围内对项目中涉及的技术进行专利检索，并请专利代理律师进行知识产权分析，判断项目中所采用的技术和产品是否涉及知识产权纠纷，并提供应对措施。在此基础上，研究国家相关政策法规，判断产品是否符合国家规定的生产条件，确保产品生产不违背国家相关法规。

3. 态势分析

态势分析是目前技术经济分析常用的方法之一，其实质是将与研究对象密切相关的各种主要内部优势因素、弱点因素、机会因素和威胁因素，通过调查罗列出来，并依照一般的次序按矩阵形式排列起来，然后运用系统分析的思想，把各种因素相互匹配并加以分析，从中得出一系列相应的结论(如对策等)。运用这种方法，有利于对项目所处情景进行全面、系统、准确的研究，有助于制定发展战略和计划，以及与之相应的发展计划或对策。

4. 经济分析

对生产的产品进行市场定位，通过市场调查判断产品市场容量、所占份额、产品发展趋势等。并在此基础上，对项目的投资回收期、净现值等经济技术指标进行判定。

基于以上四个方面的分析，给出项目是否可行的结论，并提出建议。

四、可行性研究的重要性

项目可行性研究是项目立项阶段最重要的核心，是化工建设项目投资决策的前提条件，具有相当大的信息量和工作量，是项目决策的主要依据。对建设项目进行可行性研究是基本建设管理中的一项重要基础工作，是保证建设项目以最小的投资换取最佳经济效果的科学方法。所以，可行性研究在项目投资决策和项目运作建设中具有十分重要的作用。

项目可行性研究一般包括新建、扩建、改建的工业项目和科研项目以及技术改造、技术措施等。在化工项目建设中它可以准确地反映项目的实际情况，使项目在实施过程中避免出现重大的方案变动或返工，保证项目建设的可靠性。如果可行性研究的结论不准确，或者根本就未做可行性研究，不仅会导致决策的盲目性，而且会使项目建设的可靠性难以得到保证。

可行性研究需要花费一定的人力、物力、财力和时间，但它能有效地减少和避免建设项目决策的失误，提高项目决策的科学性和投资的综合效益。可行性研究除了为科学决策提供依据外，它还有以下重要作用。

(1)作为项目投资决策和下阶段设计工作的依据；

(2)作为资金筹措和向银行申请贷款的依据；

(3)作为开展设计和建设的依据；

(4)作为拟建设项目与有关部门签订各种合同协议的依据；

(5)作为向国土开发及环境保护等主管部门申请建设的依据；

(6)作为从国外引进技术、装备及与外商谈判和签订合同的依据；

(7)作为建设单位组织管理、机构设置、职工培训等工作安排的依据；

(8)作为技术发展、设备改进、生产革新以及科学研究的参考资料。

五、可行性研究的步骤

工程项目建设的整个过程大体上可分为三个时期：投资前时期、投资时期和生产或投产时期。每一时期又可分为若干阶段，如图6－1所示。

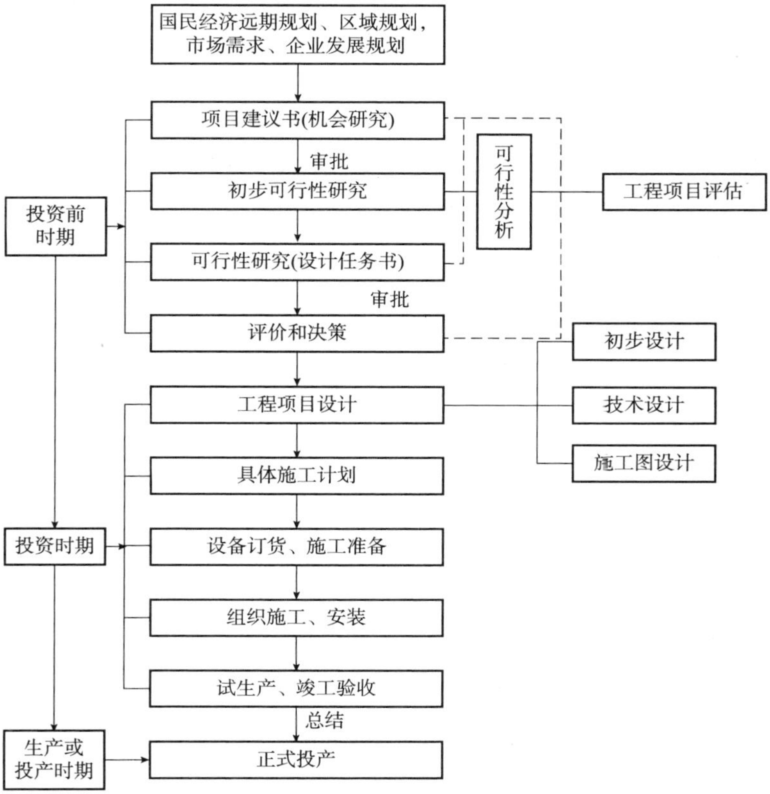

图6－1　工程项目建设程序图

投资前期主要进行项目的可行性研究及评估。可行性研究根据其研究的进展过程，一般分为三个阶段：投资机会研究、初步可行性研究和详细可行性研究。

（一）投资机会研究

投资机会研究是进行可行性研究之前的准备性调查研究，是为寻求有价值的投资机会而对项目的背景、投资条件、市场状况等进行的初步调查研究和分析测试。各部门、各地区、各单位，根据国民经济发展的长远规划、行业规划、地区规划以及经济建设的方针、建设任务和技术经济政策，结合本单位的经营发展战略，对资源情况、市场情况以及建设条件等因素进行调查和预测，选择可能的建设项目，寻找最有利的投资机会，提出投资建议，并拟定项目建议书。

这一阶段的主要任务是提出工程项目投资方向的建议和计划，其工作是比较粗略的。采用大指标进行分析和估算，初步分析项目投资效果，在几个有投资机会的项目中，迅速有依据地做出选择，以激发投资的兴趣和响应。然后，转入下一阶段的研究。机会研究需时一般为 1 ~ 3 个月，研究费用占总投资的 0.2% ~ 1.0%，估算精确度为 ±30%。投资的估算方法常用单位生产能力估算法、资本周转率法等，估算出拟建项目所需的建设投资。

投资机会研究可分为一般投资机会研究与具体项目投资机会研究两类。

(1)一般投资机会研究是一种全方位的搜索过程，需要进行广泛的调查，收集大量的数据。一般机会研究又分为三类：

①地区投资机会研究。即通过调查分析地区的基本特征、人口及人均收入、地区产业结构、经济发展趋势、地区进出口结构等状况，研究、寻找在某一特定地区内的投资机会。

②部门投资机会研究。即通过调查分析产业部门在国民经济中的地位和作用、产业的规模和结构、各类产品的需求及其增长率等状况，研究、寻找在某一特定产业部门的投资机会。

③资源开发投资机会研究。即通过调查分析资源的特征、储量、可利用和已利用状况、相关产品的需求和限制条件等情况，研究、寻找开发某项资源的投资机会。

(2)具体项目投资机会研究在一般机会研究初步筛选投资方向和投资机会后，需要进行具体项目的投资机会研究。具体项目机会研究比一般机会研究较为深入、具体，需要对项目的背景、市场需求、资源条件、发展趋势以及需要的投入和可能的产出等方面进行准备性的调查、研究和分析。

若投资机会研究的结论是项目具有投资吸引力，则应转入初步可行性研究。

（二）初步可行性研究

因为许多工程项目单靠投资机会研究，还远远不能确定是否值得做详细的可行性研究，因此，需要先做初步可行性研究。它是在机会研究的基础上或项目建设书得到批准后，对前一阶段研究提出的项目意向或投资建议的可行性所进行的初步估计，其内容与可行性研究基本相同，主要差别在于所获得资料的详细程度、研究的深度及程度不同。初步可行性研究主要解决以下问题。

①投资机会是否有希望；

②是否需要进一步做详细可行性研究；

③有哪些关键性问题需要作进一步调查研究；

④初步筛选方案；

⑤提出产品生产方案、建设初步计划、评价指标等。

一般只有重大及特殊项目才需要进行初步可行性研究。对于较成熟和确定程度大的项目或者较小的项目，可以省去这一研究阶段，直接进行详细可行性研究。

初步可行性研究所要具备的资料包括：简单工艺流程图，初步设备一览表，厂址，建筑物的大致尺寸和型式，公用工程的估计需要量，初步电器、仪表清单，初步设备布置图等，时间一般为 4 ~6 个月，研究费用占总投资的 0.3% ~ 1.5%，估算精确度约为 ±20%。投资估算方法可采用装置能力指数法或系数法。

（三）详细可行性研究

详细可行性研究一般简称可行性研究，也称为最终可行性研究或技术经济的可行性研究。它是项目投资前期的关键阶段，是项目投资决策的基础。这一阶段的任务是在前述研究阶段的基础上，对拟建工程项目进行深入的技术经济综合分析、论证，综合研究市场需求预测、生产规模、工艺技术、设备选型、厂址选择、工程实施计划、组织管理及机构定员、财务分析、经济评价等内容，从而为项目决策提供技术、经济和其他方面的依据。

可行性研究是一项涉及面广、影响因素多、工作量大的复杂工作。所需的资料和研究内容比初步可行性研究要更详细、更深入，所得出的结论应明确可靠。详细可行性研究阶段的投资估算，除工艺技术成熟的项目可利用已建成的同类项目的数据外，设备费用一般都要逐台计算。研究需时为 3 ~6 个月或更长，费用为总投资的 0.8% ~3.0%，大型项目为 0.2% ~1%。研究结果的精确度约为 ±10%。

可行性研究一般由项目建设单位委托咨询公司或设计部门进行，也可由建设单位组织进行。可行性研究结果的鉴定和评价由决策部门组织进行。可行性研究的这三个阶段，内容由浅入深，结果由粗到细。可行性研究是项目投资前期工作的主要部分，是项目建设必不可少的工作。

对项目实际进行可行性研究时，并非都要按三个阶段一步一步地进行。对大中型项目，必须分别做投资机会研究、初步可行性研究和详细可行性研究。但对其他类型项目，则可视项目复杂程度和影响大小，选择适合的可行性研究阶段。

六、可行性研究的内容

可行性研究涉及面广、工作量大、影响因素多，各个国家进行可行性研究的程序和内容没有很大的差别，主要包括以下几方面。

(1)投资必要性。主要根据市场调查及预测的结果，以及有关的产业政策等因素，论证项目投资建设的必要性。

(2)技术的可行性。主要从项目实施的技术角度，合理设计技术方案，并进行比较选择和评价。

(3)财务可行性。主要从项目及投资者的角度，设计合理的财务方案，从企业理财的角度进行资本预算，评价项目的财务盈利能力，进行投资决策，并从融资主体(企业)的角度评价股东投资收益、现金流量计划及债务清偿能力。

(4)组织可行性。制订合理的项目实施进度计划，设计合理的组织机构，选择经验丰富的管理人员，建立良好的协作关系，制订合适的培训计划等，保证项目顺利执行。

(5)经济可行性。主要是从资源配置的角度衡量项目的价值，评价项目在实现区域经济发展目标、有效配置经济资源、增加供给、创造就业、改善环境、提高人民生活等方面的效益。

(6)社会可行性。主要分析项目对社会的影响，包括政治体制、方针政策、经济结构、法律道德、宗教民族、妇女儿童及社会稳定性等。

(7)风险因素及对策。主要是对项目的市场风险、技术风险、财务风险、组织风险、法律风险、经济及社会风险等因素进行评价，制定规避风险的对策，为项目全过程的风险管理提供依据。

由于各国经济制度和社会体制的不同，其研究的侧重点和标准也不同。我国在吸收了其他国家进行可行性研究有益经验的基础上，结合国情和化工行业建设项目的特点，进一步完善了我国可行性研究的内容。根据国家有关部门颁布的管理和实施办法，我国进行化工项目可行性研究的主要内容概括如下。

(一)总论

(1)项目提出的背景(如是改扩建项目还需要说明企业现有的概况)。

(2)建设项目的必要性与经济意义，在国民经济中的作用和地位。

(3)可行性研究工作的依据和原则，如项目建设书及批准文件等。

(4)可行性研究工作的主要范围。

(5)可行性研究的结论和建议。

（二）市场分析与预测

（1）国内外市场需求调查和预测。

（2）国内外企业现有的生产能力、产量与销售情况。

（3）产品销售量的预测。

（4）产品的竞争能力、进入国际市场的前景、有何销售策略。

（5）国内外产品的价格调查与趋势分析。

（三）原材料、燃料与动力的供应

（1）各种原材料、辅助材料（如催化剂、化学试剂、添加剂等）的规格、需求量和来源。要对其今后长期供应的稳定性、费用以及可能发生的变化进行详尽的分析。

（2）各种配套件、电、煤、气、水、蒸汽等的需求量、供应的方式、供应条件等。

（四）建厂条件和厂址选择

（1）所选厂址的地理位置、地质、地形、水文、水源等自然条件和社会经济状况。

（2）厂址所在地的交通运输条件、供水、供电、供气、通信设施、基础设施的现状和发展趋势。

（3）多个厂址方案的比较与论证、厂址费用估算、选定的理由。

（五）工程项目设计

（1）确定项目的技术目标，对主要工艺技术方案进行比较和选择。

（2）说明引进技术的来源、理由、内容、特点、方式。

（3）生产工艺技术的说明。

（4）确定主要工艺设备，选择设备配套方案，落实设备来源，并对设备投资所需的费用进行估算。

（5）确定原料及动力消耗的定额。

（6）确定自控技术方案。

（7）绘制全厂总平面布置图，对厂房及土建工程的投资费用做出估算。选择并确定厂内外运输方案以及物料的储存方案。

（8）制定出给排水、供电、供热、供气、通信设施的方案设计，企业管理与生活福利设施的规划。

（六）环境保护和对"三废"治理方案

（1）调查项目所在地区的环境现状，预计项目排出的"三废"种类、成分、数量以及对环境的影响。

(2)环保部门制定的有关“三废”排放的标准。

(3)制定“三废”处理的技术方案并估计其所需的费用。

(七)生产规模和产品方案

(1)产品方案的选择与对比，包括产品、中间产品和副产品。

(2)生产规模和装置组成、确定规模的理由。

(八)生产机构、人员配备和劳动培训

(1)工厂组织结构的设计、编制及管理费用的估算。

(2)编制定员配备表，确定生产工人、技术人员、管理人员所需的数量，并根据其职能和类别，制定相应的工资标准。

(3)根据生产和管理的要求，制订出相应的培养计划。

(九)项目实施计划

(1)制定出从正式投资到正式投产这一时期内的概略时间安排，包括勘察、设计、设备订购和制作、工程施工安排、调试运转、试产和达产时间。

(2)建筑安装工作量及施工组织计划、进度表。

(十)投资估算及资金筹措

(1)工程项目总投资估算，即估算固定资产投资，建设期贷款利息和流动资金。

(2)确定资金来源、筹措方式与偿还方式。

(十一)财务评价和国民经济评价

(1)产品成本、销售成本、销售收入的估算。

(2)编制财务评价表，如财务现金流量表、损益表、财务平衡表、外汇流量表、资产负债表等。

(3)按财务评价的要求计算投资利润率、投资收益率、投资回收期、内部收益率等。

(4)不确定性分析，如盈亏平衡分析、敏感性分析、概率分析。

(5)编制国民经济评价表，计算国民经济评价指标，对项目进行国民经济评价和社会评价。

(十二)结论和建议

(1)对项目可行性进行最终的评价，用定量指标和定性指标从技术经济财务方面对项目进行综合分析。提出存在的问题。

(2)给出建议。

第二节　市场研究和生产规模

一、市场研究的概念

工程项目设想的产生来自市场需求。如果生产的产品市场上不需要，或者市场需求状况不好，其他一切均无从谈起。各国在进行可行性研究时，都是从市场研究开始的。

市场研究是可行性研究的一个重要环节，其作用是为确定投资方向和项目规模提供可靠的依据，是可行性其他方面研究的基础。市场研究是在调查研究的基础上收集、分析和预测未来一定时期内市场供需变化的趋势。

市场研究的意义主要体现在两个方面。

首先，是项目可行性研究的前提和基础，是提高可行性研究工作水平的需要。市场研究将确定项目建设的必要性。调查研究产品是否有市场，是否为社会所需要，以确定项目是否有必要建设。可行性研究中的技术分析和经济分析必须获得的有关产品的品种、数量、规格、用户要求以及销售量等资料，都有待于市场的分析、预测来提供，并以此为依据。

其次，是提高投资决策水平和社会经济效益的需要。面对激烈的市场竞争，处在日新月异的科技时代，企业要能在变化的市场中求生存、求发展，要想取得满意的投资效果，必须首先考虑投资项目的产品是否有生命力，是否有竞争力。而搞好市场预测是提高投资决策水平、提高企业经济效益的保证。许多项目决策失误，主要是由于不重视对市场的调研、分析和预测。

二、市场研究的内容及步骤

(一) 市场研究的内容

市场研究的内容分为市场需求情况研究和市场供应情况研究两个方面。市场需求情况研究包括市场现状调查和市场发展趋势预测；市场供应研究则包括调查现有同类工厂的生产能力和预测将投入生产的工厂的生产能力两方面。同时，不但要研究产品数量上的需求，还要研究用户对产品品种规格、性能质量等的要求情况。

市场研究通常应包括以下具体内容。

(1)用户。产品过去、现在和将来的用户是谁？在什么地方？

(2)用途。产品现在和将来的用途是什么？用户对产品品种、规格性能、质量等的要求是什么？

（3）用量。产品现在和将来的市场总需求量是多少？本企业现在和将来可能达到的市场占有率是多少？

（4）竞争力。现在和将来有哪些厂商生产同类产品？在什么地方？生产能力多大？国外进口和国内出口状况如何？

（5）发展趋势。本产品是否有其他替代产品？产品所处的寿命周期阶段？发展趋势如何？

（6）价格。产品现在和将来的价格是多少？稳定性如何？国际市场价格、投产后投放市场的价格及影子价格是多少？

（二）市场研究的步骤

市场研究的步骤或程序如图 6－2 所示。

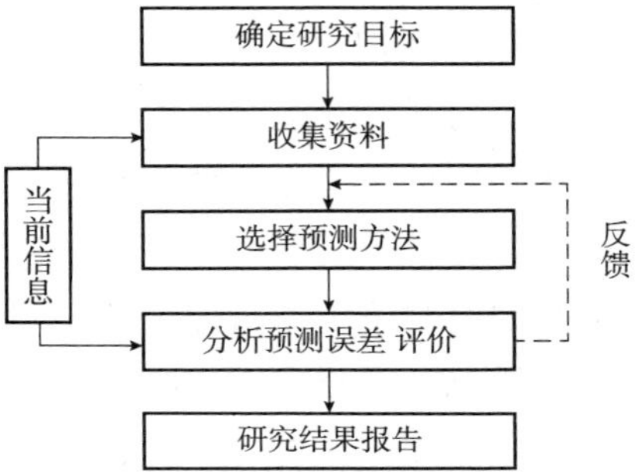

图 6－2　市场研究的步骤

（三）市场研究的方法

在进行市场研究时，要根据研究对象的特点、占有资料数量和质量、研究结果欲达到的精确度等因素来选择合适的方法，对市场情况进行预测。在可能时，应采用几种预测方法，对预测的结果相互校验，以增加预测结果的可信度。在市场研究过程中，一般应进行 10 年期的需求及价格预测。市场预测与分析可用的方法，可参考第五章的内容。

（四）生产规模的确定

通过市场预测，可以初步明确市场需求及供应情况，为确定适宜的生产规模提供了依据。但项目生产规模的确定并不仅仅取决于市场情况，还必须综合考虑企业内外的各种因素，研究和选择经济上合理的生产规模，以保证项目的产量适当，成本低，效益最佳。确定合理的生产规模，是项目可行性研究的一项重要工作。

（五）生产规模的概念

生产规模主要是指企业或项目装置生产能力的大小，它反映了劳动力/生产资料的集中程度。确切地说，这里所指的生产规模叫作生产能力规模。

不同类型的企业具有各自的特点。一般来说，大型化工企业单位产品投资小，资源利用充分，产品成本低，技术比较先进，产品质量好。中小型化工企业投资小，建设周期短，收效快，便于利用分散的资源，生产灵活性大。在项目可行性研究中，依据项目的技术经济特点，结合资源、资金、环境等条件来选择合理的生产规模。

(六)确定生产规模应考虑的因素

影响生产规模的因素很多，必须通过调查研究，全面加以考虑。总的来讲，可从市场需求和技术物质两方面综合考虑。具体地讲，应考虑以下因素。

(1)市场需求。应该根据市场需求的数量、时间和地区范围，确定生产规模。对需求量大而广又便于运销的产品，规模可以大些。但也应该考虑产品的市场占有率及竞争者的动向。某些产品需求前景好，一哄而上，结果重复建设而供过于求。一些不便于长途运输的产品，或需求量较小的产品，适于就地销售，规模只能小些。

(2)资源情况。生产规模的大小，还受制于资源的情况。化学工业企业大都是资源密集型。一般来说，资源如煤、油、天然气、水电等供应丰富、集中的地区，可以建大型企业，资源储量不大而且分散的，宜建中小型企业。

(3)资金和技术条件。化工企业是技术密集型、资金密集型企业，大型化工企业的投资额往往近10亿元，没有足够的资金，规模宜小些。大型企业还力求采用先进的技术和较高的管理水平，在引进技术、装备有困难的地方，以先建中小企业为宜。

(4)产品的技术经济特点。生产规模与产品的特点有密切的关系。原材料工业，例如：石油化工、基本无机、基本有机类的企业，生产的是大宗通用石油和化工产品，需求的变化比较稳定，一般来说，规模越大成本越低。因此，在可能的条件下，应尽量采用经济的规模。对产品更新较快、通用性不好的产品，如精细化工产品，规模宜小些。

(5)设备制造条件。化工生产规模的经济性是对单机或单条生产线而言，而工艺技术条件决定了化工生产装置单机和单条生产线的设备生产能力的上限。如果由于单套或单台生产装置的生产能力达不到较大的规模，而采用多套或多台生产装置来实现较大的规模，通常就削弱了生产规模的经济性。

(七)经济规模的确定

经济规模是指在生产技术、管理水平、劳动力素质等素质条件都不变的情况下，取得最佳经济效益的生产规模。大于或小于经济规模，经济效益都将下降，因为随着生产规模的不断扩大，产品生产的平均成本不断下降，但当生产规模超过某一数额后，由于生产费用上升，运输费、仓储费等不断增大，其结果使产品的平均生产成本随着生产规模的扩大而上升。

确定经济规模，需要通过定量计算。常用的计算方法有：净现值、净年值以及年计算费用法。前面两种方法已在第四章做了介绍，这里介绍年计算费用法。

年计算费用法是综合考虑单位产品的投资额、产品费用、储运费用以及销售费用，对不同规模方案的经济性进行比较，其中年计算费用最小的规模即为经济规模。

年计算费用公式为：

$$AC(Q)=c(Q)+y(Q)+z(Q)+k(Q)E_s \quad (6-1)$$

式中，$AC(Q)$为年产量为Q时的单位产品年均计算费用；$c(Q)$为年产量为Q时的单位产品年均生产费用；$y(Q)$为年产量为Q时的单位产品年均储运费用；$z(Q)$为年产量为Q时的单位产品年均销售费用，$k(Q)$为年产量为Q时的单位产品投资额；E_s为标准投资效果系数。

第三节　原料路线和工艺技术的选择

一、原料路线的选择

化工产品通常可从几种不同的原料制取，在可行性研究中，需要解决的一个重要问题就是选择哪种原料。这需要在综合考虑各种有关因素的基础上，选定最合适的原料，以取得尽可能好的经济效益。

选择原料时，主要考虑的因素有以下几个。

(1)原料来源的可靠性。化工产品生产所用的原料量大且品种多样，生产过程大都是连续化，化工生产装置和工艺的专用性较强。若建成后原料来源中断或原料来源变动，由于原料品位或质量的不同，会给正常生产造成较大的困难。因此，必须选择在项目寿命期内来源有保障的原料。

(2)原料的经济性。在很多化工产品生产中，原料的成本在产品总成本中占有很大的比例。因而，为了取得良好的经济效益，必须选择最适宜、最经济的原料。应就不同原料的投资、成本和劳动生产率进行比较，选择单位产品投资最少、成本最低的原料。有时，也可采取最小计算费用法进行方案选择。其计算公式为：

$$C=C_i+I_i \quad (6-2)$$

式中，C为计算费用；C_i为用i种原料时的单位产品成本；I_i为用i种原料时的单位产品投资。

原料的价格受供求关系变化的影响很大，要根据供求状况对原料将来的价格进行预测。此外，原料的运输距离、运输方式等也直接影响到原料的到厂价格。这些因素对原料的经济性都有不可忽略的影响。

(3)能源结构。必须实行能源多元化、清洁化发展，大力改善和调整能源结构，有效保障能源供给。

(4)保证原料质量的高低与能否正常、安全生产关系密切。

二、工艺技术的选择

在化工项目的可行性研究中，当原料路线初步确定后，仍存在与原料路线相应的工艺过程的选择。从同一原料出发，生产同一种化工产品常有多种可采用的工艺技术路线或工艺过程。在这些可能的工艺过程方案中，选择一个最佳的工艺过程，是可行性研究中的一项重要内容。此外，在选择原料路线时，也涉及对工艺技术路线的考虑以确定能取得最佳经济效益的生产方案，这包括原料和工艺技术路线。总的原则应是技术上先进、经济上合理。对化工项目的工艺技术路线选择，至少应注意以下几个方面的问题。

(1)技术路线先进性和可靠性。选择的技术路线应是在实践中证明是先进、可靠的技术，以保证建成投产的安全可靠。对于引进的先进工艺，也应考虑我国的消化吸收和运用能力，但也必须避免过时的技术。

(2)原料与工艺技术的适应性。必须考虑主要原材料的性质，选择与此相适应的工艺技术。例如，对于中、低品位的磷矿资源，采用传统的磷铵生产方法，工艺过程将较长，成本较高。而采用“料浆浓缩”新工艺技术，则能取得更佳的经济效益。

(3)原料供应的稳定性。以国内原料为基础的工艺过程，可能比那些主要原材料必须长期依赖进口的技术可取。如果主要原料供应不稳定，不得不选择其他的原料来源，在选择工艺技术时，应注意工艺技术对原料供应来源发生变化的适应性。

(4)主产品和副产品的价值。不仅要考虑主要产品，也要考虑到副产品的销售和价值。有的副产品是很有销路的，但也可能产生有害的废物。因此，工艺过程中的“三废”问题是不应忽略的。

(5)劳动力与资金的配合。应从劳动力和资金两个角度出发进行考虑。在缺乏劳动力或劳动力费用较高的国家或地区，选择资金相对密集的技术，可能是经济的。而在资金筹措不易、劳动力过剩的国家或地区，选择劳动力相对密集的工艺技术可能更合适。

第四节　厂址选择

一、概述

厂址选择是工程项目可行性研究中的重要一环。厂址选择不当，其固有的缺点常常又会造成工厂先天性、永久的负担。厂址的选择包括厂址的区位和厂址的地址。厂址区位的选择又叫作选点，与生产力的布局关系密切，也与厂址区域范围内的社会经济状况、劳动力的技术水平等相关。例如，20 世纪 70 年代，我国引进的几套化肥装置完全相同，但由于建设的区域不同，国内配套的工程投资差别可达 40%，生产状况也相差较明显。在某一区域内确定建厂的具体地点，称为选址。

二、厂址选择的原则

厂址选择最基本的要求是：应符合国家工业布局和区域规划的要求，同时，也应满足工程项目建设、生产经营和职工生活的需要。对于化学工业项目，通常应包括以下几点。

(1) 地形地貌。厂址土地面积和平面外形能满足工厂建筑的要求，使生产车间、辅助车间、公用设施及运输道路都能得到合理的布置。同时，还应考虑足够的物料堆放场地和扩建余地。

(2) 人员素质、来源及费用。最好能靠近可提供大部分所需员工的人口集中地。如需专门的技术人员和管理人员，最好能在当地找到，否则在人员培训、住宿和交通等方面的费用将可能增大很多。

(3) 税收和政策。所在地是否正在实施或拟实行的税收情况以及相关政策。

(4) 与原材料供应地的距离。厂址应尽可能靠近原料供应地或储运中心，或者靠近交通干线，便于原材料和产品的运输。

(5) 用水的供应及质量。应了解水源供应的全年情况、水的物理状况。若拟建厂用水量较大，厂址应尽量接近水源，以便于安排生产和生活用水。

(6) 与相关企业的地理位置。厂址应尽量与生产上密切相关的企业靠近，便于生产协作。

(7) 环境保护与废物处理。厂址选择应注意环境保护的要求，应设法避开城市的上风、上游和居民区。如果拟建厂的“三废”较多，则应考虑厂址是否方便“三废”的处理，是否符合环保法规的要求。

(8) 土地供应情况及成本。要考虑建厂土地面积是否满足当前及未来的发展需要，调查当地的土地供应情况、价格、搬迁居民的费用等。

三、厂址选择的步骤和内容

(一) 拟定建厂条件指标

根据拟建工厂的产品品种和生产规模，拟定建厂条件指标。建厂条件指标通常包括以下内容。

(1)占地面积。厂区所占面积包括生产装置界区、公用工程、附属工程、厂区道路。如果在生产过程中有废渣排出，还应考虑堆放的场地。

(2)原材料、燃料的种类及数量；产品品种、数量及包装；副产品品种、数量。

(3)用水量及对水质的要求，排放的“三废”数量及性质。

(4)运输量、货物运输和储存的特殊要求。

(5)水、电、气等公用系统的耗量。

(6)工厂定员、生活区占地面积的估算。

(7)土建工程、内容及工程量。

(8)工厂需要外协的项目。

(二)现场调查

完成准备工作后，应到厂址现场进行踏勘，对厂址的实际情况进行了解，并收集厂址的基础资料。

(三)厂址方案的比较和论证

根据现场踏勘结果、收集的资料和工程项目建设应考虑的有关因素，将几个不同的厂址方案进行综合分析论证。

(四)提出选址报告

这是根据厂址要求、勘测实际结果和综合分析的结论，提出选址报告；选址报告一般应包括以下内容。

(1)选址委员会或小组的名单，工程项目负责人、选址工作情况概述。

(2)选址的依据，采用的工艺技术路线，建厂条件指标及选址主要经过。

(3)厂址建设条件的概述，包括：原材料、燃料来源、给排水条件、供电和运输条件、工程地质、水文地质和施工条件等。

(4)厂址方案比较，提出厂址技术条件比较表及厂址建设投资与经营费用比较表。

(5)各厂址方案的综合分析论证，提出推荐方案的理由。

(6)当地主管部门对厂址的意见。

(7)存在的问题及解决的方法。

在选址报告中，还应附上有关的协议文件、区域位置规划图、工厂总平面布置示意图等文件。

第五节　投资估算和资金筹措

一、投资估算

投资估算是经济分析与评价的基础，是投资决策的重要依据，也是项目可行性研究的一项重要内容。由于项目经历设想、机会研究、初步可行性研究、详细可行性研究、初步设计、施工图设计等若干阶段，每一阶段的工作范围和深度都在增加，因而，对不同阶段的投资估算精度也有相应要求。

国外将投资估算分为五级。

(1)中数量级估算，或称为比例法估算，以过去同类工厂的数据为基础，适用于机会研究阶段，精度低于 ±30%。

(2)研究性估算，也叫作系数法估算，以对主要设备的了解为基础，适合于初步可行性研究，精度为 ±30%。

(3)初步估算，或称为概算级估算，以能使概算得到批准的数据为基础，精度为 ±20%。

(4)确切估算，又称为控制用估算，以较完整的数据为基础，但全部图纸和说明书尚未完成，精度为 ±10%。

(5)详细估算，又称承包商估算，以完整的工程图纸说明书和厂址地质勘测资料为基础，用于投标。

在本书第二章第四节中，已介绍了一些常用的投资估算方法，读者可参阅。

二、资金筹措

在可行性研究中，投资费用估算完成后，需要落实资金的来源。而化工项目具有资金密集型和典型地追求规模经济两个显著的特点。化工项目通常需要比较大量的资金，这就需要认真进行资金的筹措。资金筹措也叫“资金规划”，它包括资金筹集、资金使用和贷款偿还三方面。资金筹集主要解决资金来源和选择问题。资金筹集不恰当或资金运用不合理，将对项目的经济效益产生很大的影响。

(一)资金来源

化工项目建设的资金来源，按大范围可以分为：国内和国外资金来源两大类，国内资金通常是人民币的形式，国外资金也称为外汇资金。图 6－3 表示国内外资金来源的几种渠道。

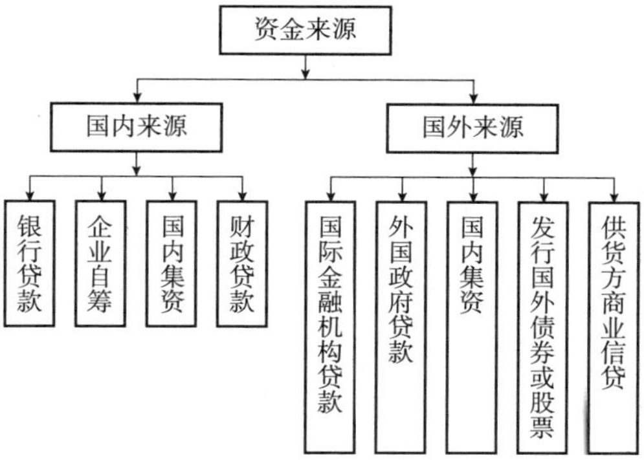

图6－3　资金来源示意图

（二）来源的评价和选择

在资金来源可能是多样化的条件下，应慎重地选择资金来源。这包括：对贷款性质、用款条件、利率和还款期等的详细了解。否则，匆忙签约，有可能陷于困境。

对于国内资金，目前除极少数大中型企业可以谋求少部分财政拨款外，大多数靠国家投资银行和商业银行的贷款、债券集资和股票集资几种渠道。

银行贷款，特别是国家政策性投资银行贷款，是最优的来源。但能否取得银行贷款，主要取决于项目的性质、意义和效益，以及当时国家基本建设的方针和政策。发行债券也是外部集资的一种形式，但利率通常较高。此外，股票集资正在我国试行，它是由多方共同集资、共担风险的股份制，有可能成为企业集资的一种主要手段。

国外资金的来源和性质较为多样化。从国外银行贷款利率较高，但贷款的用途通常不限定。外国政府贷款，大多数是低息或者无息的，应努力争取。不过，这与本国政府部门当时的方针、政策和重点资助项目的范围有着密切的关系。另外，有些国外贷款称之为出口信贷，是工业发达国家银行为了鼓励本国设备出口而提供的贷款，一般条件也比较优惠。但是，购买的设备来源甚至范围会受到一定的限制，因此，在贷款前需认真研究其详细条款。

（三）资金的使用

在可行性研究中，如何合理地使用资金，是需要考虑的重要问题。应根据用款的需要，分批分期提款，以减少利息。借款利率有浮动利率和固定利率之分，在可能的条件下，当固定利率较低时，争取采用固定利率。当有多种资金来源且利率各不相同时，原则上应先用利率低的；先用自有资金，后用人民币贷款，必要时才用外币贷款。

此外，也应拟订好还款计划。一般先偿还利息高的贷款，后偿还利息低的贷款。在我国的可行性研究中，一般都要求拟定出项目的财务平衡表。对于每年的资金投入、资金来源、偿还利息和本金的各年度计划，都要给予说明。

三、化工行业金融市场

化工企业能够通过金融市场筹集资金。资金是企业的血液，任何一个企业要进行正常的生产经营活动，都需要有适量的资金，而通过各种途径和相应的手段取得这些资金的过程就称为筹资。金融市场是企业筹集资金的主要来源，也就是说，资金需求者和资金提供者可通过金融市场这个平台，使资金从提供者转移到需求者手中实现金融市场自主筹资。企业可通过金融市场自主筹资，降低筹资成本。企业根据金融市场的变化趋势，调整筹资结构，降低财务风险。在必要时，企业可以把可转换证券按一定的比例转换为普通股，减少固定利息或股息的支付，增强企业的资本实力与企业资本结构的安全性。筹措资金即融资对于企业的发展非常重要，特别是对新项目的实施，需要经过投资前的可行性研究、投资和生产三个阶段。而这又涉及金融监管及企业筹资成本与风险问题，需要在不断的探索中不断进行体制创新以适应不断变化的经济环境。

(一)国内金融市场

(1)证券，是多种经济权益凭证的统称，也指专门的种类产品，是用来证明券票持有人享有的某种特定权益的法律凭证。

证券主要包括资本证券、货币证券和商品证券等。狭义上的证券主要指的是证券市场中的证券产品，其中包括产权市场产品如股票，债权市场产品如债券，衍生市场产品如股票期货、期权、利率期货等。一般市场上说的证券交易，特指证券法所规范的有价证券，有价证券是证券的一种，即其本质仍然是一种交易契约或合同，不过与其他证券的不同之处在于，有价证券具有以下特征：任何有价证券都有一定的面值，任何有价证券都可以自由转让，任何有价证券本身都有价格，任何有价证券都能给其持有人在将来带来一定的收益。

中国证券市场主要是指由上海证券交易所和深圳证券交易所两家证券交易所组成的股票市场、债券市场、基金市场以及期货市场，也包括交易结算、资产评估、信息服务等相关配套机构。

上海证券交易所成立于1990年11月26日，同年12月19日开业，受中国证监会监督和管理，是为证券集中交易提供场所和设施、组织和监督证券交易、实行自律管理的会员制法人。截至2020年末，沪市上市公司家数达1800家，总市值45.5万亿元；2020年全年股票累计成交金额84.0万亿元，日均成交3456亿元，股票市场筹资总额9152亿元；债券市场挂牌20378只，托管量13.2万亿元，现货成交 11.5 万亿元；基金市场上市只数达 373 只，累计成交 10.8 万亿元；衍生品市场全年累计成交 7167 亿元。

深圳证券交易所成立于 1990 年 12 月 1 日，是经国务院批准设立的全国性证券交易场所，是为证券集中交易提供场所和设施，组织和监督证券交易，实行自律管理的法人，由中国证券监督管理委员会监督管理。深交所履行市场组织、市场监管和市场服务等职责。截至 2021 年 8 月 31 日，深交所共有上市公司 2492 家，总市值约 37 万亿元；挂牌债券(含资产支持证券)9067 只，挂牌面值 2.8 万亿元；挂牌基金 502 只，资产规模 2844 亿元；沪深 300ETF 期权累计成交 1.3 亿张，成交面值 6.3 万亿元。

北京证券交易所成立于 2021 年 9 月 3 日，是经国务院批准设立的中国第一家公司制证券交易所，受中国证监会监督管理，是中国第三大证券交易所。设立北京证券交易所的目的是资本市场更好支持中小企业发展壮大的内在需要，市场定位是服务创新型中小企业。北京证券交易所的上市公司由新三板创新层公司产生，维持新三板基础层、创新层与北京证券交易所“层层递进”的市场结构，同步试点证券发行注册制。新三板精选层的 71 家挂牌公司，平移至北京证券交易所，加上 10 家已完成公开发行等程序的企业将直接在北京证券交易所上市。北京证券交易所首批上市公司数量达 81 家。北京证券交易所指引规范提出，发行人不得属于从事学前教育、学科类培训等业务的企业。

(2)股票(stock)，是股份公司所有权的一部分，也是发行的所有权凭证，是股份公司为筹集资金而发行给各个股东作为持股凭证并借以取得股息和红利的一种有价证券。

中国可公开发行的股票类型包括以下三种。

A 股：指人民币普通股，是在上海证券交易所和深圳证券交易所上市交易的股票。目前大部分 A 股股份仅限国内投资者持有。

B 股：指面向外国投资者和境外中资企业的股票，以美元、港币等外汇计价，在上海证券交易所和深圳证券交易所上市交易。B 股主要由国际基金管理机构和个人投资者持有。

H 股：指香港特别行政区上市的公司的股票，也称为洋股或离岸股，按照香港交易所的上市条款进行交易。H 股最初是为了吸引外资进入中国市场而设立的。

此外，还有通过中央结算公司(CSDC)发行的可转换公司债券(CB)和沪港通、深港通下的跨境 ETF 等一些其他非股票性质的证券品种。

(3)期货、期权市场交易产品。我国期货、期权市场有六个，包括上海期货交易所、郑州商品交易所、大连商品交易所、上海国际能源交易中心、中国金融期货交易所和广州期货交易所；其中涉及化工原料期货期权交易的交易所有四个，分别是郑州商品交易所、大连商品交易所、上海期货交易所、上海国际能源交易中心。其中大连商品交易所已经成为全球最大的塑料期货市场。我国化工期货期权交易市场情况见表6－1。

表6－1　我国化工期货期权交易市场情况

交易所名称	期货产品	期权产品
郑州商品交易所(ZCE)	精对苯二甲酸(PTA)、甲醇、尿素、纯碱、短纤	精对苯二甲酸(PTA)、甲醇
大连商品交易所(DCE)	聚乙烯、聚氯乙烯、聚丙烯、乙二醇、苯乙烯	聚乙烯、聚氯乙烯、聚丙烯
上海期货交易所(SHFE)	原油、低硫燃料油、燃料油、石油沥青、天然橡胶、20号胶	原油、天胶
上海国际能源交易中心	原油、低硫燃料油、20号胶	原油

(4)债券。债券融资是指公司依照法定程序向债权人发行、约定在一定期限还本付息的有价证券，从而获取资金的一种融资方式。在当前市场环境下化工行业发债主体主要集中于AAA、AA+高等级信用主体和AA－、A+低等级信用主体，后者通常以发行可转债为主，可转债为信用等级相对较低的上市企业拓宽了债券市场融资渠道。

信用债：不以公司、房产等任何资产作为担保的债券，属于无担保债券。风险相对较大。但收益率可能高一些，收益率高是对高风险的一个补偿。

企业债：是由中央政府部门所属机构、国有独资企业或国有控股企业在境内依照法定程序发行、约定在一定期限内还本付息的有价证券。

可转债：全称为可转换公司债券。在目前国内市场，就是指在一定条件下可以被转换成公司股票的债券。可转债具有债权和期权的双重属性，其持有人可以选择持有债券到期，获取公司还本付息；也可以选择在约定的时间内转换成股票，享受股利分配或资本增值。

(二)国外金融市场

国外商品期货交易市场，以农产品、矿产、能源、原油等产品为主，化学品的期货市场主要在我国。

根据产品来说，天然橡胶的商品交易所：新加坡商品期货交易所(SMX)、纽约商业交易所(NYMEX)、伦敦、吉隆坡。

国际原油期货交易状况：芝加哥商品交易所集团旗下和洲际交易所(ICE)为影响力最大的世界两大原油期货交易中心，其对应的WTI、布伦特两种原油期货也分别扮演着美国和欧洲基准原油合约的角色。其余国家上市的原油期货为：迪拜商品交易所(DME)上市的阿曼(Oman)原油；印度大宗商品交易所(MCX)的

WTI、布伦特原油；印度国家商品及衍生品交易所的布伦特原油；日本的东京工业品交易所(TOCOM)的中东原油；莫斯科交易所(MOE)的布伦特原油；圣彼得堡国际商品交易所(SPIMEX)的乌拉尔(Urals)原油；泰国期货交易所(TFEX)上市的布伦特原油；阿根廷的罗萨里奥期货交易所(ROFX)的 WTI 原油；南非的翰内斯堡证券交易所(JSE)上市的原油期货。

(三)金融市场里面的化工企业

很多化工企业都是上市公司，尤其是化工龙头企业。美国化工上市企业数量为 96 家，其中比较出名的有陶氏、利安德巴赛尔、埃克森美孚、杜邦等。在美股上市的中国概念股有中国绿色农业、碳博士控股等。

我国国内股票市场中的化工企业也有很多(见表 6－2)，以下是中国部分化工的龙头股：中国石化、中国石油、万华化学、中国化学、盐湖股份、恩捷股份、荣盛石化、恒力石化、合盛硅业、宝丰能源、天赐材料、东方盛虹等。如果按照生产产品的种类、用途进行分类，覆盖多元化工、工业气体、化肥与农用化工、化纤、基础化工、特种化工、日用化工、食品化工、生物化工、石油化工等领域。

表 6－2　我国上市的化工企业数量(家)

证监会行业板块分类	000 深 A	200 深 B	300 创业	600 沪 A	588 科创	900 沪 B	总数
石油和核燃料加工业	6	0	1	9	0	0	16
化学原料和制品业	110	1	87	104	22	4	328
医学制造业	90	0	91	83	60	2	326
化学纤维制造业	14	0	4	9	4	0	31
橡胶和塑料制品业	32	0	43	27	8	0	110

第六节　项目的财务评价

一、财务评价的作用及任务

(一)财务评价的作用

建设项目的财务评价亦称为财务分析，是指从企业角度，根据市场价格和国家各项现行的经济、财政、金融政策法规，分析、测算拟建项目直接发生的财务效益和费用，编制财务报表，计算评价指标、考察项目的获利能力、贷款清偿能力以及外汇平衡能力等财务状况，来判别拟建项目的财务可行性。

财务评价是建设项目经济评价的重要组成部分，其本质是搜集与决策有关的各种财务信息，并加以分析与解释的一种技术。主要表现在为科学决策提供依据，避免和减少失误，提高投资效益；优化建设方案，缩短建设周期，降低成本；保证建设进度，提高工程质量等方面。

建设项目的财务评价，主要是通过对各个技术方案的财务活动分析，借助一系列评价指标的测算和分析来论证建设项目对企业在经济上的可行性，并以此来判别建设项目在经济上是否有利可图。

从财务上分析建设项目经济效益时，不仅要测算、分析正常经营条件下的项目经济效益，同时还应测算、分析在不利条件下，不利因素对建设项目经济效益的影响，进行建设项目经济效益的不确定性分析，以估计项目可能承担的风险，确定项目在经济上的可靠性。

(二)财务评价的任务

对拟建的经营性项目进行财务评价的任务主要有两个方面。

第一，考察和论证拟建设项目的获得能力。通过对建设项目的财务评价来判别该拟建项目是否值得投资兴建，考察该建设项目各个技术方案预期盈利情况，考察拟建项目建设投产后各年盈亏状况，论证拟建设项目建成投产后财务上能否自负盈亏、以收抵支有余，能否具有自我发展和自我完善的能力等。

第二，考察和论证拟建项目对贷款的偿还能力。也就是对用贷款进行建设的项目必须从财务上分析其有无偿还贷款的能力，要测算贷款偿还期限。尤其是利用外资贷款的项目或技术引进的项目更要注意项目建成投产后的创汇能力、外汇效果、外汇贷款利率高低、偿还方式以及偿还能力等。

二、财务评价的步骤

财务分析应在项目财务效益与费用估算的基础上进行。财务分析的内容应根据项目的性质和目标确定。建设项目的财务评价一般可分为以下几个步骤。

第一步，明确是经营性或非经营性项目。对于经营性项目，应分析项目的盈利能力、偿债能力和财务生存能力，判断项目的财务可接受性；对于非经营性项目，财务分析应主要分析项目的财务生存能力。

第二步，依据经营性或非经营性项目评价要求的不同，有目的地汇集、整理项目的财务基础数据，包括拟定项目产品品种方案及其生产规模，估算项目销售收入和项目投资总额，测算项目产品的成本和税金等。

第三步，进行融资前分析和融资后分析。一般宜先进行融资前分析，在融资前分析结论满足要求的情况下，初步设定融资方案，再进行融资后分析。一般在项目建议书阶段，可只进行融资前分析。

第四步，编制项目财务基本报表。为便于对项目进行财务评价，必须编制一套必要的项目财务基本报表。

第五步，计算与项目有关的评价指标，评价项目的经济效益，包括盈利能力分析、偿债能力分析、财务生存能力分析，并进行不确定性分析和风险分析。

三、财务评价的内容

财务评价应在项目财务效益与费用估算的基础上进行，其分析的具体内容应依据项目性质和目的确定。

对于经营性项目，财务分析应通过编制财务分析报表进行。根据不同决策的需要，财务评价分为融资前分析和融资后分析。财务分析一般宜先进行融资前分析。融资前分析是指在考虑融资方案前就可以开始进行的财务分析，即不考虑债务融资条件下进行的财务分析。在融资前分析结论满足要求的情况下，初步设定融资方案，再进行融资后分析。融资后分析包括项目的盈利能力分析、偿债能力分析以及财务生存能力分析，进而判断项目方案在融资条件下的合理性。融资后分析是比较选择融资方案，进行融资决策和投资者最终决定出资的依据。实践中，在可行性研究报告完成之后，还需要进一步深化融资后分析，才能完成最终融资决策。

对于非经营性项目，财务分析应主要分析项目的财务生存能力。

(一)财务评价的主要内容

项目的财务评价主要考察项目的盈利能力、偿债能力、财务生存能力以及外汇效果等财务状况。因此，财务评价主要有以下几个方面的内容。

1. 投资盈利能力分析

盈利能力分析的主要指标包括：项目投资财务内部收益率和财务净现值、项目资本金财务内部收益率、投资回收期、总投资收益率、项目资本金净利润率等，可根据项目的特点及财务分析的目的要求等选用。

(1)财务内部收益率(*FIRR*)。它是反映项目所占用资金的盈利率及考察项目盈利能力的主要动态评价指标。有关计算见式(4－27)及其相关内容。

项目投资财务内部收益率、项目资本金财务内部收益率和投资各方财务内部收益率都依据相同的公式计算，但所用的现金流入和现金流出不同。

(2)投资回收期(P_t)是考察项目的财务上的投资回收能力的主要静态评价指标。它是指以项目的净收益回收项目投资所需要的时间，一般以年为单位。有关计算见式(4－5)和式(4－17)及其相关内容。项目投资回收期宜从项目建设开始年算起，若从项目投产开始年计算，应予以特别注明。

(3)财务净现值(*NPV*)是考察项目在计算期内盈利能力的动态评价指标。一般情况下，财务盈利能力分析只计算项目投资财务净现值，可根据需要选择计算所得税前净现值或所得税后净现值。有关计算见式(4－23)及其相关内容。

(4)总投资利润率是考察项目单位投资盈利能力的静态指标，经常用来判别项目单位投资盈利能力是否达到了本行业的平均水平。有关计算见式(4－12)及其相关内容。

(5)资本金利润率反映投入项目的单位资本金的盈利能力。有关计算见式(4－12)及其相关内容。

(6)投资利税率是考察项目单位投资的税利能力的静态指标，经常用来判别项目单位投资对国家积累的贡献能力是否达到了本行业的平均水平。有关计算见式(4－11)及其相关内容。

2. 偿债能力分析

偿债能力分析应通过计算资产负债率(*DAR*)、利息备付率(*ICR*)和偿债备付率(*DSCR*)等指标，分析判断财务主体的偿债能力。

(1)资产负债率(*DAR*)是指各期末负债总额(*TL*)同资产总额(*TA*)的比率，应按下式计算：

$$DAR=\frac{TL}{TA}\times 100\% \tag{6-3}$$

式中，*TL* 为期末负债总额；*TA* 为期末资产总额。

适度的资产负债率表明企业经营安全、稳健、有较强的筹资能力，也表明企业和债权人的风险较小。对该指标的分析，应结合国家宏观经济状况、行业发展趋势、企业所处竞争环境等具体条件判定。项目财务分析中，在长期债务还清后，可不再计算资产负债率。

(2)利息备付率(*ICR*)是指在借款偿还期内的息税前利润(*EBIT*)与应付利息(*PI*)的比值，它从付息资金来源的充裕性角度反映项目偿付债务利息的保障程度，应按下式计算利息备付率：

$$ICR=\frac{EBIT}{PI}\times 100\% \tag{6-4}$$

式中，*EBIT* 为息税前利润；*PI* 为计入总成本费用的应付利息。

利息备付率应分年计算，它反映了项目在计算期内各年所面临的财务风险程度及偿债能力。利息备付率高表明利息偿付的保障程度高。利息备付率应当 >1，并结合债权人的要求确定。

(3)偿债备付率(*DSCR*)是指在借款偿还期内，用于计算还本付息的资金($EBITAD-T_{AX}$)与应还本付息金额(*PD*)的比值，它表示还本付息的资金偿还借款本息的保障程度，应按下式计算：

$$DSCR=\frac{EBITAD-T_{AX}}{PD} \tag{6-5}$$

式中，*EBITAD* 为息税前利润加折旧和摊销；T_{AX} 为企业所得税；*PD* 为应还本付息金额。包括还本金额和计入总成本费用的全部利息。

融资租赁费用可视同借款偿还。运营期内的短期借款本息也应纳入计算。如果项目在运行期内有维持运营的投资，可用于还本付息的资金应扣除维持运营的投资。

偿债备付率应分年计算，偿债备付率高，表明可用于还本付息的资金保障程度高。偿债备付率应 >1，并结合债权人的要求确定。

3. 财务生存能力分析

财务生存能力分析应在财务分析辅助表和利润与利润分配表的基础上编制财务计划现金流量表，通过考察项目计算期内的投资、融资和经营活动所产生的各项现金流入和流出，计算净现金流量和累计盈余资金，分析项目是否有足够的净现金流量维持正常运营，以实现财务可持续性。

财务可持续性应首先体现在有足够大的经营活动净现金流量，其次各年累计盈余资金不应出现负值。若出现负值，应进行短期借款，同时分析该短期借款的年份长短和数额大小，进一步判断项目的财务生存能力。短期借款应体现在财务计划现金流量表中，其利息应计入财务费用。为维持项目正常运营，还应分析短期借款的可靠性。

对有营业收入的项目，财务分析应根据收入抵补支出的程度，区别对待。收入补偿费用的顺序应为：补偿人工、材料等生产经营耗费，缴纳流转税、偿还借款利息、计提折旧和偿还借款本金。

对没有营业收入的项目，不进行盈利能力分析，主要考察项目财务生存能力。此类项目通常需要政府长期补贴才能维持运营，应合理估算项目运营期各年所需的政府补贴数额，并分析政府补贴的可能性与支付能力。对有债务资金的项目，还应结合借款偿还要求进行财务生存能力分析。

4. 项目外汇效果分析

对涉及产品出口创汇及替代进口节汇的项目，应进行外汇效果分析，即计算财务外汇净现值、财务换汇成本及财务节汇成本等指标。

(二)财务评价的基本报表

在进行建设项目财务评价时所采用的基本报表有：各类现金流量表、利润与利润分配表、财务计划现金流量表、资产负债表、借款还本付息计划表及财务外汇平衡表等。

1. 现金流量表

现金流量表是反映项目计算期内各年的现金收支(现金流入和现金流出)，用以计算各项动态和静态评价指标，进行项目财务盈利能力分析的基本报表。按投资计算基础不同，现金流量表分为以下三种。

(1)项目投资现金流量表。该表不分投资资金来源，以全部投资作为计算基础，用以计算全部投资所得税前及所得税后财务内部收益率、财务净现值及投资回收期等评价指标，以考察项目全部投资的盈利能力，对各个投资方案(不论其资金来源及利息多少)进行比较建立共同基础。

(2)项目资本金现金流量表。该表从投资者角度出发，以投资者的出资额作为计算基础，把借款本金偿还和利息支付作为现金流出，用于计算项目资本金财务内部收益率等评价指标，以考察项目自有资金的盈利能力。

(3)投资各方现金流量表。用于计算投资各方内部收益率。

2. 利润与利润分配表

利润与利润分配表反映项目计算期内各年营业收入、总成本费用、利润总额等情况，以及所得税后利润的分配，用于计算总投资收益率、项目资本金净利润率和投资利税率等指标。

3. 财务计划现金流量表

财务计划现金流量表反映项目计算期各年的投资、融资及经营活动的现金流入和流出，用于计算累计盈余资金，分析项目的财务生存能力。

4. 资产负债表

资产负债表综合反映项目计算期内各年末资产、负债和所有者权益的增减变化及对应关系，以考察项目资产、负债、所有者权益的结构是否合理，并计算资产负债率、流动比率及速动比率等，进行项目的清偿能力分析。

5. 借款还本付息计划表

借款还本付息计划表反映项目计算内各年借款本金偿还和利息支付情况，用于计算偿债备付率和利息备付率指标。

6. 财务外汇平衡表

财务外汇平衡表适用于有外汇收支的项目，用以反映项目的外汇来源与外汇运用。表明计算期内各年外汇余缺程度，进行外汇平衡分析。

此外，还应根据计算、分析和论证的需要，编制辅助报表。

第七节　项目国民经济评价

一、概述

1. 国民经济评价的意义

国民经济评价是按照资源合理配置的原则，从国家整体角度考察项目的效益和费用，用货物影子价格、影子工资、影子汇率和社会折现率等经济参数分析、计算项目对国民经济的净贡献，评价项目的经济合理性。国民经济评价的目标是宏观经济效果，体现在要求项目投资所增加的国民收入净增量和社会效益最大化。它是经济评价的一个重要内容，是项目可行性研究的一个重要组成部分，也是对拟建项目投资决策的主要依据。

国民经济评价的意义表现在以下三方面。

(1)宏观上合理配置国家有限资源的需要。国家的资源(资金、土地、劳动力等)都是有限的，有限的资源都有一个合理配置问题。只有对资源进行合理的配置，才能发挥其最大的效益。因此，投资决策者必须依据评价的结论，决定项目的优劣和取舍。

(2)真实反映项目对国民经济净贡献的需要。国民经济评价和财务评价一样，都要对建设项目的获利能力进行分析，但这两种评价代表的利益主体是不同的，因此，其所处的角度也不一样。某个项目是否值得投资，不能只从投资者的角度看财务盈利性，而要从整个国家的角度看项目对国家的贡献。有的项目企业财务评价结论很好，企业利润很高，但从国民经济角度来看，社会效益并不好，不能保证社会资源的合理配置和有效利用。对这样的项目国家必然采用以经济手段为主的措施来限制其发展。对于一些财务评价结论不好，基本无利可图，但却能给国家带来明显社会效益的项目，国家通常采用在贷款利率上或者税收上给予优惠的办法加以扶持，鼓励其上马。

(3)投资决策科学化的需要。国民经济评价有利于引导投资方向。运用国民经济评价的相关指标以及有关参数，可以影响国民经济评价的最终结论，进而起到鼓励或抑制某些行业或项目发展的作用，促进国家资源的合理分配。国民经济评价有利于抑制投资规模。当投资规模过大时，会引发通货膨胀，这时通过适当提高折现率，控制一些项目的通过，从而控制投资规模。此外，国民经济评价还有利于提高计划质量。

由于国民经济评价时考虑的因素更加全面、更加系统，也更加科学，因此，一个建设项目的选择最终取决于国民经济评价的结果。例如，城市公共交通建设，如果仅从投资者的角度进行财务评价，很可能是不可行的。但从国家的角度来看，只要大多数人能利用公共交通上、下班和出门办事，这必将大大地缓解地面交通拥挤的状况，减少交通事故，大大节约人们在路途上花费的时间，提高工作效率。因此，国民经济评价是可行的。

2. 财务评价和国民经济评价的联系与区别

财务评价和国民经济评价既相互联系，又有所区别。它们都是通过计算项目的费用和效益进行评价，两者采用的评价指标也具有相似性，计算方法基本相同。财务评价和国民经济评价的区别具体表现在以下几个方面。

(1)评价的范围和角度。不同财务评价是从经营项目的企业角度出发，评价单个项目的净财务效果，所以，它主要考虑企业是否盈利，只计算直接费用和直接收益。而国民经济评价是从国家角度，从宏观经济的范围对项目进行评价，不仅考虑直接的费用和效益，还考虑间接的费用和效益。

(2)计算的费用和效益所包括的项目不同。财务评价是根据企业的实际收支确定项目的费用和效益。故税金、租金、利息等均计为费用。而从国民经济的角度和范围来考虑，税收或税金、租金和利息等则可以看作企业和国家之间的一种转移支付，既不视作收益，也不视作费用，而要从现金流量中剔除。

(3)采用的价格不同。财务评价采用现行的市场价格，而国民经济评价采用的是影子价格。

(4)采用汇率不同。财务评价采用官方汇率，国民经济评价采用影子汇率。影子汇率值应视当时的实际情况来确定，一般由国家统一规定。

(5)采用的折现率不同。财务评价采用的行业基准折现率，一般来说，应由行业来确定。它是衡量项目企业经济效益的一个基准值。而国民经济评价采用社会折现率，由国家统一制定，是衡量项目国民经济收益的一个基准值。

工程项目的经济评价包括企业财务评价和国民经济评价两个层次。通常是先进行财务评价。对某些数据和参数进行调整后，再进行国民经济评价。对于两种评价不一致的项目，例如财务评价可行，而国民经济评价不可行的项目，一般是限制进行建设。国家可采取提高税率、限定价格等措施，或者要求企业重新设计和制定项目方案。若财务评价不可行，国民经济评价可行，国家可采用鼓励和扶持的政策，如实行价格保护政策、减免税收、优惠贷款等，以保证企业的利益。

二、国民经济评价的费用和效益

1. 费用和效益的识别

如何对企业进行财务评价和国民经济评价，最重要的一点是必须正确地识别项目的费用和效益。由于评价的角度和目标不同，国民经济评价的费用和效益与财务评价有着十分明显的区别。

项目的费用和效益都是相对于目标而言的。所谓费用，就是为实现目标所需付出的代价；所谓效益，就是对目标的贡献。财务评价是以项目净收入最大化为目标，凡是增加项目收入的，就是财务效益，凡是减少项目收入的，就是财务费用。国民经济评价是以社会资源的最优配置从而使国民收入最大化为目标，凡是增加国民收入的就是国民经济效益，凡是减少国民收入的就是国民经济费用。二者的识别主要在以下两个方面。

(1)项目的费用和效益识别与评价范围紧密相关。财务评价从项目自身的利益出发，其评价范围就是项目自身。凡是流出项目的资金，就是财务费用，如投资支出、经营成本和税金等；凡是流入项目的资金，就是财务效益，如产品销售收入。财务效益和财务费用统称为项目的直接经济效果。

国民经济评价是从国民经济整体利益出发，其评价范围是整个国家。因此，国民经济评价不仅要识别项目自身的直接经济效益，而且要识别项目对国民经济其他部门和单位产生的间接效益。不仅要识别可用货币计量的有形效益，而且要识别难以用货币计量的无形效益。同样，国民经济评价不仅要识别项目直接经济费用，还要识别项目的间接经济费用。

(2)费用和效益的识别还与评价追踪的对象有关。财务评价在考察费用和效益时，其追踪对象是货币，其识别比较简单。只要是从项目外部流入项目内部的货币就是财务效益；只要是项目内部流出项目之外的货币就是财务费用。国民经济评价是以实现资源的合理配置，使之能保证国民收入增长为目标，而国民收入增长目标是以全社会最终产品的总和增长为依据的。因此，任何导致社会最终产品和服务增加的，都是国民经济的效益；而任何导致社会最终产品和服务减少的都是国民经济费用。我们在考察国民经济评价的费用和效益时，其跟踪对象不是货币，而是由项目投入和产出所产生的社会资源的变动。凡是增加社会资源的项目产出都产生国民经济效益，凡是减少社会资源的项目投入都产生国民经济费用。所以，正确识别费用和效益的关键，在于国民经济评价所跟踪的对象是资源变动而不是货币流动。

2. 费用和效益计算中的价格

商品价值的货币表现，我们用价格来表示。它是投资项目费用和效益计算的依据，所采用的价格是否合理，与其计算结果是否准确密切相关。

在计算财务费用和效益时，采用的价格只能是反映项目实际收支的交换价格，这种交换价格也称为财务价格。如果该价格能真实反映各种资源的经济价值，那么国民经济评价也应当采用这种价格。但在我国的现实经济生活中，由于经济体制和运行机制等多种因素的影响，目前的价格体系还存在许多不合理的地方，各种商品的价格不能真实反映商品真正社会劳动价值。从而使得我们不能正确计算项目投入和产出的相应费用和效益，无法对费用和效益进行正确的比较。

为使建设项目的国民经济评价真正符合实际，就必须对实际的市场价格进行必要的调整。为此，在国民经济评价中采用了一种新的价格体系，即影子价格体系。

3. 影子价格的确定

影子价格(shadow price)，又称最优计划价格或计算价格。它是指依据一定原则确定的，能够反映投入物和产出物真实经济价值、反映市场供求状况、反映资源稀缺程度、使资源得到合理配置的价格。影子价格反映了社会经济处于某种最优状态下的资源稀缺程度和对最终产品的需求情况，有利于资源的最优配置。

(1)影子汇率。影子汇率是指单位外汇的经济价值，区分于外汇的财务价格和市场价格。在项目国民经济评价中使用影子汇率是为了正确计算外汇的真实经济价值。影子汇率代表外汇的影子价格。

影子汇率是在国民经济分析中应用的区别于官方汇率的外汇率，是外汇与本国货币的真实比价。官方汇率是由本国政府规定的单位外币的国内价格。一般来说，由于实施进口关税、出口补贴及其他贸易保护主义措施，大多数发展中国家的官方汇率不是自由兑换汇率，通常会高估本国货币价值，不能反映外币的真实价值。在进行项目国民经济评价时，为了能正确地进行费用和效益的比较，需要把外币全部折算成本国货币，为了体现外币的真实价值，在折算时不能使用官方汇率，而只能使用影子汇率。

影子汇率可用下式求得：

$$SER = \frac{\sum_i X_i(1 + S_i) + \sum_i M_i(1 + t_i)}{\sum_i X_i + \sum_i M_i} OER \tag{6-6}$$

式中，SER 为影子汇率；OER 为官方汇率；X_i 为第 i 种出口货物用外币表示的离岸价值总额；M_i 为第 i 种进口货物用外币表示的到岸价值总额；S_i 为第 i 种出口货物的补贴率。如果对出口货物征收关税，则 S_i 为负值；t_i 为第 i 种进口货物的关税率。

从式(6-6)可以看出，影子汇率的大小取决于关税率和补贴率，是根据国家在一定时期内进出口结构和水平、外汇机会成本以及发展趋势、外汇供需等因素综合而定的。影子汇率通常用美元与人民币的比值来表示，对美元以外的其他外币，应参照同一时期中国银行颁布该种外币对美元的比价，先折算成美元，再用影子汇率换算成人民币。

实践中大多采用以外汇牌价乘以影子汇率换算系数得到影子汇率的方法。影子汇率换算系数是影子汇率与国家外汇牌价的比值，可以直观地反映外汇影子价格相对于官方汇率的溢价比例，反映国家外汇牌价对于外汇经济价值的低估比率。

作为项目国民经济评价的重要参数，影子汇率的取值对于项目决策有着重要的影响。影子汇率转换系数取值较高，反映外汇的影子价格较高，则表明项目使用外汇时的社会成本较高，同样项目为国家创造外汇收入时的社会价值也较高。对于那些主要产出物是外贸货物的项目，影子汇率较高，将使得项目收入的外汇经济价值较高。而对于投入物中有较大进口货物的项目，外汇影子价格较高，使得项目投入外汇的社会成本较高。影子汇率的取值，在项目评价中可以影响项目进出口的抉择。项目投资中使用进口设备或原材料，与国产设备或原材料比较时，如果影子汇率取值较高，则进口设备或原材料的社会成本较高，国产设备或原材料社会成本相对较低，有利于方案选择中选用国产设备或原材料。

近年来有关专家和机构对我国近年的历史均衡汇率和进出口关税率及补贴率导致贸易扭曲对影子汇率造成的影响进行了定量分析，最终确定影子汇率换算系数取值为1.08。

(2)社会折现率。项目国民经济评价采用费用－效益分析方法或者费用－效果分析方法。在运用动态评价方法计算经济净现值和经济内部收益率过程中，需要预先确定一个折现率，以判断项目经济效益是否到达标准。这种折现率成为社会折现率，是国民经济评价的重要通用参数。它作为项目经济可行性方案比较和选择的主要判据，也是项目经济效益要求的最低收益率。

在项目的选优和方案比选中，社会折现率的取值高低会影响比选的结果。较高的取值将会使远期收益在折算为现值时发生较高的折减，因此有利于社会效益产生在近期，但在远期有比较高的社会成本的方案和项目入选，而社会效益主要产生在远期的项目将被淘汰。这可能会导致对评价结果的误导。例如对生态环境造成破坏的项目，高折现率将未来环境污染的成本负担做了较多的折减计算。

社会折现率是由国家在一定时期内的投资收益水平、资金机会成本、资金供求状况、合理投资规模以及国家经济发展的状况、目标和宏观控制意图等综合因素确定的。原国家计划委员会首次于1987年颁布的社会折现率为10%，1993年颁布的社会折现率为12%。近年，依据新中国成立以来经济发展统计数据，预测我国未来20年以内的社会资本收益率为9%～11%。国家有关部门推荐目前社会折现率为8%。

(3)影子工资。劳动力机会成本系指劳动力在本项目被使用，而不能在其他项目中使用而被迫放弃的劳动收益。它主要以劳动力的机会成本来度量，体现了国家和社会为建设项目使用劳动力而付出的代价。通常按如下公式进行计算：

$$影子工资 = 工资及福利 \times 影子工资换算系数 \quad (6-7)$$

国家有关部门对于影子工资的测算，在分类方式上要求采用技术与非技术劳动力的分类方式，分别测算其劳动力影子价格的推荐取值。对于技术劳动力，采取影子工资等于财务工资，即影子工资换算系数为1.0；对于非技术劳动力，推荐在一般情况下采取财务工资的0.25～0.8倍作为影子工资，即影子工资换算系数为0.25～0.8。考虑到我国各地经济发展不平衡，劳动力供求关系有一定差别，规定应当按照当地非技术劳动力供给富余程度调整影子工资换算系数。

(4)土地的影子价格。土地是重要的有限经济资源，国家对建设项目使用土地实行政府管制，土地使用价格受到土地管制的影响，可能并不能反映土地的真实价值。项目的经济评价中应当正确地估计土地资源的价值。

土地影子价格代表对土地资源的真实价值衡量，在项目的国民经济评价中要正确衡量土地资源的影子价格，提高土地资源的利用效率。

项目使用土地占用了国家的土地资源，应当计算由此所带来的费用。按照项目国民经济评价的基本方法，土地的影子价格应当等于土地的机会成本加上土地转变用途所导致的新增资源消耗。即：

$$土地影子价格 = 土地机会成本 + 新增资源消耗 \tag{6-8}$$

在项目的国民经济评价中，占用土地的机会成本和新增资源消耗应当充分估计。项目占用的土地位于城镇与农村，由不同的机会成本和新增资源消耗构成，需采取不同的估算方法。

①城镇土地影子价格。国家在城镇土地出让中逐步引入市场机制，逐步建立由市场机制决定土地价格。项目使用城镇出让土地使用权，如果是通过政府公开招标、拍卖取得的，土地使用权出让的招标价格、拍卖价格可以认为已经是由市场决定的价格，可作为项目使用土地的影子价格。但如果有证据表明在招标、拍卖过程中，存在影响市场公平交易价格的因素，交易价格可能显著偏离正常的市场交易价格，影子价格应当重新估价。

建设项目使用城市土地如果是以协议出让方式取得，协议地价不能自动地被认为可以代表土地的影子价格，而是要将协议地价与同类土地的公平交易价格进行比较后，方可据以确定以协议出让方式取得的土地的影子价格。

②农村土地影子价格。项目征用农村土地，土地征用费中的耕地补偿费及青苗补偿费应视为土地机会成本，土地上建筑物补偿费及安置补助费应视为新增资源消耗。

项目所支付的征地费中，耕地补偿费、青苗补偿费、安置补助费等，确定如果能够充分保证农民的应得利益，则土地影子价格可按土地征地费中的相关费用确定，否则可能导致相应的补偿和安置补助费低于市场定价，则土地影子价格应参照当地正常征地补助标准进行调整。

如果项目建设方支付给政府的耕地补偿费、青苗补偿费、安置补助费等没有全部覆盖政府实际支付的补偿费用，政府另外以货币或非货币形式对农民进行补偿，则相应的土地影子价格应当根据政府的额外补偿进行调整。

(5)外贸货物的影子价格。对项目的投入物要计算至到厂价，对产出物计算至出厂价。它可分为外贸货物和非外贸货物。外贸货物是指其生产或使用会直接或间接影响国家出口或进口的货物。外贸货物中的出口品或进口品，应满足以下条件：

进口品应满足：国内生产成本 > 到岸价格

出口品应满足：国内生产成本 < 到岸价格

因为如果市场价格高于到岸价格，消费者就不愿买国产的商品；如果市场价格低于离岸价格，生产者就会愿意出口而不愿在国内销售。

到岸价格(Cost Insurance Freight，简称 CIF 或 c. i. f)是指进口货物到达本国口岸的价格，它包括了国外的购货成本及将货物运到本国口岸所需的运费和保险费。

离岸价格(Free On Board，简称 FOB 或 f. o. b)是指出口货物的离境交货价格。

通常，到岸价格和离岸价格统称为口岸价格。口岸价格更接近货物的国际市场价格，较能反映货物的真实价值。在现实条件下，国内市场价格可能高于或低于口岸价格，故在国民经济评价中应以口岸价格为基础来确定外贸货物的影子价格。

①项目投入物影子价格的确定。在项目投入物中的外贸货物，有三种类型：a. 直接进口品；b. 出口占用品，即本来可以出口，但由于项目占用而未能出口的货物；c. 间接进口品，即由于项目对投入物的占用，使得国内生产的这种投入物对其他部门的可供量减少，从而导致了其他部门不得不增加这种投入物的进口。

其相应的影子价格 SP 的确定方法如下。

a. 对直接进口品：

SP = 到岸价格(CIF) + 口岸到项目所在地的国内运费和贸易费用

贸易费用在这里是指：各物资局、外贸公司等商贸部门在物品的流通过程中，除长途运输费用以外的费用，包括货物的经手、储存、再包装、装卸、保险、检验等所有流通环节上的费用支出。但如果是由生产厂家直接提供项目的投入物，则不必计算贸易费用。

b. 对出口占用品：

SP = 离岸价格(FOB) - 国内供应地到口岸的运费和贸易费用 + 国内供应地到项目所在地的运费和贸易费用

c. 对间接进口品：

SP = 到岸价格(CIF) + 口岸到原用户的运费和贸易费用 - 国内供应地到原用户的运费和贸易费用 + 国内供应地到项目所在地的运费和贸易费用

为了简化计算，通常将间接进口品按直接进口品处理。

②项目产出物影子价格的确定。在项目产出物中的外贸货物，也有三种类型：a. 直接出口品；b. 进口替代品，即项目的产出物虽然用于国内，但却能减少同样产品的进口；c. 间接出口品，即项目的产出物虽然用于国内，但却能使生产同样产品的其他国内厂家，减少对国内的供应而增加出口。

其相应的影子价格 SP 的确定方式如下。

a. 对直接出口品：

SP = 离岸价格(FOB) - 国内运费和贸易费用

b. 对进口替代品：

SP = 到岸价格(CIF) + 口岸到用户的运费和贸易费用 - 项目到用户的运费和贸易费用

c. 对间接出口品：

SP = 离岸价格(FOB) - 原生产厂家到口岸的运费和贸易费用 + 原生产厂家到用户的运费和贸易费用 - 项目到用户的运费和贸易费用

为了简化计算，通常也把将间接出口品按直接出口品处理。

(6)非外贸货物的影子价格。非外贸货物是指其生产或使用不影响国家出口或进口的货物。它又分为天然的非外贸货物和非天然的非外贸货物。

天然的非外贸货物指的是其使用和服务天然地限于国内，包括国内施工和商业以及国内运输和其他国内服务。非天然的非外贸货物是指由于经济原因或政策原因不能外贸的货物。这里所说的由于经济原因而造成的非外贸的货物，主要是指其国内生产成本比离岸价格高、比到岸价格低的货物。

下面分别讨论项目投入物和产出物中的非外贸货物影子价格的确定方法。

(1)项目投入物中非外贸货物的影子价格。

①如果项目投入物是直接或间接通过原有企业挖潜增加供应，而不需额外增加投资的，可按变动成本分解定价。

②如果是需要通过增加投资扩大生产规模来满足项目所需的投入物，按全部成本分解定价。如缺少有关的数据资料，则可参照国内市场定价。

③如果是通过减少对国内其他用户的供应来增加项目投入物，按其他用户的边际产出价值定价。在缺乏相关数据的情况下，可取其中价高者作为边际产出价值的估计值。

(2)项目产出物中非外贸货物的影子价格。

①增加供应数量以满足国内消费的产出物，其影子价格的确定分为三种情况：国内供求平衡的，按国内各种交换价格中低者定价；供不应求的，按国内各种交换价格中高者定价；供求关系不明朗的，按国内各种交换价格中低者定价，以防止高估项目的收益。

②如果项目产出物在全国供应量的份额中所占比例较大，且会引起市场价格下降，则用有项目后的新价格与无项目时的价格的平均值作为影子价格的近似值，即

$$P = \frac{P_0 + P_1}{2} \qquad (6-9)$$

式中，P 为产出物的影子价格；P_0 为无项目时该产出物的价格；P_1 为有项目时该产出物的价格。

上述价格是建立在消费者剩余原理和市场供需均衡假设的基础上的。

③如果项目产出物不增加国内供应数量，而只是导致其他生产厂家减少该种产品生产，其影子价格分两种情况确定：当二者产品质量相同时，可按其他有关厂家的变动成本分解定价；二者质量不同时，按国内市场交换价格确定。

三、国民经济评价的步骤

(一)在财务评价基础上进行国民经济评价的步骤

在财务评价基础上进行国民经济评价的步骤大致可分为以下六个步骤。

1. 效益和费用范围的调整

①剔除属于国民经济内部转移支付的部分，如引进设备、材料的关税和增值税。

②识别项目的间接效益和间接费用。能定量的要进行定量计算，不能定量计算的应作定性描述。

2. 效益和费用数值的调整

(1)固定资产费用的调整。

①用影子汇率、影子运费和贸易费用等对引进设备价值进行调整。

②用影子价格计算设备本身的价值和运输费用、贸易费用等，对国内设备价值进行调整。

③根据三材(钢材、木材、水泥)的使用量，用影子二资、货物和电力的影子价格对三材的费用进行调整。

④用土地的影子费用代替占用土地的实际费用。

⑤剔除涨价预备费。

⑥调整其他费用。

(2)流动资金的调整。由于流动资金估算基础变动引起的流动资金占用量的变动。

(3)经营费用的调整。可先用货物的影子价格、影子工资等参数调整经营费用各要素，然后再汇总求得经营费用。

(4)销售收入的调整。先确定项目产出物的影子价格，然后重新计算销售收入。

(5)外汇借款调整。用影子汇率计算外汇贷款本金与利息的偿付款。

3. 编制国民经济评价的各种基本报表

全部投资的经济效益流量表、国内投资的经济效益流量表、经济外汇流量表等和辅助报表、出口产品国内资源流量表、国民经济评价投资调整表、国民经济评价经营成本表、国民经济评价流动资金调整计算表。

4. 国民经济评价指标计算

根据上面编制的国民经济评价的各种基本报表和辅助报表，计算相应的国民经济评价指标(如经济内部收益率、经济净现值等)。

5. 进行不确定性分析

由于国民经济评价采用的数据大部分来自预测和估算，故在一定程度上存在不确定因素。为了分析不确定因素对经济评价指标的影响，需要进行不确定性分析，以预测项目可能承担的风险，确定项目在经济上的可靠性。国民经济评价的不确定分析主要是敏感性分析和概率分析。

6. 评价结论

(二)直接进行国民经济评价的步骤

(1)识别和计算项目的直接效益，对那些为国民经济提供产出物的项目，首先应根据产出物的性质确定是否属于外贸货物，其次根据定价原则确定出产出物的影子价格。按照项目的产出物种类、数量及其逐年的增减情况和产出物的影子价格计算项目的直接效益。对那些为国民经济提供服务的项目，应根据提供服务的数量和用户的受益计算项目的直接效益。

(2)用货物的影子价格、土地的影子费用、影子工资、影子汇率、社会折现率等参数进行项目的投资估算。

(3)用国民经济评价参数进行流动资金估算。

(4)根据生产经营的实物消耗，用货物的影子价格、影子工资、影子汇率等参数计算经营费用。

(5)识别项目的间接效益和间接费用，对能定量的应进行定量计算，对难以定量的，应作定性描述。

(6)编制有关报表，计算相应的评价指标。

(7)不确定性分析。

四、国民经济评价的方法

国民经济评价一般以经济内部收益率为指标，根据项目的特点和需要，也可以采用经济净现值和经济净现值率等指标。在进行国民经济评价时，主要包括以下评价指标。

(一)经济净现值

经济净现值(*ENPV*)是反映工程项目对国民经济所做贡献的一项绝对指标，

它是把工程项目在整个寿命周期内各年的国民经济净效益(也称社会盈余)，用一个标准的社会折现率折算为现值之和。而经济净现值率则是反映工程项目单位投资为国民经济所做净贡献的相对指标，它是经济净现值与投资现值之比。两者的计算公式分别为：

$$ENPV = \sum_{t=1}^{n} (CI - CO)_t (1 + i_s)^{-t} \tag{6-10}$$

$$ENPVR = \frac{ENPV}{I_p} \tag{6-11}$$

式中，$ENPV$ 为经济净现值；$ENPVR$ 为经济净现值率；i_s 为社会折现率；I_p 为总投资的现值；CI 为经济效益流入量；CO 为费用流出量；$(CI - CO)_t$ 为第 t 年的净效益流量；n 为计算期。

经济净现值大于零的项目，表示国家为项目付出代价后，除得到符合社会折现率的社会盈余外，还可以得到超额社会盈余。当进行多个方案比较时，以其经济净现值最大者为优。如果各个方案的投资额不同，还要进一步计算经济净现值率，作为选择最优方案的辅助指标。

(二)经济内部收益率

经济内部收益率($EIRR$)是反映工程项目对国民经济贡献的相对指标，它是使经济净现值等于零时的折现率。其表达式为：

$$ENPV = \sum_{t=1}^{n} (CI - CO)_t (1 + EIRR)^{-t} \tag{6-12}$$

式中，$EIRR$ 为经济内部收益率。

经济内部收益率的含义、计算方式和过程与财务内部收益率基本相同。一般来说，经济内部收益率大于或等于社会折现率的项目是可以考虑接受的。

(三)国内投资净效益率

这是一项静态指标，反映项目投产后单位国内投资每年对国家所做的净贡献，一般在项目的初选阶段使用。它是项目生产期每年的收益和费用相抵后的净收益与国内投资额之比。也可根据需要计算全部投资净效益率。它们的计算公式为：

$$\text{国内投资净效益率} = \frac{S + B_E - C' - D - C_E - R_F}{I'} \times 100\% \tag{6-13}$$

$$\text{全部投资净效益率} = \frac{S + B_E - C' - D - C_E - R_F}{I} \times 100\% \tag{6-14}$$

式中，S 为年产品销售收入；C' 为年经营成本；B_E 为年项目外部效益；C_E 为年项目外部费用；R_F 为年支付给外方合营者的股金、技术提成费、国外贷款本息、清算所得等；D 为年折旧费；I 为全部投资；I' 为全部国内投资(包括建设投资和流动资金)。

式中的 S、C'、C_E、B_E 等项可按项目投产后正常年份的数值计算，也可按投产后的年均值计算。

(四)净外汇效果——经济外汇净现值(ENPVF)

经济外汇净现值是分析、评价项目实施后对国家外汇状况影响的重要指标，其表达式为：

$$ENPVF = \sum_{t=1}^{n}(FI - FO)_t(1+i)^{-t} \qquad (6-15)$$

式中，FI 为外汇流入量；FO 为外汇流出量；$(FI-FO)_t$ 为第 t 年的净外汇流量；i 为折现率，一般可取外汇贷款利率；n 为计算期。

(五)换汇成本

换汇成本是指工程项目生产期内各年出口产品的生产成本总额与产品出口销售收入总额之比，即换取 1 美元外汇所消耗的人民币金额。其计算公式为：

$$\text{换汇成本} = \frac{\text{生产期内替代进口产品生产成本总额/万元}}{\text{生产期内替代进口产品生产销量收入总额/万元}} \qquad (6-16)$$

(六)国民收入分配指标

计算公式为：

$$\text{个人收入分配率} = \frac{\text{个人收入额}}{\text{年国民收入额}} \times 100\% \qquad (6-17)$$

$$\text{企业收入分配率} = \frac{\text{年企业收入额}}{\text{年国民收入额}} \times 100\% \qquad (6-18)$$

$$\text{地方收入分配率} = \frac{\text{年地方收入额}}{\text{年国民收入额}} \times 100\% \qquad (6-19)$$

$$\text{国家收入分配率} = \frac{\text{年国家收入额}}{\text{年国民收入额}} \times 100\% \qquad (6-20)$$

国民收入分配指标反映了工程项目创造国民收入在国家、地方、企业和个人之间的分配比例，用以评价国家收入的初次分配水平是否合理。

(七)就业效果指标

计算公式为：

$$\text{单位投资就业人数} = \frac{\text{项目新安置的就业人数/人}}{\text{项目总投资/万元}} \times 100\% \qquad (6-21)$$

就业效果指标可以反映工程项目投资的社会就业水平及其效果。

五、国民经济评价结果的判断

把项目的经济内部收益率和社会折现率进行比较，当项目经济内部收益率大于社会折现率，则项目通过了国民经济评价，反之，则表示项目是不可行的。有时也可用经济净现值来判断，当经济净现值(采用社会折现率)大于零时，项目是可行的，当经济净现值小于零时，项目不可行。

把计算的经济换汇成本或节汇成本和影子汇率进行比较，当其小于影子汇率时，说明项目出口或替代进口换取单位美元而消耗的国内资源较小，其差额即为获得单位美元所节约的国内资源，项目的产品适合于出口(或替代进口)；当其大于影子汇率时，说明为获得单位美元消耗国内资源太多，项目的产品不利于出口。

第八节　工程项目的经济评价

经济评价是项目可行性研究的核心内容，并贯穿于整个可行性研究的始终。它是从经济上来研究项目建设的可行性，通过剖析项目包括建设期和生产期在内的全部经济活动，综合表述其投资的经济效益，并以此作为决定工程项目取舍和最终决策的依据。

但在进行评价时，由于所处的地位不同，所考虑的范围和重点也有所不同。从企业的角度和利益出发，称为企业财务评价；而从国家和社会的角度和利益出发，则称为国民经济评价。在大多数的情况下，两者的评价结果是一致的，但也可能有差异，两者应互为补充，才能对一个项目进行全面的评价。

一、工程项目经济评价的原则

为了反映客观实际，提高经济评价的科学性和准确性，使评价的结果实用，经济评价一般应符合以下原则。

(1)微观与宏观效益相结合，以宏观为主要兼顾企业微观效益和国家的宏观效益，符合国民经济发展的总体目标和企业经营目标。整个国民经济体系是一个相互制约、相互联系的有机整体，各个行业、地区、企业之间都有着相互的影响和制约关系。工程项目的经济评价不能离开这个整体独立进行。微观经济效益是宏观经济效益的基础，宏观经济效益是微观经济效益的前提。

(2)应考虑资金的时间价值。为了合理地利用资金，取得对项目的客观评价，必须分析资金时间价值的影响。因而，在对项目进行评价时，既要采用简便的静态指标，也应该尽可能地采用动态指标，以合理地进行经济评价。

(3)考虑资源的合理利用和能源的节约利用早已成为各国普遍关注的问题，是进行国民经济评价的一个基础。尽管我国的资源种类和诸量在世界上名列前茅，但人均占有量却处于低水平，而能源的利用率也较低。如不少化工企业的产品能耗明显偏高。故在进行经济评价时，应考察资源利用和能源消耗的指标。

二、工程项目经济评价的基本层次

工程项目的经济评价包括企业财务评价和国民经济评价两个层次。通常是先进行财务评价，对某些数据和参数进行调整后，再进行国民经济评价。对于两种评价不一致的项目，例如财务评价可行而国民经济评价不可行的项目，一般是限制进行建设，国家可采取提高税率、限定价格等措施，或者要求企业重新设计和制订项目方案。若财务评价不可行，国民经济评价可行，国家可采用鼓励和扶持的政策，如实行价格保护政策、减免税收、优惠贷款等，以保证企业的利益。

任何工程项目或多或少地具有一定的不确定性，因为影响项目的很多因素本身就有不确定性。因而，经济评价与实际结果会有一定的偏差。为了减少风险和进行事先控制，在企业财务评价和国民经济评价中，需要进行不确定性分析，以确定合理的生产规模，对大的因素采取措施进行控制，采取适当的对策，减少投资风险。

习题及思考题

6－1　项目可行性研究的作用、内容是什么？

6－2　可行性研究可分为哪几个阶段？各有何特点？

6－3　市场研究的作用及基本内容是什么？市场研究可采用的方法有哪些？

6－4　确定生产规模应考虑的因素有哪些？如何确定生产的经济规模？

6－5　在选择原料路线时，应考虑哪些主要的因素？在选择工艺技术时应注意哪些问题？

6－6　厂址选择的作用和原则是什么？

6－7　投资估算可分为几个级别？各有何基本特点？

6－8　资金筹措包括哪几个方面？如何对资金来源进行评价和选择？

6－9　财务评价的作用和意义是什么？简述财务评价的步骤和主要评价指标？

6－10　国民经济评价的意义是什么？它与财务评价有什么联系与区别？

第七章　化工项目管理

第一节　化工项目管理概述

一、化工项目与项目干系人

何谓项目？不同的机构对项目有着不同的定义。例如，美国项目管理协会(PMI)认为，项目是为创造独特的产品、服务或成果而进行的临时性工作；德国标准化研究所(DIN)认为，项目是指在总体上具有预定目标、限制条件(包括时间、财务、人力等)和专门组织的唯一性任务；而中国项目管理协会则认为，项目是由一组有起止时间的、由相互协调的受控活动所组成的、须达到符合规定要求的特定目标的、受到特定条件约束(例如时间、成本、资源等)的特定过程。

尽管不同机构对项目有着不同的定义，但上述定义均体现了项目的特点：项目具有复杂性和一次性，是一次性的、有限的任务，不同于其他能够试做或可重复做的事；项目是一项有待完成的任务和动态的过程，并非过程终结时产生的结果，即项目本质上是一系列相互关联的工作或任务；项目是在一定组织机构内，受到一定条件的约束、利用有限的资源、在规定的时间内需要完成的任务；项目具有一个特定的目标(例如期望的产品或结果)，项目中的任务必须围绕项目目标来安排；项目实施过程中，内外因素和所处的环境会发生变化，使得项目具有不确定性。因此，项目具有一次性、不可挽回性、独特性、目标性、可限制性、不确定性等属性。

项目通常可分为竞争性项目、基础性项目和公益性项目。工业、建筑业、房产业、商业、服务咨询业、金融保险业等收益高、市场调节灵敏、具有较强市场竞争力的项目，包括石油、食品、纺织、材料、制药、生物工程等化工项目，均属于竞争性项目。农林水利、能源、交通、通信、公用设施等具有一定自然垄断、建设周期长、投资量大而收益较低的基础产业和设施项目，属于基础性项目。而教育、文化、卫生、体育、环保、公检法、国防等非营利性、具有明显社会效益的项目，则属于公益性项目。

包括化工项目在内的所有工程项目，往往涉及许多个人和组织的利益，都有一系列的利益相关者，称为项目干系人。项目干系人积极参与项目，并对项目及其目标、交付的成果和项目团队施加影响，因此必须对其进行识别。项目干系人包括内部干系人和外部干系人。

内部干系人包括项目发起人、项目经理、项目团队以及职能部门经理。项目发起人是以现金或其他形式为项目提供财务资源的个人或团队。在项目开展过程中，项目发起人发布项目章程，大力支持项目经理，审核并通过项目工作说明书与项目计划，与项目经理探讨项目状况并提供建议，掌控项目的优先次序、规模和预算数量，并协助项目经理克服组织障碍。因此，一个强势的项目发起人至关重要。项目经理是接受组织委派、实现项目目标的个人。在项目开展过程中，项目经理编制项目计划，协调不同的项目干系人，控制成本预算，解决冲突，让项目中的各个独立主体协调一致地工作，对项目推进的效率和效果起着重要的作用。项目经理、项目管理团队以及其他执行项目工作但不参与管理的人员，组成了项目团队，团队中的各个成员分别掌握不同的、项目必需的专业技能，为项目目标的达成贡献了时间、技能和劳动。而职能部门经理则控制着组织的员工和其他资源，并参与组织的政策制定，可帮助项目获得必要的资源和支持。其中有三类职能部门经理需要特别关注：其工作会受到项目结果影响的职能经理(例如财务部门主管)、代表了其他利益相关者的职能经理(例如销售部门主管)以及项目经理向其汇报的直线经理。

项目的外部干系人则包括客户、竞争对手、供应商、分包商等。客户是最终为项目付费的人，是项目成果的直接购买者、最终用户或服务的对象，在产品描述、项目预算和制定项目标准等方面具有重要的发言权，其满意度对项目的成功极其重要。竞争对手虽会与项目组织抢占市场和商业机会，但反过来也有可能抬高市场价格，促进组织和项目团队自身的竞争力，因此要辩证地看待竞争对手。供应商根据合同为项目提供原料、设备或相关服务，其能否及时提供所需资源，是保证项目进度计划的基本条件。供应商提出的价格会影响项目成本，并且提供的原料、设备或服务的质量最终也会影响项目产品的质量。项目团队签订项目合同之后，通常会把非己方核心业务分包给专业公司，即分包商，而后者完成任务的质量和进度最终也将影响到项目的整体状况。对于某些资金需求量大的项目，外部干系人还可能包括提供贷款的银行和其他提供资金的个人或团队。

识别并管理项目干系人的意义在于项目干系人会对项目施以潜在影响，因此需明确项目干系人的积极和消极观点或态度，减少利益受损者对项目的阻力。项目干系人的态度和影响也是动态变化的，因此对项目干系人的分析评价工作应持续进行。在各个重大决策前，应仔细分析这些决策对所有项目干系人带来的影响，以及他们可能产生的反应。Cleland 提出了项目干系人管理的七个阶段，即识别项目干系人、收集项目干系人信息、识别项目干系人的任务、确定项目干系人的优势与不足、识别项目干系人的战略、预测项目干系人的行为以及实施项目干系人管理活动。

二、化工项目管理的过程与生命周期

科学的项目管理对化工企业十分重要。无论化工企业的规模大小、经济效益好坏，均须有科学的项目管理过程，这是化工企业实现其核心价值、获得持续发展的必要途径。只有重视并加强项目管理，化工企业方能走上成功之路。对化工企业而言，项目管理是指在化工项目活动中，合理、科学运用化工专业以及在项目开展过程中涉及的其他领域的知识、技能、工具和技术，以满足化工项目的需要，包括启动、规划、执行、监控和收尾五个过程。化工项目的生命周期是指该项目中按时间顺序排列但有时可能互相交叉的各个阶段的集合，通常具有项目启动、项目组织与准备、项目执行和项目结束的生命周期结构。而项目管理的内容和知识体系包括整体综合管理、范围管理、时间管理、成本管理、质量管理、风险管理、人力资源管理、沟通管理和采购管理九个领域。

化工项目管理具有以下主要特点：①它是一种管理模式，是以化工项目为对象的系统管理方法，强调专业知识、技能、工具和技术方法的运用，而非经验管理或任意的管理过程；②其目的是实现或超过化工项目干系人的需要和目标，虽然不同项目干系人的需要和目标有所不同，但应争取满足每个项目干系人的期望；③在化工项目实施过程中，工期、成本和质量相互制约，有时甚至相互矛盾，科学、有效的项目管理应控制三者之间保持平衡，即尽可能以最短的工期和最低的成本来获得最高的质量；④客户的期望包括显性的（项目任务书或合同中明确必须满足的需求）和隐性的（项目任务书或合同中没有明示的其他需求），前者是化工项目评价的主要对象和标准，后者虽不作为评价指标，但会对化工项目产生一定的影响，因此化工项目管理需要在显性需求和隐性需求之间取得平衡。

三、化工项目管理的成熟度

化工企业推行科学、成熟的项目管理模式并非一朝一夕之事，项目管理的水平会呈现逐步提高的态势，而提高的过程则可利用项目管理成熟度模型来划分为几个阶段。利用该模型，可以判断一个化工企业项目管理所处的层级和发展阶段，也为化工企业提供了项目管理发展的路线和方向。

根据该模型，项目管理成熟度分为以下几个级别。

(1)初始过程。在该阶段中，化工企业管理层对项目管理有初步的认识，有一些零散随意的过程，但缺乏惯例或标准，项目经理依靠这些随意的过程或标准来对项目负责，项目形成的文件和规范、收集各种指标的方式也都零散和随意。解决项目管理标准化的问题是该阶段的主要任务。

(2)结构化过程和标准。在该阶段中，化工企业仍缺乏针对性的标准，但已有基本的项目管理过程；企业管理层虽对项目管理缺乏一致性的理解和参与，但支持项目管理的实施；虽有许多管理过程，建立了可被借鉴的基本流程，并形成了文件，但未将其上升至组织标准和强制执行的制度；制订计划、收集和处理数据的方法较原始，缺乏及时性和精确性。因此，培训、测试与评审，以规范化工项目管理过程，是该阶段的主要任务。

(3)可重复的过程。在该阶段中，化工企业有针对所有项目的、可重复的管理过程，并使其形成了企业制度和组织标准；根据行业标准进行估算并制订进度计划，以非正式的方式收集信息和分析项目绩效，较少考虑不同项目之间的差异，而将形成的企业制度和组织标准盲目地应用于所有项目。该阶段的主要任务是过程测量、过程分析、量化分析。

(4)管理过程。在该阶段中，化工企业强制要求遵守项目管理过程，并将之与企业的其他过程和系统整合，企业管理层利用可靠的数据进行科学的决策和有效的项目绩效分析，基于组织规范进行估算和制订进度计划，既考虑过去项目的执行情况，又考虑未来的预期，不断凝练化工项目中的经验教训。进行战略管理、分析问题并制订预防措施，是该阶段的主要任务。

(5)优化过程。在该阶段中，化工企业具备了所有项目管理过程，管理层的重心在于持续、主动地改善项目管理活动，运用过程来测量项目的效率和效果，收集到的指标既用于了解和改善项目绩效，又有助于管理层的决策。保持项目管理的优势，是该阶段的主要任务。

第二节　项目组织

一、项目组织结构的设计

(一)项目组织

组织通常是指各种生产要素相结合的形式和制度，前者表现为组织结构，反映了管理活动中各项职能的横向分工和层次划分；后者则表现为组织的工作制度，反映了组织结构运行的规则和组织的工作规则。由于各生产要素的结合是一种持续变化的行为，因此组织也是一个动态的、持续的管理过程。

在建立组织结构时，应遵循以下基本原则：①组织结构要能反映公司的目标和计划；②设计组织结构必须依据工作需要，要有明确的目的；③组织结构中要有合理的层次、位置设计，保证决策指挥的统一；④组织中的人员要做到人尽其才，通过适当的分工和分权，激发人员的主动性与创造力；⑤组织结构应包含各种汇报、报告和沟通的方式与制度，合理的管理跨度才能有力地控制全过程及全局。

而项目的组织形式除了必须满足以上一般组织的基本原则外，还须满足以下两点特殊的组织原则：①项目组织形式是为有效实现项目的各种任务而采取的一种组织手段，因此必须适应该项目的性质和规模，即手段服从于目的；②企业往往需要同时开展多个项目，但企业资源又是有限的，因此在各个项目对企业效益的影响存在差异的前提下，项目组织设计必须符合该项目在企业中的地位与重要性。项目组织结构通常由企业的高层管理者决定，项目经理在其中的影响力是有限的，但项目经理的工作在很大程度上会受到项目组织结构的影响，因此后者应当对项目组织结构的工作方式非常了解，使项目组织按照自己认为的最佳方式运行。

（二）组织结构形式

组织结构形式通常有项目型组织结构、矩阵型组织结构及职能型组织结构。项目型组织结构为项目专门配备了项目团队，是组织中一个独立的结构，其团队成员通常来自企业的各个职能部门或从外部招募，其中项目经理是项目组织的最高领导者，决定了项目成员的工作安排和去留。例如某化工设备企业决定投资开发一种新型的自动化控制装置，可从研发部门、工程部门、财务部门等相关职能部门抽调一部分技术骨干组成研发项目团队，其目的和任务即为开发出这种新装置，其项目团队可采用如图 7－1 所示的模式。

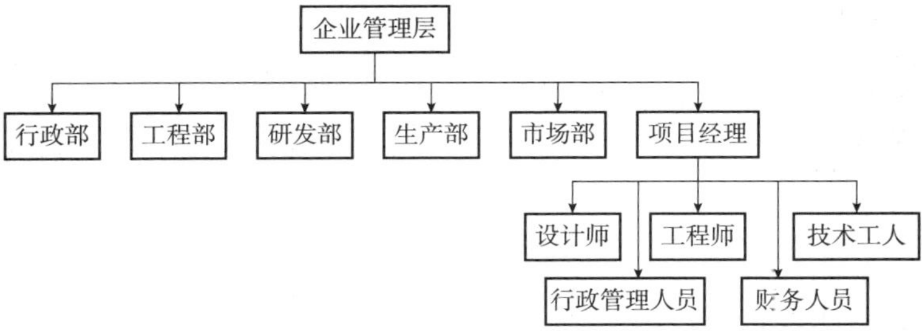

图 7－1　项目型组织结构

矩阵型组织结构是一种混合的形式，项目管理结构覆盖在企业正常的职能层级上，依靠不同职能部门的资源完成项目任务。参加项目工作的人员不脱离所在的职能部门，利用部分时间和精力参与项目事务，并可在参与多个项目工作的同时，履行所在职能部门的职责。项目经理手下可能没有专职的项目成员，各个项目成员向两个直接上级汇报工作，即项目经理和所在职能部门负责人，例如图 7－2 所示的模式。

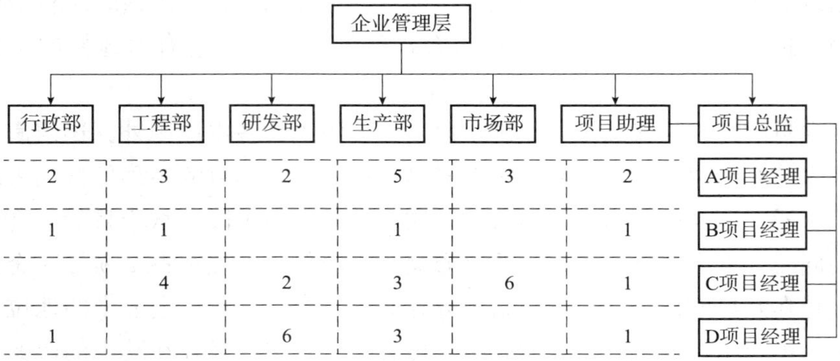

图 7－2　矩阵型组织结构

职能型组织结构是指企业不为项目成立专门的项目团队，而把项目任务分解到现有的各个职能部门来完成，后者相互独立地开展和完成各自负责的项目工作。参与项目的人员上方不设项目经理，在项目过程中起主导作用的职能部门负责人通常作为项目的协调人，但其要求只能由企业管理层通过企业管理和指挥系统下达，项目协调人本身没有命令其他职能部门的权力。

以上三种主要组织结构形式的优缺点如表 7－1 所示。

表 7－1　三种组织结构形式的优缺点

项目	优点	缺点	项目效率
项目型	1. 在不影响企业正常运营的前提下，可保证项目得到有效实施； 2. 项目经理对项目全权负责，具有决策权； 3. 团队内部各领域之间合作紧密，跨职能领域的集成水平高； 4. 团队目标统一，项目推进速度快	1. 成本较高，易丧失规模经济，资源难以在不同项目间共享； 2. 项目中获得的技术或知识难以积累并传递至以后的项目； 3. 项目成员与原职能部门的关系切断，使其之间的技术交流受限； 4. 项目结束时需重新安排团队成员的工作	高
矩阵型	1. 可充分利用企业现有资源，以满足同时开展多个项目的情况； 2. 促进了不同职能部门之间的信息交换与沟通协调； 3. 项目获得的技术或知识分散在整个企业中，在多个项目共享，可累积并传递至以后的项目	1. 需要在人力资源协调上花费较多精力； 2. 容易与职能部门产生资源或业务冲突，增加项目延期的可能； 3. 项目经理为得到足够的资源和支持，可能会花费大量精力与职能部门进行权力争夺	中或高

续表

项目	优点	缺点	项目效率
职能型	1. 无须重新设计企业组织，对企业组织的冲击力最小； 2. 在员工的使用上具有较大的弹性，便于员工在本职工作和项目工作之间灵活转换； 3. 职能部门内的员工可维持其职业发展路径，不会因参与该项目而改变其职业发展路径	1. 项目工作分散，难以集中力量； 2. 业务集成弱，项目总体目标易被忽视； 3. 信息传递、决策和执行速度缓慢，项目历时较长； 4. 项目参与者易将项目工作视为本职工作之外的负担，缺乏积极性	低

二、项目经理的职责和要求

项目的负责人是项目经理，负责整个项目的规划、实施、控制和验收，是项目管理的核心，是项目的领导者、组织者、管理者、决策者和决策执行者，很大程度上决定了项目的成功与否，因此必须具有很高的管理技能和素质，能够积极与他人合作并激励和影响他人的行为，在各种项目干系人当中居于中心地位。项目经理和职能部门经理是不同的，前者是受企业或组织委派执行并实现项目目标和任务的个人，而后者则专注于监管或负责某个行政领域或核心业务。

(一) 项目经理的权责和任务

项目经理具有以下权力：①具有生产指挥权，可调配各种资源，在保证项目目标的前提下进行优化和调整；②具有人事权，可选择、调度、考核、聘任或解聘项目团队成员；③具有财务决策权和支配权；④具有技术决策权，可审查和批准重大技术措施或方案，防止因决策错误造成损失；⑤具有设备、物资、材料等资源的采购和控制权。

项目经理是对企业中的某个项目进行全面管理的人员，其责任主要体现在对企业、对项目本身和对项目团队成员三个层面上。

项目经理对企业应承担的责任包括：①保证项目的目标与企业发展的目标一致，使项目的成功与实现企业的战略目标紧密结合；②管理企业分配给项目的各种资源，保证资源的充分、有效利用；③及时有效地与企业管理层沟通、汇报项目的开展情况，例如各种资源的耗费情况、项目实施的可能结果、对未来可能发生的问题的预测等，以获得并保证企业管理层对项目的支持。

项目经理对项目本身应承担的责任包括：①对项目的成功与否担负主要责任，规划、监督并控制项目的实施，保证项目在资源预算内按时达到预期结果；②保证项目的整体性，确保项目过程中始终以实现项目目标为最终目标，平衡利害，化解矛盾，解决冲突。

而项目经理对项目团队成员应承担的责任则由以下三个方面组成：①为项目团队成员提供良好的工作环境和氛围，使团队成员之间密切配合、相互协作，保证良好的团队精神；②公平地、有制度地对项目团队成员进行绩效监督与考核，以激励团队成员高质量、高效率地完成各自职责与任务；③应为项目团队成员的未来进行考虑，为其提供理想的归属，使之没有后顾之忧，确保安心完成各自的工作。

因此，项目经理的主要工作任务通常包括：①确定项目组织结构，并配备参与项目的各类人员，组建项目团队和项目经理部；②制定岗位责任制等各项规章制度，保证项目的开展有条不紊；③制订项目管理目标，制订并实施控制计划，保证项目管理目标的全面实现；④及时做出科学的决策，严格管理，履行合同义务，监督合同执行，处理合同变更；⑤协调项目团队内部及外部各方面的关系，代表项目发起人实施项目干系人管理；⑥建立完善的内部和外部信息管理系统和沟通机制，使信息畅通无阻，以确保项目的高效进行。

（二）项目经理的能力与素质要求

项目经理需要在企业赋予的权力的基础上，具备良好的技能和过硬的素质。尤其在大型项目中，项目经理会面对更多挑战，需要具有多方面的技能以调动各项资源、整合各种能够影响项目过程的力量，组建一支高效的项目团队，创造有利于项目开展的环境，因此需要具有以下方面的能力：①具有团队组建能力，科学地设计项目组织结构，确定各个岗位的设置，并为之配备适当的人员；②具有在相对松散的环境下领导一个团队的能力，有效处理与职能部门负责人的关系；③具有解决冲突的能力，准确判断冲突的性质是积极的还是消极的，及时采取干预措施，制订冲突化解的方法，降低冲突风险；④具有多方面的专业技术能力和管理知识，不能单靠管理技巧或专业技术知识；⑤具有计划编制能力，确定项目实际资源需求和必需的行政支持，并随着动态变化的项目过程，对项目计划做出及时、必需的修改；⑥具有良好的组织技能和企业家才干，能够站在全局高度综合考虑各种问题，具备足够的行政管理能力；⑦具有资源配置和风险管理的能力，充分考虑资源约束性和其他项目对资源的竞争性，保证各种资源按照进度要求及时到位，并能够识别项目风险，制订项目风险规避方案和应急计划，减少项目风险的发生及其造成的损失。

项目经理要达到项目管理的上述基本能力要求，就应当具备项目管理所需的各项基本素质，包括积极创新、勇于承担责任的精神，实事求是、任劳任怨、肯干肯拼的作风，以及强大的自信心。

三、项目团队的建设与管理

项目团队是一个由一组个体成员为实现具体的项目目标而组建的协同工作队伍，其根本任务是在项目经理的领导下，完成项目确定的各项工作任务，协调一致地高效工作，以实现项目的目标，具有目的性、临时性、团队性、渐进性、灵活性和双重领导性等特点。项目团队的管理工作主要由以下三个方面组成：①确定项目需要的人员类型、数量和能力要求，编制人力资源计划，界定团队的岗位、角色和职责；②寻找并调配或招募参与项目的人员；③通过绩效监督与考评，激励项目成员的积极性和创造性，建设高效的项目团队。

(一) 人力资源计划的编制

项目的人力资源计划通常由角色与职责、项目组织结构图、人员配备管理计划三个部分组成，其核心工作是根据项目的工作分解结构及工作包描述(详见第九章关于项目范围管理的内容)，确定项目所需人员的岗位、数量、时间和能力要求。每个团队角色或岗位必须有清晰的职位描述和明确的岗位目标、职责、权限和任职资格要求，以便将合适的人员配置到各个岗位上。人员配备管理计划则包括了如何满足人力资源需求的信息，以便制订调配计划，通过多种途径获取合适的团队成员，例如从企业职能部门抽调、外部招聘或劳务派遣等。

(二) 绩效评价的原则

项目团队的工作绩效是决定项目效率与质量的关键因素，其考评方式不能脱离项目管理的目标，也不能照搬职能部门的考核方式，应遵循以下原则：①项目过程中的每个关键事件形成一个里程碑，所有里程碑事件的完成即标志着项目成功，而客户或项目管理团队通常在里程碑进行项目评价，因此团队成员绩效考核的时间应与项目中里程碑保持一致；②团队成员的工作完成情况通常由下达工作任务的上级人员考核，同时各成员的工作产出要与统一工作包内或其他工作包的产出结果进行集成，方可实现项目过程的推进，因此团队成员工作绩效的考评应由其直接管理者与业务集成者来实施；③工作包是指完成一项具体工作所要求的一个工作单元，有着明确的资源要求和质量标准，具有良好的可操作性，既是项目团队成员的工作内容，也应将其作为绩效考核内容；④项目目标具有多重性，反映在进度、质量、成本等多个方面，因此项目团队成员的工作绩效考核标准也是多元的，应以这些关键因素作为考核标准，全面评价一个团队成员的工作绩效。

(三) 高效项目团队的建设

如何建设一支高效的项目团队，是项目管理中的一项重要核心内容。一支高效的管理团队一般具有规模较小、团队成员技能互补、目标一致、手段与方法一致、沟通效率高、互相信任等特点。

建设高效的项目团队，首先，要不断提升项目经理的领导才能，增强和发挥项目经理的指导作用、沟通与协调作用以及激励作用，以保证项目目标的成功实现。其次，项目经理要灵活授权，让团队成员分担责任，使之更多地参与到项目的决策过程中，既能显示项目经理对团队成员的信任，奠定了团队信任的基础，又有利于充分发挥项目团队成员的积极性和创造性，还有利于团队成员及时决策，使项目经理的工作重心转向关键点控制和目标控制。最后，要充分发挥团队凝聚力，后者是将团队成员紧密联系在一起的无形精神力量，是团队精神的最高体现，可带来更高的团队绩效。团队凝聚力在项目团队内部表现为团队成员之间的融合度和团队士气，在团队外部则表现为团队成员对团队的荣誉感。

此外，还有一些因素可能会影响到团队绩效，继而影响项目团队的建设和发展，例如：项目经理领导不力，项目团队目标不明，项目团队成员的职责不清，项目团队缺乏沟通，项目团队的激励不足，以及项目规章不全和约束不力等。在项目团队的建设过程中，不但应遵循前文所述的各种方法和原则，还应及时识别这些不利因素，并通过科学的方法克服它们，才可建设成一支高效的项目团队，保障项目的成功。

第三节　项目风险管理

由于项目是在复杂的自然、社会环境中进行的，因此与其他经济活动一样具有风险。项目风险是指因项目所处环境和条件的不确定性，使项目的最终目标与项目相关利益主体的期望产生偏差，并给项目相关利益主体带来损失的可能性。例如，项目的过程和结果常出人意料，无法达到项目预期的目的，甚至使项目组织蒙受重大的损失，但也有可能带来更好的机会。为了避免或减少损失、将风险转化为机会，项目团队应当了解并掌握项目风险的来源、性质和发生规律，并在此基础上施以有效的管理。项目风险管理包括对项目风险的规划、识别、分析、应对和监控五个环节。

一、项目风险规划

项目风险规划是指定义项目风险管理活动的实施方法的过程，其目的是给风险管理安排充足的资源和时间，为风险评估建立共识，强化风险管理的思路和路径，从而预防、减轻、遏制或消除不良事件的发生及其带来的影响。

（一）项目风险类型

依据项目风险的性质、结果及相互之间的关系进行分类，有助于风险管理人员理解并全面识别风险，以提高风险识别过程的效率和质量。项目过程中可能出现的常见风险，以及这些风险出现的原因如下。

（1）技术风险。由于技术的不成熟、复杂性、技术熟练度等因素导致项目技术方案制订、实施和运行等方面存在的风险。

（2）商业风险。由于市场预测失误、价格变动、汇率变化、通货膨胀等商业因素导致的项目成本超支或投资损失。

（3）执行风险。在项目执行过程中，由于某些与项目计划执行相关的未知细节而带来的风险，例如地理或环境条件对项目执行产生的负面影响。

（4）法律风险。合同中，过于严格的约束条款和过于模糊的合同条款均有可能带来巨大的项目风险。

（5）管理风险。由于项目管理人员的计划与组织能力差、项目成员素质低、机构设置不合理、岗位职责不明确、管理制度不健全等项目管理不善的因素，影响了项目目标的实现。

（6）社会风险。由于政局不稳或异常的团体行为所带来的项目风险，例如罢工、战争、恐怖活动、国际关系剧变等。

（二）项目风险管理计划

项目风险管理计划是项目风险规划阶段的主要输出结果，通常由项目团队采取规划会议的方式制订并审议得到，是实施风险管理活动的总体计划，一般包括以下内容。

（1）说明采用的风险管理方法、工具及数据来源。

（2）明确风险管理角色与职责，确定风险管理计划中每项活动的领导者和支持者，以及风险管理团队的成员及其个人职责。

（3）确定风险管理预算，估算风险管理的资金，制订成本预算计划，建立应急储备，包括风险管理费、风险损失费、风险存在引起的费用以及其他个人费用与社会费用。

（4）确定实施风险管理过程的时间和频率，建立应急储备使用的方案，并将风险管理活动纳入项目的进度计划。

（5）根据风险来源的相似性对项目风险分类，以便识别风险，并采取合适的应对策略。

（6）风险的概率和影响、概率影响矩阵、风险汇报模式、跟踪审计方法等其他内容。

二、项目风险识别与分析

（一）项目风险识别

项目风险识别是指判断哪些风险会影响项目并记录其特征的过程，包括确定风险来源、风险产生的条件及风险特征等。由于某些原来可能发生的风险随着项目的开展得以消除，或者可能产生新的风险，因此风险识别是一个持续、反复的过程，参与者包括项目经理、项目团队成员、风险管理人员、客户、其他重要干系人和风险管理专家等，采用的主要方法有头脑风暴会议、风险核对表和假设分析等。风险识别的主要输出成果是形成初步的风险登记册，列出已识别的各个风险，并随风险管理过程的推进而逐渐丰富、补充和修正。

风险识别过程需要遵循以下几个原则：①不要局限于风险出现带来的后果，而更应关注风险产生的原因；②先关注对整个项目有影响的大风险，再识别对项目某个特定部分有影响的小风险；③风险识别成功与否，主要取决于项目组织对待风险的态度，应当营造风险管理的氛围，鼓励和激励团队中主动识别风险的成员；④重视和咨询风险管理团队以外的部门和专家；⑤持续进行项目风险识别，及时更新风险登记册；⑥关注风险管理的效率与效益，力争以最小的风险管理投入获得最大的回报。

（二）项目风险分析

项目风险分析是指在风险登记册的基础上，综合分析各个风险事件发生的概率和影响，对风险进行优先级排序，去掉多余或无关紧要的风险，从而找出值得关注的风险。项目风险分析可以在项目过程中的任一阶段进行，需要首先了解参与风险分析的人员的风险态度是属于风险偏好、风险厌恶或风险中性三种类型之中的哪一种，并对他们的分析结果进行必要的修正，以保证风险分析结果的可靠性和有效性。

风险分析最常用、最简单的方法是情景分析法，包括从以下几个方面来评估每个风险：①不希望发生的风险事件；②事件发生后所有的输出；③事件发生的机会或可能性；④事件影响的程度或严重性；⑤事件在项目中可能发生的时间；⑥事件与本项目的其他活动或其他项目之间有何交互影响。除情景分析法外，还可利用定量评估的方法，对风险发生的可能性、产生的后果、整体风险因素等进行分析。

三、项目风险应对与监控

（一）项目风险应对

项目风险应对是指根据风险的优先级和重要性，制订切实可行的应对措施，减少风险事件发生的概率，降低风险带来的损失程度。在项目开始前投入风险应对的努力越多，就越有希望让项目意外降到最低。制订风险应对措施需要遵循的原则有：①应指定责任人具体负责应对措施，并将风险管理需要的资源和活动纳入项目成本预算和进度计划；②应对措施必须与风险的优先级和重要性匹配；③尽可能制订多个备选方案，以便风险发生时可以及时选择最佳的应对措施。

项目团队制订风险应对措施的主要过程和环节包括：①确认风险识别和分析的评估结果；②分析项目内部和外部的各种条件，以及可用于处理各种风险的资源和能力；③设定风险处理后应达到的目标；④针对不同风险拟订多种应对策略备选方案，并比较它们的代价和效果，做出选择；⑤执行风险应对方案。

面对消极风险和积极风险，应采取不同的应对策略。针对消极风险可采取的策略如下。

①回避。通过改变管理计划，完全消除风险因素和威胁。

②转移。可通过出售、发包、免责条款、保险、担保等手段，将面临的风险转移给第三方来承担。

③减轻。包括风险发生前的风险预防和风险发生后的损失控制两种方式，分别采取措施将风险事件的概率和影响降低到可以接受的临界范围内，或者减少损失发生的范围并遏制损失的进一步恶化。

④接受。对于小概率风险，既不能消除，也无法转移，并且在项目资源的约束下，控制这些风险的成本较高，因此当这些风险不能避免或者有可能从中获利时，由自己承担风险。

而针对积极风险，则可采取以下策略。

①开拓。消除与某个特定的积极风险相关的不确定性，确保机会肯定出现。

②分担。通过增加合作方来共同分担风险，减轻每一方的压力，尤其适用于有巨大商机但又必须承担相应风险的项目。

③提高。识别能够影响积极风险发生的关键因素，并将其最大化，以提高随积极风险而来的机会的发生概率及其积极影响。

④接受。虽不主动追求随积极风险而来的机会，但当机会到来时，加以利用。

(二)项目风险监控

项目风险监控是指在整个项目中实施风险应对计划，跟踪已识别的风险，监测残余风险，识别新风险，并评估风险管理过程的有效性。其他监控的内容还包括：项目假设条件是否依然成立，某个已评估的风险是否发生变化或者已经消失，风险管理政策和程序是否得到遵守，以及是否需要调整成本或进度应急储备等。风险应对责任人应定期向项目经理汇报风险管理计划的有效性，未预料但出现了的后果，以及为合理应对风险采取的纠正措施。

第四节　项目的评估、决策及审查与章程

一、项目评估

项目评估是指由专门机构对项目可行性研究报告进行全面的审核和评价工作，是对待实施项目的必要性、可行性、合理性及效益、费用进行的全面审核和评价，其主要工作内容包括：①审核可行性研究报告是否情况属实；②分析其中的各种参数、基础数据、费率等数据的选择是否正确；③综合分析项目的经济效益和社会效益，做出最终投资决策选择。项目评估过程主要包括五个步骤，即组建评估小组、制订评估计划、收集项目评估资料、审查分析和编写项目评估报告。

项目评估不同于可行性研究，两者之间的主要区别如表 7－2 所示。

表 7－2　项目评估与可行性研究的比较

项目	项目评估	可行性研究
目的和任务	审查并核实可行性研究报告，独立地提出决策性建议，为项目决策提供最直接、最终的依据	复杂的技术经济工作，不能为项目决策提供最终依据
权威性	更高	更低
承担的主体	项目投资的决策机构或项目的贷款机构	项目的投资者或项目的主管部门
研究重点	项目的财务效益及偿还能力、项目的宏观影响和社会效应	项目的财务效益
实施时间	项目审批决策阶段(更晚)	项目选择和评价阶段(更早)

二、项目决策

项目决策是指投资者采用一定的方法和手段，以实现预期投资目标的导向，对若干可行性项目实施方案进行比较论证，从中选出最满意的项目实施方案的过程，包括确定型决策、不确定型决策和风险型决策三类。

(一) 确定型决策

在自然状态的发生为已知的前提下进行的决策，属于确定型决策。确定型决策的方法通常是通过计算各方案在各种自然状态下的收益率，在确定出现某种状态的情况下，对该状态下的收益率进行对比分析，从中选择收益率最大的方案。

(二) 不确定型决策

某些时候，投资者对未来可能发生的情况有所了解，但无法确定或估计其发

生概率，在这种情况下做出的决策属于不确定型决策，其决策准确度取决于决策者的经验与判断能力。不确定型决策的常用方法主要有以下四种。

(1)最大收益率法。比较每个方案在各种自然状态下可能获得的最大收益率，选择最大收益率对应的方案，即“大中取大”。

(2)最大最小收益率法。比较每个方案在各种自然状态下可能获得的最小收益率，选择最小收益率最高的那个方案，即“小中取大”。

(3)最小最大后悔值法。在某一状态时，假定收益率最大的方案就是最佳方案，其他方案在该状态下的收益率与该最佳方案的收益率之间的差值，即为后悔值，计算各个方案在各种状态下的后悔值，并找出各个方案的最大后悔值，选择最大后悔值最小的那个方案，即“大中取小”。

(4)完全平均法。假定各种自然状态出现的概率相等，计算各个方案在所有状态下的平均值，选择收益率平均值最大的方案。

(三)风险型决策

项目常存在不可控的风险因素，使得各种自然状态出现的概率不同，但可以预测出比较确切的概率，在此情况下做出的决策，属于风险型决策。通常的方法是在各种自然状态下计算收益率及概率，计算其加权平均值，即为各个方案的期望值，再从中选择期望值最大的项目。

三、项目审查与项目章程

(一)项目审查

我国政府对项目的审查施行审批、核准和备案三种管理方法。审批制适用于政府部门直接投资和资本金注入的项目，政府的投资管理部门会审批这些项目的项目建议书、可行性研究报告和开工报告。

不使用政府资金的企业建设项目，则不施行审批制，而施行核准制或备案制。对于出现在国发〔2016〕72号《政府核准的投资项目目录》中的重大项目和限制类项目，从维护社会公共利益角度施行核准制。政府不审查企业自主投资决策内部事务，重点关注和审查涉及社会公共利益的宏观问题和公共性问题，由技术经济论证过渡至综合论证。

而对于不在该目录中的其他企业投资项目，则施行备案制。项目的市场前景、经济效益、资金来源和技术方案等，均由企业自主决策、自担风险。项目企业只需向政府部门办理备案手续，提供备案报告。政府相关备案机关仅重点审查拟实施项目是否符合有关政策、法律法规和行业准入标准，并提供备案文件。获得备案文件后，项目企业自主开展各项工作，但备案确认的建设规模和内容不得擅自变更。

(二)项目章程

一个项目的项目章程相当于这个项目的宪法，通常由项目发起人编制，或由项目发起人授权项目经理编写并经发起人批准之后，下发给与项目相关的组织、部门和人员。项目章程的主要内容包括实施项目的理由，确定应达到的项目目标，界定控制性的项目范围，以及其他原则性的要求。

项目章程一经批准和颁布，则应在整个项目实施过程中保持不变。因此，项目章程可起到以下重要作用：①确立项目的合法地位；②任命并授权项目经理，便于其动用组织资源来开展项目活动；③明确项目目标和最终的交付成果；④明确项目实施的理由，使各个项目与整个组织的战略或日常运营相互结合。

第五节　项目质量管理

一、项目质量管理概述

项目质量是项目固有的特性，能够满足客户要求的程度，既包括项目交付物的质量，又包括项目工作的质量。由于项目具有一次性的特点，要保证项目质量，必须先保证项目工作的质量。项目质量管理则是指项目团队为保障项目的交付物满足预定的标准或需求而开展的对于项目交付物质量和项目工作质量的全面管理过程。

与一般的质量管理相比，项目质量管理具有下列特点。

(1)复杂性。项目质量管理的环节多、主题多、影响因素多。

(2)动态性。项目生命周期各个阶段影响项目质量的因素不同。

(3)系统性。质量目标需要与其他项目目标共同实现，因此项目质量管理受到其他管理结果的影响。

(4)不可逆性。项目本身具有一次性的特点，使得项目质量没有机会在重复生产过程中得以改进。

项目质量管理过程包括质量规划、质量保证和质量控制三个环节，总体上应遵循以下原则。

(1)客户满意。项目以客户为中心，不断识别客户的需求和期望，关注其需求和期望的变化，确定各项目标能够体现客户的需求和期望，确保项目团队成员了解客户需求的内容及其变化，随时对客户满意度进行评估，并以此为依据进行必要的改进，与客户建立良好的沟通渠道，科学管理客户期望。

(2)过程控制与改进。过程控制的目标是保证输出成果能被正确预测，若无法预测或预测结果不能令人满意，则需要对过程进行改进，后者通常是一种闭环管理活动，包括计划(制订质量管理目标及达到该目标的策略和措施)、实施(执行已制订的改进计划并收集数据)、检查(比较改进前后的结果，检查改进计划的执行情况)、行动(分析原因，总结经验，识别进一步改进的需要和可能性)四个环节。

(3)基于事实的管理。各种决策不能凭借权力或直觉，应基于事实，包括对偏差的理解、确定测度范围而避免极端、准确使用数据以及已知信息的适当运用。

(4)全员参与，绩效授权。项目质量管理要求项目全体成员的参与，管理层负责提供所需资源、指导编制项目质量计划和目标、营造适合项目特点的质量文化以及激励员工为质量管理做出贡献，而全体成员的素质和努力程度将极大地影响项目交付物的质量，因此应对成员进行质量管理培训，激发其责任感和积极性，赋予项目成员应有的质量管理权限，并给予项目成员持续改善日常工作绩效的权力。

(5)与供应商保持互利。供应商提供的材料和设备的质量，直接影响项目本身的质量，项目组织应本着"双赢"的理念与供应商建立良好的信息渠道和合作关系。

(6)预防胜于检查。牢记质量不是检查出来的，而是规划、设计和建造出来的，事前管理极为重要，并且预防错误发生的成本通常也小于检查和纠正的成本。

二、项目质量保证

项目质量保证是一种有计划的、系统的质量活动，其目的是确保项目使用全部所需的过程来达到项目标准、实现项目目的，因此项目质量保证也是为使干系人确信胜任的员工在用合理工作方法实施项目工作而广泛开展的一种管理活动。

项目质量保证的工作内容包括两个方面：首先是制定科学可行的质量标准，其目的是使项目在实施过程中达到或超越标准，可直接采用国家标准或行业标准，也可自行制定更高的标准，既包括了项目过程的质量标准，也包括了项目交付物的质量标准；其次是建立和完善质量管理体系，包括合理的结构和明确的职责分配、配备必要且合格的资源以及确保质量改进活动有计划且持续开展。

项目质量保证的主要方法是质量审核与过程改进。质量审核包括质量体系审核、项目质量审核、过程质量审核及监督审核等内容，可以确定项目活动是否遵循了组织和项目的政策、过程和程度，以确定是否需要采取改进纠正措施。过程改进则是指按照过程改进计划中确定的步骤来识别所需的改进，检查过程改进中遇到的问题和制约因素，发现并消除非增值活动，减少资源浪费，以提高项目过程的效率和效果。

三、项目质量控制

项目质量控制是指通过在项目过程中检测并记录质量活动的执行结果，分析项目结果是否符合项目质量保证中制定的质量标准，并确定消除造成不合格结果的原因的措施。项目质量控制工作应当贯穿项目过程的始终，以此识别造成项目过程低效或项目交付物质量低劣的原因，并采取适当措施将其处理。

项目质量控制通常包括以下三个方面。

(1)工作质量控制。对项目成员为保证项目质量所表现出来的工作水平和完善程度加以控制，包括对管理工作、技术工作和后勤工作等项目工作的控制。

(2)工序质量控制。由于项目是通过前后若干工序来完成的，每道工序的质量必须达到下道工序要求的质量标准，并且工序质量也决定了最终的项目交付物的质量，因此需要从每道工序的人员、材料、设备、施工方法和施工环境等方面着手，控制工序质量。

(3)产品质量控制。对项目交付物是否满足产品质量标准、相关的合同要求或项目目标加以控制，控制的范围包括项目交付物的适用性、安全性、耐久性、可靠性和经济性等方面。

项目质量控制工作应当输出以下重要结果。

(1)预防措施。实施能够减少项目风险和消极后果发生可能性的措施。

(2)纠正措施。为使预期的未来绩效与项目计划保持一致而采取的行动。

(3)请求变更。根据需要，按照变更控制流程启动变更请求。

(4)缺陷维修。当项目产品或产品的某部分不满足质量标准或规范时，对识别出的缺陷形成书面文档，提出对其进行补救或替换的建议并实施。

(5)可交付成果的确认。评估项目的最终交付物，确保其满足设计要求或质量标准，被拒绝的工作或成果需要重新进行，直至被接受。

四、项目质量管理制度

为保证项目自始至终都能保证其工作和交付物均符合相关质量标准和项目目标，并使组织在一个项目中获得的质量管理知识和经验能够被应用于以后的项目，应当建立一个完善的项目质量管理制度，使项目质量管理过程制度化，避免出现随意过程。组织和项目团队在建立项目质量管理制度时，可从以下几个方面考虑。

(1)确定质量目标。例如对项目工作包的合格率和优品率的控制，制定重大质量事故的允许发生率，对项目交付物的质量要求，以及对参与质量管理活动的人员采取绩效激励制度等。

(2)建立管理体系。例如成立质量管理领导团队，明确该团队中各成员的职责，实行内部保证和外部监理相结合。

(3)质量保证措施。实行质量检查制度，建立完善的检验检测体系，落实岗位责任制，加强对检验检测人员的管理和业务培训，保证检验检测人员的稳定性，设定专职的检验检测岗位，加强内部质量检验检测工作，使整个项目过程处于受控和受监督状态。

(4)严肃对待质量事故。发生质量事故必须及时、如实汇报，不得隐瞒或修饰，严格认真地按照有关规章制度处理质量事故及相关责任人，绝不姑息迁就，同时也应采取适当的激励制度，以奖励在项目质量管理方面做出贡献的项目团队成员。

(5)做好质量管理文件。包括质量检查和评定的原始记录文档，经过认真检查评定的项目质量报表，并建立专门的场所，安排专职人员规范化地对质量管理资料和文件进行有效管理。

第六节　项目时间管理

一、项目时间管理概述

对于分工精细的复杂项目，往往需要总体的、相互协调的时间管理，以保证对该复杂项目的综合管理，控制整个项目的进度。项目时间管理是指根据项目所规定的工作范围及时间目标，对计划实施的项目的全部活动(项目规划、决策、准备、实施、终止等各个过程的具体活动)，按照其工作顺序所作的预期时间安排，即对项目进度计划的管理。

由于有严格的时间限度要求是项目的主要特点之一，因此项目时间管理在项目管理中占据重要的地位。项目的进度计划在影响项目成功的诸多因素中通常排在首位，因此项目管理的首要工作即是计划。进度计划是做好进度管理的基础，也是进度控制的依据。无论是没能制订出完善的进度计划，还是有了计划但执行达不到预期的结果，都属于计划管理的失败。

进度管理的主要内容是采取适当的进度管理方法和工具，制订严密合理的进度计划，并根据需要对进度计划进行分级编制与管理，同时建立保证进度计划执行的激励与处罚制度，为进度计划配置合理的资源、创造良好的实施环境，并遁过项目实施过程中不断收集关于进度执行的信息，对发现的偏差及时做出合理、科学的纠偏决策。

二、项目进度计划编制与分级管理

在项目范围管理中，工作分解结构(WBS)定义了所有项目活动的逻辑关系，在此基础上，项目进度计划则进一步对每一项工作必须在何时完成以及完成每一项工作所需要的时间做出了说明，为项目提供了最佳的时间安排，使项目团队能以最低的成本和最少的资源完成项目，并使项目质量达到预定标准，减少项目的风险。编制进度计划是一个循序渐进的过程，包含在项目范围管理和项目时间管理的过程中，其关键过程包括项目范围的界定、创建工作分解结构、确定项目任务之间的关系、绘制网格图、估计工作包的时间和资源需求、进行网络时间计算等。

(一)项目网络技术(网络图)

项目网络技术又称网络图，是一种可视化的项目进度管理工具，能够揭示项目的关键路径并合理安排计划中的各项工作。常用的网络技术包括计划评审技术(PERT)和关键路径法(CPM)，两者的区别在于：①PERT 面向事件，除非项目处于已经完成的里程碑处，否则无法确认项目的完成百分比，而 CPM 面向活动，可沿着活动路线准确地确定完工百分比；②PERT 通常采用三点时间估算法(最乐观、最悲观、最可能)，是一种预先假设的随机偏差，而 CPM 是针对确定性活动的方法，每个活动仅用到一种时间估算值，估算的偏差则作为计划内偏差来考量；③PERT 常用于时间估算风险高、不确定因素众多的项目(例如研发项目)，而 CPM 则适于定义良好、时间估算准确、资源依赖性较强、不确定性相对较小的项目。

采用 PERT 或 CPM 编制进度计划，通常经过以下几个步骤：①创建工作分解结构，确定项目任务和活动；②判断各个任务和活动之间的项目关系，按顺序将其排列至网络图中；③项目经理与直线经理审查网络图，确保活动不多也不遗漏，并确定活动关系安排准确；④确定网络图中各个活动的持续时间，并对关键路径上的活动进行调整；⑤将日期分配给图中的每个活动，使项目进度计划成为有限条件下的计划。

根据以上步骤，最终可绘制出如图 7－3 所示的项目网络图。网络图可以清晰地展示出所有任务的依赖关系，便于实施监控和协调，也便于项目成员之间的沟通，尽快了解工作环境和内容。此外，网络图还可方便项目组织进行项目资源的科学安排及项目工作人员的统一调度，并且确定了每个任务的起止时间，便于识别出必须按时完工的关键活动和关键路径，以保证项目顺利按时结束。

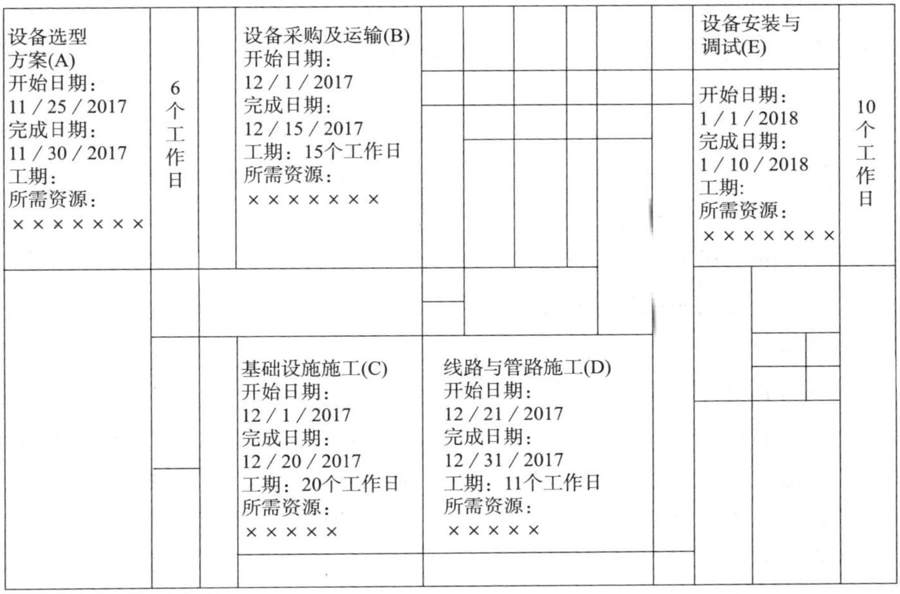

图 7－3　某厂房的设备建设项目网络图

上述简单的项目网络图包含 5 个节点和 2 条路径：每个节点表示一个需要完成的活动，节点之间则通过箭头相互连接，以表示活动之间的先后顺序，两条路径则分别为 A－B－E 和 A－C－D－E。从项目网络图中也很容易看出活动的不同类型。

(1)串行活动。两项活动之间存在前置和后续关系，例如基础设施施工(活动 C)完成后，方可着手进行线路与管路施工(活动 D)，故活动 C 和 D 即为串行活动。

(2)平行活动。两个或多个活动可以同时进行，例如开展设备采购及运输(活动 B)的同时，可进行基础设施施工(活动 C)，故活动 B 和 C 即为平行活动。

(3)汇合活动。一个活动有两个或多个的前置活动，当这些前置活动全部完成后，该活动方可开始，例如必须等待设备采购及运输(活动 B)到位同时线路与管路施工(活动 D)结束后，方可开展设备安装与调试(活动 E)，故活动 E 即为汇合活动。

(4)发散活动。一个活动有两个或多个紧后活动，例如设备选型方案(活动 A)完成后，设备采购及运输(活动 B)与基础设施施工(活动 C)均可开展，故活动 A 即为发散活动。

(二)项目活动顺序的确定

项目工作分解结构创建后，必须紧接着对工作包的先后顺序做出判断，即确定项目活动之间的依赖关系，这也是制订项目进度计划的基础工作之一。项目活动之间的依赖关系通常可分为以下三种：①具有逻辑约束的强制性关系，即两个活动之间的内在关系是严格确定而不可调整的；②自由依赖关系，即两个活动可以并行同时实施，也可根据实际情况确定其先后顺序；③外部依赖关系，即外部关系或因素对项目产生了制约与影响，使项目工作顺序需要改变或调整。

在一条连续的活动链或路径中，某个活动的最早开始时间与其紧前活动的最早完成时间之间，可间隔一定的期限，这种期限称为滞后。项目进度计划编制过程中，项目经理应明确哪些依赖关系需要加入时间的提前量或滞后量，以便准确表示活动之间的逻辑关系。常见的五种滞后方式如图 7－4 所示：①完成－开始关系，即活动 B 必须在活动 A 结束 n 天后开始，这可能是由资源限制、质量控制或风险控制等因素造成的；②开始－开始关系，即活动 B 最早可在活动 A 开始 n 天后开始，这可能是由于紧前活动持续时间较长，而后续活动无须等待其紧前活动全部完成之后才能开展；③完成－完成关系，即活动 B 最晚可在活动 A 完成 n 天之后完成，例如基础设施施工完成后 5 天内，要完成设备的安装工作；④开始－完成关系，即活动 B 最晚可在活动 A 开始 n 天后完成，例如新的生产控制系统开始上线运行之后 20 天，方可实现旧控制系统的逐渐切换与淘汰；⑤开始－开始与完成－完成的复合关系，即活动 A 开始 n 天后才能开展活动 B，并且活动 A 结束 m 天后就须结束活动 B。

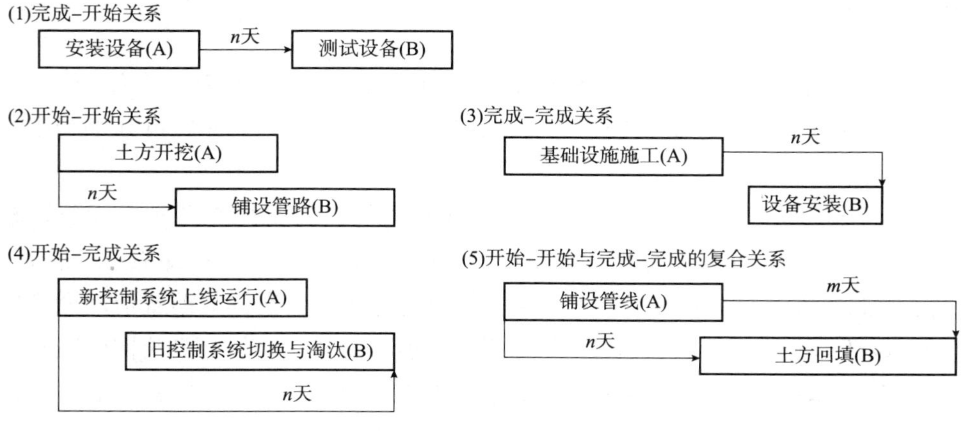

图 7－4　常见的五种滞后方式

当完成前置任务所需时间太长，但其后续工作不需要等到前置工作全部完成即可以开始，这时通常把所需时间过长的前置活动分成若干阶段，使得每个阶段完成后即可尽早开展后续工作，以节省完成这一系列活动所需的总时间，这种方法称为阶梯化。例如，需架设一条长度为 300m 的蒸汽输送管道，大体上可分为管道梁架建设、管道安装、保温材料铺设三个活动，它们之间存在先后依次完成的内在逻辑关系。但在实际项目开展中，无须等到300m长的梁架全部建设完毕后再开始铺设管道，也无须等到300m长的管道全部安装完成后再开始进行保温材料的铺设，而通常采用如图7-5所示的阶梯化作业方式，大大节约了整个管道架设的所需时间。

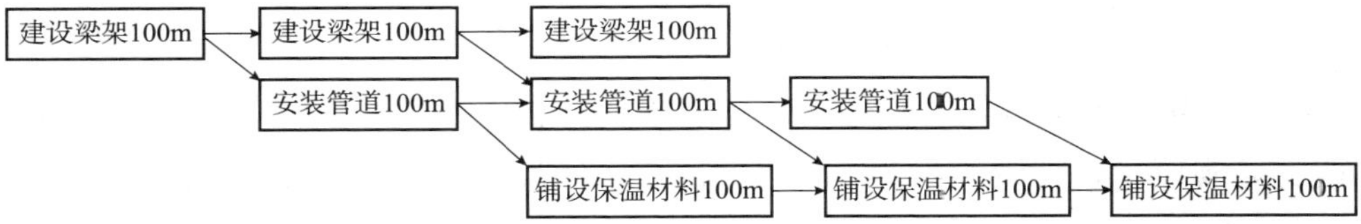

图7-5 蒸汽管道架设的阶梯化作业

(三)项目活动时间的估算

由于项目活动时间受到人力资源、设备条件、成本投入等多种因素的影响，因此活动时间的估算结果精确度是相对的。项目活动时间的估算通常有经验估算法、定额计算法和三点时间估算法三种方法。活动时间估算的准确性有可能受到估算人员的经验或专业技术水平、项目的不确定性和复杂性以及有效工作时间和法定节假日的影响。

经验估算法是根据过去类似项目活动完成的时间来估算新项目活动所需时间的方法，简单易行，但误差较大，项目特点、项目所处环境、项目活动的相似性以及估算人员的经验都有可能影响到估算结果的准确性。因此，该方法通常仅适于设备与劳动力产出效率基本稳定、完成任务所需工作量相对确定的工程项目，而不适于技术难度与风险较大的研发项目。

定额计算法是以时间定额和产量定额为依据的项目活动时间估算方法。时间定额是指在合理的劳动组织与合理使用生产资料的条件下，某专业人员或班组完成符合质量要求的单位产品所需的时间。将时间定额取倒数，即为产量定额，指的是在单位工作时间内，某专业人员或班组应当完成符合质量要求的产品的数量。根据式(7-1)即可对项目活动时间进行估算：

$$T=\frac{Q}{PSN} \tag{7-1}$$

式中，T为项目活动的持续时间；Q为项目活动的总工作量；P为投入该项目活动的劳动力及设备资源量；S为单位时间内完成的工作量(即产量定额)；N为项目活动的工作班次数。

三点时间估算法通常用于采用了新工艺、新方法、新设备或新材料等无重复性、缺乏经验的项目活动，此时需要首先确定项目活动的最乐观历时a、最悲观历时b和最可能历时m。最乐观历时是指假定一切工作都按计划进行、没遇到困难或只遇到最少困难的活动历时，最悲观历时是指假定一切都不按计划进行、可能存在的潜在困难最大量发生时的活动历时，而最可能历时则是指假设前置活动正常完成的情况下的活动历时，是最常发生的情况。以上述三种情况下的历时估算为依据，根据式(7－2)即可计算该项目活动的期望持续时间。

$$T_e = \frac{a + 4m + b}{6} \tag{7-2}$$

式中，T_e 为项目活动的期望持续时间；a 为项目活动持续的最短、最乐观估计时间(最乐观历时)；b 为项目活动持续的最长、最悲观估计时间(最悲观历时)；m 为项目活动持续的最可能、最正常估计时间(最可能历时)。

(四)项目进度计划的分级管理

项目进度计划应满足项目决策层、项目经理、项目小组与团队成员等不同层次的项目干系人对于进度管理的差异化需求，因此在确定项目活动时间和项目工期后，应进一步对项目实施分级管理，使每个层次的项目干系人都有适合自身的项目进度计划。

一级计划是指项目的总体进度计划，确定了项目各阶段的主要进度点和主要活动，定义了设计、采购、施工等环节的里程碑，是编制以下各级项目进度计划的基础和依据。一级计划在确定了项目起止时间(即项目工期)的前提下，根据项目中的各个重大事件设置若干里程碑，每个里程碑代表着这些关键事件必须完成的时间限度，便于客户更好地管理项目或实现项目价值，有助于满足激发士气的需要，也便于与供应商协调资源供应时间。

二级计划是项目的主进度计划，对设计、采购、施工等环节下的所有工作包进行统筹安排，是在一级计划基础上编制的统筹网络计划，侧重于全部项目任务或活动的起止时间设定与项目资源安排的合理性。二级计划的制订，首先要根据一级计划目标分解来获取二级计划的目标，其次通过与相关单位沟通、协商，确定各项目阶段的持续时间，并应当同时考虑一级计划的约束和三级计划的支持：与上级计划冲突时需要向上反馈，又要接受下级计划的反馈而对自身进行局部修正。

三级计划是项目的控制计划，侧重于对资源使用情况的合理性分析与评价，是指导项目设计、采购和施工者制订具体实施计划的基本支撑。三级计划的主要内容包括分解工作包，定义活动关系，计算活动起止日期，加载活动所需资源并进行调配，最终确定具体的时间进度安排。项目经理根据二级计划制订三级计划的里程碑和控制节点计划目标，计划工程师则通过与项目各部分成员讨论而制订更加详细的实施计划。项目三级计划是项目计划与资源计划的结合点，在制订时需要特别慎重。

四级计划是项目的详细进度计划和具体作业计划，将进度计划分解到了全体项目成员身上，实现了进度计划与人的最终结合，保证项目工作有条不紊地进行。四级计划应根据三级计划中的任务来分解，可依据活动的过程顺序来制订，或者依据任务成果的分解来制订，以分解到项目过程不可再分为原则，可直接估算每个项目活动的持续时间，更加清晰地判断该项目活动所需的资源。

三、项目进度计划的优化与控制

(一)项目工期与成本的关系

项目进度变化与成本之间存在复杂的关系，进度加快或减慢都有可能造成项目成本的增加。项目成本包括直接成本和间接成本：前者是指用于项目任务的、可分摊到具体工作包的费用，例如人工费、分包费、设备费、材料费等；后者是指项目运营的必需费用，但无法或难以分摊到特定工作包的费用，例如公用设施费用、办公费用、房屋租赁费用、保险费用等。通常情况下，赶工将引起人工成本和采购成本等直接成本的上升，工期拖延则将引起间接成本的上升。因此，项目的直接成本随工期的增加而降低，间接成本随工期的增加而上升，项目成本随项目工期变化的曲线，即总成本曲线，则呈 U 形(如图 7－6 所示)。总成本曲线的最低点即为直接成本曲线和间接成本曲线的交点，称为最佳成本－时间点，是项目的最佳工期，即以最佳成本时间点对应的工期作为项目工期，则项目的总成本最低。在此最佳工期的基础上，无论延长工期或是缩减工期，项目总成本均会增加。

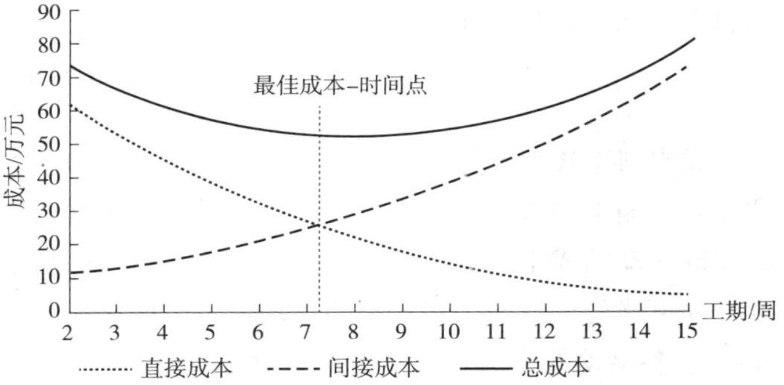

图 7－6　项目工期与成本的关系变化曲线

(二)成本斜率与工期压缩

在实际的项目开展过程中，有很多因素可能导致项目工期被压缩，例如强制收尾的政治性原因，市场竞争促使项目提前结束，激励性措施促使项目早日交付，前期工作延误导致后期赶工，关键人力和设备资源调离，以及管理费用过高等。工期压缩会对项目进度计划产生巨大的影响，也会对成本带来较大的冲击，还有可能对项目质量带来严峻的挑战。

如果项目建立了工期与成本曲线，面对工期压缩的要求时，项目管理人员可

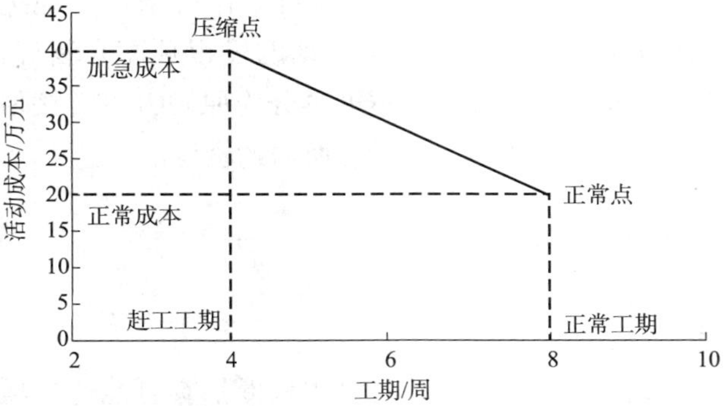

图 7 -7　项目活动时间压缩(赶工)后的成本斜率

以快速做出成本预测分析。如图 7 -7 所示，正常点是指完成某项目活动的基准计划，是正常成本与正常工期的交点，通常以最佳成本 - 时间点为依据而确定；压缩点是指完成项目活动最短的时间点，是工期压缩后的赶工工期，其对应的成本是加急成本。由于最佳成本 - 时间点是总成本曲线的最低点，以此为依据估算正常工期，并在此基础上进行工期压缩，必然会使总成本增加，即加急成本高于正常成本。假设项目活动时间压缩后的成本随工期变化呈线性变化，则可将正常点与压缩点之间连线的斜率定义为成本斜率，其计算公式如式(7 -3)所示：

$$\text{成本斜率} = \frac{\text{加急成本} - \text{正常成本}}{\text{正常工期} - \text{缩短后的工期}} \tag{7-3}$$

成本斜率代表了每缩短一个单位工期所带来的成本增加，成本斜率越高，则意味着压缩工期所带来的成本增加越严重。按照这种方法，可将项目所有可压缩的关键活动的成本斜率计算出来，综合比较各活动的工期压缩后增加成本的程度，即可优先选择成本斜率小的活动进行工期压缩。例如某项目依次分解为活动 A ~ F，各活动的最大可压缩工期、正常成本/工期、加急成本/工期及计算得到的成本斜率总结于表 7 -3。若需压缩 3 周工期，则首先选择成本斜率最小的活动 A，该活动最大可压缩 1 周，成本增加 20 万元；其次压缩剩下活动中成本斜率最小的活动 C，该活动最大可压缩 4 周，但只需压缩 2 周，成本增加 50 万元。因此，该项目压缩活动 A 的工期 1 周、压缩活动 C 的工期 2 周，总成本增加 70 万元，该工期压缩方案即是成本增加最少的最佳方案。

表 7 -3　某项目各活动可压缩时间与成本斜率

活动	最大可压缩时间/周	总成本				成本斜率
		正常		加急		
		工期/周	成本/万元	工期/周	成本/万元	
A	1	3	60	2	80	20
B	2	6	90	4	150	30
C	4	10	40	6	140	25
D	3	8	30	5	150	40
E	2	5	20	3	90	35
F	2	4	30	2	130	50

压缩工期除了考虑成本斜率的因素外，还应当认识到，估算的压缩时间与成本变化之间的关系很粗略，并且成本增加与工期压缩之间未必遵循线性关系，不一定能真实反映工期缩短后带来的成本增加水平。此外，还应考虑到压缩工期对项目团队成员的士气和工作积极性的负面影响，以及压缩某些关键活动或不确定性较强的活动所带来的产品质量和项目安全方面的风险。因此，制订工期压缩方案是一个多因素、全方面的综合决策过程。

(三)项目进度控制

项目进度计划发布后，由于计划可能存在缺陷、资源可能出现困境、项目本身的不确定性或者执行过程中某些特殊因素的干扰等，使项目不可能完全按照进度计划进行，实际的进度情况可能偏离预期，造成进度拖延，工期落后。因此，在项目执行过程中，必然需要做出或多或少的进度调整，即对项目进度计划的实施开展控制管理活动。项目进度控制通常包括三个核心环节：制订进度计划，比较计划执行情况与计划是否吻合，以及对出现的偏差采取适当的措施。

习题及思考题

7-1 简述我国关于项目的定义。化工项目属于哪一类项目？

7-2 何谓项目干系人？

7-3 何谓项目管理？试述化工项目管理的特点。

7-4 试述化工项目管理的过程和知识体系。

7-5 试述化工项目管理成熟度的级别、特点以及主要任务。

7-6 简述项目组织结构的形式和优缺点？

7-7 项目经理是项目管理的核心，有哪些权责和任务？对其能力和素质有哪些要求？

7-8 项目质量管理有哪些特点？应遵循哪些原则？

7-9 试比较项目质量保证和质量控制的内容和方法。

7-10 如何建立完善的项目质量管理制度？

第八章　化工技术创新的经济分析

第一节　技术创新与产品创新

一、技术创新

随着知识经济即以知识为基础的经济增长时代的来临，知识密集型产业在整个产业部门结构的比重逐渐加大，知识在经济发展过程中发挥着越来越重要的作用。但是，从本质上看，知识的作用仍是科学技术的作用，科学技术仍然是推动经济发展的第一生产力。

在以知识为基础的经济增长过程中，企业仍是社会的基本经济细胞，在社会经济中具有核心作用。世界工业发达国家的实践证明，企业日益成为创新主体，知识的创新将更多地源于企业。在知识经济时代，要实现以知识为基础的经济增长，必须依靠企业的技术创新。

在世纪之交，一些发达国家已开始进入知识经济时代，这对我国既是机遇也是挑战。我们只有抓住这种机遇，准备面对挑战。首要的一环是认识技术创新的作用，掌握其基本概念，并进一步加深对技术创新的认识。

(一)技术创新的概念及作用

1. 技术创新的基本含义

“创新”这一概念是由熊彼特(J. A. Schumpeter)首先提出的，他将“创新”定义为“新的生产函数的建立”，也即是把从来没有过的生产要素和生产条件的“新组合”引入生产体系。依据其观点，技术创新包括产品创新、工艺创新和组织管理上的创新。具体来讲，创新包括五种情况，即引入一种新产品或提供一种产品之新质量；采用一种新的生产方法；开辟一个新的市场；获得一种原料或半成品之新的供给来源；实现一种新的企业组织形式。可见，熊彼特的创新包含的范围很广，涉及技术性变化的创新及非技术性变化的创新。

自熊彼特之后，不少经济学家发展和补充了熊彼特的创新理论。美国经济学家爱德温·曼斯菲尔德(Edwim Masssfield)定义创新为：第一次引进一个新产品或新过程所包含的技术、设计、生产，财务、管理和市场诸步骤。也有的将技术创新定义为技术变化商品并在市场上得以销售实现其价值，从而获得经济效益的过程和行为。

我国学者对技术创新也做了不少的研究，并结合我国实际情况，提出技术创新是企业家抓住市场的潜在盈利机会，以获取商业利益为目标，重新组织生产条件和要素，建立起效能更强、效率更高和费用更低的生产经营系统，从而推出新产品、新的生产方法，开辟新的市场，获得新的原材料或半成品供给来源或建立企业的新组织。技术创新是包括科技、组织、商业和金融等一系列活动的综合过程。

2. 技术创新的作用

知识经济更加依赖知识的积累和应用，更加强调创新的作用，只有不断地创新，才能保持竞争优势，弥补资源和资本上的不足。技术创新在知识经济中起核心作用，是人类财富的源泉，是经济增长的根本动力。

企业是创新的主体，企业技术创新是知识经济的基础。国际竞争在相当程度上是凭借以技术创新为基础的经济实力，其成败在于一国企业的技术创新效果如何。从国内外成功企业的发展经历可见，企业发展的历史就是技术创新的历史，企业生存发展的基础就在于技术创新。企业只有不断地推进技术创新，才能在市场竞争中获胜。

技术创新对企业的生存和发展具有重要的作用，可归纳为以下几个方面。

(1)技术创新是企业改善市场环境的重要措施。首先，通过技术创新，企业可以有效地改善产品质量，完善产品功能，更好地满足用户需求，提高企业产品竞争力，从而改善市场条件；其次，如果企业的技术创新成果是适销的新产品，将带来新的用户，形成新的市场。再者，技术创新成功的企业，一般是率先进入新的市场领域，具有领先者的优势，在很大程度上决定产品的价格、市场规模等。

(2)通过技术创新，企业可以更有效地降低产品成本，提高生产效率。经过改进产品或工程设计，开发或采用新工艺、新装备、新技术，改进或更新服务等手段，可降低原材料消耗，缩短生产周期，提高产率。

(3)通过技术创新，能加速新技术、新材料和新工艺等在企业中的应用。由于不断运用最新的或先进的技术和装备，使企业始终保持技术优势，为在市场竞争中取胜奠定重要的技术基础。

(4)通过技术创新，也能促进企业其他产品销售，增强企业市场竞争能力。当一种技术创新产品成功地进入市场后，也为本企业其他产品的进入和扩大销售提供了有利条件。这种技术创新的连带效果，是企业进行技术创新的重要因素。

(5)通过技术创新，可利用企业剩余的生产能力。中国一段时期内，不少企业的生产能力过剩，企业的资源利用率不高。但若能深入了解、开拓市场，结合本企业实际，积极地组织技术创新，就可能开发、生产出满足用户需要的新产品，扩大销售，充分利用企业剩余生产能力，提高企业的经济效益。

(6)技术创新是全面提高企业素质和能力的有效方式之一。通过技术创新，一方面可以改善研究开发条件，提高其能力，增强企业内部的基本素质。另一方面，也可改善企业的对外适应能力，更好地对应外部的市场竞争。技术创新是提高企业竞争能力的根本途径。

(二)技术创新的分类及创新模式

1. 技术创新的基本类型

根据技术创新的目的或内容，可分为几种不同的类型。

(1)按技术应用的对象，可分为产品创新、工艺创新和管理创新。产品创新是指其目的是生产新产品的技术创新活动。按照产品所含技术量变化的大小，产品创新可分为全新或重大的产品创新和改进或渐近的产品创新。对于化工企业，产品创新在技术创新中占有较大的比重，应予以足够的重视，有关详细内容将在下一节中介绍。

工艺创新是指其目的是对生产过程中的工艺流程、生产技术和装备进行改善的技术创新活动。工艺创新又可分为独立的工艺创新与伴随性工艺创新两种。前者是指工艺创新的结果不改变产品的基本功能，只是降低生产成本、提高产品性能，后者则指工艺创新是由于产品变化导致的工艺创新。

管理创新是指其目的是产生新的组织管理方式而进行的技术创新活动。管理创新活动涉及面较广，包括企业性质、领导制度、人事制度、管理方式等多方面内容。

(2)按创新的程度，可将创新分为全新型创新和改进型创新。全新型创新，是指采用新技术原理、新设计构思，研制和生产完全新型产品的技术创新活动。改进型创新，是指应用新技术原理、新设计方案，对现有产品在结构、材质、工艺等任一方面有重要改进，显著提高产品性能或扩大使用功能的技术创新活动。

①按节约资源的类型，可将技术创新分为节约劳动的技术创新、节约资本的技术创新和中性的技术创新。节约劳动的技术创新是指能够使产品成本中活劳动所占比重减少的技术创新，节约资本的技术创新是指能够使产品成本中物化劳动所占比重减少的技术创新，中性的技术创新是指既不偏重于节约劳动，又不偏重于节约资本的技术创新。这种划分不仅有理论意义，还有政策上的意义，可作为选择和引进新技术的依据，以及作为研究新技术和发展新技术试验的依据。

②按照技术创新的组织方式，可分为独立创新、联合创新和引进创新。独立创新是指单位或个人自行研制并组织生产和销售的技术创新活动，其主要特点是

易于协调和控制，但要求创新者具备较好的技术、生产及销售能力。

联合创新是由若干单位相互合作进行的技术创新活动。这种创新大都具有攻关性质，可以优势互补，但组织协调及管理控制工作较复杂。联合创新的形式主要有企业与企业间的联合创新，企业与科研机构间的联合创新，以及企业、高等院校和研究机构间的联合创新等。

引进创新是指从本单位以外引进必要的技术、生产设备或其他软件，在此基础上自行研制和开发的技术创新。这种创新的优点是开发周期较短，风险性降低，但其不足是创新初期需较多的经费投入，并应对引进的技术等进行认真的评估和消化。

2. 技术创新的基本模式

企业技术创新涉及创新构思产生、研究开发，技术管理与组织、工程设计与生产、用户参与及市场营销等一系列活动。这些活动相互联系，也可能交叉循环或并行开展。自 20 世纪 60 年代以来出现了五代具有代表性的企业技术创新模式。

(1)技术推动模式。技术推动模式是指由技术发展的推动作用而产生技术创新。技术推动力表现为科学和技术的重要突破，使科学技术明显地走在生产的前面，从而创造全新的市场需求，或激发市场潜在的需求。这种模式认为，研究开发或科学发现是创新的主要来源，经过生产和销售最终将其项新技术产品引入市场。在经济发展过程中，许多重大的技术创新成果，如人造纤维、半导体、核电站等都属于这一模式。这种模式如图 8 –1 所示。

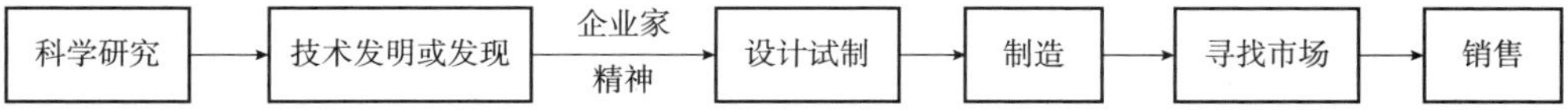

图 8 –1　技术推动的创新过程模式

(2)需求拉动模式。20 世纪 60 年代中期，通过对大量技术创新的实例研究和分析，发现大多数创新特别是渐进性或改进型创新，并非由技术推动引发，有 60% ~80% 的技术创新是由市场需求和生产需要所激发，于是提出了需求拉动模式。强调市场需求是研究和开发构思的来源，市场需求为产品和工艺创新提供了机会，并激发为之寻找可行的技术方案的研究与开发活动。从而，技术创新是市场需求引发的结果，该模式如图 8 –2 所示。

图 8 –2　需求拉动的创新过程模式

(3)技术与市场交互作用模式。这种交互作用模式，是指在技术创新时，创新者在拥有或部分拥有技术发明或发现的条件下，受市场需求的诱发，由此开展技术创新活动。实际上，由于技术与经济的相互渗透，以及技术创新过程涉及多种因素，也很难确定是技术推动还是市场需求拉动为技术创新的动力。于是，在20世纪70年代末80年代初，提出了第三代创新过程模式，如图8－3所示。

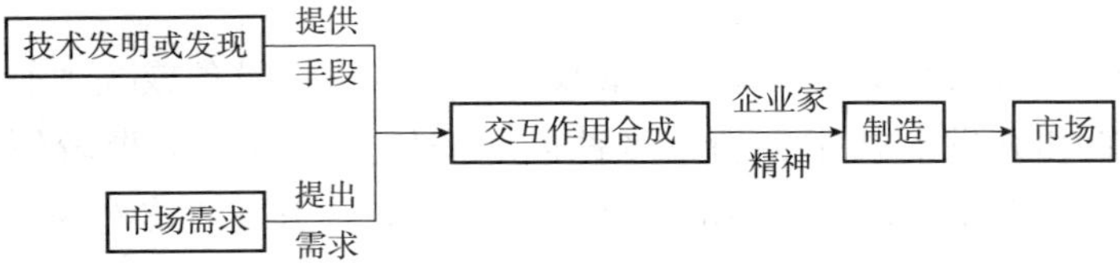

图8－3　技术与市场交互作用的创新过程模式

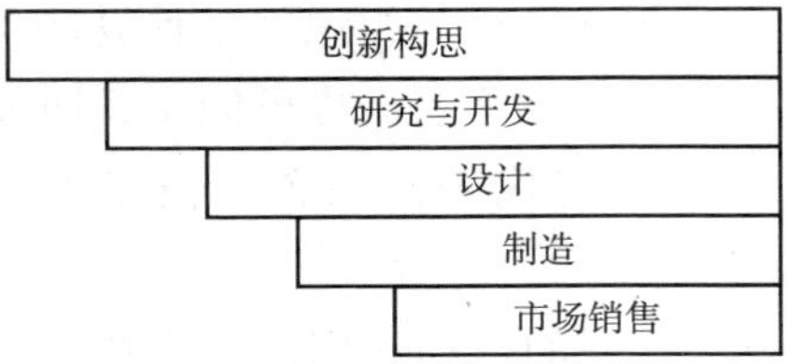

图8－4　一体化创新过程模式

（4）一体化创新过程模式。这种模式不是将技术创新过程视为从一个阶段或环节到另一个阶段或环节的顺序过程，而是将技术创新视为同时涉及创新构思的产生、研究和开发、设计制造和市场营销的并行过程。该模式于20世纪80年代后期提出，作为第四代创新过程模式，如图8－4所示。

（5）系统集成网络模式。系统集成网络模式是一体化模式的进一步发展，作为第五代技术创新模式于20世纪90年代初提出。该模式最显著的特征是强调合作企业之间更密切的战略关系，更多地借助专家系统进行研究和开发，利用仿真模型替代实物原型，并运用创新过程一体化的计算机辅助设计与计算机集成制造系统，完成创新过程。

（三）技术创新的三个阶段

技术创新可以分为产品创新、生产创新、经营创新三个阶段。一般而言，产品层面的重大创新主要发生在市场生命周期的初期，生产创新则发生在市场中期，而在中期以后，因产品与工艺都已大致定型，顾客需求明确且市场也趋近成熟，因此创新的方向转向成本、品质、销路、顾客服务等经营管理层面的议题，当然也包括如何利用经营模式的创新来维持企业的竞争力。

1. 产品创新

通常第一阶段创新的重点，主要集中于产品功能上的创新。由于当时市场需求不确定，规模也很小，企业经营是以产品创新来引发市场需求为唯一目标，因此组织运作十分具有弹性，研发与市场的互动也非常密切，生产制造与管理效率在这一阶段的重要性则相对较低。

产品创新阶段所面对的最大挑战是如何使创新产品符合顾客需求，并立足于一个成长中的市场。有些在技术层面属于重大创新的产品，都是因为第一阶段运作不顺利，而导致失败。产品创新阶段是一种技术创新与市场需求互动的过程，其中影响成败的关键因素，将在于是否能够有效运用技术创新所形成的优异产品功能来跨越市场需求的鸿沟，并进而引发市场的成长。

2. 生产创新

生产创新是企业获得利润的关键方面。当市场进入成长阶段，如何攫取大量的市场利益，就成为企业经营的主要目标。这一阶段的创新重点在于如何运用生产工艺上的创新，来提升产能竞争力与扩大市场占有率。如以整体创新活动的产出效益而言，生产创新是技术创新三阶段中对于企业利润贡献最大的一个阶段，因此也可以说是企业经营管理活动的重心。

在这个阶段容易发生的问题是重视技术研发而忽略制造创新。近年来，许多高科技企业将主要资源投入技术研发，采取以产品创新形成专利独占的竞争策略，因此生产创新就相对的不受到重视，一些企业甚至将整个生产制造委托其他工厂加工，以避免承担对于产能巨额投资的风险。这主要是因为企业认为制造创新的附加值不高，因此，不值得将有限资源放在生产制造方面。

3. 经营创新

当产品市场进入成熟期以后，市场需求不再成长，产品与生产技术均相对成熟，此时众多功能相似的产品形成激烈竞争，而如何有效运用创新的经营模式来维护市场占有率，就成为第三阶段创新活动的重心。由于价格与品质是这一阶段市场竞争的关键要素，因此企业将特别重视品质管理与生产管理能力，并以多样化的产品线来满足不同市场区隔顾客的特殊需求。

成熟期市场厂商所采取的经营模式一般可分为两类：一类是以创造产品附加价值来提升利润率；另一类则是采取降低成本来扩大市场占有率。前者将针对不同需求的顾客，设计出差异化的产品或扩大相关需求的衍生产品。经营创新的重心在于提升销售策略与顾客服务的能力，来创造较高的利润。后者则借由扩大产能，精简生产程序，提供大量标准化的产品，以提高生产规模来创造利润。

(四)技术创新能力及其评价

1. 技术创新能力及构成要素

技术创新能力，是指企业依靠新技术推动企业的发展能力，是企业发展技术能力的核心。只有拥有技术创新能力，经过不断创新，企业在技术能力上才能最终战胜技术领先者，并保持领先水平。

技术创新能力是一种综合能力，由若干要素构成，包括以下基本要素。

(1)技术创新资源投入能力，是指企业投入技术创新资源的数量与质量。技术创新资源投入又可分为研究开发投入和非研究开发投入。研究开发投入能力集中体现在经费、人员和设备上，只限于同行企业或者生产相同产品企业间的比较。

在自主创新的情况下，非研究开发投入是指除研究开发经费之外的其余部分，包括市场研究和材料准备等经费。对于购买技术实现技术创新的情况，非研究开发投入包括技术引进、技术改造的投资。

(2)研究开发能力，是指企业在掌握现有科学技术知识的基础上，把握市场需求，确定选题，并组织人力、物力去从事创新技术产品的开发。研究开发能力是创新资源投入积累的结果，但前者不能代替研究开发能力。资源投入能力强调研究开发的投入和非研究开发的投入，而研究开发能力则强调研究开发的结果。

研究开发包括基础研究、应用研究和开发应用研究。

(3)创新管理能力，是指企业发现、评价创新机会、组织技术创新活动的能力。创新管理能力主要由创新战略、创新机制和创新速度三要素构成。

(4)创新倾向，是指企业家个人具有的创新主动性和前瞻性。创新倾向可以从创新率、创新视野、创新规划以及创新愿望等方面获得体现。

(5)制造能力，是指把研究开发成果转化为符合设计要求的可批量生产产品的能力。企业的制造能力包括企业装备的先进性、工艺设计管理能力、工人的技术水平及工作质量等。

(6)营销能力，包括两方面的能力：一是市场调查研究能力；二是销售能力。

2. 技术创新能力评价

创新能力要素的评价指标主要有以下六个方面。

(1)研究开发投入能力指标：

$$\text{研究开发投入强度}=\frac{\text{研究开发经费}}{\text{销售收入}} \tag{8-1}$$

$$\text{研究开发人员的素质}=\frac{\sum_{i=1}^{n}\omega_i r_i}{\sum_{i=1}^{n}\omega_i} \tag{8-2}$$

式中，i 为素质的等级，一般分为 4 个等级，r_i 为第 i 级别研究开发人员数；ω_i 为第 i 级别人员素质权重。

$$\text{非研究开发投入强度}=\frac{\text{技术引进费}+\text{技术改造费}}{\text{销售收入}} \tag{8-3}$$

(2)研究开发能力指标：

①专利拥有数是衡量研究开发能力的有效指标，用 S_5 表示。

②自主创新产品率：

$$自主创新产品率 = \frac{自主创新产品数}{创新产品数} \tag{8-4}$$

③对引进技术的改进指标，反映企业技术引进后消化吸收方面所做的工作，对其计量很复杂，国内学者提出以经验数据测度其指标，用 E_3 表示，取值范围为 0～100。

$$研究开发能力(RDC) = \frac{S_5 + S_6 + E_3}{3} \tag{8-5}$$

式中，S_6 表示自主创新产品率；E_3 为引进技术改进指标。

(3)创新管理能力指标：

目前尚难以准确进行计量，可用经验数据表示为：

$$创新管理能力(IMC) = \frac{E_1 + E_2}{2} \tag{8-6}$$

式中，E_1 为创新战略评分，0～100；E_2 为创新机制评分，0～100。

(4)创新倾向指标：

$$创新频率 = 年内产品创新数 + 年内工艺创新数 \tag{8-7}$$

$$每千人创新数量 = \frac{创新频率}{职工人数} \times 1000 \tag{8-8}$$

(5)制造能力：

制造能力可用 PC 表示，由 5 项指标构成。

①设备装备水平(S_7)：

$$S_7 = 1 \times 国际先进水平(\%) + 0.8 \times 国际一般水平(\%) + 0.6 \times 国内先进水平(\%) + 0.4 \times 国内一般水平(\%) + 0.2 \times 其他(\%) \tag{8-9}$$

②现代制造技术采用率 S_8。

③引进技术达产率 S_9。

④工人技术等级 S_{10} 及工作质量 E_4。

⑤计量、测试和标准化水平 E_5。

从而，制造能力可如下计算：

$$PC = \frac{(S_7 + S_8 + S_9)/3 + (S_{10} + E_4)/2 + E_5}{3} \tag{8-10}$$

(6)营销能力：

有的学者提出可用如下公式评价营销能力 MC：

$$MC = \frac{(E_6 + E_7 + E_8 + E_9)}{4} \tag{8-11}$$

式中，E_6、E_7、E_8 和 E_9 分别为市场研究水平、对消费者/用户的了解程度、营销体制的适合度、分销网络。上述四项指标可采用问卷调查方式取得经验数据，再转化为百分制数值。

(五)技术创新的风险与防范

1. 技术创新的风险分析

技术创新活动本身涉及许多相关环节和影响因素，一些因素的变化难以准确把握，因而使创新的结果有一定的不确定性，即技术创新具有较大的风险性。事实上，许多企业的产品创新成功率都不高。例如，据有关研究表明，美国产品创新成功率为2%～30%，每10个专利中只有1个能够实现创新。所以，在技术创新决策之前，对可能影响技术创新成败的各种风险因素做系统的调查和分析，使创新者能对其风险有一定的把握，从而采取相应的对策与防范措施，将技术创新的风险降到最低限度。

由于影响技术创新的因素众多且纷繁复杂，涉及市场、技术、生产经营、销售，以及社会与政治等诸多方面，因而可依据风险的来源将技术创新风险分为以下几类。

(1)市场风险。市场风险是指技术创新及结果投入市场后得不到消费者或用户的认同，销售呆滞，难以收回技术创新投资的可能性。市场风险是由市场的不确定性因素造成的，其一是市场的不断变化性，即在进行技术创新时市场前景看似良好，但创新完成后市场状况出现了不利的变化；其二是模仿的可能性，由于其他企业可能模仿创新技术产品，使创新产品的市场因模仿产品的进入而受冲击；其三是技术引进的冲击，即当一家企业从事技术创新时，如果另一家企业引进国外类似技术或产品，且其性能、质量等更优，使企业自己创新的技术产品在市场受阻。

(2)技术风险。技术风险主要是由于技术的不确定性造成的。这些不确定性包括以下几个因素。

①技术本身尚不成熟或完善。有些创新设想和构思初看起来是可行的，但具体实施过程可能发现一些重要的技术问题没能解决，而企业又不具备足够的研究开发能力，使技术创新不得不终止。

②技术的发展更加迅速和竞争日趋激烈。在企业进行技术创新时，该技术是先进的，而当完成时已出现另一项更好的技术产品。同时，有可能几个企业都在进行类似的创新，竞争很激烈。

③生产制造能力不足。技术创新的新产品设计、开发出来后，由于资金、设备等原因，难以及时形成较大的批量生产，去占领应有的市场，使创新过程搁浅。

④技术效果的未预见影响。有的技术创新尽管本身较成功，但其副作用是先

前没有能预见的，如对生态环境的影响等，使该创新的实现受到限制。

(3)政治风险。政治风险可能来源于国家制订、调整了有关法律法规，从而限制某些技术创新产品进入市场，例如安全性能不符合更高的要求、环保性能达不到新的标准等。政治风险也可能是国家、地区的发展规划、产业政策调整或变动，使原计划的技术创新活动难以进行。此外，一个国家政局发生较大的变化，特别对于海外市场，技术创新产品也可能无法进入。

(4)社会风险。社会风险是其他一切社会因素，如文化、宗教、民族等所导致的技术创新风险。例如技术创新产品与当地的宗教习惯发生冲突，或不符合销售区域的文化传统理念，从而导致人们产生抵触心理，使销售失败。

2. 技术创新风险防范

根据风险的起因，结合企业自身的情况，可采用适当的防范措施或对策，以使技术创新的风险减少到最低。

(1)在技术创新前，企业应认真进行市场调研工作，尽可能准确地预测市场需求的变化趋势。

(2)企业应建立有效的调控机制，在技术创新的各阶段加强管理控制，实行进度调控和风险监测、评估，针对新的情况适时作出调整。

(3)不断提高创新项目参与者的素质。这包括企业家注重提高自身综合素质，善于发现、利用各种创新机会，并在企业内创造良好的、浓厚的创新氛围；营销人员是企业技术创新的市场机会和经营机会的主要发现者；工程技术人员是创新的技术机会的主要发现者，他们的创造性和知识更新水平对企业技术创新活动的创新性及实施有决定性作用；生产工人的技术素质对于创新的实施和生产体系的有效运行有重要作用。因而，应注意不断提高这些人员的素质。

(4)慎重选择技术创新的方向，注意充分利用自身的优势，选准突破口。例如，从竞争对手尚未顾及的潜在市场入手进行技术创新，一般比较容易获得成功。

(5)应仔细分析外部经营环境，着重了解与创新有关的法律法规、行业和产业政策、技术政策，以及文化、民族、宗教等方面的情况，使技术创新结果能适应社会环境的要求。

(6)引入、建立较好的风险投资机制，增强风险投资公司的实力。一般，投资公司积极参与企业技术创新项目的评估、决策与实施、管理，可提高创新项目的成功率。引入风险投资机构参与创新项目，也较容易解决资金不足使创新无法进行下去的问题。

(7)积极争取政府对企业创新项目的支持，包括技术攻关计划、国家重点产品计划等。另外，积极争取政府对企业技术创新项目的税收优惠政策，如减免所得税。

二、产品创新

(一)产品创新的概念及作用

1. 新产品的含义

产品创新是技术创新的一种主要方式，其结果是生产出创新产品或称之为新产品。一般地可将新产品定义为：企业在其原有产品的基础上有显著改进的产品或该企业从未生产过的全新产品，包括成型产品和未成型产品。更具体地说，新产品必须是在构造、性能、材质、技术等特征的某一方面或某几方面比原产品有显著提高和改进，或有独创的，具有先进、实用性，能提高经济效益，在省、市、自治区范围内是第一次试制成功的产品。

2. 新产品分类

按不同的范围、创新程度及从不同角度，可将新产品进行以下分类。

(1)按新产品的创新和改进程度分类。

①全新型产品是指依据科技发明所创造的，与原产品不同的一类产品，一般具有新原理、新结构、新技术、新材料等特征。它是在世界范围内首次发明或最先开发出来的，具有独特的功能。它的出现开辟了最新的应用领域，并以最新的技术形态呈现。

②换代新产品一般是指产品的基本原理和基本功能不变，部分地运用新材料、新结构和新技术，使产品的功能、性能、经济性指标有显著的提高或改变的一代产品。这类产品能完全取代原产品及应用领域，并能扩大新的应用领域；具有高一级别的技术含量和水平，能较迅速地占领原产品的市场；具有最新的功能，经济效益可能十分显著。

③改进型新产品是指通过新的设计或运用新的工艺、材料和技术，对原产品的性能、结构、用途、品种及包装等，有较重要的改进或部分创新的产品。这类新产品在局部上有了技术改进，其他性能有了一定程度的改进，但其制造技术或结构设计与原产品相比没有根本的差别。

④仿制型新产品是指企业模仿市场上已有产品所生产和销售的新产品。

上述四种类型新产品之间存在相互的联系和影响。不少产品经过不断地改进和更新换代，从而促使一些全新的产品推向市场。而一种全新型或新一代产品问世后，又会不断地改进、更新和仿制。

(2)按新产品的地域范围分类。按生产新产品的企业所在地域、范围，一般可分为国际新产品、国家新产品、地区(市)新产品和企业新产品。

(3)按新产品对企业和市场的创新程度分类。布茨·艾伦等依据对企业和市场的创新程度，将新产品分为6类。

①新问世产品，该产品开创全新的市场。

②新产品线，使企业能首次进入某现有市场的新产品。

③现有产品线的增补品，企业现有产品线上增加的新品种、新型号等新产品。

④现有产品的改良或更新，提供性能改进或有较大的可见价值的新产品，并替代现有产品。

⑤重新定位，将现有产品推进至新市场或新市场区域。

⑥成本降低，提供性能相同，但成本较低的新产品。

3. 新产品开发的作用

技术创新的核心是产品创新和工艺创新，其中产品创新比工艺创新更为重要。对于已拥有新产品的竞争者，企业用工艺创新与之抗衡往往效果不好。只有当产品进入成熟阶段，工艺创新才显得更加重要，因为此阶段产品的成本和生产效率等因素越来越重要。一般来讲，产品创新较之工艺创新更能为企业带来显著的经济效益以及更加强劲的发展动力。

据国内外有关部门和学者的统计和调查，在技术创新活动中，属于产品创新的项目一般多于工艺创新的项目。尤其是化学工业，全新型产品和换代型产品的产品创新项目的比重约占总项目的90%，详见表8－1。国内外的实践证实，产品创新在技术创新中具有极重要的地位，应予以充分的重视。

表8－1　美国几个工业部门上的技术创新类型

工业部门	产品创新		工艺创新
	制造新产品	改进现有产品	
化学工业	70	20	10
机械工业	53	44	3
钢铁工业	17	57	26
电机工业	54	40	6
宇航工业	46	39	15

产品创新的重要作用，可以进一步从以下几方面认识。

(1)产品创新是化工企业生存和发展的需要。在科学技术进步加速、市场竞争更加激烈，以及社会对产业部门提出不断变化的新要求的形势下，企业要生存和发展，必须用更新的产品，保持和扩大本企业产品及市场份额。同时，要获得较高的利润，主要依靠新产品的不断推出。调查表明，发达国家大多数企业销售额和利润的30%～40%来自5年前尚不存在的新产品。

(2)产品创新是企业生存和提高竞争能力的需要。随着科学技术的发展，产品更新换代的周期大大缩短。企业间的竞争集中体现为企业间的产品竞争。不断开发竞优产品，是提高企业竞争优势的基本手段。

(3)产品创新是企业技术水平的重要标志。产品创新的结果是企业研究开发技术能力的最终体现。可以认为，对于以产品创新为主要特征的化学工业来说，产品创新的成效是衡量一个企业技术水平的重要标志。

(4)产品创新有利于提高产品质量。据统计结果，40%～50%的产品质量问题起因于设计。进行产品创新活动，加强新产品的开发设计管理，本身就是提高选题的重要手段。

4. 新产品开发技术经济分析的意义

尽管新产品开发在技术创新工作中具有极其重要的作用，但由于科学技术的迅猛发展及向新产品转移的速度加快，使产品的寿命周期一般仅能维持7～8年，有的甚至只有1～2年。而新产品的技术含量越来越高，即研究开发新产品的投入和难度也增大。这说明新产品开发的风险性也随之增大，据一些西方国家的调查，多数新产品在开发和推向市场中遭遇的失败，主要有以下几个基本原因。

(1)对市场需求估计失误。对市场需求估计失误主要表现在，一是所设计的产品功能、性能等指标由于社会不断发展的需要，当开发的产品推向市场时已成为濒临淘汰或过时的产品，很快被新的产品取代。二是产品的性能、功能水平超出市场的实际需求，用户在技术或经济上尚无条件采用。三是产品开发的方向和定位以及所产生的其他影响不符合有关规定。对新产品功能、性能目标估计不当，往往是其失败的首要原因。

(2)新产品推向市场和占领市场的能力估计不足。这种估计不足有多种原因。例如产品生产方法缺乏独到之处，也无成本优势，无法替代其他产品，对市场的竞争缺乏预见，没能有效地开辟市场，扩大市场份额。

(3)经济效益估计不当。对新产品开发的投入和销售收入的估计偏差较大，原因是新产品产量不大，无法集中购买原材料而使生产成本过高。不能充分利用原有技术与设备而造成投资较大；没能及时培训技术人员、管理人员和生产工人，而使产品质量不稳定，产量不高，从而无法实现原来的经济目标。

因而，为减少新产品开发的风险，应在进行新产品开发之前，认真调查、分析、选择新产品开发的方向、方式与时机，并进行全面的技术经济分析。只有通过技术经济分析表明某一产品的市场前景好，研究开发能力具备，生产条件有保障，功能目标与技术构成先进，产品质量与价格有竞争力，使企业开发该新产品能获得一定的利润，才能决策进行投资，实施新产品的开发。

(二)产品创新的方式及外部影响因素

1. 新产品创新的途径

(1)独创方式。是指企业依靠自己的研究开发部门，对社会潜在的消费需求或者现有产品存在的不足，开展基础理论和应用研究，设计并生产出具有突破性的新产品或更新换代产品。

(2)合同方式。合同方式或称契约方式，是指企业与社会独立的研究机构、研究开发人员签订项目委托开发合同或协议，并提供一定的研究开发经费，供研究机构或研究人员为企业研制新产品。这是中小企业较常采用的方式。

(3)企业研究开发与技术引进相结合的方式。是指企业在新产品创新活动中，利用自身的技术力量，并通过购买专用技术或专利等形式，引进必要的部分关键性技术设备等，将现有技术与引进技术相结合，研究开发出具有技术先进性及本企业特点的新产品。这种方式常可收到事半功倍的效果，是目前最常用的产品创新方式。

(4)直接引进技术方式。是指企业通过购进他人的专有技术或专利等形式，引进完整的生产工艺、生产设备等来生产新产品，这是模仿创新常采用的方式。

2. 产品创新的外部影响因素

企业产品创新的成效如何，主要取决于企业自身的创新能力和技术素质，这是内部因素。但企业总是在一定的社会环境中生存和发展，其创新活动应当适应其所处的环境，即受到外部因素的影响。因此，产品创新的需求更多的是来自环境，即社会需求；产品创新的进程也受环境的影响；产品创新的成功与环境的协调或适应密切相关；产品创新的结果也可能引起需求的变化。因而，在产品创新过程中，要不断地分析环境因素，并根据环境变化及时调整创新的内容和进度以及方式等。

(1)市场环境。产品创新面临的最直接外部因素是市场环境，这包括用户需求的变化，相关产品市场情况及其对新产品需求的影响，消费者的收入和消费能力、倾向等的变化。

(2)政治环境。政治环境主要指社会制度、国家和地方法律、法规以及各种社团组织的影响等。例如政府可通过产业政策、税收政策等鼓励、引导或限制某些产品的发展。对于创新技术产品，具有自主知识产权的新产品，外贸出口创汇产品，替代进口及引进技术消化吸收并实现国产化在80%以上的新产品，采用国际标准或国外先进标准的某些新产品，国家将给予优先支持。国家的其他法规如《环境保护法》《专利法》《反不正当竞争法》等，从法律方面对产品创新也有制约或保护作用。

(3)自然环境。自然环境主要为位置、地形、水文、气候、资源等。各地区因地理环境的差异，对产品的消费需求相差较大。例如干燥的北方地区需使用加湿器，而南方大部分地区空气较湿润，则无此必要。

(4)社会文化环境。社会文化环境包括生活习俗、思想意识、道德观念、文化活动和宗教信仰等。这些因素的作用大都是间接的，但其影响却是广泛而深远的。

（三）产品创新的内容及过程

1. 产品创新的内容

产品创新的内容非常广泛，包括新产品的结构、功能、花色、品种和使用方式的创新，也包括与产品创新有关的科学研究、技术开发、工艺装备、原材料及零碎部件开发。此外，还包括新产品销售中的商标、创意策划、广告、销售渠道和技术服务等方面的创新。

一般地，可将产品创新的内容概括为三个方面。其一是产品整体性能的创新，其二是产品生产技术条件的完善，其三是产品市场的开拓。这三个方面所包含的内容如图 8－5 所示。

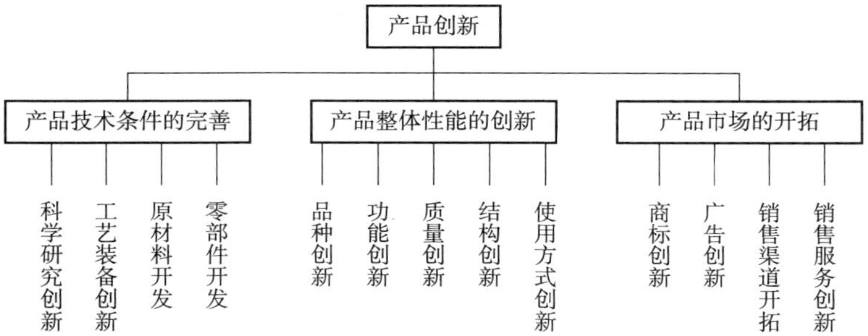

图 8－5　产品创新的内容体系

2. 产品创新的过程

产品创新涉及的内容广泛，参与的部门或人员较多，具有难度大、风险性较强、试验性与时间性较突出、创新过程的阶段或步骤较多等特点，是一项系统工程。因而，产品创新应按照一定的阶段或步骤进行，才能取得预期的效果。

由于各国、各企业以及不同时期的情况不同，而且创新的内容也不相同，所以产品创新的过程，也会有所不同。但仍可一般性地将产品创新的过程分为以下六个阶段。

（1）方案构思或创意阶段。方案的构思或创意是具有创新性的思维活动，它包括两方面：一是依据收集到的信息，发挥人的想象力，提出初步的设想或轮廓；二是考虑市场对新产品的需要及其发展趋势，提出具体的产品设想方案。据美国有关大公司的调查，成功的新产品设想有 60%～80% 来自用户的建议。可见，新产品方案的设想或构思可以来源于企业外部。

（2）初步设计阶段。该阶段是在新产品方案构思或设想初步确定后，进一步确定新产品的各项技术经济指标及性能参数，解决如何实现新产品的性能、功能的理论与技术问题，以便为新产品的最终设计提供科学依据和基础数据。

(3)最终设计阶段。这个阶段是以初步设计阶段的成果为基础，对新产品进行试验研究、定型设计，并进一步设计和绘制生产所需要的全套图纸和技术文件。

(4)试制阶段。试制阶段是实现新产品样品化或产品化的过程，它包括新产品试制的工艺准备、样品试制、样品测试和鉴定，以及小批量试生产等几方面的工作。新产品试制是实现产品大批量投产的预备性或试验性工作，因此在此阶段的工艺准备、技术设施、生产组织，都要考虑实现成批商品化生产的需要。

(5)试销阶段。试销是指在限定的市场范围内，对新产品的一次市场试验。通过试销可得到需求量的较可靠预测，得到有助于修正和完善市场营销计划的诊断性信息。

(6)商品化投产阶段。是指新产品的正式批量生产和销售工作。一般在确定实施产品的商品化投产以前，应对要实现商品化投产的生产技术条件、资源条件做充分的准备和了解，还应对新产品投放市场的时间、地区、销售渠道、销售对象、销售策略及销售服务等进行全面的规划和准备。这样，才能使创新产品真正获得成功。

(四)产品创新策略及方法

产品创新是企业生存和发展的需要。而要取得产品创新的成功，其创新的策略和方法是必要的条件。

1. 常用的产品创新策略

(1)抢先策略。是指在其他企业尚未开发，或尚未开发成功，或者开发后尚未投入市场之前，抢先开发、抢先投入市场，从而使企业的新产品处于领先地位。敢于采用抢先策略的企业，一般要有较强的研究与开发能力，还要有足够的资金、物力和人力，并要勇于承担较大的风险。

(2)紧跟策略。当企业发现市场上出现了很有竞争力的新产品，或发现刚投放市场的畅销产品时，不失时机地进行仿制，并迅速将仿制的产品投入市场。采用这种策略的企业，一是要能够对市场信息收集迅速、处理快、反应快，并具有较强的应变能力和一定的研究开发能力；二是要有一个高效率的研究与开发新产品的机构。紧跟策略的采用还受到专利技术及知识产权保护的制约，其适用的对象和时间有限。

(3)最低成本策略。是指采用减少产品成本的手段，以降低销售价格，来争取用户，扩大产品市场占有率。减少产品成本的主要途径是在制造方法、原材料利用及生产组织等方面挖掘潜力。

(4)扩展产品功能策略。这种策略是在原有产品的基础上，赋予其新的功能、新的用途，使老产品能继续获得消费者的欢迎。

(5)周全服务策略。实施更全面、周到的销售服务，取得用户的信任，以达到提高市场竞争的目的。周全的服务包括几个环节。一是售前工作，包括广告宣传、技术培训、允许试用等；二是销售中的工作，包括检查产品质量，配齐备品配件，装箱发货，以及必要时分期付款等；三是售后工作，包括安装调试，指导操作或使用，登门检修，提供配件，通过电话征询意见等。

(6)挖掘用户需求策略。用户的需求可分为当前的需求及潜在的需求两类。一般地，产品创新是开发那些能满足用户当前需求的产品。但有远见的企业家，也应注意捕捉、挖掘市场潜在的需求，开发出新产品，引导新的消费需求。

(7)降低风险策略。依据降低风险所采用的措施或手段不同，降低风险策略可分为以下几种。

①转移风险策略。为转移新产品开发的部分风险，常可采用两种具体的措施：一是在新产品投产品前与用户签订供货合同，以减少企业因市场销售不畅所承担的风险；二是在企业开发和生产新产品所需成本基础上，再加一定比例作为销售价格，使企业用于产品创新的费用由用户承担。

②降低投资风险策略。即尽量利用企业现有设备和技术力量，以减少设备投资，降低产品创新投资风险。

③减少资源投入策略。是指产品创新的一些实验和试制等工作，通过外单位进行或委托其他单位进行，以使产品创新投入的资源降为最小。

④试探风险策略。是指从别的国家、地区或企业，引进本企业准备开发的新产品，但使用本企业的厂名、商标和销售渠道，试探市场需求情况。必要时再投入力量批量生产，以减少盲目性。

(8)联合策略。生产企业与科研、设计单位联合，或者同行业企业或不同行业企业联合、协作，共同进行产品创新，可以充分发挥各自的优势，加快新产品开发的进程，提高创新水平。

2. *常用的产品创新方法*

产品创新的方法运用是否得当，对产品创新的速度与质量有重要的影响，也关系到产品创新能否成功。国内外一些企业，经过长期的实践，已摸索出一些行之有效的方法。这些方法各有其特点和适用范围。

(1)系列产品法。是指与生产技术密切相关的一大类产品。开发系列新产品是为满足用户需求，针对某种使用目的或用途来进行产品创新，也是为了形成产品的完整体系，填空补缺，使产品的体系成龙配套，更全面地满足多方面、多层次消费的需要。系列产品创新常用的具体方法包括：①按产品规格、大小形成系列产品；②以一种材料的不同特性，来开发系列产品；③按某种用途来开发系列产品；④利用不同材料开发同一种用途、功能的产品。

(2)专用产品法。现代产品特别是精细化工产品，已由大批量、少品种向小批量、多品种、多规格转变，以满足不同消费者或用户的需要。企业为此也从只生产一般产品转向生产专用产品。常用的几种具体的专用产品创新法，包括按不同用途、按不同消费对象、按使用地区，以及按产品的特定使用范围，分别实行专业化产品创新。这样有利于集中人力、物力和财力，专门从事某类产品的创新，保持较强的市场竞争优势。

(3)方便用品法。方便用品是从方便使用出发，力求在使用时省时、省力，便于携带和储存的商品，如方便食品、微波食品等。通常使创新产品趋向于自动化、定时化、遥控化、智能化、轻便化、微型化、省力化等，主要用于家用电器、轻工产品，以及成套工业装置等领域。

(4)技术复合法。利用一种技术可以创新产品，将两种技术复合使用，也可创新产品，这种创新产品有时更具有性能、市场优势。常用的技术复合方法包括一般技术的复合、一般技术与先进技术的复合，以及先进技术之间的复合，它们各有其特点和适用范围。

(5)新材料法。这种方法是采用新材料来制造产品，产品的基本功能不变，但其性能有明显的改善。常采用的具体方法包括：用另一种新材料代替原来的材料；用另一种常用材料代替原来的材料；用新型复合材料代替原来的材料。

(6)差异法。差异法是使创新产品与原有产品或类似产品，在用途、性能、外形、包装等方面有明显的差异、有不同的特点，以满足不同用户的多种不同的需求。

(7)模仿法。通过模仿同类或类似新产品进行产品创新，包括模仿国外同类新产品，外省市、同行业企业的同类产品。模仿的内容包括结构模仿、材料模仿、原理模仿、用途及功能模仿等。

(8)缺点列举法。无论何种产品都要在市场上经受检验，并可能暴露出各种不足或缺点。缺点列举法就是通过认识产品有什么需要改进的缺点或者需完善的性能，来启发企业改进产品，开拓产品创新的思路，开发出更适合消费者需要的新产品。

第二节　技术改造和设备更新

一、技术改造

(一)技术改造的含义、特点及意义

1. 技术改造的含义

技术改造是指在坚持科学技术进步的前提下，把科学技术成果应用于企业生

产的各个环节，用先进的技术改造落后的技术，用先进的工艺和装备代替落后的工艺和装备，达到提高质量、节约能源、降低原材料消耗、全面提高社会综合效益的目的。这种技术改造的概念，主要是与基本建设相区别提出来的，称为传统的技术改造，或狭义的技术改造。

这种传统的技术改造概念，突出了科技进步，体现了实现技术改造的根本途径。但在科学技术迅速发展的21世纪，面临知识经济的挑战，以及市场经济的格局和竞争的多方面、多层次以及国际化趋势，传统的技术改造含义显得有一定的局限性。例如传统概念上的技术改造，其技术主要指工艺、装备，是单纯的技术含义，未将技术人员和技术工人的技术创新、能力和技能放在应有的地位。在新的社会经济条件下，人员的技术素质的不断更新和提高，是应用单纯先进技术的必要条件。另外，传统的技术改造目的是提高社会综合经济效益，但尚未涉及通过技术改造实现企业可持续发展，提高企业自身整体素质和技术创新水平，增强自我发展能力，这也应是技术改造目标的重要内容。

2. 技术改造的特点

技术改造不仅必要，而且其经济效益也是显而易见的。由于技术改造可以充分地利用原有的技术基础和社会经济条件，一般都具有投资少、见效快、经济效益好的特点。老企业的技术改造比起新建企业，投资和建设时间都可以减少三分之一以上。技术改造能够充分地利用已有的技术力量和管理水平，并使之在技术改造的同时相应地得到迅速提高，有利于上品种、上质量、上水平，有利于降低生产成本，改善劳动条件和环境保护。

技术改造与生产维修、设备更新以及基本建设相比，具有以下特点：

(1)强调技术进步。只有应用先进的科学技术，才能提高技术改造的水平。先进的科学技术不仅包括通常所指的高新技术，也包括传统技术领域内的一些技术创新的内容。技术改造必须体现技术进步，必须有新的技术因素加入生产过程。

新项目的基本建设也强调技术进步，但由于是新建，它的技术水平不存在自身比较，一般不属技术改造的范畴。

设备更新与技术改造两者有重复的内容，例如设备更新的方式之一——现代化改装也属技术改造。但如果设备更新仅是原水平的重复，则不属于技术改造。

生产维修与技术改造两者之间也有交叉但又不相同。例如，如果大修理仅是恢复设备原来的技术性能和技术水平，不是技术改造。但若有新的技术因素加入，能提高设备的技术水平，则应视为技术改造。

(2)强调以现有企业或生产过程为对象进行更新改造。技术改造是以现有企业或现有的生产过程、设备为对象，通过技术改造提高效益、扩大再生产，不涉及新建项目，通常不需要或很少需要增加新的基础设施和服务设施。因而，土建工程量较少，安装工程量也较少。这是与基本建设的重要区别。

(3)强调不仅要注重提高企业的经济效益，也要注重提高社会综合经济效益。企业的经济效益包括提高产品质量，降低能源、原材料消耗，提高生产效率。技术改造也应和治理“三废”相结合，积极开展综合利用。而社会综合经济效益包括两方面的含义。一方面是指企业治理环境污染的效益，这种效益对企业和社会来说，都很难直接计量，其投资难以收回。但它是社会发展特别是企业要保持可持续发展和生存的必要投入。这种对企业和社会的效益是长期的、综合性的。另一方面是指企业为提高产品质量、降低能耗、治理环境污染，可能要增加额外的投资和生产成本。虽然不能从销售中获得等额的回报，但会给社会带来明显的经济效益。

(4)强调持续的、系统的技术改造。在不同的发展时期，对技术改造的内容和要求不同，这是由科学技术的不断进步和生产力不断发展所决定的。只要有新的科学技术出现，企业就应该为应用这些技术而不断地进行技术改造。另外，技术的含义既包括实物形态的硬技术，也包括智力形态的软技术。技术改造是要使原来比较落后的设备、工艺技术和产品更新为比较先进的设备、工艺技术和产品，同时也要使技术人员和技术工人的技术素质和技能不断地提高，以适应新设备新工艺的运用和新产品生产的更高要求。所以，技术改造不是单方面的设备和工艺技术改造，而是综合技术的提高，是系统的技术改造。

3. 技术改造的意义

大力实施企业技术改造和科技创新，是推动产业结构优化升级、提升国际竞争力的根本途径，更是转变发展方式、落实科学发展观的长久之计。在安排技术改造和科技创新项目过程中，既要为当前经济增长提供动力，更要为未来经济的可持续发展注入活力。

一方面，要把技术改造和科技创新紧密结合起来，培育新的经济增长点；另一方面，要以技术改造和科技创新为手段，加快淘汰落后产能。要把技术改造和科技创新始终贯穿于企业的改组改制、技术设备以及管理人才引进等各个环节，引导企业走上充分依靠技术改造和科技创新发展的轨道。

(二)技术改造的类型及主要内容

1. 技术改造的类型

从不同角度，技术改造可分为不同的类型，比较常见的类型划分有以下几种。

(1)按技术改造的程度划分：

①全面的技术改造。这种技术改造是企业对生产过程的各个环节和单元进行

整体的技术改造。

②专业的技术改造。这是指企业以专业性的项目，如环保、节能、提高产品质量、扩大品种、改善工艺、降低原材料消耗等为内容的技术改造。

③局部的技术改造。这是指企业在局部进行的小规模技术改造。例如，挖潜改造项目，填平补齐项目或者成龙配套项目等。

(2)按技术改造的目的划分：

①以增加产品品种、产品更新换代为目的的技术改造；

②提高产品质量的技术改造；

③节能、降耗的技术改造；

④增加产量的技术改造；

⑤控制和治理"三废"，改善劳动生产条件及"三废"综合利用的技术改造。

2. 技术改造的主要内容

(1)产品更新换代，增加花色品种。产品都具有其生命周期，陈旧、落后的产品就会失去竞争力。随着社会经济和文化生活的发展，人们对产品的需求更趋多样化、个性化，对产品性能有多种层次的要求。在科学技术迅速发展的时代，产品的生命周期大大缩短；技术的发展也为新品种、新功能产品的开发提供了技术基础。只有不断地更新产品，才能提高竞争能力，保持长期、稳定的发展。所以，产品的更新对化工行业，特别是精细化工、制药、日用化工行业等尤为重要，应作为技术改造的核心内容。

(2)技术装备的改装更新。技术装备的改装更新，是用不断出现的先进设备取代落后的设备，提高生产效率，降低能源、原材料的消耗，稳定或提高产品质量。要能够采用先进的装备，必须掌握技术发展的方向，了解最新的技术成果。因此，人员素质的不断更新和提高是重要的基础条件。结合工艺设备技术改造，对人员进行继续教育和再培训，应引起足够的重视。

(3)生产方法和工艺的改革。生产方法和工艺的改革，是指用新的生产方法或先进的工艺技术路线，取代原有落后的生产方法和工艺。对于不少化工产品的生产，只有采用先进的生产技术路线，才能显著地降低成本，从根本上减少或消除环境污染，或者能根据市场需求及时调整产品结构，增强竞争能力，保持稳定、可靠的发展。生产方法和工艺的技术改造涉及的工作量较大，与技术装备的改革应配套进行，也是产品更新的重要保证。

(4)"三废"的治理和综合利用。废水、废气和废渣是化工过程中常见的问题，也是影响企业可持续发展甚至生存的重要因素。所以，治理"三废"污染，减少或消除污染是技术改造的重要内容。对有的企业可能因没能有效地解决这类问题，而被主管部门关闭，或者其产量受到限制。治理污染的方法除了采用新工艺、新装备外，对“三废”的回收和综合利用以及原料的综合利用，也是技术改造的内容之一。

(5)生产环境的改造。生产环境或劳动条件的状况，对劳动者的心理状态和身体健康有很大的影响，从而对产品质量和产量等产生影响。生产环境或劳动条件的改善，是技术改造的一项重要内容。

(三)技术改造的基本原则

企业进行技术改造过程中，应始终围绕提高综合经济效益的基本目标。在技术改造过程中涉及各方面的因素，但综合起来，应注意遵循适应、适时、适度的原则，有计划、有步骤、有重点地进行技术改造。其中包括以下基本原则。

1. 选择先进、适宜的技术

进行技术改造，应结合我国社会经济发展的实际水平，选择适合我国资源条件、科技水平和管理水平，又能产生良好经济效益的先进技术，或者应选择与企业的承受能力相适应的技术。适宜的技术不一定是最尖端、最先进的技术，而是技术上可靠，生产上可行，经济投入合算，社会上合理，并有一定寿命期的一类技术。

2. 选择适当的时机进行技术改造

实施技术改造应以市场的需要为导向，以技术的发展和产品寿命周期的预测为基础，选择适当时机进行。应注意追踪企业所感兴趣的工艺技术和技术装备的发展状况，适时采用先进而成熟的适用技术。同时，产品寿命周期分为成长期、成熟期和衰退期。应随时关注市场动向，做好市场预测，在产品进入衰退期之前实施技术改造项目，使企业原有产品的市场份额减少之前用新产品取而代之，从而确保企业的可持续发展。

3. 量力而行，有计划地适度进行技术改造

要使技术改造取得最大的综合经济效益，应以国家、本行业或本部门、本地区的技术发展规划为基本依据，对本企业的技术改造进行全面的规划，有重点、有步骤地实施技术改造，做好调查研究，选准重点抓住关键。技术改造的规模，应综合考虑各种因素，使项目效益达到最大。这就需要量力而行，绝不能盲目追求规模，应根据企业资金的情况、产品的市场状况，以及原材料、能源供应情况和本企业的人员素质、管理水平等，确定适度的技术改造规模。也应针对技术改造的内容和目的尽可能拟定多个实施方案，对其进行技术经济比较，选择最佳方案，才能使技术改造获得最大的经济效益。

(四)技术改造项目的经济评价

企业技术改造项目选择之后，需要对不同的技术方案进行经济评价。经济评价是项目可行性研究的重要内容，是项目决策的主要依据之一。

技术改造项目是在原来基础上进行的建设，不可避免地与原有的生产和技术有种种的联系。例如如何合理地计算技术改造后的经济效益和成本，涉及合理分摊费用等问题，所以，在经济评价方面与新建项目相比，有其特点。

1. 技术改造项目的经济效益及其评价的特点

(1)技术改造项目的经济效益。技术改造的经济效益，是实现技术改造项目所取得的收益与所发生的费用的比较。所取得的收益包括由于该项技术改造项目实现而产生的扩大品种，提高产品质量，增加产量，提高劳动生产率，节约原材料和能源，降低成本，增加盈利，以及改善劳动条件，减少或消除环境污染和社会消费所得的效益。这包括企业的效益和社会效益。所发生的费用是指为实现该项技术改造项目而支出的一次性费用。这些费用包括技术开发和研究费、设计和试验费、土建费，以及设备的购置和安装费用。但不包括该项技术改造项目实现后在日常生产经营活动中经常发生的费用。

(2)技术改造项目经济评价的特点。技术改造投资是固定资产投资的一种类型，具有基本建设的共同特点，在经济评价的原则和方法上有很多一致之处。但技术改造项目也有其自身的特殊性，决定了其评价的特点。技术改造项目的最突出特点是对项目的收益和费用进行增量计算，从而以增量评价指标判别项目的经济性能。

技术改造项目的收益与费用的计算可采用两种方法。一是前后对比法，即项目改造前后的两种状态的对比；二是有无对比法，即用动态的分析方法对比有无项目时的状况。

从上述可见，前后对比法与有无对比法有一定的差别和一致之处。对于技术改造项目仅是为了改变现状，如为了提高产品质量，如果不实施该项目其现状就不会改变，这种情况下两种方法的结果是一致的。但在大多数情况下，有无技术改造项目的实现，企业的净收益有明显的不同，衡量技术改造项目经济效益的基本方法就是看其净收益增量的大小。

2. 技术改造项目经济效益评价的原则

(1)全面性原则。

①技术改造的经济效益应包括企业经济效益和社会经济效益两方面。虽然大多数情况下，企业的经济效益是评价的重点，但如技术改造的实施涉及社会问题时，例如“三废”的治理、替代进口产品或扩大出口创汇等，该项技术改造的社会效益评价就显得很重要。

②当技术改造项目涉及外贸、产品价格、原材料价格等因素明显不合理时，要着重进行国民经济评价，以求客观、科学地评价技术改造的效果。

③对技术改造项目的经济效益应进行定量和定性两方面的评价，其中包括可

用货币值表示的效益以及不能用货币值表示的效益等。

(2)统一性原则。

①对于技术改造项目的经济收益，应以新增收益来计算。如果新增收益与企业原有收益难以明确划分，应用企业技术改造后的全部投资和全部收益进行经济效益计算。

②在对技术改造项目进行经济效益评价时，应遵循收益与费用的计算方式一致的原则。应将项目的实际收益和实际投资进行比较，避免将该项目投资引起的收益计入项目的技术改造收益。

(3)相关性原则。对于技术改造项目收益的计算范围，一般只计算直接收益，而不计算二次或多次相关收益，即应遵循一次相关原则。

3. 技术改造的企业经济评价指标及计算

技术改造的基本目的是全面提高社会综合经济效益，因而，其经济效益的评价应采用一套综合的指标体系，即基本指标体系和辅助指标体系。

(1)基本指标体系。基本指标体系是每一项技术改造项目需采用的，在技术改造决策时起很重要的作用。该指标体系包括三个最重要的指标，其含义和计算方法在前述有关章节均有介绍。

①投资回收期。技术改造项目的投资回收期应短于标准投资回收期，该项目才可行。技术改造项目的标准投资回收期因行业、生产性质和技术特点而异，由国家有关部门确定。一般可参考新建项目的行业或部门平均投资回收期。

②投资收益率。技术改造项目的投资收益率应高于或等于标准投资收益率，其指标越高越好。通常标准投资收益率可参考行业的平均投资收益率，或者使技术改造项目投资收益率高于银行贷款利率。

③贷款偿还期。当技术改造投资是利用贷款或部分投资利用贷款时，应计算贷款偿还期。该偿还期应比出贷方要求的偿还年限短，越短越好。

(2)辅助指标体系。辅助指标体系是根据技术改造的具体情况而选用的指标，在技术改造决策时起参考作用。辅助指标体系中通常采用以下几个指标。

①技术改造后增加品种、提高产量的收益。

这种收益可用增加的总产值计算：

$$S = \sum_{i=1}^{n} Q_i p_i - S_0 \qquad (8-12)$$

式中，S 为技术改造后增加的总产值(销售收入或利润)；Q_i 为第 i 种产品的年产量或销售量；p_i 为第 i 种产品的不变价格或单位利润；S_0 为技术改造前的实际总产值(销售收入或利润)；n 为产品种类数。

②技术改造后提高劳动生产率、节约劳动力和工时的收益。

如果技术改造前后产品品种相同，则收益为：

$$R=\left(\frac{q_1}{q_0}-1\right)\times 100\% \tag{8-13a}$$

$$=\left(\frac{h_0}{h_1}-1\right)\times 100\% \tag{8-13b}$$

式中，R 为技术改造后劳动生产率提高的百分率；q_0 为技术改造前的产量定额；q_1 为技术改造后的产量定额；h_0 为技术改造前的工时定额；h_1 为技术改造后的工时定额。

如果技术改造前后产品品种不同，则收益为：

$$R=\left(\frac{S_1/N_1}{R_0}-1\right)\times 100\% \tag{8-14}$$

式中，S_1 为技术改造后的总产值；N_1 为技术改造后的平均职工人数；R_0 为技术改造前的劳动生产率。

对于劳动力和工时的节约，由于技术改造前后的产量和产值不同，应以相对节约量计算：

$$M=N_0(1+\Delta S)-N_1 \tag{8-15}$$

式中，M 为技术改造后劳动力或工时相对节约量；N_0 为技术改造前所用工人数；N_1 为技术改造后所用工人数；为技术改造后产值增加的百分率。

③技术改造后提高产品质量和减少废品带来的节约收益。

$$G=\frac{r_0}{1-r_0}-\frac{r_1}{1-r_1}\times(c'-\omega) \tag{8-16}$$

式中，G 为产品合格率提高带来的单位产品节约额；r_0 为技术改造前的废品数；r_1 为技术改造后的废品数；c'为单位废品平均成本；ω 为单位废品回收价值。

对于产品合格率，提高所带来的年节约额 A 可如下计算：

$$A=Q_1G \tag{8-17}$$

式中，Q_1 为技术改造后年合格品产量。

④技术改造后节约原材料、能源、工具及其他物资的收益。

$$K=\left(\frac{E_0}{E_1}-1\right)\times 100\% \tag{8-18}$$

式中，K 为技术改造后，单位产品原材料和能源的消耗降低率；E_0 为技术改造前原材料和能源的消耗定额；E_1 为技术改造后原材料和能源的消耗定额。

以绝对量表示为：

$$V=E_0P_0-E_1P_1 \tag{8-19}$$

式中，V 为技术改造后单位产品原材料和能源节约金额；P_0 为技术改造前所用原材料和能源单价；P_1 为技术改造后所用原材料和能源单价。

⑤技术改造后降低成本的收益。

$$C_R = \left(1 - \frac{C_1}{C_0}\right) \times 100\% \quad (8-20)$$

式中，C_R 为技术改造后可比产品成本降低率；C_1 为技术改造后预计单位产品成本；C_0 为技术改造前单位产品成本。

上述五项辅助指标尚不能涵盖所有的情况，应根据具体情况增加或减少一些指标。

4. 技术改造项目的社会经济效益

技术改造经济效益的评价，除上述企业经济效益外，还应包括社会经济效益评价。技术改造项目的社会经济效益评价包括以下内容。

(1)替代进口产品，节约国家外汇支出。研制出新的产品，使国家减少或停止同类产品的进口，减少了外汇支出。尽管这些外汇节约额不是企业的实际收入，通常不计入企业效益中，但属于技术改造项目的社会经济效益。

(2)产品进入国际市场，为国家多创外汇。产品竞争能力增加，销售进入国际市场或扩大国际市场的份额，增强了国家的创汇能力，取得更多的外汇收入，这也是社会经济效益的重要内容。

(3)产品生产的消耗降低，原材料和能源利用率提高。技术改造后生产消耗降低，提高了原材料的利用率，节约了能源，这不仅具有企业经济效益，也具有社会经济效益。

(4)产品质量改善，使用成本降低，使用寿命延长。通过技术改造，改善产品质量，降低了维护和使用费用，延长了产品使用寿命。在产品价格基本不变或略有提高的情况下，为产品的使用者带来新增的经济效益，也提高了企业的信誉。

(5)减少环境污染，提高废旧物质综合利用率。减少或消除生产对环境的污染，改善了生活环境，有利于大众的健康，给社会创造收益。同时，也有利于企业的可持续发展。

(6)改善劳动生产条件，有利于劳动者的健康。技术改造使劳动条件和劳动强度改善，使劳动者能在更为适宜的环境中工作，有利于提高工作效率，也有利于劳动者的身体健康和心理健康，既带来企业的经济效益，也带来积极的社会经济效益。

(7)增加产品品种，更好地满足社会的需求。通过技术改造，增加产品品种、花色和规格，不仅提高企业自身的市场竞争力，也能更好地满足用户需要，适应社会经济发展的需求，给相关企业和社会带来了经济效益。

(8)推广新技术，促进行业技术进步。采用新技术、新工艺和新设备，对本企业带来良好经济效益的同时，也作为推广新技术的示范，促进同类企业进行技术改造，从而有利于行业和技术进步。

以上八个方面，并不是每一项技术改造项目都要涉及的，在评价其社会经济效益时，应根据项目的具体情况进行选取。

二、设备更新

(一)设备更新的概念及意义

1. 设备更新的概念

设备更新是指对在技术上或经济上不宜继续使用的设备，用新的、比较先进的设备进行更换，或用先进的技术进行改造。设备更新和技术改造有密切的联系，它是技术改造的主要内容，当技术改造是以生产设备的更新改造为基本内容时，两者就趋于一致。但一般来说，技术改造的含义比设备更新更加广泛，设备更新可以认为是技术改造的一类形式。

2. 设备更新的意义

设备是企业进行现代化生产的重要物质和技术基础，其先进性是衡量一个国家或企业生产技术水平的重要标志。就实物形态而言，设备更新是用新的设备代替原来的旧设备；就价值形态而言，它使原有设备在运转中消耗掉的价值在设备更新中重新获得补偿。

一个国家、一个企业发展的过程，也就是其自身不断更新的过程。这种自身更新的明显标志之一就是技术装备即设备的更新。所以，设备更新具有重要的意义。

(1)设备更新是有效提高我国生产技术水平的重要途径。经过几十年的建设，我国已具备较为完整的工业体系和较好的工业基础。但同时也应看到，不少企业的设备仍较为落后，产品老化，已成为制约其继续发展和生存的重要问题。采用设备更新的方式，对老企业进行改造，投资少、见效快，是一条有效的途径。通过设备更新注入现代科学技术的新鲜血液，提高我国的生产技术水平，是推动我国经济继续高速发展的重要条件。

(2)设备更新是提高工业企业经济效益的重要手段。设备和技术是工业生产的物质基础，是衡量生产技术水平的重要标志，从而决定劳动生产率和经济效益的高低。利用原来基础，适时、适度地进行设备更新，投资省、收益大，可以取得比新建项目更佳的经济效益，是提高我国工业企业经济效益有效的手段之一。但工业企业的设备更新是一动态过程，影响设备更新的因素也较多。适时地进行设备更新，比较和选择最宜更新方式，为更新决策提供依据，才能取得最大经济效益。

(3)设备更新是我国经济继续发展的物质基础。由于技术装备是现代工业生产的重要物质和技术基础，经济的发展要求必须不断进行设备更新，增强发展的实力，为社会经济的快速发展提供重要的物质和技术保障。第一次世界大战前英国和法国是发展最早的国家，但由于背上旧设备的沉重包袱，过分依赖已经陈旧但仍可使用的设备和技术，不愿投入现代化更新所需的巨额投资，其结果是生产停滞不前。而同一时期的美国、德国则积极采用新技术、新工艺和新设备，结果只用几十年时间就赶超英国和法国。第二次世界大战以后，日本将国民收入的大部分用作改善和更新设备的投资，从而使工业获得迅猛的发展。发达国家的经济发展过程证明，要保障工业快速的发展，必须进行设备的更新。

(二)设备的磨损

通常设备在使用过程中会逐渐发生磨损，使其技术经济性能相应地降低，设备逐渐陈旧，称之为设备的磨损。实际上，即使是闲置未用的设备，也往往会因锈蚀、老化而变得陈旧或发生磨损。要使设备更好地发挥作用，就需要研究和掌握设备的磨损规律，适当地对设备进行价值和性能的补偿，正确地制定更新决策。

设备的磨损通常有两种方式，各有其特点。

1. 设备的有形磨损

设备使用过程中，由于机械的磨损、振动和疲劳，以及热应力和化学腐蚀等，造成设备实体上发生变形、损耗或破坏，称为有形磨损或物质磨损。磨损与使用的时间和使用的强度有关，磨损的结果会使设备的精度、性能降低，生产率下降，能耗增加。严重的磨损甚至会造成事故或导致设备报废等，这类有形磨损称为机械磨损。

对于闲置未用的设备，由于自然力的作用和环境的化学腐蚀，也会造成设备的老化、腐蚀、锈蚀等损耗，从而形成对设备的有形磨损。此类有形磨损称为自然磨损。注意设备的维护和保养，可以减少或延缓磨损，但不能避免有形磨损。

有形磨损具有一定规律，图 8－6 显示了有形磨损的三个阶段。

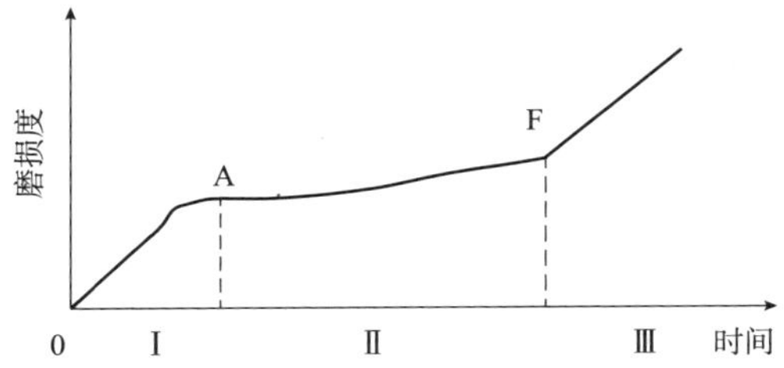

图 8－6 有形磨损的三个阶段

Ⅰ. 初期磨损阶段。这一阶段时间很短，零部件表面粗糙不平的部分在相对运动中被很快磨去，磨损量很大。

Ⅱ. 正常磨损阶段。这一阶段将维持一段时间，零部件的磨损趋于缓慢，基本上随时间而匀速缓慢增加。

Ⅲ. 剧烈磨损阶段。这一阶段，零部件磨损超过一定限度，正常磨损关系被破坏，工作情况恶化而零部件磨损量迅速增大，设备的精度、性能和成产率都会迅速下降。

注意设备的维护和保养，可以减少或延缓磨损，但不能避免有形磨损。有形磨损通常可以进行修理，如更换零部件、采取加固措施等方法，可消除部分磨损，但不能使它恢复到与新设备一样的状况。

2. 设备的无形磨损

设备磨损的另一种形式叫作无形磨损。有形磨损反映了设备技术性能的下降，而无形磨损则反映了设备经济价值的降低。通常，在设备受到有形磨损的同时，也有无形磨损。无形磨损根据发生的原因，也可分为两种。

第一种是由于科学技术的进步，管理水平的提高，使生产同样设备的社会平均必要劳动消耗降低，例如，成本降低，从而使原有设备贬值。但是，设备本身的技术特性和功能或其使用价值并未降低。

第二种是由于出现了结构更新颖、技术性能更完善、具有更高生产率和经济性的设备，使原有设备显得性能落后，技术陈旧，技术经济指标较差，从而使用价值和经济价值相对降低。如果继续使用原设备，将会降低生产的经济效益，因此应该用性能更好的设备取代原有设备，即设备的更换或现代化改装。

设备磨损的度量。化工设备与一般的机械设备不同，常常是在高温、高压或者低温、真空等条件下工作，而且还受到许多介质的侵蚀。设备的有形磨损除了因摩擦造成磨损外，还因在高温、高压等条件下发生疲劳和腐蚀，造成有形磨损。因此，设备有形磨损的度量应根据摩擦、疲劳和腐蚀的状况进行综合的研究。此外，化工设备大都是装置性的设备，配套要求严格。因而，它的无形磨损也应该从整套装置的技术经济性能进行系统的分析，才能为设备的更新决策提供正确的依据。

①有形磨损的度量。对于整套装置或整机，其平均磨损程度可用有形磨损系数来表示：

$$\alpha_P = \frac{\sum_{i=1}^{n} \alpha_i K_i}{\sum_{i=1}^{n} K_i} \tag{8-21}$$

式中，α_P 为设备有形磨损程度系数；α_i 为第 i 个零部件的磨损程度系数；K_i 为第 i 个零部件的价值；n 为磨损零部件总数。

也有的建议，对于没有大修过的设备，其有形磨损程度系数 α_i 为：

$$\alpha_i = \frac{T_m}{T} \tag{8-22}$$

式中，T 为按有形磨损规定的服务期限；T_m 为设备已使用年限。

对于不同类型的设备，其有形磨损的损失量不尽相同。例如，离心泵的有形磨损损失量常用扬程下降的程度或流量减少的程度来度量。但是，料液贮槽的四壁由于受腐蚀和疲劳的影响，强度降低，因而度量有形磨损的程度是强度指标。

为了使度量指标有一致性，通常可采用经济度量指标来度量，即

$$\alpha_i = \frac{R}{K_1} \tag{8-23}$$

式中，R 为修复全部磨损零部件的修理费用；K_1 为在确定设备磨损程度时，该种设备的再生产价值。

从经济理论上分析，设备有形磨损程度指标 α_P 不能大于1，即 $\alpha_P \leqslant 1$。

②设备无形磨损的度量。无形磨损程度可用由于技术进步而降低的价值与设备的原始价值之比来表示。其公式为：

$$\alpha_1 = \frac{K_0 - K_1}{K_0} = 1 - \frac{K_1}{K_0} \tag{8-24}$$

式中，α_1 为无形磨损程度系数；K_0 为设备原始价值；K_1 为考虑到两种无形磨损时，设备的再生产价值。

K_1 可由下式计算出来：

$$K_1 = K_n \left(\frac{q_0}{q_n}\right)^{\gamma} \left(\frac{C_n}{C_0}\right)^{\beta} \tag{8-25}$$

式中，K_n 为新设备的价值；q_0 为相应旧设备的年生产能力；q_n 为相应新设备的年生产能力；C_0 为相应旧设备的单位产品耗费；C_n 为相应新设备的单位产品耗费；γ 为生产能力提高系数；β 为生产成本降低系数。

γ 和 β 的取值范围为0～1，实际取值大小可以通过研究相似设备的有关数据得到。

③设备综合磨损的度量。设备的有形磨损和无形磨损往往是同时发生的，故需要对设备的综合磨损状况进行度量。

设备综合磨损可用下式度量：

$$\alpha = 1 - (1 - \alpha_P)(1 - \alpha_1) \tag{8-26}$$

在式(8－26)中，$(1 - \alpha_P)$反映了设备发生有形磨损后的残余价值，$(1 - \alpha_1)$

则反映了设备发生无形磨损后的残余价值。因而，两种磨损同时发生后的残余价值是$(1-\alpha_P)(1-\alpha_1)$。式中的α表示设备综合磨损程度。

由上述分析，可得设备发生综合磨损后的净值为：

$$K=\{1-[1-(1-\alpha_P)(1-\alpha_1)]\}K_0$$

将式(8－23)和式(8－24)代入上式，得：

$$K=\left(1-\frac{R}{K_1}\right)\left(1-\frac{K_0-K_1}{K_0}\right)K_0=K_1-R \tag{8-27}$$

(三)设备寿命及经济寿命计算

1. 设备寿命

由于磨损，设备使用价值和经济价值逐渐消失，因而设备就像生物一样具有一定的寿命，或称使用年限。根据对设备使用年限的不同考虑角度，可将设备寿命划分为以下几个范畴。

(1)自然寿命或物理寿命，是指设备从开始使用直到不能工作而报废的时间。物理寿命主要取决于设备抵抗有形磨损的能力，与无形磨损无关。良好的维护保养和适时维修可以延长其物理寿命。

(2)技术寿命，是指设备从开始使用到被技术上较先进的新设备所取代的时间。技术寿命主要取决于第二种无形磨损的影响，而与有形磨损无关。科学技术发展越迅速，技术寿命越短。有的设备可通过技术改造延长其技术寿命。

(3)经济寿命，是指设备从开始使用到因磨损而继续使用经济性降低所经历的时间，或年均经济性最高的使用期限。经济寿命既考虑了有形磨损，又考虑了无形磨损，是设备的最佳或最经济使用期限，合理的更换方案应以它为基础。

(4)折旧寿命，是为设备折旧而规定的设备使用时间，折旧寿命在西方又称为纳税寿命或会计寿命，因折旧对纳税有影响，折旧寿命由财税部门规定。我国的折旧寿命通常由国家主管部门规定。

2. 经济寿命计算原理

如前所述，设备的经济寿命是继续使用到已不再经济的年限，也就是应予以更新的年限。设备更新有大修、现代化改装和更换三种方式，对于某一设备用什么方式更新、在什么时间更新最适宜等问题，都必须以设备的经济寿命为基本依据，做出适时更新的决策。

根据经济寿命的概念可知，经济寿命是从经济的角度考察设备使用的合理时间界限。为此，计算设备的经济寿命必须从考察设备使用过程中所发生的收益和费用情况入手，了解其变化规律。

设备在使用过程中，从经济上看，一方面，随着使用时间的延长，设备的磨损程度逐渐增大，造成设备的技术性能也逐渐劣化，效率降低，维修量加大，平均年运行费用逐渐增大，从而使平均年收益逐渐减少。另一方面，随着时间的延长，设备投资分摊到每年的数额，即平均折旧额减少。可见，年平均维持费和年平均折旧费对平均年净收益有着不同的影响，并随着设备使用时间的延长发生相应的变化。如图8－7所示。

年均净收益曲线是年均收益曲线与年均折旧费曲线之差，故是一条上凸的曲线，存在着极大值(见图8－8)。极大值所对应的设备使用年限 n_{opt} 即是设备的经济寿命。它表明，当设备的使用年限等于设备的经济寿命时，设备产生的年均净收益最大；而超过经济寿命，由于年均净收益下降，就可考虑设备的更新或更换。此外，如果设备的使用年限不到设备的经济寿命，由于平均分摊到各年的折旧费用增大，致使设备的年均净收益受到不利的影响，这时，更换设备也可能是不合适的。

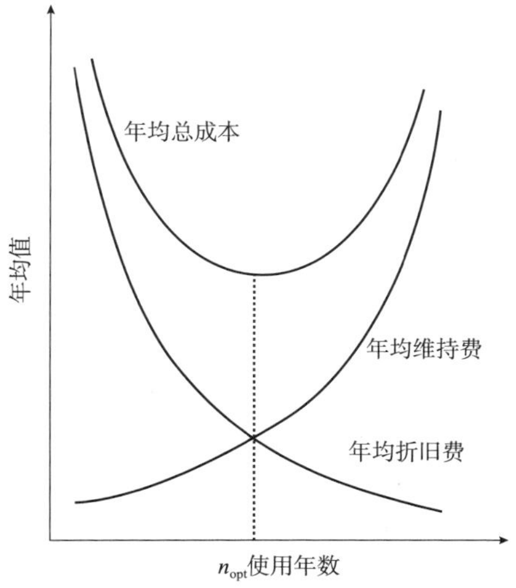

图8－7　年均总成本随使用年限变化

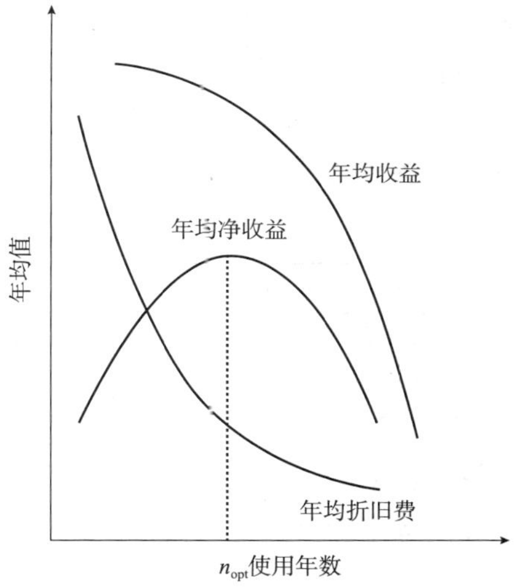

图8－8　年均净收益随使用年限变化

为了计算设备的经济寿命，我们也可以从设备的平均年总成本的变化来考察。在图8－7中，年均总成本曲线是年均折旧费曲线和年均维持费曲线之和，是一条下凹的曲线，有极小值存在。该极小值所对应的设备使用年限 n_{opt} 也即设备的经济寿命。

从上述分析可知，年均净收益和年均总成本都随着设备使用年限而变化，且有极大值或极小值存在。只要求出极大值或极小值所对应的年限，即可知道设备的经济寿命。

3. 经济寿命计算方法

(1)年均费用法。该方法是将设备的维持费、折旧费逐年列出，计算出各年的总费用，以及到某年为止的年平均费用。最小年平均费用所对应的年限即为设备的经济寿命。

在不考虑资金的时间因素时，计算公式为：

$$AC_t = \frac{\sum_{t=1}^{n} C_t + D_t}{t} \quad (8-28)$$

式中，AC_t 为设备使用 t 年条件下的年均费用；C_t 为设备第 t 年的维持费；D_t 为设备使用至第 t 年的累计折旧费。

如果考虑资金的时间因素，计算公式为：

$$AC_t = \left[I_0 - S_t(P/F,i,t) + \sum_{t=1}^{n} C_t(P/F,i,t)\right](A/P,i,t) \quad (8-29)$$

式中，I_0 为设备原值；S_t 为第 t 年时设备的残值。

由上述公式计算出设备使用到不同年限时的年均费用 AC_t，其中最小 AC_t 所对应的年限就是设备的经济寿命。

【例 8-1】 设某设备原值为 10000 元，各年的维持费及各年底的设备残值列于表 8-2 中。试分别考虑资金的时间因素和不考虑资金的时间因素，计算该设备的经济寿命。

表 8-2 例 8-1 的已知数据

使用年数	1	2	3	4	5	6	7
年维持费 C_t/元	1250	1580	2180	2800	3450	4500	5630
年末残值 S_t/元	6300	4000	3000	2200	1500	940	620

解：(1) 不考虑资金的时间因素：

在不考虑资金的时间因素时，可应用式(8-28)

$$AC_t = \frac{\sum_{t=1}^{n} C_t + D_t}{t}$$

式中的 $D_t = I_0 - S_t$，所以，各年的年均费用计算如下。

第一年

$$AC_t = \frac{C_1 + (I_0 - S_1)}{1} = \frac{1250 + (10000 - 6300)}{1} = 4950(\text{元})$$

第二年

$$AC_t = \frac{C_1 + C_2 + (I_0 - S_2)}{2} = \frac{1250 + 1560 + (10000 - 4000)}{2} = 4405(\text{元})$$

第三年

$$AC_t = \frac{C_1 + C_2 + C_3 + (I_0 - S_3)}{3} = \frac{1250 + 1560 + 2180 + (10000 - 3000)}{3} = 3997(\text{元})$$

其余各年用同样的方法计算出年均费用，列于表 8－3。

表 8－3　例 8－1 计算结果(一)

使用年数	1	2	3	4	5	6	7
年均费用 G/元	4950	4405	3997	3898	3948	4133	4391

从表 8－3 可见，第 4 年时的年均费用 AC_t 最小，故该设备的经济寿命是 4 年。

(2)考虑资金的时间因素：

设基准收益率为 10%。此条件下，应用式(8－29)，各年的年均费用计算如下：

第一年

$$AC_t = [I_0 - S_1(P/F, 10\%, 1) + C_1(P/F, 10\%, 1)](A/P, 10\%, 1)$$
$$= (10000 - 6300 \times 0.9091 + 1250 \times 0.9091) \times 1.100 = 5950(\text{元})$$

第二年

$$AC_t = [I_0 - S_2(P/F, 10\%, 2) + C_1(P/F, 10\%, 1) + C_2(P/F, 10\%, 2)](A/P, 10\%, 2)$$
$$= (10000 - 4000 \times 0.8265 + 1250 \times 0.9091 + 1560 \times 0.8265) \times 0.5762$$
$$= 5255(\text{元})$$

其余各年的计算过程和结果列于表 8－3 中，第 5 年的年均费用 AC_t 最小，所以，经济寿命是 5 年。

表 8－4　例 8－1 计算结果(二)

使用年数 t	现值因子 (P/F, 10%, t)	C_t(P/F, 10%, t)/元	S_t(P/F, 10%, t)/元	年值因子 (A/P, 10%, t)	年均费用 AC_t/元
1	0.9091	1136	5727	1.100	5950
2	0.8265	2426	3306	0.5726	5255
3	0.7523	4066	2257	0.4021	4748
4	0.6830	5978	1503	0.3155	4567
5	0.6209	8120	931	0.2638	4534
6	0.5645	10660	.531	0.2296	4622
7	0.5132	13549	323	0.2054	4771

(2)低劣化数值法。随着设备使用时间延长，设备磨损程度增大，使设备维持费用增加，称之为设备的低劣化。前述方法需要较准确地估计因设备低劣化造成的逐年的各项费用，这往往又比较困难，而且计算过程也比较烦琐。为了简单起见，可假定每年的设备劣化程度增加量是均等的，即维持费用呈线性增长。设每年的增加额为 λ，第 t 年的增加值为 tλ，而 t 年内的平均值则为：

$$\frac{\lambda + 2\lambda + \cdots + t\lambda}{t} = \frac{t+1}{2}\lambda \tag{8-30}$$

设备的年均总费用则为：

$$AC_t = \frac{t+1}{2}\lambda + \frac{I_0 - S}{t} \tag{8-31}$$

根据经济寿命的概念，使 AC_t 最小的年份就是设备的经济寿命 T_{otp}，可对 AC_t 进行微分，并令：

$$\frac{dAC_t}{dt} = 0$$

则得

$$T_{opt} = \sqrt{\frac{2(I_0 - S)}{\lambda}} \tag{8-32}$$

相应的最低年均费用为：

$$AC_{min} = \frac{T_{opt}+1}{2}\lambda + \frac{I_0 - S}{T_{opt}} \tag{8-33}$$

【例 8-2】 在例 8-1 中，各年维持费用累计为 21370 元，利用式(8-30)可估算出年低劣化值 $\lambda = 763$ 元。试用低劣化数值法，求设备的经济寿命和最低年平均总费用。

解：将有关数据代入式(8-32)中，可得该设备经济寿命为

$$T_{opt} = \sqrt{\frac{2(I_0 - S)}{\lambda}} = \sqrt{\frac{2\times(10000-620)}{763}} = 5.0(\text{年})$$

根据式(8-33)，可求出相应的最低年平均费用为

$$AC_{min} = \frac{T_{opt}+1}{2}\lambda + \frac{I_0 - S}{T_{opt}} = \frac{5+1}{2}\times 763 + \frac{10000-620}{5} = 4165(\text{元})$$

计算结果与例 8-1 用年均费用法计算出的结果近似。

4. 现有设备的剩余经济寿命

上述介绍的方法为确定设备的经济寿命或最优更新年限提供了重要的手段，能够在最适宜的时间内更新设备。利用上述方法，不仅可确定新设备的经济寿命，对现有设备的剩余经济寿命也可以确定，以利于把握适宜的更新时机。

现有设备剩余经济寿命的计算原则和方法与新设备是一样的。可以将现有设备也看作一台新设备。只是需将现有设备的残值看作假想的新设备的原值，便可利用上述方法之一来计算剩余经济寿命。

【例 8-3】 设例 8-1 中的设备已使用了 2 年，现在尚值 4000 元，最终残值仍为 620 元。假定该设备年低劣化数值与例 8-2 中相同，即 $\lambda = 763$ 元。求该设备的剩余经济寿命。

解：$I_0=4000$ 元，$S_t=620$ 元，代入式(8－32)得

$$T_{opt}=\sqrt{\frac{2(I_0-S)}{\lambda}}=\sqrt{\frac{2\times(4000-620)}{763}}=3(年)$$

从例 8－2 或例 8－3 可知，若是新设备，经济寿命应为 5 年。但本例假设已用了 2 年，故剩余经济寿命为 5－2＝3 年。

(四)设备更新决策

设备更新可以解决设备损坏问题，也可以解决设备技术落后、浪费能源和环境污染等问题，是维护和扩大社会再生产的必要条件。更新旧设备的原因并非是因为设备的损坏，实际上，由于经济或运营环境的改变，常常促使企业淘汰一些实质上并不陈旧的设备。

一般而言，淘汰旧设备的主要原因包括：

(1)现有设备已无法满足目前或预期对于产品数量和质量的需求。

(2)新式设备出现，可使得生产作业较原有设备效率更高，或者有较低的作业成本或维护成本。

(3)现有设备由于一次意外或长期使用而损坏。

(4)设备的功能落后，例如消费者已不需要该设备所生产的产品。

对于一台或一套受到磨损的设备，采用何种方式补偿最合理，需要结合具体设备的特点，进行全面的技术经济评价，从而为更新决策提供依据。所以，设备更新也是一个项目技术经济评价问题，因而，具有一般投资项目评价的特点。

但化工企业的设备更新是一动态过程，影响设备更新的因素也较多。适时进行设备更新，比较和选择最宜更新方式，为更新决策提供依据，才能取得最大的经济效益。

1. 设备更新的方式

设备更新的目的，是补偿设备的磨损。由于发生了设备的磨损，引起设备使用价值和价值的下降，应采取措施对设备的磨损进行补偿。由于设备磨损的形式和程度不同，补偿的方式和方法也相应地不一样。

补偿的方式通常有大修、现代化改装和更换三种方式。大修和现代化改装是部分补偿，更换则可以实现完全的补偿。狭义地讲，更换有时又可称为更新，但广义地讲，更新包括大修、现代化改装和更换。本书中的更新均是指广义的概念。

(1)大修理。大修理是化工设备在使用后，为了恢复其原有的功能和生产效率而进行的全面修理。它是通过调整、修复或更换磨损的零部件的方法，使设备的性能完全或基本恢复到原有的水平。

大修理是对设备有形磨损的补偿，只对磨损的零部件进行修复或更换，另外

一些没有磨损或磨损不大的零部件继续使用。所以，大修理的费用通常小于设备更换的费用，具有经济性。

但由于大修理只是对有形磨损的补偿，或是对设备综合磨损的部分补偿，长期用修理的方式来维持设备的寿命，是不合理的，因为它会严重地阻碍技术进步；另外，对技术上已渐显陈旧的设备多次修理，在经济上是不合算的；长期地大修并不能总保持设备原有的性能，而且修理的成本将不断上升。因此，对已不适合修理的设备应进行设备的更换或现代化改装。

(2)设备更换。设备更换就是用相同用途的新设备替换老设备。更换通常有两种方式。

一是原型更换，即用结构相同的新设备替换已遭受严重物理磨损而不能继续使用的旧设备。这种更换主要是完全补偿设备的有形磨损，没有技术进步的作用。

二是技术更新，也就是以结构更先进、技术更完善、性能更好、效率更高的新型设备，替换技术上落后、受到第二种无形磨损、在经济上不宜继续使用的设备。随着技术进步的加快，新型设备从构思、研制、设计和成批生产的周期不断缩短，现有设备的技术寿命也相应地缩短。例如，在先进的工业化国家，第二次世界大战前，需要40年左右；第二次世界大战后到20世纪60年代中期，缩短到20年；70年代，又缩短到10年，有的甚至仅5年。所以，设备的更换以第二种更换方式为主。

新中国成立初期，中国的化工基础很弱，主要的投资是用于增加设备拥有量，扩大设备的总体规模。经过几十年的努力，已具有相当的总体规模，但每年用于技术改造和更新的费用不足，使设备的技术更新速度明显落后于设备规模的扩大。在不少发达的工业化国家，他们的增产主要依靠现有企业的技术改造和设备更换。这值得我们借鉴。

(3)现代化改装。大修和更换是设备磨损补偿或设备更新的两种方式，但前者对设备磨损的补偿是有限的，而后者的实施也涉及两个问题：一是国家能否及时提供化工行业更换所需的新设备；二是旧设备一律更换是否最合算，或企业是否有足够的能力支付设备更换所需的资金。因此，前述两种方式都具有各自的局限性。另一种既能补偿有形磨损，又能补偿无形磨损的设备更新方式，就是现代化改装。

现代化改装是指应用现代的技术成果，适应生产的具体需要，局部改变现有设备的结构，给设备换上新部件、新装置、新附件，改善现有设备的技术性能，使之部分或全部达到新型设备的性能水平。

现代化改装具有很强的针对性和适用性。经过现代化改装的设备更能适应生产的具体条件。在某些情况下，其适应的程度甚至可以超过新设备。

由于改装是以原有设备为基础，原有设备的不少零部件都可继续使用，因而，所需费用一般都比用新设备更换要少，经济效益比较好。

正是由于现代化改装具有技术上和经济上的优越性，所以，它是对现有化工企业进行技术改造、提高生产效率的有效措施。它对资金不足的老企业尽快改变技术装备落后的状况有重要作用。

2. 设备更新的时机

设备更新的时机选择与经济效益密切相关。选择最佳更新时机，是取得最大经济效益的必要条件。设备更新时机的选择常用以下几种方法。

(1)根据设备的经济寿命来确定。当设备使用至经济寿命时，若继续使用，年均经济效益降低，经济上已不再最合算，因而，选择设备经济寿命的年限为最佳更新时机，这是最常用的设备更新时机选择方法，有关设备经济寿命的确定，已在前面介绍。

(2)根据寿命期内总使用费最低来确定。在有的情况下，如果已知设备需要服务年限，正在使用设备和拟更新设备的使用寿命及费用，应根据两设备在需要服务期内总使用费最小的原则，确定设备更新的时机，其结果可能与设备的经济寿命不一致。设现用设备需要服务年限为 N，正使用的设备已使用年限为 t，如果现在进行更新，则新设备的使用年限为 N－t，可见，正使用的设备已使用的年限越长，则更新设备使用年限越短。

正在使用设备使用了 t 年的总使用费用可如下计算：

$$C_{0t} = K_0 - K_{et} + \sum_{i=1}^{t} C_{pi} \qquad (8-34)$$

式中，C_{0t}为现用设备使用 t 年的总费用；K_0 为现用设备原值；K_{et}为现用设备在 t 年末的残值；C_{pi}为现用设备在第 i 年的维持费。

拟用的更新设备在使用 N－t 年的总费用为：

$$C'_{0(N-t)} = K'_0 - K'_{e(N-t)} + \sum_{i=1}^{N-t} C'_{pt} \qquad (8-35)$$

式中，$C'_{0(N-t)}$ 为新设备使用 t 年的总费用；K'_0为新设备原值；$K'_{e(N-t)}$ 为新设备在 N－t 年末的残值；C'_{pt}为新设备在第 i 年的维持费。

两设备在需要服务年限内的总使用费为：

$$C = C_{0t} + C'_{0(N-t)} \qquad (8-36)$$

使总费用 C 达到最小 C_{min}所对应的 t 值就是设备更新的时机。

式(8－34)～式(8－36)没有考虑资金的时间价值。若要考虑时间价值，则总费用 C 应如下计算：

$$C = \left[K_0 - K_{et} \times \frac{1}{(1+i)^t} + \sum_{j=1}^{t} C_{pj} \times \frac{1}{(1+i)^j}\right]$$

$$= \left[K'_0 + K'_{e(N-t)} \times \frac{1}{(1+i)^{N-t}} + \sum_{j=1}^{N-t} C'_{pj} \times \frac{1}{(1+i)^j}\right] \times \frac{1}{(1+i)^t} \quad (8-37)$$

【例8-4】 设某设备原值为8000元，使用寿命为5年，各年的残值及年维持费见表8-5。又已知拟用的新设备价值为17000元，使用寿命为6年，各年的残值及年维持费见表8-5。若需服务年限为6年。现设备已用2年，其寿命小于设备需要的服务年限6年。拟用效率为原设备两倍的新设备去替换现有设备，试决定何时实施为佳。

表8-5 原设备和新设备的各年残值和维持费

使用年限/年		1	2	3	4	5	6
现用设备	年维持费/元	1000	1200	1400	1800	2350	—
	年末残值/元	5500	4500	4000	3200	1500	—
新设备	年维持费/元	1000	1300	1800	2300	3000	4000
	年末残值/元	10000	8000	6000	4000	3000	2000

解： 由于现用设备已使用了2年，则更新时机有四种，即现有设备与新设备更新组合使用有四种可能。根据总费用计算式(8-34)~式(8-36)，这四种组合使用情况下的总费用列于表8-6中。

表8-6 新、旧设备更新组合的费用计算

组合方式	现设备使用年限 f	现设备 t 年内总使用费用 C_{0t}	新设备使用年限 $(N-t)$	新设备 $N-t$ 年内总使用费用 $0.5 \times C'_{0(N-t)}$	N 年内两设备总使用费用 $C = C_{0t} + 0.5 \times C'_{0(N-t)}$
A	2	5700	4	9700	15400
B	3	7600	3	7550	15150
C	4	10200	2	5600	15800
D	5	14250	1	4000	18250

在新设备 $N-t$ 年内总使用费用计算中 $C_{0(N-t)}$ 前乘以系数0.5，是因为新设备是现用设备效率的两倍。乘以此系数使新设备与现用设备的效率折算为一致。从表8-5可见，组合方式B的总费用最低，即应在现有设备使用3年后用新设备适时更新，然后新设备再使用3年。

(3)根据市场需求和技术发展来确定。在科学技术更加快速发展的时代，一些行业或一些类别的设备更新速度加快。在这种形势下，某些设备虽然暂时能创造较高的经济效益，尚未达到设备的经济寿命，但在技术上将很快变得落后。为始终保持在本行业技术方面的先进性，具有很强的市场竞争力，选择适当时机更新设备，此时的淘汰设备仍可能有较高的残值。从这种时间—效益—市场的考虑，迫使企业更新其设备。

3. 设备更新方案的评价与选择

化工生产过程通常是由若干台设备或几套单元操作装置构成，一台或一套单元操作设备仅仅是整个生产过程中的一个环节，设备更新不仅对所在环节产生效果，也将对整个生产系统产生效果。所以，在对具体的设备更新进行评价时，既要考虑更新设备本身的投入与效益，即局部评价，也要评价该设备更新对整个生产系统投入与效益的影响，即系统评价。

(1)局部评价。根据前述的讨论，对于设备的更新，有以下五种方案可供选择。

①旧设备原封不动继续使用；

②旧设备大修理；

③现代化改装；

④用原型新设备更换旧设备；

⑤用效率更好的新设备更换旧设备。

如果以上的更新方案都能或其中一些能够满足使用的要求，那么，在评价各方案的经济性时，可以采用最低总费用现值法，即分别求出各方案在相同使用时间内总费用的现值，然后，除以反映各种补偿方式与新设备效率之比的生产率系数，使之在效率上可比，计算出的各方案总费用的现值可相互比较。总费用现值最小的方案，就应是最佳方案。

各种补偿方式的总费用现值可按下式计算。

①旧设备继续使用：

$$C_{\mathrm{o}n} = \frac{1}{\beta_{\mathrm{o}}} \sum_{j=1}^{n} C_{\mathrm{o}j} \frac{1}{(1+i)^j} \tag{8-38}$$

②旧设备大修理：

$$C_{\mathrm{r}n} = \frac{1}{\beta_{\mathrm{r}}} \left[K_{\mathrm{r}} + \sum_{j=1}^{n} C_{\mathrm{r}j} \frac{1}{(1+i)^j} \right] \tag{8-39}$$

③现代化改装：

$$C_{\mathrm{m}n} = \frac{1}{\beta_{\mathrm{m}}} \left[K_{\mathrm{m}} + \sum_{j=1}^{n} C_{\mathrm{m}j} \frac{1}{(1+i)^j} \right] \tag{8-40}$$

④用原型新设备更换旧设备：

$$C_{\mathrm{n}n} = \frac{1}{\beta_{\mathrm{n}}} \left[K_{\mathrm{n}} + \sum_{j=1}^{n} C_{\mathrm{n}j} \frac{1}{(1+i)^j} \right] \tag{8-41}$$

⑤新设备更换旧设备：

$$C_{hn} = \frac{1}{\beta_n}\left[K_n + \sum_{j=1}^{n} C_{nj} \frac{1}{(1+i)^j}\right] \tag{8-42}$$

式中，C_{on}、C_{rn}、C_{mn}、C_{nn}、C_{hn}依次表示5种方案设备使用到n年末时的总费用现值；β_o、β_r、β_m、β_n、β_h依次表示5种方案的生产效率系数；C_{oj}、C_{rj}、C_{mj}、C_{nj}、C_{hj}依次表示5种方案在第j年的操作及维修费；K_r、K_m、K_n、K_h依次表示后4种方案所需的投资；i为折现率；n为设备使用年限。

如果要进一步考虑各更新方案时设备的残值，则式(8－38)～式(8－42)相应地为：

$$C'_{on} = \frac{1}{\beta_o}\left[\sum_{j=1}^{n} C_{oj} \frac{1}{(1+i)^j} - V_{oL} \frac{1}{(1+i)^n}\right] \tag{8-43}$$

$$C'_{rn} = \frac{1}{\beta_r}\left[K_r + \sum_{j=1}^{n} C_{rj} \frac{1}{(1+i)^j} - V_{rL} \frac{1}{(1+i)^n}\right] \tag{8-44}$$

$$C'_{mn} = \frac{1}{\beta_m}\left[K_m + \sum_{j=1}^{n} C_{mj} \frac{1}{(1+i)^j} - V_{mL} \frac{1}{(1+i)^n}\right] \tag{8-45}$$

$$C'_{nn} = \frac{1}{\beta_n}\left[K_n + \sum_{j=1}^{n} C_{nj} \frac{1}{(1+i)^j} - V_{\infty} - V_{nL} \frac{1}{(1+i)^n}\right] \tag{8-46}$$

$$C'_{hn} = \frac{1}{\beta_h}\left[K_h + \sum_{j=1}^{n} C_{hj} \frac{1}{(1+i)^j} - V_{\infty} - V_{hL} \frac{1}{(1+i)^n}\right] \tag{8-47}$$

式中，V_{oL}、V_{rL}、V_{mL}、V_{nL}、V_{hL}依次表示5种方案设备使用到第n年末的残值；V_{∞}为原有旧设备在决策年份的可售价值。

实际运用上述公式计算时，由于各方案设备的可使用年限不尽相同，而更新时对设备使用年限则可能是有要求的。例如，各方案设备的可使用年限分别为n_1、n_2、n_3、n_4、n_5，要求设备使用年限为m。在具体评价时，可采用以下两种方法。

①要求的使用年限已知，这时对各方案计算$n=m$时的总费用现值，其值最低者就是最优方案。

②各方案的可使用年限已知，要求使用年限视情况而定，这时应选择各方案使用年限n_1、n_2、n_3、n_4、n_5的最小公倍数k，令$n=k$，分别计算各方案逐年的总费用现值，就可找出不同使用年限的最佳方案。

【例8－5】 某企业拟对某台设备进行更新，现已知采用各种方案的更新费用、每年的运行费用等数据如表8－7所示。试求：要求服务年限分别为2年、3年、4年、5年、6年、7年、8年时的最佳方案。

表8－7　例8－5的各种更新方案参数

序号	可选方案	基本投资 K/万元	劳动生产力提高系数 β	各年运行费用/万元								
				1	2	3	4	5	6	7	8	9
1	旧设备继续使用	$K_o=0$	$\beta_o=0.71$	250	300	350	400	450	500	530	700	910
2	旧设备大修理	$K_r=700$	$\beta_r=0.91$	25	53	105	160	210	270	340	420	510
3	旧设备现代化改造	$K_m=1200$	$\beta_m=1.25$	20	50	100	150	200	260	320	380	450
4	用原型新设备更换	$K_n=1300$	$\beta_n=1.0$	30	55	110	170	220	280	360	450	540
5	用效率更好的新设备更换	$K_h=1625$	$\beta_h=1.28$	60	100	175	250	325	400	480	610	720

解：不考虑设备的残值，设折现率为 $i=8\%$，可直接利用式(8－38)～式(8－42)和表8－7所列的数据，分别计算使用年限为1，2，…，9年时各方案的总费用值，计算结果列于表8－8。在表8－8中标有＊符号的为使用到某年时的总费用现值最低者，即最佳方案。从表中可看出，设备使用到不同年份，各方案的总费用现值是不同的。如果设备只考虑使用2年，2年后，产品将改变方案，或者到时会有更好的新型设备可供使用，则最好维持使用旧设备，不必大修或现代化改装。如果期望设备再用三四年的时间，则以大修方案为佳。若计划使用更长的时间，例如5～8年则宜采用现代化改造的方案。只有使用期在8年以上时，才适合采用高效新型的设备，也即要求新设备的使用寿命至少为8年。

表8－8　各种更新方案逐年总费用现值

年限	总费用现值/万元				
	C_{on}	C_{rn}	C_{mn}	C_{nn}	C_{hn}
1	325.9	778.8	990.1	1173.1	1131.6
2	687.8	867.2	1028.1	1218.6	1165.1
3	1079.6	1010.5	1099.6	1301.9	1227.2
4	1493.7	1199.9	1200.5	1419.5	1313.3
5	1925.0	1428.0	1321.3	1562.4	1419.6
6	2368.8	1687.8	1463.5	1723.6	1547.6
7	2804.2	1976.5	1633.0	1930.9	1667.4
8	2351.0	2316.2	1829.0	2157.8	1853.8
9	3978.0	2687.4	2046.9	2414.9	2029.3

(2)系统评价。对设备进行更新，是为了消除生产过程中的薄弱环节，维持正常的生产，或者提高生产效率和规模。因而，评价设备更新的经济效果时，除

了考虑所更新的设备的得失外，还必须将它作为生产过程中的一个环节，分析它的更新对整个生产过程经济效果的影响。例如，在考虑反应器的温度控制调节设备的更新时，可选用半自动控制和微机自动控制两种方案。从投资和运行费用来分析，选用半自动控制的方案较优。但如果采用微机自动控制，使反应器的温度控制和调节更趋于最佳化，能较好地适应原料组成的变化，提高反应收率，也减小了后期分离过程的费用，使生产过程的单位产品费用比采用半自动控制更低。所以，设备更新时，还应进一步从系统的角度比较和分析各个方案的效果。

从系统角度比较更新方案的经济性，可采用如表 8－9 所示的指标。

表 8－9　比较更新方案的指标

指标名称	更新方案		
	大修理	现代化改造	更换
基本投资/元	K_r	K_m	K_n
设备年生产率/(吨/年)	q_r	q_m	q_n
单位产品成本/(元/吨)	C_r	C_m	C_n

在多数情况下，大修理、现代化改装和更换之间有下述关系：

$$K_r < K_m < K_n$$

$$C_r > C_m > C_n$$

$$q_r < q_m < q_n$$

在对具体的更新方案进行分析时，可按以下过程进行决策。

①大修理与现代化改装：

若$\frac{K_r}{q_r} > \frac{K_m}{q_m}$，且 $C_r > C_m$，现代化改装方案具有更好的经济效果。

若$\frac{K_r}{q_r} > \frac{K_m}{q_m}$，且 $C_r < C_m$，或者$\frac{K_r}{q_r} < \frac{K_m}{q_m}$而 $C_r > C_m$，可追加投资回收期指标决策：

$$T = \frac{K_m/q_m - K_r/q_r}{C_r - C_m} \tag{8-48}$$

式中的 T 为投资回收期(年)。如果 T 小于企业或部门规定的年数，则选择现代化改装方案。反之，即使 $C_m < C_r$，也应选取大修理方案。

②取上述较优方案与更换进行比较：

设大修理较优，那么，可进一步与更换比较如下。

若$\frac{K_r}{q_r} > \frac{K_n}{q_n}$，且 $C_r > C_n$，则设备更换最佳。

若$\frac{K_r}{q_r} > \frac{K_n}{q_n}$，且 $C_r < C_n$，或者$\frac{K_r}{q_r} < \frac{K_n}{q_n}$而 $C_r > C_n$，则进一步计算追加投资回

收期：

$$T=\frac{K_n/q_n-K_r/q_r}{C_r-C_n} \tag{8-49}$$

如果 T 小于或等于企业或部门规定的回收期标准，更换是合理的。如果 T 超过规定的标准回收期，则应选择大修理。

第三节　化工研究开发的技术经济分析

一、研究开发的作用及过程

(一) 化工研究开发的作用

技术创新包括产品创新、工艺创新和管理创新，是企业生存和发展的基础。技术创新包括研究开发、组织管理、商业和金融等一系列的综合过程，但其中的研究开发是关键环节。无论是产品创新还是工艺创新，都必须经过研究开发来实现。

国内外企业的发展历史，就是企业不断技术创新的过程，科学研究和技术开发是企业发展的前提。回顾化学工业发展的历史表明，化学化工的重大发现和发明，不仅给化学工业的发展提供了动力，也推动了整个社会的发展。例如，19世纪以新制碱法为核心的化学工业的发展，成为当时英国经济繁荣的基础；三大合成材料的应用，对当今社会经济的发展有重要的作用。化学工业中的研究和开发工作，为化学工业提供新的理论和技术，为化学工业的发展探索方向和途径，为化工产品的更新换代提供具体的方案和模式。研究开发是当代化工行业生存和发展的基础。

(二) 化工研究开发的内容及过程

化工研究开发的目的主要有三个：一是制造新产品；二是改进现有产品；三是开发新的生产技术。据国内外的调查表明，化工行业的研究开发侧重于研制新产品。

化学工业的研究开发过程，一般可分为三个阶段，即基础研究、应用研究和开发研究。

基础研究，亦称理论研究，是旨在发展科学知识和更充分地理解研究对象。化工基础研究可获得对各种单体或复合物的结构、组成和性质，以及工艺过程动力学的新认识，揭示各种物质的新的合成或分解方法以及制取各种新型材料或物质的基本原理等。

应用研究的目的是寻求将基础研究成果应用于具体的生产实践的可行途径。其研究成果通常为新产品、新工艺和新技术等，为中间试验提供必需的设计数据。

开发研究有时也称为中间试验研究、工业性试验研究或工程研究，其目的是利用应用研究的成果，在中试装置上检验和校正实验室中获得的数据，为实际工艺和设备设计或选择提供可靠的依据。它是连接应用研究和生产实践的重要环节。开发研究的成果往往表现为新产品生产技术、新工艺流程、新设备设计图等。

(三)化工研究开发的步骤

一般情况下，化工行业的研究开发项目要经历以下四个步骤。

(1)项目建议。根据对市场需求和研究开发能力，提出拟研究开发的项目。通常以项目建议书的形式提出。建议书中应包括该项目的目的和意义；国内外研究状况及发展趋势；本项目拟研究的内容、技术路线及关键问题的解决途径或原则方法；现有的研究条件及需补充的条件；项目主要参加人员的配图示及其业务水平；研究预期达到的水平，指标及成果的形式；研究进度安排、完成日期等。

(2)项目论证或评价。针对项目的设想和具备的条件，依据实际情况进行可行性论证，包括进行技术上可行性评价及经济性评价等，以决定是否予以立项实施。

(3)项目研究。在项目立项或确定实施后，进行具体的研究开发工作。

(4)效果评价。对项目研究的结果，依据项目可行性研究报告中的成果指标和形式进行评价和鉴定。对于基础研究和应用研究阶段的项目，一般可用验收或鉴定的形式；对于开发研究及工业性生产开发，应有新产品或新技术的市场结果，并以此为主要依据对项目效果进行最终评价。

二、研究开发的技术评价

如前所述，化工研究开发以产品创新和工艺创新为主要目的，而产品创新或新产品开发占有重要的地位。这里以产品开发为对象，介绍其研究开发的技术评价。工艺技术研究开发的技术评价，原则上与前者相同。

新产品研究开发的技术评价，是单项技术或多项综合技术在某一产品中的应用所进行的系统性评价。这种系统性评价从产品功能目标评价开始，对其技术选择的依据，达到目标的有效程度，技术转化为功能的相关手段或措施，及其最终的应用效果进行全面的分析与评估，并得出结论。所以，技术评价是一个从产品概念、功能的构想，直到产品投入市场与使用效果的全过程评价。技术评价已形成一个比较完整的内容体系，不仅包括对产品本身的评价，也包括与开发新产品有关的外部环境及实现产品的相关技术手段的评价，如图 8 －9 所示。

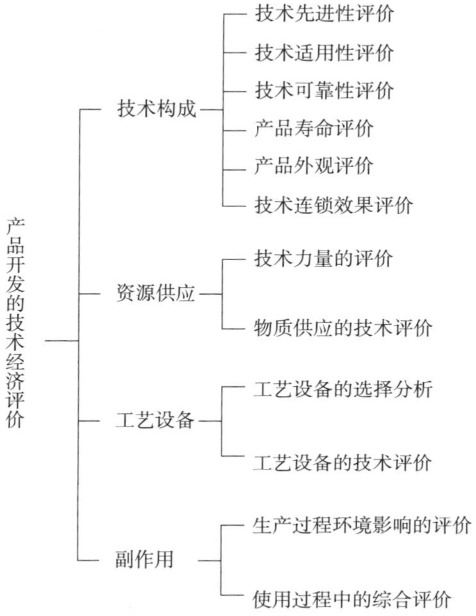

图 8 －9　产品开发的技术评价内容

(一)产品技术构成评价

1. 技术先进性评价

(1)与现有产品相比较，看其技术性能和技术参数比现有产品提高的程度。

(2)通过评估新技术与新材料在产品生产过程和产品中所占的比例衡量新技术含量的比重。

(3)评估该新产品处于国际同类产品或者外省市同类产品的哪一发展阶段。

2. 技术适用性评价

技术的选择要适合用户的具体情况和消化能力，才能发挥技术的作用。技术适用性的表现有多方面或多种形式，具体包括功能含量与其结构适配性；根据企业的技术能力与市场需求的技术层次，选择切合实际的技术参数，降低操作难度，减少运行费用的情况；产品制式、水平等技术因素与配套产品技术参数的一致性和适配程度。

3. 技术可靠性评价

可靠性是衡量质量的一项重要指标，是用户选择产品的重要依据。这方面评价包括安全性评价，即产品在使用过程中要消除或防止对使用者和周围环境的不利影响或伤害；稳定性评价，即在规定的条件和时限范围内，产品可实现其设计功能的概率；可维修性评价，即产品在修理时的难易程度。

4. 产品寿命评价

产品寿命评价包括产品寿命的经济性评价，即按用户的实际需要，给产品确定一个科学、合理的使用期限，使用户以较低的费用得到所需的产品功能；产品寿命的整体性评价，一种产品大都由若干零部件构成，要注意各零部件寿命的一致性。

5. 产品外观评价

随人们经济与文化水平的提高，用户不仅注重产品的功能及内在质量，也在追求产品外在形式的协调性、美观性。应进行产品造型、色调与风格等的评价。

6. 技术连锁效果评价

一些产品的开发会对周围环境，对国家科技、经济及文化等事业的发展产生一定的影响，并影响相关行业技术创新。所以技术应用的连锁效果应该同宏观效益联系进行评价。

(二) 生产条件的技术评价

这方面的评价包括两个方面：资源条件的技术评价，这种资源是广义的，包含人力资源和物力资源；工艺与设备的技术评价，要将先进的产品设计有效地转化为产品实体，其工艺水平和设备状况是关键。

(三) 副作用评价

副作用评价的内容包括生产过程对环境影响评价，因为化学工业生产过程，难以避免地产生一些废水、废气和废渣，从而造成对环境的污染；物理污染，例如生产过程中产生的噪声、振动、电磁辐射、放射性等，也会对环境及生态有破坏作用；此外，产品使用中的综合影响评价也应考虑，因为产品的某些功能既能给用户带来好处，也有弊端。

三、化工研究开发的经济评价

研究开发项目的经济效果，是项目评价的根本性问题。经济评价的基本原理及指标与前述章节中建设项目、技术改造及设备更新项目评价类似，一般应包括市场需求分析与评价、生产规模分析与评价、投资总额分析与评价、资金来源分析与评价、销售收入分析与评价、产品成本分析与评价等。但由于研究开发的具体项目各有其特点，相应的经济评价方法也不尽相同。可采用一些公式计算经济指标，也可用常见的经济指标法，对其进行经济评价。下面分别简要介绍。

(一) 指标公式计算法

这类方法包括许多具体的评价方法，例如课题指数法、收益比较法、项目价值指数法、产品价值法、研究有效度指数法等。

1. 课题指数法

采用课题指数法评价的实质是将研究开发成果投入应用后，在寿命期内的收益总额与研究开发投入经费进行比较，从而得到研究开发项目的课题指数。这种方法常用于新产品开发类项目，在日、美等国使用较多。其评价公式为：

$$E = \frac{P_1 P_2 (PR - CV) N}{TC} \quad (8-50)$$

式中，E 为课题指数；P_1、P_2 分别为商业成功概率和技术成功概率；PR 为产品销售价格；CV 为产品单位成本；N 为产品使用期寿命；TC 为研究开发总费用。

一般认为，E 值越大越好。

2. 收益比较法

收益比较法的评价公式为：

$$B = \frac{IC \times P}{TC} \quad (8-51)$$

式中，B 为研究开发收益比；IC 为研究开发指数；P 为研究开发收益成功的概率。研究开发收益指数因项目类型而异，分三种情况计算。

(1)新产品开发。收益指数 IC 取前五年产品销售总额的 5%，即

$$IC = \sum_{t=1}^{5} IC_t \times 5\% \quad (8-52)$$

(2)产品改进。收益指数 IC 取产品改进两年内的销售总额的 2%，即

$$IC = IC_1 + IC_2 \times 2\% \quad (8-53)$$

(3)工艺改造。收益指数 IC 取改造后一年内的节约额，即

$$IC = \text{一年内节约额} \quad (8-54)$$

因为研究开发收益比(B)反映了单位投入经费所获得收益的情况，故评价时 B 值越高越好。

3. 项目价值指数法

项目价值指数法是国外常用的绝对科研效益计算方法。其公式为：

$$PVI = \frac{\sum_1^5 P_m V_m (1+i)^{-m}}{\sum_1^n R_t (1+i)^t} \quad (8-55)$$

式中，PVI 为项目价值指数；P_m 为投产后第 m 年收益实现率；V_m 为投产后第 m 年的收益，$m=1, 2, \cdots, 5$；R_t 为从开发研究开始到投产为止第 t 年的科研费用，$t=1, 2, \cdots, n$。

收益实现率 R 反映一项新的技术与当时原有技术相比的差异。随着时间的延长，新的技术相对老化，收益也随之下降。在日、美等国家，计算科研开发的经济效益时，研究开发成果的经济寿命或更新期一般取为 5 年，在经济寿命期内各

年的研究开发收益实现率如表 8－10 所示。

表 8－10　研究开发收益实现率 P_t 随时间的变化

t/年	1	2	3	4	5
P_t	0.98	0.92	0.82	0.68	0.50

项目价值指数考虑了资金的时间价值，能更合理地反映研究开发项目的经济效果，其实质是反映单位研究开发经费所产生的收益，所以 PVI 的数值越大越好。

4. *产品价值法*

产品价值法常用于新产品研究开发项目的经济评价，其计算式为：

$$V = A\left[N - \left(1 - \frac{t}{\bar{t}}\right)\right] - c\left[\frac{t}{\bar{t}}\left(1 - \frac{N}{\overline{N}}\right)\right] \tag{8-56}$$

式中，A 为新产品预计平均年收益；c 为新产品开发研究所需费用；N 为新产品预计平均寿命；$\overline{N}$为同类产品的平均寿命；t 为新产品研究开发所需时间；$\bar{t}$ 为同类产品研究开发所需平均时间；V 为研究开发新产品的价值。

产品价值法实质是研究开发绝对经济效益的计算，用此方法评价开发的新产品时，其产品价值 V 越高越好。

5. *研究有效度指数法*

研究有效度指数法综合考虑了研究开发成果的收益、固定资产效益、销售额以及市场占有率诸因素。其计算式为：

$$E = E_1E_2E_3E_4 \tag{8-57}$$

$$E_1 = \frac{V_1}{25TC} \tag{8-58}$$

$$E_2 = \frac{V_1}{0.135TF} \tag{8-59}$$

$$E_3 = \frac{V_2}{0.04TS} \tag{8-60}$$

$$E_4 = \frac{V_2}{0.5TN} \tag{8-61}$$

式中，E 为研究有效度指数；E_1、E_2、E_3、E_4 分别为研究开发成果收益指数、成果应用投入的固定资产收益指数、与成果相关产品销售额增加指数、与成果相关产品的市场占有指数；V_1 为基于研究开发成果的产品净收益额；V_2 为基于研究开发成果的产品预计销售额；TC 为研究开发投入的总经费；TF 为研究开发成果投入应用所需固定资金额；TS 为使用研究开发成果单位预计总产品销售额；

TN 为基于研究开发的成果的产品、相同产品及替代产品的市场总销售额。

这种方法所用各计算式中的系数是根据经验总结得的。若 $E>1$，表明该项目可以实施。

(二)经济指标法

经济指标法就是采用一般项目经济效果评价的几项指标，来评价研究开发项目的经济效益。比较常用的指标有以下几种。

1. 净现值法

$$NPV = \sum_{t=1}^{n} NA_t(1+i)^{-t} - TC \tag{8-62}$$

式中，NA_t 为研究开发成果应用后第 t 年的净收益；TC 为研究开发总费用现值；n 为研究开发成果的应用寿命。

净现值 NPV 明确体现了研究开发项目的净收益，并可以对相同目的的多个研究开发方案进行比较和选优。

2. 净年值法

$$NPV = NPV(A/P,\ i,\ n) = NA - TC(A/P,\ i,\ n) \tag{8-63}$$

式中，NA 为研究开发成果应用的平均每年的净收益。

该方法的基本特点与净现值法相同，更适用于对不同寿命的研究成果方案进行比较和选优。

除上述指标外，还有投资回收期、内部收益率等，都可以评价研究开发项目的经济效益，其计算方法可参考前述有关章节。

四、化工研究开发的综合分析与评价

(一)综合因素及其基本含义

前面对化工研究开发项目的技术评价，主要是定性分析，对其经济效益的评价，以定量指标为依据。但由于研究开发项目涉及其他一些环境因素，具有连锁效应，因而，应进一步结合其可能的社会效益等进行评价，即综合评价。由于一些效果难以定量估计，一般以定性为主，所以该方法亦称为综合定性分析与评价。

这种方法对化工研究开发项目评价考虑了四方面的因素：市场因素、技术因素、生产因素和社会因素。各方面因素中又包含若干项评价因子。

(1)市场因素。市场情况反映研究开发项目成果的应用前景和实用价值。市场因素一般应包括：必要性——市场的需求程度；竞争性——产品的市场竞争能力；延续性——产品的寿命期；成长性——市场需求的增长速度。如果拟开发的产品市场需求量大、竞争力强、需求期较长，且需求增长速度快，那么该新产品具有较强的市场能力。从市场角度，该项目值得进行研究开发。

(2)技术因素。对于新产品、新工艺及设备的研究开发，重点是技术上的进展，是开发成败的重要因素。这方面的因素一般包括难易程度——该项目在技术上实现的难度；研究时间——完成该研究开发所需花费的时间；研究经费——完成该项目需投入的资金；研究能力——参加研究开发人员的整体技术能力和水平；相关技术——开发此项目与其他技术相关的程度。

(3)生产因素。研究开发的最终目的是投入实际生产。衡量研究开发项目在生产上实现的可能性，通常应包括生产难度——生产工艺及原材料来源的难易程度；耗费状况——产品生产所需的资源、能源及资金耗费情况；设备费用——产品生产所需装置的投入或耗费；负荷能力——产品生产可达的规模。

(4)社会因素。研究开发的成果，不仅要求具有良好的经济效益，也应考虑产品生产过程及产品本身的社会环境影响。评价这方面因素的指标包括可接受性——新产品投放市场可能对人的生理、心理、文化及生活等方面的影响；可推行性——研究开发成果的推广价值及推广能力；环境影响——产品生产过程及使用后对生态环境所产生的影响；职业冲击——该产品对其他产品的取代性，以及该产品生产技术对生产方式的影响程度。

(5)如果研究开发的成果对社会环境造成不良影响，又找不到适宜的解决方法，无论其经济效益如何，都应限制或禁止该研究开发的实施。

(二)综合评价原理及方法

这种方法是依据评价指标体系分级别评分，按其对评价对象的影响程度，对各评价因素和指标进行加权运算，逐级累加，从而得到综合评价值，然后再根据综合评价值所处的等级，对研究开发项目是否值得实施做出评价结论。下面举例说明综合评价的具体过程。

设某企业就是否研究开发某项目进行评价，选择了四类人员参与评价。根据各类人员的特点，对他们的评价意见做了权重限制，具体的数据列于表 8-11。

表 8-11　与评价人员类别、评价因素相关的权重分配值

评价因素		市场 a_1	技术 a_2	生产 a_3	社会 a_4
评价人员	销售人员	0.4	0.1	0.2	0.4
	技术开发人员	0.2	0.5	0.2	0.1
	生产管理人员	0.1	0.3	0.5	0.1
	企业管理人员	0.3	0.1	0.1	0.4

根据以上条件，可按以下步骤进行评价。

1. 计算各评价因素中各指标的平均概率值

评价者依据自己的经验和掌握的相关资料，对各因素中的评价指标，例如市场因素中的必要性指标、竞争性指标等，就可能出现的概率或等级状态(很好、良好、一般等)给出自己的概率。然后对其概率值依据表 8－10 中的权重系数 b_i 进行加权平均处理，从而得到评价计算用的等级状态的平均概率分布 P_i，各指标的平均概率分布见表 8－11。

2. 计算各评价指标的期望值

$$E = \sum_{i=1}^{K} C_i P_i \tag{8-64}$$

式中，P_i 为某一指标处于第 i 种状态(如很好、良好等)的平均概率值；C_i 是各指标的等级状态值，一般规定“很好”状态值为 10，“良好”状态值为 8，其余见表 8－11 中第一行。例如，市场因素中的必要性指标的指标期望值可计算如下：

$$E = 10 \times 0.15 + 8 \times 0.20 + 6 \times 0.35 + 4 \times 0.16 + 2 \times 0.14 = 6.12$$

其余指标的期望值见表 8－12。

表 8－12　综合定性评价表

评价因素和指标 \ 等级状态概率		很好 10	良好 8	一般 6	不好 4	很差 2	指标期望值 E	因素评价值 W
市场因素 0.4	必要性 3	0.15	0.20	0.35	0.16	0.14	6.12	64.92
	竞争性 3	0.22	0.32	0.22	0.18	0.06	6.92	
	延续性 2	0.07	0.26	0.28	0.34	0.05	5.92	
	成长性 2	0.26	0.35	0.14	0.13	0.11	6.98	
技术因素 0.3	难易程度 3	0.05	0.34	0.52	0.07	0.02	6.66	67.18
	研究时间 2	0.12	0.29	0.40	0.17	0.02	6.64	
	研究经费 2	0.21	0.36	0.25	0.14	0.04	7.12	
	研究能力 2	0.31	0.25	0.23	0.13	0.08	7.16	
	相关技术 1	0.03	0.12	0.47	0.26	0.12	5.36	
生产因素 0.1	生产难度 4	0.05	0.20	0.29	0.38	0.08	5.52	61.6
	耗费状况 3	0.13	0.17	0.36	0.24	0.10	5.98	
	设备费用 1	0.08	0.34	0.31	0.19	0.08	6.30	
	负荷能力 2	0.30	0.32	0.28	0.10	0.00	7.64	
社会因素 0.1	可接受性 3	0.24	0.28	0.18	0.16	0.14	6.64	68.94
	可推广性 2	0.45	0.27	0.15	0.09	0.04	8.00	
	环境影响 3	0.00	0.14	0.40	0.27	0.19	4.98	
	职业种类 2	0.61	0.32	0.05	0.02	0.00	9.04	

3. 计算各因素的评价值

各因素的评价值等于各指标期望值 E_i，按其重要度累加，计算式为：

$$W = \sum_{i=1}^{m} b_i E_i \tag{8-65}$$

例如，对于市场因素的评价值 W，可计算如下：

$$W = 3 \times 6.12 + 3 \times 6.92 + 2 \times 5.92 + 2 \times 6.98 = 64.92$$

4. 计算项目的综合评价值

综合评价值是各因素评价值结合其相应的因素权重作加权平均得出，计算式为：

$$V = \sum_{i=1}^{n} a_i W_i \tag{8-66}$$

对本例，共有四项因素：市场因素权重 $a_1 = 0.4$，技术因素权重 $a_2 = 0.3$，生产因素权重 $a_3 = 0.1$，社会因素权重 $a_4 = 0.2$。从而

$$V = 0.4 \times 64.92 + 0.3 \times 67.18 + 0.1 \times 61.60 + 0.2 \times 68.94 = 66.07$$

5. 对项目进行综合评价

依据上述计算出的综合评价值 V，参照表 8－13 中对应的评价分级及相应的评价结论，得出研究开发项目综合分析和评价的结论。

由于本例的 $V = 66.07$，参照表 8－13 的规定，该项目的评价等级为二级，定性综合评价为良好，成功的可能性为 66.07%，可投入工业生产。

表 8－13　综合评价级别及其相应的评价结论

V 值范围		$V>80$	$60<V<80$	$40<V<60$	$20<V<40$	$V<20$
相应的等级		一	二	三	四	五
评价结论	状况	很好	良好	一般	不好	很差
	成功可能性	>80%	60% ~80%	40% ~60%	20% ~40%	<20%
	应用前景	可投入工业生产			不可投入工业生产	

在运用上述方法评价时，应注意各因素评价值和各评价指标期望值的情况。如果评价指标的期望值 E_t 处于最差等级，或者某一个评价因素的评价值为最低级别，则该项目被认为是在这个指标或因素方面不可行。从而无论综合评价值多高，该项目仍被认为是不可行的。

习题及思考题

8－1　简述技术改造的含义和特点。

8－2　技术改造项目经济评价有什么特点？

8－3　设备更新的含义是什么？有何重要作用？它与技术改造有何关系？设备的寿命可划分为哪几种？它们的基本含义是什么？

8－4　确定设备经济寿命的原理是什么？有哪些常用的方法？

8－5　试述如何选择设备更新的最适宜时机。

8－6　某设备的原始价值为20000元，目前需要修理，其费用为5000元。若该型设备新购置费用现在为15000元，试求该设备的有形磨损程度、无形磨损程度、综合磨损程度及其残值。

8－7　技术创新的基本含义是什么？有哪些过程模式？它们各有何特点？技术创新有何风险，如何防范？

8－8　新产品的基本含义是什么？新产品开发与技术创新有什么联系？

8－9　产品创新有哪些方式，各有何特点？

8－10　在产品创新过程中，有哪些策略和方法可以采用？

8－11　化工研究开发有何重要作用，它与技术创新、产品创新有什么联系？

8－12　对化工研究开发进行经济评价，有哪些具体的方法可采用，它们各有何适用范围？

8－13　对化工研究开发进行综合分析与评价应考虑哪些因素，综合评价的基本原理和方法是什么？

第九章　化工生产管理的技术经济分析

第一节　生产管理的内容

一、生产管理的概述

生产管理又称生产控制，是有计划、组织、指挥、监督调节的生产活动。以最少的资源损耗，获得最大的成果。是对企业生产系统的设置和运行的各项管理工作的总称。管理的基本方法和技术，包括如何接受上级的指令，如何给上司提出建议，如何给下属布置任务，如何与其他部门进行有效的沟通，如何授权，如何了解员工的心态，并有效地激励他们，如何通过自己的专长影响下属，如何有效利用时间摆脱工作中的繁忙状态，等等。

二、生产管理的内容

(一)生产管理的内容

(1)生产组织工作。即选择厂址，布置工厂，组织生产线，实行劳动定额和劳动组织，设置生产管理系统等。

(2)生产计划工作。即编制生产计划、生产技术准备计划和生产作业计划等。

(3)生产控制工作。即控制生产进度、生产库存、生产质量和生产成本等。

生产管理的目标：

(1)确保生产系统的有效运作，全面完成产品品种、质量、产量、成本、交易期和环保安全等各项要求。

(2)有效利用企业的制造资源，不断降低物耗，降低生产成本，缩短生产周期，减少在制品，压缩占用的生产资金，以不断提高企业的经济效益和竞争能力。

(3)为适应市场、环境的迅速变化，要努力提高生产系统的柔性，使企业能根据市场需求不断推出新产品，并使生产系统适应多元化生产，能够快速地调整生产，进行品种更换。

（二）生产管理的任务

生产管理的任务有：通过生产组织工作，按照企业目标的要求，设置技术上可行、经济上合算、物质技术条件和环境条件允许的生产系统；通过生产计划工作，制定生产系统优化运行的方案；通过生产控制工作，及时有效地调节企业生产过程内外的各种关系，使生产系统的运行符合既定生产计划的要求，实现预期生产的品种、质量、产量、出产期限和生产成本的目标。生产管理的目的就在于，做到投入少、产出多，取得最佳经济效益。

（三）生产管理的手法

1. 标准化

标准是科学、技术和实践经验的总结。为在一定的范围内获得最佳秩序，对实际的或潜在的问题制定共同的和重复使用的规则的活动，称为标准化。它包括制定、发布及实施标准的过程。

标准化有以下四大目的：技术储备、提高效率、防止再发、教育训练。

标准化的作用主要是把企业内的成员所积累的技术、经验，通过文件的方式来加以保存，而不会因为人员的流动，整个技术、经验跟着流失。达到个人知道多少，组织就知道多少，也就是将个人的经验（财富）转化为企业的财富；更因为有了标准化，每一项工作即使换了不同的人来操作，也不会因为不同的人，在效率与品质上出现太大的差异。

2. 目视管理

目视管理是利用形象直观而又色彩适宜的各种视觉感知信息来组织现场生产活动，达到提高劳动生产率的一种管理手段，也是一种利用视觉来进行管理的科学方法。所以目视管理是一种以公开化和视觉显示为特征的管理方式。综合运用管理学、生理学、心理学、社会学等多学科的研究成果。

目视管理的特点：

（1）以视觉信号显示为基本手段，大家都能够看得见。

（2）要以公开化、透明化的基本原则，尽可能地将管理者的要求和意图让大家看得见，借以推动自主管理或叫自主控制。

（3）现场的作业人员可以通过目视的方式将自己的建议、成果、感想展示出来，与领导、同事以及工友们进行相互交流。

随着科技发展及社会生产水平的提高，先后出现了三种不同的生产方式：①大批量的生产方式；②多品种少量的生产方式；③柔性生产方式。

目视管理的作用：

（1）迅速快捷地传递信息。目视管理的作用，用很简单的一句话表示就是：迅速快捷地传递信息。

(2)形象直观地将潜在的问题和浪费现象都显现出来。目视管理依据人类的生理特征，充分利用信号灯、标识牌、符号颜色等方式来发出视觉信号，鲜明准确地刺激人的神经末梢，快速地传递信息，形象直观地将潜在的问题和浪费现象都显现出来。不管是新进的员工，还是新的操作人员，都可以与其他员工一样，一看就知道、就懂、就明白问题在哪里。它是一个在生产管理上具有非常独特作用的好办法。

(3)特别强调的是客观、公正、透明化。有利于统一的识别，可以提高士气，让全体员工上下一心去完成工作。管理中七问分析法的5W2H包括要做的理由(WHY)、工作的内容(WHAT)或担当者(WHO)、工作场所(WHERE)、时间的限制(WHEN)、把握的程度(HOW MUCH)、具体的方法(HOW)。

(4)促进企业文化的建立和形成。目视管理通过对员工合理化建议的展示，对优秀事迹和先进的表彰，公开讨论栏，关怀温情专栏，企业宗旨方向，远景规划等各种健康向上的内容，能使所有员工形成一种非常强烈的凝聚力和向心力，这些都是建立优秀企业文化的一种良好开端。

3. 看板管理(KANBAN)和JIT生产管理

JIT(Just - In - Time)生产是“精益生产”中的一种先进生产方式，指的是将必要的零件以必要的数量在必要的时间送到生产线，并且只将所需要的零件、只以所需要的数量、只在正好需要的时间送到生产。它要求在制造过程中尽可能消除各种浪费，并且根据实际顾客需求随时调整生产节奏和物料配送。其基本目的是降低成本。

看板管理和JIT生产都是用于提高生产效率和减少浪费的日本先进制造理念。它们的主要区别在于侧重点不同。看板管理是以“拉动”方式为基础，即根据顾客需求制订产能计划来进行材料和零部件的采购和生产，并通过设立信号牌等方式进行控制与整体协调。看板管理的目标是使制造过程中没有过剩的原材料或者半成品，同时也没有缺货等情况出现。而JIT生产则注重实现生产线上零部件供应的“精准”和“及时”。JIT生产要求生产车间分布轻扁平，产品制造小批量、多品种化，并利用一些工具比如KANBAN来建立供应链协作机制，从而达到有需要即生产、无需求更流畅的生产流程，从而实现减少库存、降低成本，能够更加快速地向市场发放符合商业需求的产品。

综合来说，看板管理和JIT生产都是追求在制造流程中实现零库存、生产物资浪费少、生产柔韧性高等目标，其中看板管理是通过信号控制和调整制造轮次精细化控制并减少超量和多余的原材料，而JIT生产则是通过建立更紧密的合作关系来满足顾客的实际需求，实现具有时效性的高质量生产。

看板的作用是可以作为生产及运送工作指令、防止过量生产和过量运送、进行“目视管理”的工具以及改善的工具。

看板的本质是在需要的时间，按需要的量对所需材料发出生产指令的一种信息媒介体，而实现这一功能的形式可以是多种多样的。看板的种类总体上分为三大类：传送看板、生产看板和临时看板。

三、生产管理的最新发展

中国的化工生产管理和化工制造通过 40 多年改革开放取得了很好的成绩，但与发达国家仍有一定差距。参照美国的先进制造计划、德国工业 4.0 等战略，中国提出了企业转型升级的《中国制造 2025》制造强国发展战略，这些都需要用到“智能设计 + 智能制造”。

生产管理和智能制造是紧密相关的两个概念。生产管理是指在企业生产过程中，通过合理的计划、组织、协调、控制、检查等手段来实现产品高效生产的一整套管理方法。而智能制造则是指运用现代信息技术、先进制造技术和工程技术手段，达到全面优化和提升制造系统的智能化水平和自动化程度，增强其智能制造能力和灵活性。

生产管理和智能制造相辅相成，在实践中常常紧密结合在一起。具体来说，智能制造以信息化技术为基础，为生产管理提供了更多的数据支持和决策依据。以对各种生产数据的分析和利用，可以更好地理解生产生态，发现生产流程的不足之处，减少资源浪费以及提高生产效率和质量，进而实现智能化制造。而在智能制造过程中，生产管理的作用同样十分重要，例如进行物料管理、计划编制和执行、现场生产任务管理等方面都需要有科学合理的生产管理体系配合才能更好地实现智能制造。

因此，在保证生产安全和生产效率的前提下，企业可以在生产管理方面不断引入智能制造技术，不断优化生产流程和指导决策，以更好地实现生产的高效化、精细化和智能化。

智能制造就是把人工智能技术和产品设计制造技术融合起来，用智能的技术来解决制造的问题。具体展开来说，智能制造是指对产品全生命周期中设计、加工、装配等环节的制造活动进行知识表达与学习、信息感知与分析、智能决策与执行，实现制造过程、制造系统与制造装备的知识推理、动态传感与自主决策。做智能制造，打造数字化的车间，要用机器人技术、人工智能技术，但前提是首先要用好数字化技术、网络化技术。只有在数字化、网络化的基础上才能实现智能化。人工智能技术在制造业中使用的技术如下：一是深度学习算法，二是增强学习算法，三是模式识别算法，四是机器视觉算法，五是数据搜索方法，六是知识工程方法，七是自然语言理解，八是类脑交互决策。

智能制造有三个核心问题。第一，知识库和知识工程。要把千百万设计人员的设计知识，加工人员的宝贵加工知识，管理人员的宝贵管理知识和服务人员的服务知识做到知识库里，用知识工程来引领智能制造。第二，智能制造包括三个层面：一是制造对象的智能化，二是制造过程的智能化，三是制造工具的智能化。制造过程的智能化是智能制造的保证，如何生产调度、如何加工，等等，需要实现数字化、网络化、智能化，这时候智能制造就有了基本的保证。第三，智能制造的四个关键环节：智能设计、智能加工、智能装备和智能服务。

第二节　化工企业生产计划的优化

一、生产计划的概念

(一) 生产计划的地位及作用

在现代企业中，生产经营活动是社会化大生产。企业内部分工精细，协作严密，任何一部分都不能离开其他部分而单独运行。尤其是生产运作管理活动，它需要调配多种资源，在需要的时候，按所需的量，提供所需的产品。所以，生产计划是生产运作管理中的一个重要部分，它与其他计划的相互关系如图 9－1 所示。

生产计划是关于企业生产运作系统总体方面的计划，是企业在计划期应达到的产品品种、质量、产量和产值等生产任务的计划和对产品生产进度的安排。它反映的并非某几个生产岗位或某一条生产线的生产活动，也并非产品生产的细节问题以及一些具体的机器设备、人力和其他生产资源的使用安排问题，而是指导企业计划期生产活动的纲领性方案。

生产计划一方面为满足客户要求的三要素“交期、品质、成本”而计划；另一方面又使企业获得适当利益，是对生产的三要素“材料、人员、机器设备”的适宜准备、分配及使用的计划。

(二) 生产计划的内容

在一定规模的工业企业中，生产计划工作由一系列不同类别的计划所组成。这些计划按计划期的长度分为长期、中期、短期三个层次，它们之间相互紧密联系，协调配合，构成企业生产计划工作的总体系。

1. 短期计划

短期计划的计划期通常为 1 年以内，很多在 3 个月以下，一般为月或跨月计划，它包括物料需求计划、生产能力需求计划、总装配计划以及在这些计划实施过程中的车间内的作业进度计划和控制工作。

物料需求计划是将产品出产计划分解为构成产品的各种物料的需要数量和需要时间的计划，以及这些物料投入生产或提出采购申请的时间计划。总装配计划就是最终产品的短期出产进度计划。生产能力需求计划即通常所说的设备负荷计划。它根据零件的工艺路线和工时定额，来预计各工作中心（设备组）在各时间周期中应提供的生产能力数量；然后经过与实有能力的平衡，编制出车间的生产作业计划。车间内的作业计划工作包括作业分派、调度和生产进度的监控与统计工作。对外购的物料则编制物资供应计划，并对其实施进行控制。

2. 中期计划

中期计划的时间期一般为 2 年，也可以为 1 ~ 3 年，或更长一些时间。通常为年度生产计划。中期计划主要包括两种：生产计划大纲和产品出产进度计划。

生产计划大纲规定企业在计划年度内的生产目标。它用一系列指标表示，以规定企业在品种、质量、产量和产值等方面应达到的水平。其中，产品品种指标是企业在计划年度内生产的产品品名和品种数。它反映了企业在品种方面满足社会需求的能力。在当今的市场环境条件下，增加新产品的品种数已成为企业开拓市场、增强竞争力的主要手段，生产的产品品种数，特别是新产品品种数的目标的制定对促进企业的进步发展有重要作用。

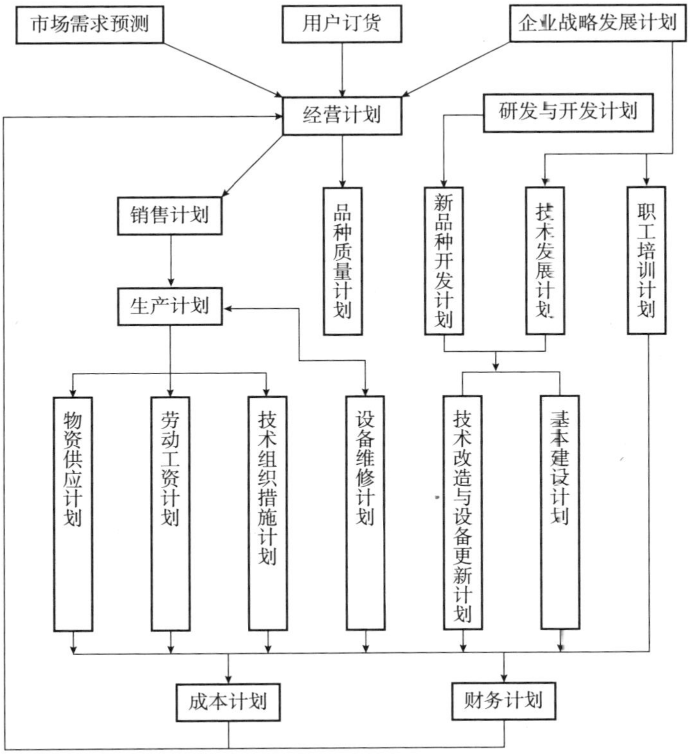

图 9－1　企业各种计划之间的联系

产品质量指标是指计划期内企业生产的各种产品应达到的质量标准。它反映了产品能够满足用户使用要求的程度，又是企业的技术、生产和管理水平的综合反映。产量指标是计划年度内应当出产的合格产品的数量。它包括成品和供销售的半成品的产量两种。产品产量指标反映企业向社会提供的商品数量，代表了企业的生产规模；同时，它又是企业进行产供销平衡，计算实物劳动生产率、产值原材料消耗、成本和利润等指标的基础，因此是企业组织生产活动的重要依据。产值指标是用货币表示的产品的价值量指标。由于它能较确切、较综合地反映企业的生产总成果，并使生产成果具有可比性，因此在各项计划指标中显示出它的特殊意义，成为计算劳动生产率、资金利用率和生产发展速度等许多重要指标的主要依据。

生产计划大纲的编制依据是对产品需求的预测，以及长期计划对当年提出的任务要求。它的作用是通过总量指标来核算检查全年的生产能力能否满足需要，以便对任务与能力进行平衡，并使达到平衡的计划保证应有的经济效益。

产品出产进度计划是把企业的生产任务，按品种、规格和数量，具体地分配到各个季度和月份，并确定出各产品出产的先后顺序，是将生产计划大纲具体化为按产品品种规格来规定的年度分月的产量计划。这种计划一般每隔半年编制一次，也可以按更短的时间周期进行滚动更新。制订出产品出产进度计划之后，仍需进行生产能力的核算平衡，以保证计划达到可行性。但在这一层上，生产能力核算和平衡都是粗略的，只分车间，或按设备大组(大类)的总台时与人员公众的总工时去检查和校核生产能力。故属于粗能力需求计划。当然，检查生产能力的同时，也要检查其他资源的供应能力，如原材料、能源、外购配件、运输等的供需平衡情况。

3. 长期计划

计划期一般为3～5年，也可长达10年。它是企业在生产、技术、财务等方面重大问题的规划，提出了企业的长远发展目标以及为实现目标所制订的战略计划。主要包括产品与市场发展计划、资源发展计划及生产战略计划和财务计划等几种计划。

制订长期计划，首先要结合对经济、技术、政治环境的分析，做出企业发展的预测，确定企业的发展总目标，如在总产量、总产值、利润、质量、品种等方面的增长速度和应达到的水平。战略计划则要确定企业的经营方向和经营领域、产品门类和系列、体现竞争战略的产品质量和价格水平，以及市场渗透战略，这些就是产品与市场的发展战略。其次，制订资源发展计划，即确定为实现企业发展目标和战略计划所需要增加的生产资源和相应的生产方式的变革，以及生产能力发展的规划。长期计划中的财务计划将从资金需要量和投资回报等方面对以上各种计划的可行性和经济有利性进行分析，使这些计划在财务上是可行的，并且是有效益的。

(三) 生产计划的主要目标

生产计划的主要目标是怎样尽量发挥企业的生产能力，充分利用生产资源，生产适销的产品，满足市场和用户的需求，同时使生产负荷尽可能均衡稳定，控制库存的水平，并最终使生产总成本尽可能低。这些目标可概括如表 9－1 所示。

表 9－1　生产计划的目标

成本最小/利润最大	生产速率的稳定性
最大限度地满足顾客要求	人员水平变动最小
最小的库存费用	设施、设备的充分利用

表 9－1 中目标之间既有一致性，又存在某种相悖的特性。例如，最大限度地提供顾客服务，则要求按时、迅速交货，但这往往需要通过增大库存来达到。这样又与最小库存费用的目标相悖。又如，当产品需求随季节变化时，很难做到均衡生产和保持人员稳定。诸如此类的问题不少，说明这六个目标之间存在矛盾之处。因此，在制订生产计划时，需权衡上述这些目标因素，作适当的折中，并同时考虑一些定性的因素。

二、生产计划的决策

在实现上述有相悖关系的目标过程中，首先需提出一些可行的初步方案，进行比较和综合考虑，再作决策。在作生产计划决策时，可采用两种基本的决策方法。

(一) 稳妥应变型

这类方法的基本做法，是根据市场需求制订相应的计划，即把预测的市场需求作为给定条件，通过改变人员水平、加班、安排休假、改变库存水平、外协等方式，来适应市场变化。

(二) 积极进取型

用前面稳妥应变型方法处理季节性需求或波动较大需求时，往往不得不付出较高的成本。而积极进取型则通过调节需求模式，影响、改变需求，调节对资源的不平衡要求，来达到有效地、低成本地满足需求的目的。

企业内部不同部门的人员，倾向于采用不同的方法来考虑生产计划的编制。这需要将两类方法有机结合，才可能使综合计划达到较优或最优。

三、制订生产计划的优化方法

制订优化生产计划的方法有多种，但较常用的有图表法与线性规划法两种。

(一)图表法

这种图表法亦称为运输表法。这种方法的基本思想是：每一单位计划期内正常生产能力、加班生产能力以及外协量均有一定限制；每一单位计划期的预测需求量已知；全部成本都与产量呈线性关系。从而，图表法可给出整个计划内每一单位计划期的最优生产计划。一般可用手算和图表方式进行，但当所涉及的问题较多时，需借助于计算机技术来实现。

用图表法解决这类问题，需应用如表 9－2 所示的格式。表中的每一行表示一个计划方案，该表中有 4 个计划方案。例如，第 1 行表示期初库存，可以满足 4 个单位计划期内任一期的需求；第 2 行则是第 1 期内正常工作时间的生产量，也可用以满足 4 个单位计划期内任一期的需求。

表 9－2　图表法模型

计划方案		计划期				未用生产能力	全部生产能力
		1	2	3	4		
单位计划	期初库存	0	h	$2h$	$3h$		I_0
1	正常生产	r	$r+h$	$r+2h$	$r+3h$		R_1
	加班生产	c	$c+h$	$c+2h$	$c+3h$		T_1
	外协	s	$s+h$	$s+2h$	$s+3h$		S_1
2	正常生产	×	r	$r+h$	$r+2h$		R_2
	加班生产	×	c	$c+h$	$c+2h$		T_2
	外协	×	s	$s+h$	$s+2h$		S_2
3	正常生产	×	×	r	$r+h$		R_3
	加班生产	×	×	c	$c+h$		OT_3
	外协	×	×	s	$s+h$		S_3
4	正常生产	×	×	×	r		R_4
	加班生产	×	×	×	c		OT_4
	外协	×	×	×	s		S_4
需求		D_1	D_2	D_3	D_4+I_4		

表中的列表示一个计划所包含的计划期，以及尚未使用的生产能力和总生产

能力。表中每一格右上方框表示单位产品的相应成本，包括生产成本和库存成本。表中符号×表示生产任务不得积压。一般来说，当期生产并当期销售，是成本最低的方案。但由于生产能力的限制，不一定总能实现。

第1期的期初库存费用为零，因为它是前一个计划期如上一年决策方案的函数，又在本计划期内考虑。

这种方法可分为允许生产任务积压和不允许积压两种情况。下面将举例说明后一种情况下的图表法。

【例9-1】 某化工公司生产各种体育场地施工涂料，其需求具有季节波动的特点，通常第2~3季度是需求高峰期。已知涂料需求预测和相关成本数据分别如表9-3和表9-4所示。另外，现有的产品库存量为250吨，所期望的期末库存为300吨。该公司每季度的最大加班能力为该季度正常生产能力的20%，外协厂家在每季度可提供的产品数量均为200吨。公司计划依据表9-5所示的生产能力来制订综合生产计划。根据该公司的经营方针，不允许产品积压和库存缺货。试据此制订出较优的综合生产计划。

表9-3 涂料需求预测(一)

季度	1	2	3	4	合计
需求量/吨	300	850	1500	350	3000

表9-4 涂料需求预测(二)

单位产品的库存成本	单位产品的正常生产成本	单位产品的加班生产成本	单位产品的外协成本
0.3元/季度	1.00元	1.50元	1.90元

表9-5 生产能力

季度	一	二	三	四
正常生产量/吨	450	450	750	450
加班生产量/吨	90	90	150	90
外协生产量/吨	200	200	200	200

解：根据题意，不允许产品积压，应用图表法求解的步骤如下。

(1)将表9-3的成本数据，按表9-2的规定填入相应的方框中。例如本例$h=0.3$元/季度，$r=1.00$元，$c=1.50$元，$s=1.90$元。填入后得到如表9-6所示的结果。

(2)将已知的各期需求量D_t(表9-3)及期望的期末库存$I_4=300$吨填入图表模型的“需求”列。

(3)将表9-6中每行的各种生产能力数据暂时填入相应行的“未用生产能力”单元。

表 9－6　用图表法求解例 9－1 的模型表　　　　吨

计划方案		计划期								未用生产能力	全部生产能力
		1		2		3		4			
单位计划	期初库存	250	0.00		0.30		0.60		0.90	0	250
1	正常生产	50	1.00	400	1.30		1.60		1.90	0	450
	加班生产		1.50		1.80	90	2.10		2.40	0	90
	外协		1.90		2.20	20	2.50		2.80	180	200
2	正常生产	×		450	1.00		1.30		1.60	0	450
	加班生产	×			1.50	90	1.80		2.10	0	90
	外协	×			1.90	200	2.20		2.50	0	200
3	正常生产	×		×		750	1.00		1.30	0	750
	加班生产	×		×		150	1.50		1.80	0	150
	外协	×		×		200	1.90		2.20	0	200
4	正常生产	×		×		×		450	1.00	0	450
	加班生产	×		×		×		90	1.50	0	90
	外协	×		×		×		110	1.90	90	200
需求		300		850		1500		650		270	3570

(4)在第 1 季度或第 1 单位计划期即第 1 列中，寻找成本最低的单元。对本例，成本最低的方案是使用现有库存。

(5)尽可能地将任务分配到该单元，但不得超过该单位所在行的未使用生产能力和该所在列的需求。即将初期库存量$I_0=250$吨分配到该单元。但需求D_1为 300 吨，仍需继续寻找成本最低的可利用单元，即正常生产能力，利用正常生产能力满足另外 50 吨的需求。

(6)由于已使用了 50 吨的生产能力，故应从“未用生产能力”列中的“正常生产”行减去 50 吨，剩余 400 吨的未用正常生产能力。注意，剩余的未使用生产能力不应该是负值。如果负值无法避免，说明在该生产能力的约束条件下无可行解，需增大生产能力。如果第 1 列即第 1 季度或第 1 单位计划期的需求仍未满足，则应重复步骤(4)～(6)，直至该单位计划期需求全部满足。

(7)后面各单位计划期重复前面步骤(4)～(6)，在完成一列之后再继续下列。

对本例，现考虑第 2 季度。由于已无可用库存，成本最小的方案是利用该季

度的正常生产能力 $R_1=450$ 吨。而该季度的需求$D_2=850$ 吨，尚有 400 吨需求未满足。对未用生产能力进行分析可知，满足该 400 吨需求的成本最小方案是利用上一季度即第 1 季度的正常生产能力 400 吨。这样图表模型中，第 1、2 季度的正常生产能力全部用完。

在第 3 季度，可利用的第 1、2 季度的生产能力只有加班生产能力和外协能力。首先，将生产任务最大限度地分配给第 3 季度的正常生产能力，使成本最低；其次按以下顺序分配：第 3 季度的加班能力，第 2 季度的加班生产能力，3 季度的外协能力，第 1 季度的加班能力，以及第 2 季度的外协能力；最后，还需分配 20 吨到第 1 季度的外协能力，才能满足全部要求。这样的分配结果意味着，在第 1、2 季度必须生产可供以后调节的库存，以满足第 3 季度的需求。

在分配了任务的相应行，还应对原“未用生产能力”的数据作相应的减少。

对于第 4 季度，与前述类似，重复相同的步骤，其结果列于表 9－6 中。

(8)将各季度任务分配结束后，应对最后的总方案是否可行进行检验。检验时应遵循的一个原则是：一行内各单元填入量的总和应该等于该行的总生产能力；一列内各单元记入的总和应该等于该列的需求。

(9)计算总成本。计划总成本是各单元生产任务乘以该单元单位成本之和。对本例，总成本为 401 万元。

(10)一般应在用图表法制订出最优计划后，将该计划由原图表模型方式改写为如表 9－7 所示的形式，使最优计划一目了然。

表 9－7　例 9－1 的综合生产计划　　吨

季度	正常生产	加班生产	外协	调节库存
1	450	90	20	510
2	450	90	200	400
3	750	150	200	0
4	450	90	110	300

(二)多方案图表法

在上述举例中为满足需求，使用了不少的加班生产和外协生产。但是，一个更佳的生产计划也许是通过增加人员和扩大设备能力，从而增大正常生产能力。它所产生的总生产成本降低额可能会大于增加人员和设备的支出。因而，可就不同生产能力条件下，分别运用上述的图表法制订多个可选择的生产计划。然后对它们作综合分析和比较，结合本企业的发展规划和中、长期市场需求预测，选择最优生产计划。由于计算量较大，在实际工作中，可借助常用的计算机软件如 Excel 等财务表格计算软件来进行。

另外，需说明的是，用图表法也可以考虑允许任务积压的情况。例如，在例

9-1 中，第 3 季度的正常生产能力可用来满足第 2 季度的需求，这样应当加上相应的产品交货期延迟的违约罚款成本。图表法中有符号 × 的情况，表示成本很高，通常不考虑这类方案。

（三）线性规划法

线性规则是一种常用的优化方法。用于制订生产计划的线性规划模型，在给定的线性目标函数和一系列线性约束条件下，可求出最优的生产计划方案。这样的线性规划模型可处理有较多变量和约束条件的生产计划问题。上述介绍的图表法可视为线性规划的一种特殊形式，只能以生产能力为约束条件来制订生产计划，尽管计算较方便，但有其应用的局限性。通常，在制订生产计划时，应充分考虑可利用的各种资源和限制条件才能制订综合成本最低或利润最大的生产计划，即所涉及的约束条件和可变量较多，一般应采用线性规划的方法来解决。

运用线性规划模型进行总生产计划时需要注意的一些问题：

(1)线性规划模型考虑的因素可能不全面，实际中有些情况没有被考虑到，这就使得线性规划模型过于理想化；

(2)实际运用线性规划模型时，虽然一些因素或约束条件被考虑到了，但是当这些因素或约束条件不易量化或求得(如进行总生产计划常需考虑到的能源单耗等)时，线性规划模型的运用和有效性受到了一定的限制；

(3)对一些基础管理不善的企业而言，模型中的单位产品资源消耗系数很难得到；

(4)目标函数中的产品成本系数实际上是个变量，它随计划的数量结构和品种结构而变。这些问题给化工行业应用线性规划模型带来许多困难。如处理不好，所得结果的可靠性会很低。

线性规划模型的应用，对于原材料单一、生产过程稳定不变、分解型生产类型的企业是十分有效的，如石油化工企业等。对于产品结构简单、工艺路线短或者零件加工企业有较大的应用价值。需要注意的是，对于机电类企业用线性规划模型只适用于做年度的总生产计划，而不宜用来做月度计划。这主要与工件在设备上的排序有关，计划期太短，很难安排过来。

1. 线性规划图解法

在只有两个决策变量的情况下，其目标函数和约束条件都可以用图形表示，从而可在平面图中用作图的方法求解。该方法比较简单、直观。下面举例予以说明。

【例 9-2】 某化工厂利用一套生产线可生产 A、B 两种化工产品，其基本数据见表 9-8。已知可供 A、B 两种产品利用的生产工时为

粗品生产：1300 小时；精品生产：1400 小时；干燥：500 小时。试合理计划

两种产品的生产，以取得最大收益。

表9－8　例9－2的原始数据

产品种类	产品收益/万元	粗品生产/(时/吨)	精品生产/(时/吨)	干燥/(时/吨)
A	2.0	1.0	0.7	0.5
B	3.0	1.3	2.0	0

解：用图解法求解。在图9－2中，以纵坐标 y 表示产品A的产量，以横坐标 x 表示产品B的产量。

从粗品生产来看，若只生产产品A，则可生产1300吨；相反若只生产产品B，则可生产1000吨。两点相连得到图9－2中的直线1。

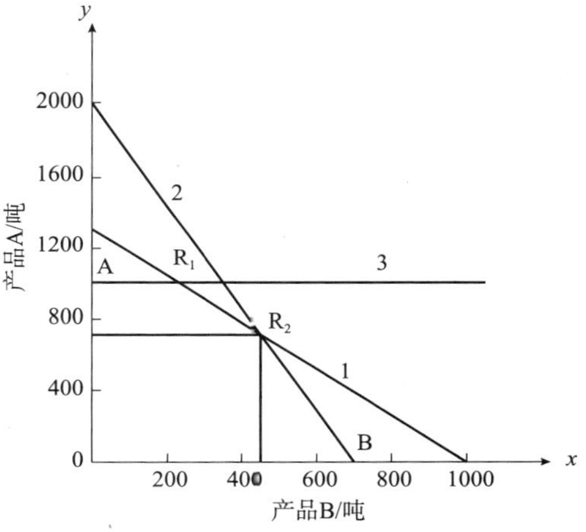

图9－2　例9－2的线性规划图解

再考虑精品生产。可根据A、B两产品精品生产的定额及可利用的最大工时1400小时，按上述粗品生产类似的方式，在图9－2中画出线2。

类似地，图中的线3表示产品的干燥处理。这是一条水平线，因产品B精制后不需进一步干燥。

从图9－2可见，该题是优解被限定在A、R_1、R_2、B的范围内。计算出A、R_1、R_2、B各点的总收益列于表9－9中并加以比较，可知R点的总收益2780万元最高，即该题的最优解是生产715吨的产品A和450吨的产品B。

表9－9　例9－2的总收益计算结果

点	产品A		产品B		总收益/万元
	产量/吨	单位产品收益/万元	产量/吨	单位产品收益/万元	
A	1000	2.0	0	0	2000
R_1	1000	2.0	230	3.0	2690
R_2	715	2.0	450	3.0	2780
B	0	0	700	3.0	2100

2. 线性规划单纯形法

单纯形法的基本思想是先找出一个基本可行解，对它进行鉴别，看是否为最优解；若不是，则按照一定法则转换到另一改进的基本可行解，再鉴别；若仍不是，则再转换，按此重复进行。因基本可行解的个数有限，故经有限次转换必能得出问题的最优解。如果问题无最优解也可用此法判别。

单纯形法的一般解题步骤归纳如下。

(1)把线性规划问题的约束方程组表达成典范型方程组，找出基本可行解作为初始基本可行解。

(2)若基本可行解不存在，即约束条件有矛盾，则问题无解。

(3)若基本可行解存在，则以初始基本可行解作为起点，根据最优性条件和可行性条件，引入非基变量取代某一基变量，找出目标函数值更优的另一基本可行解。

(4)按步骤(3)进行迭代，直到对应检验值满足最优性条件(这时目标函数值不能再改善)，即得到问题的最优解。

(5)若迭代过程中发现问题的目标函数值无解，则终止迭代。

在线性规划模型求解过程中，可变量多于两个时，不能在平面上作图表示，此时需用单纯形法。为简便起见，下面以较简单的两变量线性规划为例，说明单纯形法的求解过程。

【例9－3】 某化工企业生产A、B两种产品，需经合成与提纯两个单元过程。产品A生产需用合成与提纯的有效工时分别为4小时和2小时，而产品B则分别为2小时和3小时。单位产品A、B的利润分别为63元和43元。如在现有条件下，合成单元的总有效工时为120小时，提纯环节总有效工时为100小时，则应如何计划两种产品的生产才能获得最大利润?

解：设x_A、x_B分别为产品A、B的产量，其目标函数为最大利润，则其数学式为

$$Z_{max}=6x_A+4x_B$$

相应的约束条件为：

合成总工时：$4x_A+2x_B\leqslant 120$

提纯总工时：$2x_A+3x_B\leqslant 100$

$4x_A+2x_B\leqslant 120$

用单纯形法求解上述线性规划的步骤如下。

(1)以标准形式来表示原来的目标函数和约束条件，即上述表达式成为：

$$Z_{max}-6x_A+4x_B=0$$

$$2x_A+3x_B+S_A=100$$

$$4x_A+2x_B+S_B=120$$

$$x_A、x_B、S_A、S_B\geqslant 0$$

(2)选择初始基形成初始单纯形表。在(1)中的标准形式及约束条件方程组的各项系数，即构成如下所示的初始单纯形表。

基变量	x_A	x_B	S_A	S_B	解
Z	-6	-4	0	0	0
S_A	2	3	1	0	100
S_B	4	2	0	1	120

(3)选择调入变量和调出变量进行初等变换，使新基变量所在方程的系数为1。因目标函数方程中 x_A 的系数为最大负系数，所以选择其作为下一个基本可行解的基。

上表最右列中的数值与所在行 x_A 的系数比值分别为 $100/2=50$，$120/4=30$，后者为最小正值，因而该行即第三行的基本量 S_B 作为下一次试算时的调出变量。经初等变换，使第三行中 x_A 的系数变为1，其他行中 x_A 的系数变为零，如下所示。从而得一组新的基本可行解：

$$x_A=30,\ S_A=40,\ Z=180$$

基变量	x_A	x_B	S_A	S_B	解
Z	0	-1	0	6/4	180
S_A	0	2	1′	-2/4	40
S_B	1	2/4	0	1/4	30

(4)再对上表第三行中的系数进行初等变换，可得如下所示的一新单纯形表：

基变量	x_A	x_B	S_A	S_B	解
Z	0	0	1/2	5/4	200
S_A	0	1	1/2	-1/4	20
S_B	1	0	-1/4	3/8	20

从上表可得另一组新的基本可行解：$x_A=20$，$x_B=20$，$Z=200$。

由于上表第一项中所有非基变量的系数都已大于或等于零，表明此时已达最优解，即产品A、B产量各为20单位时，利润达最高为200万元。

第三节　化工企业生产作业计划及优化

一、生产作业计划概述

(一)生产作业计划的基本含义

在生产计划确定后，企业为便于组织实施，还需编制生产作业计划。生产作业计划是生产计划的继续和具体化，其实质是要解决如何按照时间顺序，将有限的人力、物力和财力资源分配给不同的工作任务或生产任务，使预定的生产计划目标最优化。

(二)生产作业计划的基本任务

(1)落实生产计划。把企业生产计划的各项指标具体地分配到各车间、工段、班组等，制定出他们在各月、周、日等周期内的具体任务，以及实现该任务的方案，从而保证按数量、质量、品种、成本和期限完成企业的生产计划任务。

(2)合理组织生产过程。一般来说，产品的生产过程都由物质流、信息流和资金流所构成。生产作业计划的任务之一就是要将生产过程中的物质流、信息流和资金流合理组织协调起来，以最小的投入获得最大的产出。

(3)实现均衡生产。其基本含义是生产过程的各个环节做到有节奏的工作，依据计划规定它的数量、质量、品种和交货期的要求，均衡地生产产品。这样有利于充分发挥企业的生产能力，有效利用生产资源，改进企业的经营管理，降低成本，提高效益。

(4)提高经济效益。产品的成本和质量在很大程度上决定产品的经济效益，而产品的成本和质量是在生产过程中形成的。作业计划的重要内容就是要严格保证产品质量达到规定的标准，使生产过程中的各种消耗降低，最大限度地降低生产成本，从而求得最佳的经济效益。

二、化工生产企业生产作业计划的制订

制订生产作业计划的目的是具体落实生产计划，保证年度或季、月生产作业计划的实现。一般可将生产企业的生产作业计划分为两级，即车间生产计划和班组生产作业计划。本书主要介绍车间生产作业计划的制订。

车间生产作业计划应根据不同的生产类型来制订。由于生产类型不同，生产组织方式不同，生产作业计划的制订方法也不相同。

(一)大量流水生产作业计划

大批量的基本无机和基本有机以及一些石油化工生产属于这种生产类型，是以流水线方式大批量生产单一品种。在制订这类生产作业计划时，主要是依据流水线的正常生产能力和节奏，把生产任务直接分配给各车间。如果生产任务大于或小于正常生产能力，可通过调节流水线生产的节奏，或通过改变流水线生产的有效工作时间，在一定的生产能力弹性范围内，满足生产任务的要求。

对于各品种混合流水线生产，因不同品种大批量轮番连续生产，所以还需合理安排各种产品的投产顺序。

（二）大批量间歇生产作业计划

生产为间歇操作，品种少、各批产量大，车间分工及相互联系稳定，各车间或单元操作流程之间有依次提供中间产品或半成品的关系，因而作业计划在编制时主要应协调好各车间或单元操作流程之间在生产数量上的衔接与平衡。

（三）小批量间歇生产作业计划

这种生产方式的特点是产品品种多、各产品的产量较少，产品成批轮番进行生产，因此，各车间的联系不仅体现在品种上、数量上，还体现在时间的衔接上。在编制生产作业计划时，要同时确定车间生产的产品品种、各品种的投入量和出产量、各品种的投入期和出产期。

三、作业排序及评价

（一）作业排序的基本概念

1. 作业计划与作业排序

作业计划与作业排序不完全相同。排序只确定物料在生产过程中的各单元操作顺序，而作业计划还包括确定各单元操作处理物料的开始时间和完成时间，后者的内容包括前者的内容。在编制生产作业计划的实际工作中，关键是要解决物料在各生产单元的最可能投料和出料时间。因此，在大多数情况下当物料的处理顺序及时间确定后，作业计划也就确定了，这种情况下，编制作业计划与排序两个术语可不予区别。

2. 作业排序的基本任务及分类

在作业排序工作中，必须满足各种不同功能活动的要求。所以，排序的基本任务应包括以下内容。

①对计划做的工作设定优先权，使工作任务按最有效顺序排列。

②以可利用和所需的能力为基础，针对具体的设备装置分配相应的任务及人力。

③以实施计划目标来分配工作，以使工作能按期完成。

④对实施过程中出现的问题进行处理，因为这些问题有可能改变已排序工作的状况，需予以及时解决。

⑤周期性对实施过程进行检查，以保证分配的工作如期完成。

排序作业有几种不同的分类方式。

（1）按排序的对象分类。可分为劳动力作业排序和生产作业排序。前者主要是确定人员何时工作，后者主要是把不同的待处理物料安排到相应的生产单元，或安排不同的人做不同的工作。在化工生产企业，生产排序占主要地位。

(2)按使用生产装置的种类和数量分类。可分为单台装置或一个生产单元装置的排序和多台装置或多个生产单元的排序。前者是若干种不同物料在一个生产单元如反应釜中处理的排序，后者则是指若干不同物料在几个生产单元如预处理单元、反应单元、分离提纯单元及成品包装单元的排序。

(3)按加工路线的特征分类。多台装置按这类方式可分为流水型排序和非流水(间歇)型排序。前者是指 M 批不同的物料经 N 个生产单元，且所有不同批次物料的工艺顺序完全相同，因而排序的总方案数为 MN。后者即非流水型排序是指 M 批不同的物料经 N 个生产过程，但各批次物料的工艺顺序不完全相同，而排序的总方案多达 M^N 个，比前者的排序方案数大得多。

(4)按目标函数的性质分类。例如，对单台(套)设备的排序，目标是使误期或延期生产的产品数最少和目标是使平均生产时间最短，它们实质是两种不同的排序。此外，还可划分为单目标排序和多目标排序等。

(5)按加工处理对象到达车间的情况分类。按要加工处理对象到达车间的情况不同，可以分为静态排序和动态排序两种。在静态排序情况下，所有要加工处理的对象都已到达，可以一次性对它们进行排序。在动态排序情况下，要加工处理的对象是陆续到达，需随时安排它们的处理顺序。

从上述讨论可见，依据排序对象、生产装置、加工路线、目标函数和处理对象情况以及其他因素的差别，可形成多种多样的排序问题及相应的排序方法。

(二)排序方案的评价标准

从前述已知，对于 M 批不同的处理对象，每一批要经 N 台(套)装置加工处理，则可能的排序方案将相当多。但由于工艺上的限制及其他约束条件，有些排序方案是不可行的。但仍有多个或不少可选择的方案。选择不同的方案会得到不同的结果。为选择出合理、优化的方案，需对方案进行评价，这应当依据一定的评价标准。下面将分别介绍一些作业排序方案评价常用的标准。

(1)加工对象流程时间。是指从加工对象可以开始加工至完工的时间，这包括加工对象在各生产装置或生产单元之间转移的时间、等待时间、加工时间以及由于设备故障等问题造成的延迟时间。

(2)全部完工时间是指完成一组工作所需的全部时间。

(3)延迟。可以用比预定完工时间延迟了的时间来表示，也可以用未按预定时间完工的产品数占总产品数的百分数来表示。

(4)在制品库存(WIP)。当加工对象从一个装置移向下一个装置时，因故被推迟移到下一个装置进行处理或放置于中转库中，都可视为在制品库存。在制品库存可用产品数量、货币价值或可供应的周数等来表示。

(5)总库存。是指计划入库量与现有库存量的总库存量。

(6)设备利用率以一台(套)装置的有效生产时间占总工作时间的百分比表示。

上述这些标准是相互联系的。例如，要使加工对象的流程时间较少，也意味着应减少在制品库存和提高设备利用率。上述标准都可用具有平均值和偏差的统计分布来表示。一般地，设备利用率越大越好，而其余如流程时间、全部完工时间等则应越小越好。

(三)优先调度准则

排序方法有多种，从简单的手工方法如甘特图，到完全用计算机求解的最优数学模型。无论用何种方法，在调度排序工作中，一台(套)生产装置可选择先后处理的待加工对象可能有多种。按何准则来选择，对排序方案的优劣影响很大。为得到合理的排序方案，需借助一些优先顺序准则。下面是最常用的几条准则：

(1)先到先处理 FCFS(First Come First Served)准则。按到达车间的先后顺序安排生产。

(2)最短加工时间 SPT(Shortest Processing Time)准则。加工时间最短的对象优先安排，最后是加工时间最长的对象。

(3)最早交货期 EDD(Earliest Due Date)准则。对交货期早的产品优先安排，交货期较迟的则排到后面。

(4)临界比最小 SCR(Smallest Critical Ratio)准则。优先选择临界比最小的待处理对象。临界比 CR_i 的计算为：

$$CR_i = \frac{\text{产品 } i \text{ 交货期} - \text{生产日历当前日期}}{\text{产品 } i \text{ 所需的生产时间}}$$

(5)剩余加工时间 MWKR(Most Work Remaining)准则。优先选择余下加工时间最长的处理对象。

(6)剩余工序数 MOPNR(Most Operating Remaining)准则。优先选择余下工序或单元操作最多的加工对象。

(7)随机安排(RANDOM)准则。随机地挑选下一个加工对象。

上述几种准则各有其特点，应根据待加工对象的特点和目标选择恰当的准则。例如，FCFS 准则对处理的对象较公平；SPT 准则可使产品生产的平均时间最短，从而减少在制品数量；EDD 和 SCR 准则可使加工对象延误的时间最小；MWKR 准则使不同加工时间的产品完工时间尽量接近。有时仅运用某一个准则还不能确定下一个应选择的加工对象，这时可采用多种优先准则组合。例如，采用 SPT + MWKR + RANDOM 组合，其含义是首先按 SPT 准则选择加工对象，若有多个待加工对象具有相同的优先权，则应用 MWKR 准则再进行选择。如果仍有一个以上待加工对象满足相同的条件，再运用 RANDOM 准则随机地选择其中之一。

运用上述一类优先准则进行生产调度、排序，可以使编制的方案按预定目标优化。但由于排序、调度是一件很复杂的工作，还需要有大量的信息和熟练的技巧。生产中的信息可能随时改变，也就相应地需运用优先准则等及时予以排序的调整。对于大型流水作业生产或多品种、多装置同时进行的生产作业排序，完全靠人工操作其效率通常不高，效果也难以达到最优。从这个意义上说，应用现代计算机技术才能真正做到高效、优化作业排序或生产调度。

四、排序优化方法

(一) *N* 个加工对象在一台(套)装置上的作业排序

这是指单一装置、单一工序的排序，是最简单、最基本的问题。尽管 N 个加工对象用一台装置加工时，可有 N 种排序方案，但 N 个加工对象的最大生产时间是确定的，即与加工的先后顺序无关。所以，这类情况的优化排序规则是：平均流程时间最短，最大拖期量最小或者为零。

单台(套)装置处理不同加工对象时，可运用以下方法排序。

(1) 应用 SPT 准则。按产品生产时间长短，由短到长顺序排列，先短后长进行生产，可使平均流程时间最小，从而减少在制品占用量，节省流动资金。但由于未考虑交货期，有可能造成某些产品交货期延迟的问题。

(2) 应用 EDD 准则。按产品预定的交货期，从早到迟顺序排序并生产，可使最大交货拖期量最小，减少交货延误罚款损失，但平均流程时间有所增加。

(3) EDD 准则限制条件下应用 SPT 准则。即首先应用 EDD 准则，如果能使最大拖期量 $D_{\max}=0$，再用 SPT 准则进一步调整。其排序可按如下进行。

设在尚未排序的加工对象集合之中，有满足下述条件：

①交货期大于等于各加工时间之和，即 $d_{\mathrm{H}} \geqslant \sum_{i=1}^{n} t_i$。这表示待加工对象放在最后处理也不会延期交货。

②符合上述条件的所有加工对象厂中，若 $t_{\mathrm{H}} > t_j$，则表示该加工对象 J_{H} 在不出现延期交货的各加工对象中，其加工时间最长，从而将其排在最后加工。以类似的方式，反复进行筛选和排序。

(二) *N* 个加工对象在两台(套)装置上的作业排序

有 N 个加工对象都需经前、后两台(套)装置或单元操作进行处理。从第一个加工对象在第 1 台(套)装置处理算起，到最后一个加工对象经第 2 台(套)装置处理完为止的时间，称为 N 个加工对象的总加工周期。优化排序的目标就是使该总加工周期最短，减少制品停放时间。一般可用约翰逊法较方便地解决这类问题。

用约翰逊法处理这类问题经以下四个步骤：

①列出所有待加工对象在两台(套)装置上的加工时间；

②找出加工时间最小值者，如果同时出现多个最小值，可从中任选一个；

③如果该最小值只在第1台(套)装置处理过程中，应将相应的加工对象排在前面，反之若最小值在第2台(套)装置上，则排在后面；

④去除已安排好顺序的待加工对象，在剩余的加工对象中重复步骤②和③，直到所有的加工对象都安排完。

习题及思考题

9-1　生产管理的内容有哪些？

9-2　生产管理的主要目标有哪些？

9-3　生产计划的主要目标有哪些？

9-4　制订生产计划的图表法，其基本原理是什么，有什么优点和不足或应用限制条件？

9-5　生产作业计划与生产计划有何联系，各有何特点？

9-6　作业排序与生产作业计划有何相互关系？

9-7　作业排序可分为哪几类？评价作业排序方案的标准有哪些？

9-8　何谓优先调度准则？最常用的有哪些？其基本内容是什么？

附　　录

资产负债表

纳税人识别号：　　　　　　　　编制单位：

报表时期：　　年　　月　　日　　　　　　　　单位：元

资产	行次	期末余额	年初余额	负债及所有者权益	行次	期末余额	年初余额
流动资产：				流动负债：			
货币资金	1			短期借款	31		
短期投资	2			应付票据	32		
应收票据	3			应付账款	33		
应收账款	4			预收账款	34		
预付账款	5			应付职工薪酬	35		
应收股利	6			应交税费	36		
应收利息	7			应付利息	37		
其他应收款	8			应付利润	38		
存货	9			其他应付款	39		
其中：原材料	10			其他流动负债	40		
在产品	11			流动负债合计	41		
库存商品	12						
周转材料	13			非流动负债：			
其他流动资产	14			长期借款	42		
流动资产合计	15			长期应付款	43		
非流动资产：				递延收益	44		
长期债券投资	16			其他非流动负债	45		
长期股权投资	17			非流动负债合计	46		
固定资产原价	18			负债合计	47		
减：累计折旧	19						
固定资产账面价值	20						

续表

资产	行次	期末余额	年初余额	负债及所有者权益	行次	期末余额	年初余额
在建工程	21						
工程物资	22						
固定资产清理	23						
生产性生物资产	24			所有者权益（或股东权益）：			
无形资产	25			实收资本（或股本）	48		
开发支出	26			资本公积	49		
长期待摊费用	27			盈余公积	50		
其他非流动资产	28			未分配利润	51		
非流动资产合计	29			所有者权益（或股东权益）合计	52		
资产总计	30			负债和所有者权益（或股东权益）总计	53		

利润表

纳税人识别号：　　　　　　　　　　编制单位：

报表时期：　　年　　月　　日　　　　　　　　　单位：元

项目	行次	本年累计金额	上年金额
一、营业收入	1		
减：营业成本	2		
税金及附加	3		
其中：消费税	4		
营业税	5		
城市维护建设税	6		
资源税	7		
土地增值税	8		
城镇土地使用税、房产税、车船税、印花税	9		
教育费附加、矿产资源补偿费、排污费	10		
销售费用	11		
其中：商品维修费	12		
广告费和业务宣传费	13		
管理费用	14		
其中：开办费	15		
业务招待费	16		
研究费用	17		
财务费用	18		
其中：利息费用(收入以“－”号填列)	19		
加：投资收益(损失以“－”号填列)	20		
二、营业利润(亏损以“－”号填列)	21		
加：营业外收入	22		
其中：政府补助	23		
减：营业外支出	24		
其中：坏账损失	25		
无法收回的长期债券投资损失	26		
无法收回的长期股权投资损失	27		
自然灾害等不可抗力因素造成的损失	28		
税收滞纳金	29		
三、利润总额(亏损总额以“－”号填列)	30		
减：所得税费用	31		
四、净利润(净亏损以“－”号填列)	32		

现金流量表

纳税人识别号：　　　　　　　　　　编制单位：

报表时期：　　年　　月　　日　　　　　　　　单位：元

项目	行次	本年累计金额	上年金额
一、经营活动产生的现金流量			
销售产成品、商品、提供劳务收到的现金	1		
收到其他与经营活动有关的现金	2		
购买原材料、商品、接受劳务支付的现金	3		
支付的职工薪酬	4		
支付的税费	5		
支付其他与经营活动有关的现金	6		
经营活动产生的现金流量净额	7		
二、投资活动产生的现金流量			
收回短期投资、长期债券投资和长期股权投资收到的现金	8		
取得投资收益收到的现金	9		
处置固定资产、无形资产和其他非流动资产收回的现金净额	10		
短期投资、长期债券投资和长期股权投资支付的现金	11		
购建固定资产、无形资产和其他非流动资产支付的现金	12		
投资活动产生的现金流量净额	13		
三、筹资活动产生的现金流量			
取得借款收到的现金	14		
吸收投资者投资收到的现金	15		
偿还借款本金支付的现金	16		
偿还借款利息支付的现金	17		
分配利润支付的现金	18		
筹资活动产生的现金流量净额	19		
四、现金净增加额	20		
加：期初现金余额	21		
五、期末现金余额	22		

中华人民共和国企业所得税年度纳税申报表

（A 类，2017 年版）

税款所属期间：2022 年 1 月 1 日至 2022 年 12 月 31 日

纳税人统一社会信用代码：（纳税人识别号）

纳税人名称：

金额单位：人民币元（列至角分）

谨声明：此纳税申报表是根据《中华人民共和国企业所得税法》、《中华人民共和国企业所得税法实施条例》、有关税收政策以及国家统一会计制度的规定填报的，是真实的、可靠的、完整的。

法定代表人（签章）：　　　　年　　月　　日

纳税人公章：	代理申报中介机构公章：	主管税务机关受理专用章：
会计主管：	经办人： 经办人执业证件号码：	受理人：
填表日期： 年　月　日	代理申报日期： 年　月　日	受理日期： 年　月　日

国家税务总局监制

企业所得税年度纳税申报表填报表单

表单编号	表单名称	选择填报情况	
		填报	不填报
A000000	企业基础信息表	□	□
A100000	中华人民共和国企业所得税年度纳税申报表(A类)	□	□
A101010	一般企业收入明细表	□	□
A101020	金融企业收入明细表	□	□
A102010	一般企业成本支出明细表	□	□
A102020	金融企业支出明细表	□	□
A103000	事业单位、民间非营利组织收入、支出明细表	□	□
A104000	期间费用明细表	□	□
A105000	纳税调整项目明细表	□	□
A105010	视同销售和房地产开发企业特定业务纳税调整明细表	□	□
A105020	未按权责发生制确认收入纳税调整明细表	□	□
A105030	投资收益纳税调整明细表	□	□
A105040	专项用途财政性资金纳税调整明细表	□	□
A105050	职工薪酬支出及纳税调整明细表	□	□
A105060	广告费和业务宣传费跨年度纳税调整明细表	□	□
A105070	捐赠支出及纳税调整明细	□	□
A105080	资产折旧、摊销及纳税调整明细表	□	□
A105090	资产损失税前扣除及纳税调整明细表	□	□
A105100	企业重组及递延纳税事项纳税调整明细表	□	□
A105110	政策性搬迁纳税调整明细表	□	□
A105120	特殊行业准备金及纳税调整明细表	□	□
A106000	企业所得税弥补亏损明细表	□	□
A107010	免税、减计收入及加计扣除优惠明细表	□	□
A107011	符合条件的居民企业之间的股息、红利等权益性投资收益优惠明细表	□	□
A107012	研发费用加计扣除优惠明细表	□	□
A107020	所得减免优惠明细表	□	□
A107030	抵扣应纳税所得额明细表	□	□
A107040	减免所得税优惠明细表	□	□
A107041	高新技术企业优惠情况及明细表	□	□

续表

表单编号	表单名称	选择填报情况	
		填报	不填报
A107042	软件、集成电路企业优惠情况及明细表	□	□
A107050	税额抵免优惠明细表	□	□
A108000	境外所得税收抵免明细表	□	□
A108010	境外所得纳税调整后所得明细表	□	□
A108020	境外分支机构弥补亏损明细表	□	□
A108030	跨年度结转抵免境外所得税明细表	□	□
A109000	跨地区经营汇总纳税企业年度分摊企业所得税明细表	□	□
A109010	企业所得税汇总纳税分支机构所得税分配表	□	□
A109090	受控外国企业信息报告表	□	□
	非货币性资产投资递延纳税调整明细表	□	□
	居民企业资产(股权)划转特殊性税务处理申报表	□	□
	企业重组所得税特殊性税务处理报告表	□	□
	研发项目可加计扣除研究开发费用情况归集表	□	□
	海上油气生产设施弃置费情况表	□	□
说明：企业应当根据实际情况选择需要填表的表单。			

A000000

企业基础信息表

<table>
<tr><td colspan="8">**100 基本信息**</td></tr>
<tr><td rowspan="6">101 汇总纳税企业</td><td>□</td><td colspan="6">总机构(跨省)——适用《跨地区经营汇总纳税企业所得税征收管理办法》</td></tr>
<tr><td>□</td><td colspan="6">总机构(跨省)——不适用《跨地区经营汇总纳税企业所得税征收管理办法》</td></tr>
<tr><td>□</td><td colspan="6">总机构(省内)</td></tr>
<tr><td>□</td><td colspan="6">分支机构(须进行完整年度纳税申报且按比例纳税)——就地缴纳比例 = %</td></tr>
<tr><td>□</td><td colspan="6">分支机构(须进行完整年度纳税申报但不就地缴纳)</td></tr>
<tr><td>□</td><td colspan="6">否</td></tr>
<tr><td colspan="2">102 所属行业明细代码</td><td colspan="2"></td><td colspan="2">103 资产总额(万元)</td><td colspan="2"></td></tr>
<tr><td colspan="2">104 从业人数</td><td colspan="2"></td><td colspan="2">105 国家限制或禁止行业</td><td colspan="2">□ 是 □ 否</td></tr>
<tr><td colspan="2">106 非营利组织</td><td colspan="2">□是 □否</td><td colspan="2">107 存在境外关联交易</td><td colspan="2">□ 是 □ 否</td></tr>
<tr><td colspan="2">108 上市公司</td><td colspan="2">是(□境内 □境外) □否</td><td colspan="2">109 从事股权投资业务</td><td colspan="2">□ 是 □ 否</td></tr>
<tr><td colspan="2" rowspan="5">110 适用的会计准则或会计制度</td><td colspan="6">企业会计准则(□一般企业 □银行 □证券 □保险 □担保)</td></tr>
<tr><td colspan="6">□小企业会计准则</td></tr>
<tr><td colspan="6">□企业会计制度</td></tr>
<tr><td colspan="6">事业单位会计准则 □事业单位会计制度 □科学事业单位会计制度 □医院会计制度 □高等学校会计制度 □中小学校会计制度 □彩票机构会计制度</td></tr>
<tr><td colspan="6">□民间非营利组织会计制度 □村集体经济组织会计制度 □农民专业合作社财务会计制度(试行)□其他</td></tr>
<tr><td colspan="8">**200 企业重组及递延纳税事项**</td></tr>
<tr><td colspan="3">201 发生资产(股权)划转特殊性税务处理事项</td><td colspan="2">□是</td><td colspan="3">□否</td></tr>
<tr><td colspan="3">202 发生非货币性资产投资递延纳税事项</td><td colspan="2">□是</td><td colspan="3">□否</td></tr>
<tr><td colspan="3">203 发生技术入股递延纳税事项</td><td colspan="2">□是</td><td colspan="3">□否</td></tr>
<tr><td colspan="3">204 发生企业重组事项</td><td colspan="5">是(□一般性税务处理 □特殊性税务处理)□否</td></tr>
<tr><td>204－1 重组开始时间</td><td colspan="2">年 月 日</td><td colspan="2">204－2 重组完成时间</td><td colspan="3">年 月 日</td></tr>
<tr><td>204－3 重组交易类型</td><td>□法律形式改变</td><td>□债务重组</td><td>□股权收购</td><td>□资产收购</td><td>□合并</td><td>□分立</td><td></td></tr>
<tr><td rowspan="3">204－4 企业在重组业务中所属当事方类型</td><td rowspan="3"></td><td rowspan="3">□债务人
□债权人</td><td>□收购方</td><td>□收购方</td><td>□合并企业</td><td>□分立企业</td><td></td></tr>
<tr><td>□转让方</td><td>□转让方</td><td>□被合并企业</td><td>□被分立企业</td><td></td></tr>
<tr><td>□被收购企业</td><td></td><td>□被合并企业股东</td><td>□被分立企业股东</td><td></td></tr>
</table>

续表

300 企业主要股东及分红情况					
股东名称	证件种类	证件号码	投资比例	当年（决议日）分配的股息、红利等权益性投资收益金额	国籍（注册地址）
其余股东合计					

中华人民共和国企业所得税年度纳税申报表(A 类)

类别	项目	金额
利润总额计算	一、营业收入(填写 A101010/101020/103000)	
	减：营业成本(填写 A102010/102020/103000)	
	减：税金及附加	
	减：销售费用(填写 A104000)	
	减：管理费用(填写 A104000)	
	减：财务费用(填写 A104000)	
	减：资产减值损失	
	加：公允价值变动收益	
	加：投资收益	
	二、营业利润(1 -2 -3 -4 -5 -6 -7 +8 +9)	
	加：营业外收入(填写 A101010/101020/103000)	
	减：营业外支出(填写 A102010/102020/103000)	
	三、利润总额(10 +11 -12)	
应纳税所得额计算	减：境外所得(填写 A108010)	
	加：纳税调整增加额(填写 A105000)	
	减：纳税调整减少额(填写 A105000)	
	减：免税、减计收入及加计扣除(填写 A107010)	
	加：境外应税所得抵减境内亏损(填写 A108000)	
	四、纳税调整后所得(13 -14 +15 -16 -17 +18)	
	减：所得减免(填写 A107020)	
	减：弥补以前年度亏损(填写 A106000)	
	减：抵扣应纳税所得额(填写 A107030)	
	五、应纳税所得额(19 -20 -21 -22)	
应纳税额计算	税率(25%)	
	六、应纳所得税额(23 ×24)	
	减：减免所得税额(填写 A107040)	
	减：抵免所得税额(填写 A107050)	
	七、应纳税额(25 -26 -27)	
	加：境外所得应纳所得税额(填写 A108000)	
	减：境外所得抵免所得税额(填写 A108000)	
	八、实际应纳所得税额(28 +29 -30)	
	减：本年累计实际已预缴的所得税额	
	九、本年应补(退)所得税额(31 -32)	
	其中：总机构分摊本年应补(退)所得税额(填写 A109000)	
	财政集中分配本年应补(退)所得税额(填写 A109000)	
	总机构主体生产经营部门分摊本年应补(退)所得税额(填写 A109000)	

一般企业收入明细表

项目	金额
一、营业收入	
（一）主营业务收入	
1. 销售商品收入	
其中：非货币性资产交换收入	
2. 提供劳务收入	
3. 建造合同收入	
4. 让渡资产使用权收入	
5. 其他	
（二）其他业务收入	
1. 销售材料收入	
其中：非货币性资产交换收入	
2. 出租固定资产收入	
3. 出租无形资产收入	
4. 出租包装物和商品收入	
5. 其他	
二、营业外收入	
（一）非流动资产处置利得	
（二）非货币性资产交换利得	
（三）债务重组利得	
（四）政府补助利得	
（五）盘盈利得	
（六）捐赠利得	
（七）罚没利得	
（八）确实无法偿付的应付款项	
（九）汇兑收益	
（十）其他	

一般企业成本支出明细表

项目	金额
一、营业成本	
(一)主营业务成本	
1. 销售商品成本	
其中：非货币性资产交换成本	
2. 提供劳务成本	
3. 建造合同成本	
4. 让渡资产使用权成本	
5. 其他	
(二)其他业务成本	
1. 材料销售成本	
其中：非货币性资产交换成本	
2. 出租固定资产成本	
3. 出租无形资产成本	
4. 包装物出租成本	
5. 其他	
二、营业外支出	
(一)非流动资产处置损失	
(二)非货币性资产交换损失	
(三)债务重组损失	
(四)非常损失	
(五)捐赠支出	
(六)赞助支出	
(七)罚没支出	
(八)坏账损失	
(九)无法收回的债券股权投资损失	
(十)其他	

期间费用明细表

项目	销售费用	其中：境外支付	管理费用	其中：境外支付	财务费用	其中：境外支付
	1	2	3	4	5	6
一、职工薪酬						
二、劳务费						
三、咨询顾问费						
四、业务招待费						
五、广告费和业务宣传费						
六、佣金和手续费						
七、资产折旧摊销费						
八、财产损耗、盘亏及毁损损失						
九、办公费						
十、董事会费						
十一、租赁费						
十二、诉讼费						
十三、差旅费						
十四、保险费						
十五、运输、仓储费						
十六、修理费						
十七、包装费						
十八、技术转让费						
十九、研究费用						
二十、各项税费						
二十一、利息收支						
二十二、汇兑差额						
二十三、现金折扣						
二十四、党组织工作经费						
二十五、其他						
合计(1+2+3+…+25)						

纳税调整项目明细表

项目	账载金额	税收金额	调增金额	调减金额
	1	2	3	4
一、收入类调整项目(2 +3 +4 +5 +6 +7 +8 +10 +11)				
(一)视同销售收入(填写 A105010)				
(二)未按权责发生制原则确认的收入(填写 A105020)				
(三)投资收益(填写 A105030)				
(四)按权益法核算长期股权投资对初始投资成本调整确认收益				
(五)交易性金融资产初始投资调整				
(六)公允价值变动净损益				
(七)不征税收入				
其中：专项用途财政性资金(填写 A105040)				
(八)销售折扣、折让和退回				
(九)其他				
二、扣除类调整项目(13 +14 +… +24 +26 +27 +28 +29 +30)				
(一)视同销售成本(填写 A105010)				
(二)职工薪酬(填写 A105050)				
(三)业务招待费支出				
(四)广告费和业务宣传费支出(填写 A105060)				
(五)捐赠支出(填写 A105070)				
(六)利息支出				
(七)罚金、罚款和被没收财物的损失				
(八)税收滞纳金、加收利息				
(九)赞助支出				
(十)与未实现融资收益相关在当期确认的财务费用				
(十一)佣金和手续费支出				
(十二)不征税收入用于支出所形成的费用				
其中：专项用途财政性资金用于支出所形成的费用(填写 A105040)				
(十三)跨期扣除项目				
(十四)与取得收入无关的支出				
(十五)境外所得分摊的共同支出				
(十六)党组织工作经费				
(十七)其他				

续表

项目	账载金额	税收金额	调增金额	调减金额
	1	2	3	4
三、资产类调整项目(32 +33 +34 +35)				
(一)资产折旧、摊销(填写 A105080)				
(二)资产减值准备金				
(三)资产损失(填写 A105090)				
(四)其他				
四、特殊事项调整项目(37 +38 +… +42)				
(一)企业重组及递延纳税事项(填写 A105100)				
(二)政策性搬迁(填写 A105110)				
(三)特殊行业准备金(填写 A105120)				
(四)房地产开发企业特定业务计算的纳税调整额(填写 A105010)				
(五)有限合伙企业法人合伙方应分得的应纳税所得额				
(六)其他				
五、特别纳税调整应税所得				
六、其他				
合计(1 +12 +31 +36 +43 +44)				

职工薪酬支出及纳税调整明细表

项目	账载金额	实际发生额	税收规定扣除率	以前年度累计结转扣除额	税收金额	纳税调整金额	累计结转以后年度扣除额
	1	2	3	4	5	6(1－5)	7(1＋4－5)
一、工资薪金支出							
其中：股权激励							
二、职工福利费支出							
三、职工教育经费支出							
四、工会经费支出							
五、各类基本社会保障性缴款							
六、住房公积金							
七、补充养老保险							
八、补充医疗保险							
九、其他							
合计							

其中：职工教育经费支出包括按税收规定比例扣除的职工教育经费、按税收规定全额扣除的职工培训费用。

资产折旧、摊销及纳税调整明细表

项目		账载金额			税收金额					纳税调整
		资产原值	本年折旧、摊销额	累计折旧、摊销额	资产计税基础	税收折旧、摊销额	享受加速折旧政策的资产按税收一般规定计算的折旧、摊销额	加速折旧统计额	累计折旧、摊销额	纳税调整金额
		1	2	3	4	5	6	7=5-6	8	9(2-5)
所有固定资产	一、固定资产(2+3+4+5+6+7)									
	(一)房屋、建筑物									
	(二)飞机、火车、轮船、机器、机械和其他生产设备									
	(三)与生产经营活动有关的器具、工具、家具等									
	(四)飞机、火车、轮船以外的运输工具									
	(五)电子设备									
	(六)其他									
其中：享受固定资产加速折旧及一次性扣除政策的资产加速折旧额大于一般折旧额的部分	(一)重要行业固定资产加速折旧(不含一次性扣除)									
	(二)其他行业研发设备加速折旧									
	(三)允许一次性扣除的固定资产(11+12+13)									
	1. 单价不超过100万元专用研发设备									
	2. 重要行业小型微利企业单价不超过100万元研发生产共用设备									
	3. 5000元以下固定资产									
	(四)技术进步、更新换代固定资产									
	(五)常年强震动、高腐蚀固定资产									
	(六)外购软件折旧									
	(七)集成电路企业生产设备									

续表

项目	账载金额			税收金额					纳税调整
	资产原值	本年折旧、摊销额	累计折旧、摊销额	资产计税基础	税收折旧、摊销额	享受加速折旧政策的资产按税收一般规定计算的折旧、摊销额	加速折旧统计额	累计折旧、摊销额	纳税调整金额
	1	2	3	4	5	6	7 =5 -6	8	9(2 -5)
二、生产性生物资产(19 +20)									
(一)林木类									
(二)畜类									
三、无形资产(22 +23 +24 +25 +26 +27 +28 +30)									
(一)专利权									
(二)商标权									
(三)著作权									
(四)土地使用权									
(五)非专利技术									
(六)特许权使用费									
(七)软件									
其中：享受企业外购软件加速摊销政策									
(八)其他									
四、长期待摊费用(32 +33 +34 +35 +36)									
(一)已足额提取折旧的固定资产的改建支出									
(二)租入固定资产的改建支出									
(三)固定资产的大修理支出									
(四)开办费									
(五)其他									
五、油气勘探投资									
六、油气开发投资									
合计(1 +18 +21 +31 +37 +38)									
全民所有制改制资产评估增值政策资产									

免税、减计收入及加计扣除优惠明细表

项目	金额
一、免税收入(2 +3 +6 +7 + … +16)	
(一)国债利息收入免征企业所得税	
(二)符合条件的居民企业之间的股息、红利等权益性投资收益免征企业所得税(填写 A107011)	
其中：内地居民企业通过沪港通投资且连续持有 H 股满 12 个月取得的股息红利所得免征企业所得税(填写 A107011)	
内地居民企业通过深港通投资且连续持有 H 股满 12 个月取得的股息红利所得免征企业所得税(填写 A107011)	
(三)符合条件的非营利组织的收入免征企业所得税	
(四)符合条件的非营利组织(科技企业孵化器)的收入免征企业所得税	
(五)符合条件的非营利组织(国家大学科技园)的收入免征企业所得税	
(六)中国清洁发展机制基金取得的收入免征企业所得税	
(七)投资者从证券投资基金分配中取得的收入免征企业所得税	
(八)取得的地方政府债券利息收入免征企业所得税	
(九)中国保险保障基金有限责任公司取得的保险保障基金等收入免征企业所得税	
(十)中央电视台的广告费和有线电视费收入免征企业所得税	
(十一)中国奥委会取得北京冬奥组委支付的收入免征企业所得税	
(十二)中国残奥委会取得北京冬奥组委分期支付的收入免征企业所得税	
(十三)其他	
二、减计收入(18 +19 +23 +24)	
(一)综合利用资源生产产品取得的收入在计算应纳税所得额时减计收入	
(二)金融、保险等机构取得的涉农利息、保费减计收入(20 +21 +22)	
1. 金融机构取得的涉农贷款利息收入在计算应纳税所得额时减计收入	
2. 保险机构取得的涉农保费收入在计算应纳税所得额时减计收入	
3. 小额贷款公司取得的农户小额贷款利息收入在计算应纳税所得额时减计收入	
(三)取得铁路债券利息收入减半征收企业所得税	
(四)其他	
三、加计扣除(26 +27 +28 +29 +30)	
(一)开发新技术、新产品、新工艺发生的研究开发费用加计扣除(填写 A107012)	
(二)科技型中小企业开发新技术、新产品、新工艺发生的研究开发费用加计扣除(填写 A107012)	
(三)企业为获得创新性、创意性、突破性的产品进行创意设计活动而发生的相关费用加计扣除	
(四)安置残疾人员所支付的工资加计扣除	
(五)其他	
合计(1 +17 +25)	

企业所得税弥补亏损明细表

项目	年度	可弥补亏损所得	合并、分立转入(转出)可弥补的亏损额	当年可弥补的亏损额	以前年度亏损已弥补额					本年度实际弥补的以前年度亏损额	可结转以后年度弥补的亏损额
					前四年度	前三年度	前二年度	前一年度	合计		
	1	2	3	4	5	6	7	8	9	10	11
前五年度											
前四年度											
前三年度											
前二年度											
前一年度											
本年度											
可结转以后年度弥补的亏损额合计											

研发费用加计扣除优惠明细表

□一般企业	□科技型中小企业	科技型中小企业登记编号	
本年可享受研发费用加计扣除项目数量			

研发活动费用明细

一、自主研发、合作研发、集中研发(4+8+17+20+24+35)	
(一)人员人工费用(5+6+7)	
1. 直接从事研发活动人员工资薪金	
2. 直接从事研发活动人员五险一金	
3. 外聘研发人员的劳务费用	
(二)直接投入费用(9+10+…+16)	
1. 研发活动直接消耗材料	
2. 研发活动直接消耗燃料	
3. 研发活动直接消耗动力费用	
4. 用于中间试验和产品试制的模具、工艺装备开发及制造费	
5. 用于不构成固定资产的样品、样机及一般测试手段购置费	
6. 用于试制产品的检验费	
7. 用于研发活动的仪器、设备的运行维护、调整、检验、维修等费用	
8. 通过经营租赁方式租入的用于研发活动的仪器、设备租赁费	
(三)折旧费用(18+19)	
1. 用于研发活动的仪器的折旧费	
2. 用于研发活动的设备的折旧费	
(四)无形资产摊销(21+22+23)	
1. 用于研发活动的软件的摊销费用	
2. 用于研发活动的专利权的摊销费用	
3. 用于研发活动的非专利技术(包括许可证、专有技术、设计和计算方法等)的摊销费用	
(五)新产品设计费等(25+26+27+28)	
1. 新产品设计费	
2. 新工艺规程制定费	
3. 新药研制的临床试验费	
4. 勘探开发技术的现场试验费	

续表

(六)其他相关费用(30 +31 +32 +33 +34)	
1. 技术图书资料费、资料翻译费、专家咨询费、高新科技研发保险费	
2. 研发成果的检索、分析、评议、论证、鉴定、评审、评估、验收费用	
3. 知识产权的申请费、注册费、代理费	
4. 职工福利费、补充养老保险费、补充医疗保险费	
5. 差旅费、会议费	
(七)经限额调整后的其他相关费用	
二、委托研发[(37 -38)×80%]	
委托外部机构或个人进行研发活动所发生的费用	
其中：委托境外进行研发活动所发生的费用	
三、年度研发费用小计(3 +36)	
(一)本年费用化金额	
(二)本年资本化金额	
四、本年形成无形资产摊销额	
五、以前年度形成无形资产本年摊销额	
六、允许扣除的研发费用合计(40 +42 +43)	
减：特殊收入部分	
七、允许扣除的研发费用抵减特殊收入后的金额(44 -45)	
减：当年销售研发活动直接形成产品(包括组成部分)对应的材料部分	
减：以前年度销售研发活动直接形成产品(包括组成部分)对应材料部分结转金额	
八、加计扣除比例	
九、本年研发费用加计扣除总额(46 -47 -48)×49	
十、销售研发活动直接形成产品(包括组成部分)对应材料部分结转以后年度扣减金额(当 46 -47 -48≥0 时，本行 =0；当 46 -47 -48 <0 时，本行 =46 -47 -48 的绝对值)	

研发项目可加计扣除研究开发费用情况归集表

序号	项目	金额
1	一、人员人工费用小计	
1.1	直接从事研发活动人员－工资薪金	
1.2	直接从事研发活动人员－五险一金	
1.3	外聘研发人员的劳务费用	
2	二、直接投入费用小计	
2.1	研发活动直接消耗－材料	
2.2	研发活动直接消耗－燃料	
2.3	研发活动直接消耗－动力费用	
2.4	用于中间试验和产品试制的模具、工艺装备开发及制造费	
2.5	用于不构成固定资产的样品、样机及一般测试手段购置费	
2.6	用于试制产品的检验费	
2.7	用于研发活动的仪器、设备的运行维护、调整、检验、维修等费用	
2.8	通过经营租赁方式租入的用于研发活动的仪器、设备租赁费	
3	三、折旧费用小计	
3.1	用于研发活动的仪器的折旧费	
3.2	用于研发活动的设备的折旧费	
4	四、无形资产摊销小计	
4.1	用于研发活动的软件的摊销费用	
4.2	用于研发活动的专利权的摊销费用	
4.3	用于研发活动的非专利技术（包括许可证、专有技术、设计和计算方法等）的摊销费	
5	五、新产品设计费等小计	
5.1	新产品设计费	
5.2	新工艺规程制定费	
5.3	新药研制的临床试验费	
5.4	勘探开发技术的现场试验费	
6	六、其他相关费用小计	
6.1	1. 技术图书资料费、资料翻译费、专家咨询费、高新科技研发保险费	
6.2	2. 研发成果的检索、分析、评议、论证、鉴定、评审、评估、验收费用	
6.3	3. 知识产权的申请费、注册费、代理费	
6.4	4. 职工福利费、补充养老保险费、补充医疗保险费	
6.5	5. 差旅费、会议费	
7	七、委托外部机构或个人进行研发活动所发生的费用	
7.1	其中：委托境外进行研发活动所发生的费用（包括存在关联关系的委托研发）	
8	八、允许加计扣除的研发费用中的第1至5类费用合计（1+2+3+4+5）	
8.1	其他相关费用限额＝序号8×10%/（1－10%）	
9	九、当期费用化支出可加计扣除总额	
10	十、研发项目形成无形资产当期摊销额	
10.1	其中：准予加计扣除的摊销额	
11	十一、当期实际加计扣除总额（9+10.1）×50%	

减免所得税优惠明细表

项目	金额
一、符合条件的小型微利企业减免企业所得税	
二、国家需要重点扶持的高新技术企业减按 15% 的税率征收企业所得税（填写 A107041）	
三、经济特区和上海浦东新区新设立的高新技术企业在区内取得的所得定期减免企业所得税（填写 A107041）	
四、受灾地区农村信用社免征企业所得税（4.1 +4.2）	
（一）芦山受灾地区农村信用社免征企业所得税	
（二）鲁甸受灾地区农村信用社免征企业所得税	
五、动漫企业自主开发、生产动漫产品定期减免企业所得税	
六、线宽小于 0.8 微米（含）的集成电路生产企业减免企业所得税（填写 A107042）	
七、线宽小于 0.25 微米的集成电路生产企业减按 15% 税率征收企业所得税（填写 A107042）	
八、投资额超过 80 亿元的集成电路生产企业减按 15% 税率征收企业所得税（填写 A107042）	
九、线宽小于 0.25 微米的集成电路生产企业减免企业所得税（填写 A107042）	
十、投资额超过 80 亿元的集成电路生产企业减免企业所得税（填写 A107042）	
十一、新办集成电路设计企业减免企业所得税（填写 A107042）	
十二、国家规划布局内集成电路设计企业可减按 10% 的税率征收企业所得税（填写 A107042）	
十三、符合条件的软件企业减免企业所得税（填写 A107042）	
十四、国家规划布局内重点软件企业可减按 10% 的税率征收企业所得税（填写 A107042）	
十五、符合条件的集成电路封装、测试企业定期减免企业所得税（填写 A107042）	
十六、符合条件的集成电路关键专用材料生产企业、集成电路专用设备生产企业定期减免企业所得税（填写 A107042）	
十七、经营性文化事业单位转制为企业的免征企业所得税	
十八、符合条件的生产和装配伤残人员专门用品企业免征企业所得税	
十九、技术先进型服务企业减按 15% 的税率征收企业所得税	
二十、服务贸易创新发展试点地区符合条件的技术先进型服务企业减按 15% 的税率征收企业所得税	
二十一、设在西部地区的鼓励类产业企业减按 15% 的税率征收企业所得税	
二十二、新疆困难地区新办企业定期减免企业所得税	
二十三、新疆喀什、霍尔果斯特殊经济开发区新办企业定期免征企业所得税	
二十四、广东横琴、福建平潭、深圳前海等地区的鼓励类产业企业减按 15% 税率征收企业所得税	

续表

项目	金额
二十五、北京冬奥组委、北京冬奥会测试赛赛事组委会免征企业所得税	
二十六、享受过渡期税收优惠定期减免企业所得税	
二十七、其他	
二十八、减：项目所得额按法定税率减半征收企业所得税叠加享受减免税优惠	
二十九、支持和促进重点群体创业就业企业限额减征企业所得税(29.1+29.2)	
(一)下岗失业人员再就业	
(二)高校毕业生就业	
三十、扶持自主就业退役士兵创业就业企业限额减征企业所得税	
三十一、民族自治地方的自治机关对本民族自治地方的企业应缴纳的企业所得税中属于地方分享的部分减征或免征(□免征 □减征：减征幅度10%)	
合计(1+2+…+26+27-28+29+30+31)	

高新技术企业优惠情况及明细表

<table>
<tr><td colspan="6">基本信息</td></tr>
<tr><td colspan="2">高新技术企业证书编号</td><td></td><td>高新技术企业证书取得时间</td><td colspan="2"></td></tr>
<tr><td colspan="3" rowspan="3">对企业主要产品(服务)发挥核心支持作用的技术所属范围</td><td colspan="3">国家重点支持的高新技术领域</td></tr>
<tr><td>一级领域</td><td>二级领域</td><td>三级领域</td></tr>
<tr><td>新材料</td><td>精细和专用化学品</td><td>精细化学品制备及应用技术</td></tr>
<tr><td colspan="6">关键指标情况</td></tr>
<tr><td rowspan="7">收入指标</td><td colspan="4">一、本年高新技术产品(服务)收入(5+6)</td><td></td></tr>
<tr><td colspan="4">其中：产品(服务)收入</td><td></td></tr>
<tr><td colspan="4">技术性收入</td><td></td></tr>
<tr><td colspan="4">二、本年企业总收入(8-9)</td><td></td></tr>
<tr><td colspan="4">其中：收入总额</td><td></td></tr>
<tr><td colspan="4">不征税收入</td><td></td></tr>
<tr><td colspan="4">三、本年高新技术产品(服务)收入占企业总收入的比例(4÷7)</td><td></td></tr>
<tr><td rowspan="3">人员指标</td><td colspan="4">四、本年科技人员数</td><td></td></tr>
<tr><td colspan="4">五、本年职工总数</td><td></td></tr>
<tr><td colspan="4">六、本年科技人员占企业当年职工总数的比例(11÷12)</td><td></td></tr>
<tr><td rowspan="17">研究开发费用指标</td><td rowspan="2">高新研发费用归集年度</td><td>本年度</td><td>前一年度</td><td>前二年度</td><td>合计</td></tr>
<tr><td>1</td><td>2</td><td>3</td><td>4</td></tr>
<tr><td>七、归集的高新研发费用金额(16+25)</td><td></td><td></td><td></td><td></td></tr>
<tr><td>(一)内部研究开发投入(17+…+22+24)</td><td></td><td></td><td></td><td></td></tr>
<tr><td>1. 人员人工费用</td><td></td><td></td><td></td><td></td></tr>
<tr><td>2. 直接投入费用</td><td></td><td></td><td></td><td></td></tr>
<tr><td>3. 折旧费用与长期待摊费用</td><td></td><td></td><td></td><td></td></tr>
<tr><td>4. 无形资产摊销费用</td><td></td><td></td><td></td><td></td></tr>
<tr><td>5. 设计费用</td><td></td><td></td><td></td><td></td></tr>
<tr><td>6. 装备调试费与实验费用</td><td></td><td></td><td></td><td></td></tr>
<tr><td>7. 其他费用</td><td></td><td></td><td></td><td></td></tr>
<tr><td>其中：可计入研发费用的其他费用</td><td></td><td></td><td></td><td></td></tr>
<tr><td>(二)委托外部研发费用[(26+28)×80%]</td><td></td><td></td><td></td><td></td></tr>
<tr><td>1. 境内的外部研发费</td><td></td><td></td><td></td><td></td></tr>
<tr><td>2. 境外的外部研发费</td><td></td><td></td><td></td><td></td></tr>
<tr><td>其中：可计入研发费用的境外的外部研发费</td><td></td><td></td><td></td><td></td></tr>
<tr><td>八、销售(营业)收入</td><td></td><td></td><td></td><td></td></tr>
<tr><td></td><td colspan="4">九、三年研发费用占销售(营业)收入的比例(15行4列÷29行4列)</td><td></td></tr>
<tr><td rowspan="2">减免税金额</td><td colspan="4">十、国家需要重点扶持的高新技术企业减征企业所得税</td><td></td></tr>
<tr><td colspan="4">十一、经济特区和上海浦东新区新设立的高新技术企业定期减免税额</td><td></td></tr>
</table>

中华人民共和国企业年度关联业务往来报告表

（2016 年版）

报告年度所属期间：　　年　月　日至　　年　月　日

纳税人识别号：

纳税人名称：

金额单位：人民币元，除表内标明其他币种外（列至小数点后两位）

谨声明：此报告表是根据《中华人民共和国企业所得税法》、《中华人民共和国企业所得税法实施条例》、有关税收政策以及国家统一会计制度的规定填报的，是真实的、可靠的、完整的。

法定代表人（签章）：　　　　年　月　日

纳税人公章：	代理申报中介机构公章：	主管税务机关受理专用章：
会计主管：张淑华	经办人： 经办人执业证件号码：	受理人：
填表日期： 2018 年 05 月 10 日	代理申报日期： 年　月　日	受理日期： 年　月　日

国家税务总局监制

企业年度关联业务往来报告表填报表单

表单编号	表单名称	选择填报情况	
		填　报	不填报
G000000	报告企业信息表	□	□
G100000	中华人民共和国企业年度关联业务往来汇总表	□	□
G101000	关联关系表	□	□
G102000	有形资产所有权交易表	□	□
G103000	无形资产所有权交易表	□	□
G104000	有形资产使用权交易表	□	□
G105000	无形资产使用权交易表	□	□
G106000	金融资产交易表	□	□
G107000	融通资金表	□	□
G108000	关联劳务表	□	□
G109000	权益性投资表	□	□
G110000	成本分摊协议表	□	□
G111000	对外支付款项情况表	□	□
G112000	境外关联方信息表	□	□
G113010	年度关联交易财务状况分析表(报告企业个别报表信息)	□	□
G113020	年度关联交易财务状况分析表(报告企业合并报表信息)	□	□
G114010	国别报告－所得、税收和业务活动国别分布表	□	□
G114011	国别报告－所得、税收和业务活动国别分布表(英文)	□	□
G114020	国别报告－跨国企业集团成员实体名单	□	□
G114021	国别报告－跨国企业集团成员实体名单(英文)	□	□
G114030	国别报告－附加说明表	□	□
G114031	国别报告－附加说明表(英文)	□	□
说明：企业应当根据实际情况选择需要填报的表单。			

报告企业信息表

<table>
<tr><td colspan="3">正常申报□</td><td colspan="3">更正申报□</td><td colspan="3">补充申报□</td></tr>
<tr><td colspan="9">100 基本信息</td></tr>
<tr><td>101 纳税人名称</td><td></td><td>103 注册地址</td><td>国家（地区）</td><td>中国</td><td>省份</td><td></td><td>地级市</td><td></td></tr>
<tr><td>102 纳税人识别号</td><td></td><td>104 经营地址</td><td>国家（地区）</td><td>中国</td><td>省份</td><td></td><td>地级市</td><td></td></tr>
<tr><td>105 经营范围</td><td colspan="8"></td></tr>
<tr><td>106 主管国税机关</td><td>广州市黄埔国家税务局</td><td>108 注册资本</td><td>币种</td><td>人民币</td><td>金额</td><td></td><td>110 登记注册类型</td><td>有限责任公司</td></tr>
<tr><td>107 主管地税机关</td><td>广州市黄埔地方税务局</td><td>109 投资总额</td><td>币种</td><td>人民币</td><td>金额</td><td></td><td>111 所属行业</td><td></td></tr>
<tr><td>112 独立法人</td><td>是□ 否□</td><td colspan="2">113 法定代表人或负责人</td><td colspan="2"></td><td>114 独立核算</td><td colspan="2">是□ 否□</td></tr>
<tr><td>115 适用的会计准则或会计制度</td><td colspan="8">企业会计准则（□一般企业 □银行 □证券 □保险 □担保）
□小企业会计准则 □企业会计制度 事业单位会计准则（□事业单位会计制度 □科学事业单位会计制度 □医院会计制度 □高等学校会计制度 □中小学校会计制度 □彩票机构会计制度）
□民间非营利组织会计制度 □村集体经济组织会计制度 □农民专业合作社财务会计制度（试行） □其他</td></tr>
<tr><td>116 上市公司</td><td>是□ 否□</td><td>117 上市股票代码</td><td></td><td>118 上市交易所</td><td colspan="2"></td><td>119 记账本位币</td><td>人民币元</td></tr>
<tr><td colspan="2">120 企业集团最终控股企业</td><td colspan="2">是□ 否□</td><td colspan="3">121 企业集团最终控股企业名称</td><td colspan="2"></td></tr>
<tr><td colspan="2">122 企业集团最终控股企业所在国家（地区）</td><td></td><td colspan="4">123 被指定为国别报告的报送企业</td><td colspan="2">是□ 否□</td></tr>
<tr><td>124 本年度准备同期资料</td><td>主体文档□</td><td>本地文档□</td><td>特殊事项文档□</td><td>无□</td><td colspan="2">125 执行预约定价安排 是□ 否□</td><td colspan="2">126 签订或者执行成本分摊协议 是□ 否□</td></tr>
</table>

续表

200 企业内部部门信息				
行次	201 部门名称	202 部门履行的职责业务范围及履行职责业务流程	203 员工数量	204 上一级部门名称
1	业务部	发展业务及销售		经理部
2	财务部	会计核算		经理部
3	经理部	主管全面工作		股东会
4				
5				

300 企业高级管理人员信息								
行次	301 职务名称	302 姓名	303 国家（地区）	304 身份证件名称	305 身份证件号码	306 任职起始日期	307 任职截止日期	308 委任方名称
1	法人代表（负责人）							
2	财务负责人							
3								
4								
5								

400 企业股东信息（前五位）								
行次	401 股东名称	402 股东类型	403 国家（地区）	404 登记注册类型	405 证件种类	406 纳税人识别号或身份证件号码	407 持股起始日期	408 持股比例
1								
2								
3								
4								
5								

参考文献

1. 米镇涛主编．化学工业学．第二版．北京：化学工业出版社，2017.
2. 宋航主编．化工技术经济．第四版．北京：化学工业出版社，2019.
3. 潘传艺，张晨辉．金属加工润滑技术的应用与管理．北京：中国石化出版社，2010.
4. 潘传艺编著．神奇的润滑．北京：中国石化出版社，2019.